PSYCHIATRISCHE UND MEDIZINPSYCHOLOGISCHE

MESSVERFAHREN

DES DEUTSCHSPRACHIGEN RAUMES

herausgegeben von:

Siegfried Lehrl
Walter Kinzel
Bernd Fischer
Wolfgang Weidenhammer

Druck KS Computersatz + Druck Ebersberg
ISBN 3-88562-018-9

Herrn Erwin Braun, Basel,
dem unermüdlichen Förderer neuer Methoden
in der Medizin, in Dankbarkeit gewidmet.

Inhaltsverzeichnis

Vorwort

Der vorliegende Überblick enthält Beschreibungen von 128 standardisierten psychiatrischen und medizinpsychologischen Erhebungsverfahren des deutschsprachigen Raumes. Das Buch soll nicht nur dem Forscher, sondern auch dem praktisch tätigen Arzt und Psychologen bei der Auswahl geeigneter Meß- und Erhebungsverfahren helfen. Dieser Aufgabe kann man nicht ohne vielfältige Kompromisse gerecht werden, die nun einmal der interdisziplinäre Charakter der Meßgegenstände erfordert. Das drückt sich vor allem in den Sprachbarrieren aus, die sich bereits in der Darstellung der Anwendung einerseits und in der Information über die Gütekriterien andererseits offenbaren. Wir hoffen dennoch, ein für viele Seiten akzeptables Ergebnis vorstellen zu können.

Die Fertigstellung der vorliegenden Übersicht war durch den bereits vorhandenen Überblick über Meßverfahren in dem 1979 erschienenen Buch »Messung und Meßverfahren in der Psychopathologie« erheblich erleichtert worden. Dafür wollen wir den damaligen Herausgebern, Herrn Dipl.-Psych. Dr. phil. Hellmut Erzigkeit, Herrn Dr. med. Lothar Blaha und Frau Brigitte Heerklotz, herzlich danken. Im vorliegenden Buch wurden die Darstellungen vieler Tests durch neue empirische Befunde erweitert und Beschreibungen einer Reihe von Erhebungsverfahren zusätzlich aufgenommen. Andererseits wurden einige Testdarstellungen herausgenommen, dies weniger deshalb, weil sie sich nicht bewährt hätten, sondern wegen einer geringfügigen Änderung der Kriterien für die Testauswahl.

Das vorliegende Buch soll einen Überblick über Einsatz und Probleme messender Verfahren in der Psychopathologie geben. Es liefert damit bereits einen Beitrag zur Konsolidierung der Psychopathometrie, zu der Herr Prof. Dr. Hans Heinrich Wieck, der leider viel zu früh verstorbene Direktor der Universitäts-Nervenklinik Erlangen, Pionierarbeit leistete.

Erlangen und Nordrach-Klausenbach
im Juli 1986 Die Herausgeber

Zum Gebrauch

- Wie man die Erhebungsverfahren findet

  nach deren Bezeichnung

  nach deren Autoren oder deutschsprachige Bearbeiter

  nach deren Eigenschaften, wie Abnahmezeit oder »was messen sie?«

- Woher man die Erhebungsverfahren bekommen kann

- Wo man in diesem Buch Grundbegriffe wie »Item«, »Subtest« oder »Validität« nachlesen kann

---

Die Erhebungsverfahren sind auf den Seiten 49 bis 245 dargestellt. Ein jedes trägt die Kurzbezeichnung, die in der Mehrheit von seinen Urhebern publiziert worden war, beispielsweise KLT statt »Konzentrations-Leistungs-Test« oder RAS anstelle von »Risikoliste zur Abschätzung der Suizidalität«. Meist entsprechen die Kurzbezeichnungen den Initialen der Substantive in der Langbezeichnung. Oft sind jene ohnehin bekannter wie bei AMDP, B-L, CFT 3, d2-Test, FPI, HAWIE, HAWIK usw. Nach diesen Kurzbezeichnungen sind die Überblicke alphabetisch geordnet. Die Darstellungen beginnen mit dem AAT und enden mit dem ZVT.

Sollte man sich bei der Suche eines Erhebungsverfahrens nicht mehr ganz sicher sein, wie die Kurzbezeichnung lautet, wird man die Übersicht auf den Seiten 31 bis 35 zu Rate ziehen, in der die Abkürzungen in alphabetischer Reihenfolge verzeichnet sind. Dahinter steht jeweils die Langbezeichnung und nach ihr der Name des Autors bzw. der Autoren und gegebenenfalls des Bearbeiters der deutschsprachigen Form. Ganz rechts ist schließlich noch die Seitenzahl angeführt, auf der das Verfahren dargestellt ist.

Auf den Seiten 245 bis 248 findet man ein Verzeichnis der Autoren bzw. Bearbeiter der deutschsprachigen Version in alphabetischer Reihenfolge. Dieses Verzeichnis enthält auch Zweit-, Drittautoren usw. Hinter jedem steht die Kurzbezeichnung des Verfahrens, an dem er (mit-)gearbeitet hatte. Daher ist es leicht auffindbar.

Besondere Schwierigkeiten bereitet es häufig, ein geeignetes Verfahren für einen gegebenen Zweck ausfindig zu machen. Dabei können ganz verschiedene Auswahlgesichtspunkte eine Rolle spielen wie kurze Abnahmezeit, Eignung für Verlaufsuntersuchungen usw. Detaillierte Angaben hierzu befinden sich in den Fenstern einer jeden Darstellung und selbstverständlich erst recht in der Beschreibung. Wie diese aufgebaut sind, wird ab Seite 29 erläutert. Die dort gemachten Angaben dienen der Vertiefung.

Oft genügt aber eine rasche Orientierung. Diese soll ein stufenweises Vorgehen erleichtern:
Auf der inneren Umschlagseite — vorne und hinten — befindet sich eine Suchhilfe. Sie verweist auf die Seiten, wo zu finden sind

- umfassende Verfahren (Erhebungsverfahren, die viele Gebiete abdecken, z.B. die wichtigsten neuropsychiatrischen Symptome und Syndrome)
- begrenzte Verfahren (sie beziehen sich z.B. auf ein oder wenige psychiatrische Syndrome. Innerhalb dieses Syndroms erlauben sie oft mehr Differenzierungen als umfassende Verfahren, oder ihre Abnahme ist ökonomischer, oder sie haben geringere Meßfehler usw.)

Während sich die angeführten umfassenden und begrenzten Verfahren auf spezifische Symptome und Syndrome beziehen, werden die Erhebungsverfahren für die unspezifischen depressiven Syndrome und Sonderzustände getrennt angeführt (S. 45). Hierzu gehören Skalen für depressive Verstimmungen, allgemeine psychovegetative Funktionsstörungen, psychische Beschwerden, Schmerzen usw.

Schließlich wurde noch die Sondergruppe der Zusatzverfahren gebildet (S. 47), welche die Dokumentation demographischer Daten, der Prämedikation, des Applikationsmodus von Medikamenten, der Begleitsymptomatik usw. umfassen. Ihre Abnahme ist manchmal im Verbund mit den eigentlichen medizinpsychologischen, psychiatrischen und neuropsychologischen Erhebungsverfahren erwünscht.

Die Einzeldarstellungen der Erhebungsverfahren sollen auch die Abschätzung erlauben, ob sich ein bestimmtes Verfahren für gegebene Zwecke eignet. Viele der Tests befinden sich im Handel. Ihre Bezugsquellen enthält die Seite 249. Für den Fall, daß sich ein Verfahren nicht im Handel befindet, kann man es wahrscheinlich in der Originalliteratur ausführlich beschrieben finden, die am Ende einer jeden Einzeldarstellung nachgewiesen ist. Die Originalliteratur enthält meist die Adresse des Autors, an den man sich dann wenden kann.

Um dem mit standardisierten medizinpsychologischen und psychiatrischen Erhebungsverfahren Unvertrauten weiterzuhelfen, werden in der Einführung Grundtermini wie »Item«, »Subtest«, oder »Validität« und das Beispiel einer Testauswertung sowie einer Verlaufskurve dargeboten. Daran schließt sich ein Überblick über allgemeine und weiterführende Literatur an.

Einführung in die Anwendung psychiatrischer und medizinpsychologischer Meß- und Testverfahren

von Wolfgang Weidenhammer und Siegfried Lehrl

Inhaltsverzeichnis der Einführung Seite

Anwendbarkeit in der Medizin als Auswahlkriterium

Anschließend werden Übersichten über 128 standardisierte Erhebungsverfahren gegeben. Diese Anzahl nimmt sich bescheiden gegenüber allen als »Tests« bezeichneten Verfahren aus, von denen nach F. Dorsch (1959, S. 341) eine amerikanische Testbibliographie im Jahre 1946 bereits über 5000 verzeichnete. Die Herausgeber hatten sich jedoch bei der Auswahl in mehreren Hinsichten Beschränkungen auferlegt. Harte Kriterien für ihre Selektion waren das Vorliegen mindestens einer ausführlichen deutschsprachigen Darstellung des Verfahrens und mindestens eine Veröffentlichung in einer allgemein zugänglichen Zeitschrift oder in einem Buch zum Zeitpunkt des Redaktionsschlusses (März 1985). Damit reduziert sich die Menge der Erhebungsverfahren bereits auf eine bedeutend übersichtlichere Anzahl.

Die Beschränkung auf Verfahren, mit denen Erfahrungen im deutschsprachigen Raum vorliegen, ist deshalb wichtig, weil bloße Übersetzungen aus anderen Sprachen und damit verbundenen Kulturen bei uns zu völlig anderen Ergebnissen führen können. So hat, wie P. R. Hofstätter (1957) zeigte, die wörtliche Übersetzung des englischen »I am lonely« durch »Ich bin einsam« im Deutschen eine gänzlich andere Bedeutung.

Weitere, vor allem inhaltliche Gesichtspunkte berücksichtigende Kriterien für die Selektion von Erhebungsverfahren sind weniger hart als die bereits angeführten. Ein Hauptziel lag darin, Verfahren auszuwählen, die für psychiatrische und medizinpsychologische Fragestellungen einsetzbar sind und über die es auch schon Anwendungsbeispiele aus der Medizin gibt. Wenn dabei eine Anzahl von über hundert Meß- und Testverfahren aufgenommen wurde, so könnte man meinen, daß damit fast alle Wünsche über einschlägige standardisierte Erhebungsverfahren erfüllt sein müßten. Nach unserem Eindruck trifft dies aber nicht annähernd zu. Denn gerade die Bedürfnisse des in der Routine tätigen Arztes werden nur unzulänglich befriedigt. Wichtige Gründe sind, daß er oft weder die Zeit noch das meß- und testmethodische Fachwissen besitzt, um seine Wünsche zu artikulieren oder gar selbst zu erfül-

Testeinheiten

- Item
- Untertest
- Test
- Testsystem
- Testbatterie

Verbreitete Testtypen

- Leistungsverfahren
- Beurteilungsverfahren
  — Fremdbeurteilungsverfahren
  — Selbstbeurteilungsverfahren

---

len. Der Methodiker auf der anderen Seite kennt dagegen kaum den Bedarf in der Praxis.

Die nachfolgende Einführung in Grundtermini und Anwendungen von Meß- und Testverfahren soll vor allem dem praktisch und klinisch tätigen Arzt helfen, standardisierte Erhebungsverfahren abzunehmen, ihre Eignung abzuschätzen und seine Forderungen an den Testkonstrukteur zu formulieren.

Grundlagen

Der Ausdruck »Test« wird wegen seiner größeren Verbreitung nachfolgend stellvertretend für »Meßverfahren« oder »standardisiertes Erhebungsverfahren« verwendet. Die Bedeutungsunterschiede werden später angeführt.

Aufbau von Tests

Meistens setzt sich ein Test aus verschiedenen Teilen zusammen. Die kleinste Einheit des Tests ist gewöhnlich das **Item,** das heißt die Aufgabe, Frage oder Feststellung. Das in Abbildung 1 wiedergegebene Verfahren umfaßt 12 Items (vom Beispiel abgesehen). Die nächste übergeordnete Einheit, häufig eine Ansammlung von Items mit gleichem Meßanspruch, ist der **Test,** oder, falls mehrere dieser Itemsammlungen zu einem Test zusammengeschlossen sind, der **Untertest,** auch Subtest genannt. Im Gegensatz zu den Items und Subtests ist der Test eine eigenständige Einheit. Er besitzt eigene Normen und sollte durch ein eigenes Manual als Anwendungshilfe ergänzt werden.

Mehrere in der Anwendung (z.B. Normierung) aufeinander abgestimmte Tests bilden ein **Testsystem.** Ein Beispiel dafür sind der Syndrom-Kurztest nach H. Erzigkeit (1977), der für leichte und mittelschwere Funktionspsychosen entwickelt wurde, und die Funktionspsychose-Skala-B nach S. Lehrl et al. (1977), die für schwere Funktionspsychosen erstellt wurde. Beide Tests sind auch in der Normierung aufeinander ausgerichtet. Dadurch wird es möglich, mit ihnen Verläufe zu messen und dabei den Syndrom-Kurztest allein bei leichteren, die Funktionspsychose-Skala-B bei schweren Störungen abzunehmen.

Unter **Testbatterie** wird eher der Einsatz einer Reihe von Tests verstanden, die bei einer vorliegenden Fragestellung auch gut einzeln abgenommen werden können. Durch den gemeinsamen Einsatz verbreitert man allerdings die Basis empirischer Daten.

Testtypen

Die häufigsten Typen der medizinpsychologischen und psychopathologischen Meßverfahren sind, nach formalen Gesichtspunkten, Leistungs- und Beurteilungsverfahren.

Leistungsverfahren sprechen die Leistungsfähigkeit psychischer Funktionen, wie äußere Wahrnehmung, Denken und Gedächtnis, an.

Bei **Beurteilungsverfahren** wird die betreffende Person durch einen Beurteiler eingeschätzt. Bei **Fremdbeurteilungsverfahren** ist der Beurteilte nicht mit dem Beurteiler identisch. Hingegen schätzt sich der Beurteilende in **Selbstbeurteilungsverfahren** selbst ein. Außerdem werden noch Gestaltungs-, Wahl-, Projektions- und weitere Verfahren unterschieden.

Drei häufig vorkommende Testtypen:
Leistungsverfahren
Beurteilungsverfahren
○ Fremdbeurteilungsverfahren
○ Selbstbeurteilungsverfahren

Testabnahme in vier Teilvorgängen

1.) Anweisung (Instruktion)
2.) Durchführung
3.) Auswertung
4.) Interpretation

Kreuzen Sie bitte an, was auf Sie zutrifft

Ein Beispiel:

Ich bin ein erwachsener Mensch:	~~ja~~ — nein
Ich kann mich in der letzten Zeit schlecht konzentrieren:	ja — nein
Tagsüber fühle ich mich meist frisch:	ja — nein
Das Leben macht oft keinen richtigen Spaß mehr:	ja — nein
Ich fühle mich noch genauso kräftig wie früher:	ja — nein
Viele Tätigkeiten und Hobbys sind für mich jetzt langweilig:	ja — nein
Mit geht es in der letzten Zeit schlecht:	ja — nein
Mein Gedächtnis hat in letzter Zeit nachgelassen:	ja — nein
Früher hat mich alles mehr interessiert:	ja — nein
Ich habe öfter Angst als früher:	ja — nein
In der letzten Zeit bin ich oft gereizt:	ja — nein
Zeitweilig ist mir alles gleichgültig:	ja — nein
Ich bin häufiger zerstreut als früher:	ja — nein

Abb. 1: Selbstbeurteilungsverfahren für leichte Durchgangs-Syndrome bei beginnender cerebraler Insuffizienz (SbcI)

Testabnahme mit Übungsbeispiel

Am Vorgang der Testabnahme lassen sich stets vier verschiedene Stadien unterscheiden, die sich immer in der gleichen Reihenfolge ablösen. Die Testung am Patienten beginnt mit der Anweisung (Instruktion), wie die nachfolgende Durchführung zu erfolgen hat. Der Durchführung schließt sich die Auswertung an. Den Schluß bildet die Interpretation (Deutung) der Auswertungsergebnisse.

Am Beispiel des in der Abbildung 1 wiedergegebenen SbcI (G. Spörl et al., 1978), der sich erst als Forschungsverfahren, aber noch nicht für die praktische Anwendung eignet, sei die Testabnahme durchgespielt.

Einem Patienten, bei dem der Verdacht einer beginnenden cerebralen Insuffizienz gegeben ist, wird das Testformular (Abb. 1) mit der Bitte vorgelegt, den Bogen anzusehen und dann auszufüllen (**Instruktion**). Die weitere Anweisung steht am Kopf des Formulars. Falls der Patient dann noch etwas nicht verstanden hat, sollte er nachfragen.

Von der **Durchführung** ist bei diesem Selbstbeurteilungsverfahren nur der Patient betroffen. Sie besteht im Ankreuzen der 12 Items.

Die **Auswertung** wird wiederum vom Untersucher vorgenommen. Er bewertet jede, für eine beginnende cerebrale Insuffizienz sprechende Antwort mit einem Punkt. Diese addiert er dann zur Gesamtpunktzahl. Im Beispiel der Abbildung 2 ergeben sich so 10 Wertpunkte.

Kreuzen Sie bitte an, was auf Sie zutrifft

Ein Beispiel:

Ich bin ein erwachsener Mensch: ja — nein

Ich kann mich in letzter Zeit schlecht konzentrieren: ja — nein

Tagsüber fühle ich mich meist frisch: ja — nein

Das Leben macht oft keinen richtigen Spaß mehr: ja — nein

Ich fühle mich noch genauso kräftig wie früher: ja — nein

Viele Tätigkeiten und Hobbys sind für mich jetzt langweilig: ja — nein

Mir geht es in der letzten Zeit schlecht: ja — nein

Mein Gedächtnis hat in letzter Zeit nachgelassen: ja — nein

Früher hat mich alles mehr interessiert: ja — nein

Ich habe öfter Angst als früher: ja — nein

In der letzten Zeit bin ich oft gereizt: ja — nein

Zeitweilig ist mir alles gleichgültig: ja — nein

Ich bin häufiger zerstreut als früher: ja — nein

Abb. 2: Beispiel eines bearbeiteten Sbcl

Der nun folgende Vergleich mit den Ergebnissen von Bezugspersonen, die in Normentabellen (Abb. 3 und 4) wiedergegeben sind, betrifft schon die **Interpretation** der Ergebnisse. Aus der Normentabelle, die durch empirische Untersuchungen (allerdings noch nicht an genügend umfangreichen Stichproben) gewonnen wurde (G. Spörl et al., 1978), geht hervor, daß die 10 Wertpunkte unabhängig vom Alter des Patienten für eine beginnende cerebrale Insuffizienz sprechen. Eine weitere Differenzierung der Normen nach dem (prämorbiden) Intelligenzquotienten (Abb. 4), hier mit dem MWT-B (s. Testübersicht) gemessen, erhöht die Sicherheit der »richtigen« Interpretation. Im vorliegenden Fall ergeben sich dafür aber keine Änderungen.

Alter	Gesamtpunktzahl
bis 32	7 P.
33 bis 54	8 P.
über 55	9 P.

Alter	Intelligenzquotient IQ		
	<90	80-110	>110
bis 32	8 P.	8 P.	5 P.
33 bis 54	9 P.	9 P.	6 P.
über 55 Jahre	9 P.	9 P.	8 P.

Wenn der jeweilige Punktwert überschritten ist, besteht der Verdacht, daß eine beginnende cerebrale Insuffizienz vorliegt.

Abb. 3: Normentabelle zum Sbcl, aufgeschlüsselt nach dem Alter des Patienten

Abb. 4: Normentabelle zum Selbstbeurteilungsverfahren für leichte Durchgangs-Syndrome unter Berücksichtigung von Alter und Intelligenz.

Hauptgütekriterien:

Validität (= Gültigkeit)
Reliabilität (= Zuverlässigkeit)
Objektivität

Weitere Gütekriterien:

Nutzen
- Ökonomie
- eigene Erfahrungen mit dem Test

Test = Meßverfahren
mit normierter Interpretation

Bezugsrahmen
Kollektiv, Population
Eichung
Normwerte, Normpunkte

Es ist zu betonen, daß die Interpretationshilfen in Form der empirisch gestützten Normentabellen nur die Wahrscheinlichkeit für eine »richtige« Diagnose erhöhen. Sie geben keine absolute Sicherheit (s.u.: Gütekriterien).

Nach der Einführung der Testabnahme am Beispiel des Sbcl können nun die allgemeinen Aspekte der Gütekriterien und Normen dargestellt werden.

Gütekriterien

Ein entscheidendes Kriterium für die Anwendung eines Tests ist die Wissenschaftlichkeit. Inwieweit vorliegende Fragestellungen mittels eines Tests beantwortet werden können, hängt von seiner **Validität** (Gültigkeit) ab. Das Ausmaß der Validität ist die zentrale Testeigenschaft. Demgegenüber kommt der in der klassischen Testtheorie häufig hervorgehobenen **Reliabilität** (Zuverlässigkeit, Stabilität, Präzision), wonach ein wiederholbarer Test bei denselben (nicht lernfähigen) Personen immer zu gleichen Ergebnissen führen müßte, nur eine zweitrangige Bedeutung zu.

Zu den formalen Eigenschaften eines Tests, die keinen direkten Bezug zur Fragestellung haben, gehört die **Objektivität**, die durch die Expliziertheit und Standardisierung mitbedingt wird. Sie ist ein entscheidendes Attribut der Wissenschaftlichkeit, zum Teil ist sie auch eine Voraussetzung der Validität.

Die **Ökonomie** bildet einen Aspekt des Nutzens. Je geringer der Aufwand des Erlernten, der zeitlichen Abnahme und des Materials ist, umso ökonomischer ist ein Test, desto höher wird man seinen praktischen **Nutzen** veranschlagen.

Ein weiteres wichtiges, oft aber nur schwerlich meßbares Kriterium des Nutzens ist der Umfang an **Erfahrungen**, der mit dem Test in verschiedenen Untersuchungen gewonnen, registriert und verarbeitet wurde. Mit dem Umfang an Erfahrungen wird das Wissen um Vorzüge und Grenzen der Anwendung differenzierter, und Fehlanwendungen werden leichter vermeidbar.

Normen

Die mit einem psychopathologischen Meßverfahren erhobenen Ergebnisse sind nur Zahlen, die für sich allein nicht viel besagen. Bei einem Test haben sie hingegen eine festgelegte Bedeutung. Unter **Test** verstehen wir ein Meßverfahren, dessen Ergebnissen Interpretationen fest zugeordnet sind, dessen Interpretation (Deutung) also **normiert** ist.

Die Interpretationen erfolgen nur innerhalb eines empirisch und theoretisch begründeten **Bezugsrahmens**. In der Psychologie stützt man sich dabei möglichst auf empirische Befunde. Meistens bezieht man sich auf die Ausprägung der in Betracht gezogenen Merkmale innerhalb eines relativ präzise umrissenen **Kollektivs** (Population), z.B. der über 20jährigen eines Staates. An einer Stichprobe des Kollektivs, die möglichst repräsentativ sein soll, wird das in Frage kommende Meßverfahren abgenommen. Diesen Vorgang nennt man »**Eichung**«. Auf die Eichstichprobe können nun die Ergebnisse einer später getesteten Person oder Personengruppe bezogen werden. Sie bilden den konkreten Bezugsrahmen für die Interpretation. So weiß man jetzt, ob — bezogen auf eine statistische Norm — eine Persönlichkeit als »normal« oder »abnorm«, ob eine Leistung als »unterdurchschnittlich«, »durchschnittlich« oder »überdurchschnittlich« einzuschätzen ist. Noch differenziertere Interpretationen erlauben **Normwerte** (Normpunkte), die bei den meisten Tests in Tabellen den Roh- und Wertpunkten zugeordnet werden können. Normwerte sind der Prozentrang, Intelligenzquotient, Standardwert, Z-Wert, Stanine-Wert u.a. Die Abbildung 5 gibt die Zuordnungen bekannter Normskalen wieder. Diese kommen bei den Beschreibungen der Erhebungsverfahren vor.

Bei der Messung psychischer Störungsgrade — ein Anliegen der Psychopathometrie — bezieht man die Ergebnisse nicht direkt auf die Normen des »Normal«bereiches (= Orthonomen), sondern auf die Normen der betreffenden Störungsart (= Pathonormen). Deshalb interpretiert man den mit dem HAWIE ermittelten Abweichungs-IQ 85 (s. Abb. 5) auf die Orthonormen bezogen als unterdurch-

Gebräuchliche Normskalen

- Prozentrangskala (= PR)
- Intelligenzquotient (= IQ)
- z-Skala
- T-Skala
- Stanine-Skala (= C-Skala)

schnittliche »Intelligenzleistung. Auf die Pathonormen des Psychoorganischen Akutsyndroms bezogen, bedeutete der gleiche IQ 85 bei einer (prämorbid) durchschnittlich intelligenten Person dagegen »leichtes Durchgangs-Syndrom«, bei einer prämorbid überdurchschnittlich intelligenten Person dagegen »mittelschweres« oder gar »schweres Durchgangssyndrom«.

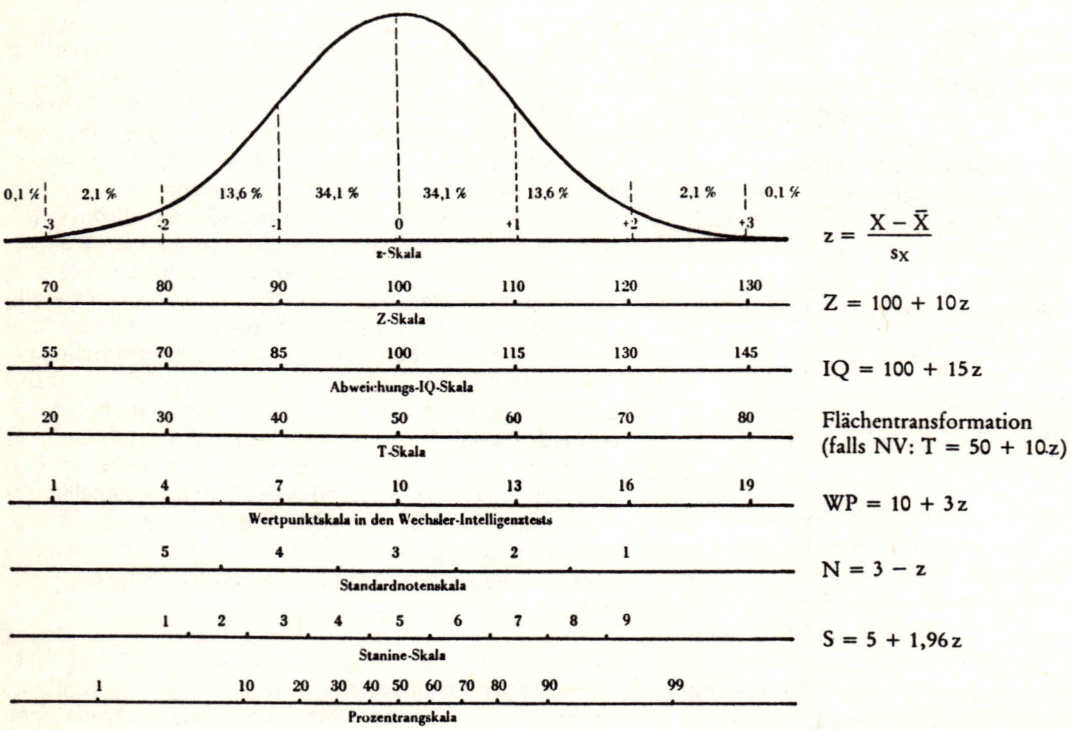

Abb. 5: Vergleichende Darstellung gebräuchlicher Normskalen (aus: W. Conrad, 1983)

Prinzipiell messen

bei cerebraler Insuffizienz und
bei endogener Depression

den Schweregrad

eindeutig: Leistungsverfahren
nicht eindeutig: Selbstbeurteilungsverfahren

Testeinsatz bei depressivem Syndrom und reversibler körperlich begründbarer Psychose (Organisches Psychosyndrom, Psychisches Akutsyndrom)

Uneindeutigkeit von Selbstbeurteilungen für Diagnostik und Therapiekontrolle

Andernorts näher beschriebene Testungen der Ausprägungen reversibler körperlich begründbarer Psychosen (L. Blaha 1980, 1984; G. Burkard, L. Blaha, 1980; J. U. Brückmann 1982; J. U. Brückmann, L. Blaha 1984) bestätigen das von H. H. Wieck (1967, 1977) veröffentlichte Modell, wonach das klinische Bild von der Schwere der Erkrankung abhängt. Es zeigt sich, daß Befindensstörungen und subjektive Beschwerden, wie sie bevorzugt durch Selbstbeurteilungsskalen erfaßt werden, im Vordergrund leichter Störungen stehen (s. Abb. 6, 7a). Dementsprechend erhöhen sich in derartigen Skalen die Meßwerte vom »gesunden« Zustand über die sehr leichte bis etwa zur leichten cerebralen Insuffizienz und nehmen bei ausgeprägteren Störungen wieder ab. Dagegen fällt die kognitive Leistungsfähigkeit, wie man sie durch Leistungstests erfaßt, kontinuierlich mit zunehmendem Schweregrad der Erkrankung ab.

Der gleiche kurvilineare Zusammenhang hatte sich interessanterweise für endogene Depressionen ergeben (s. Abb. 7b). Er wurde durch mehrere Studien belegt (S. Lehrl et al. 1977, 1978, 1979). Allerdings erhöhen sich hierbei die Meßwerte in Selbstbeurteilungsskalen nicht nur bis zur leichten, sondern bis etwa zur mittelschweren Endogenen Depression und nehmen dann erst wieder ab.

Diese inzwischen mannigfach bestätigten Untersuchungsbefunde haben weitreichende Konsequenzen auf die Objektivierung von Diagnose und Therapiekontrolle bei cerebraler Insuffizienz und endogener Depression:

Befindensstörungen und subjektive Beschwerden, wie man sie bevorzugt durch Selbstbeurteilungsskalen mißt, geben den Schweregrad nicht eindeutig wieder. Setzt man die Größe ihrer Meßwerte gleich dem Schweregrad der Erkrankung, erkennt man ausgeprägte Störungen nicht und neigt sowohl zu diagnostischen Fehlern als auch zu falschen Interpretationen von Verläufen, z.B. bei Therapiekontrollen.

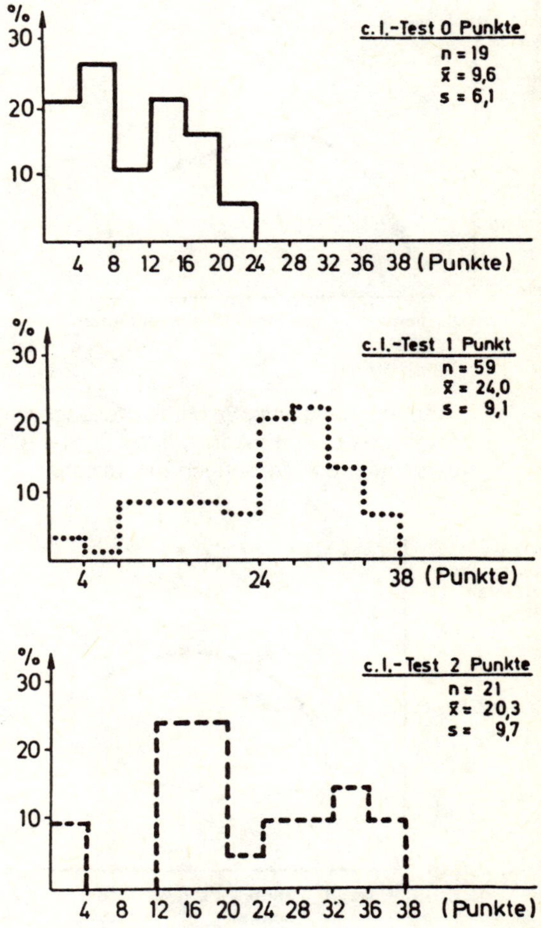

Abb. 6: Verteilung der Meßwerte in einer Selbstbeurteilungsskala (c.I.-Skala) bei verschiedenen Ausprägungen der cerebralen Insuffizienz (Weidenhammer, B. Fischer, 1986).

Obere Verteilung: Patienten ohne c.I.
Mittlere Verteilung Patienten mit leichter c.I.
Untere Verteilung: Patienten mit mittelschwerer c.I.

Nach Verdacht auf reversible
körperlich begründbare Psychose
durch einmalige Testung

1) Objektivierung des Verdachtes
2) Objektivierung des Schweregrades

durch mehrmalige Testung

Objektivierung des Verlaufes

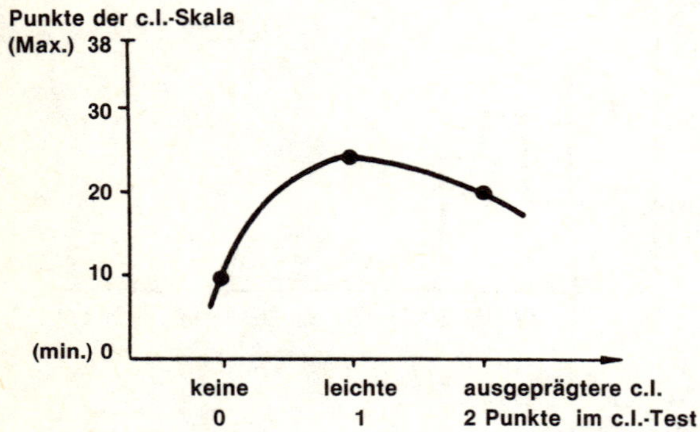

Abb. 7a: Zusammenhang von Selbstbeurteilungswerten (Mittelwerte der c.I.-Skala auf der Ordinate) und Ausprägung der cerebralen Insuffizienz.

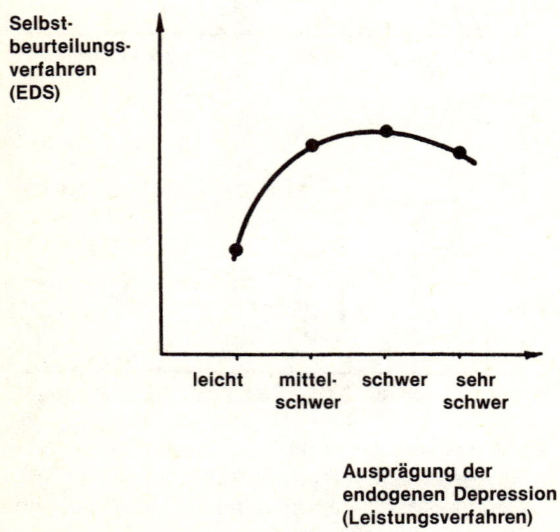

Abb. 7b: Zusammenhang von Selbstbeurteilungswerten (Mittelwerte der EDS auf der Ordinate) und Ausprägung der endogenen Depression.

Vorgehen bei der Objektivierung reversibler körperlich begründbarer Psychosen

Hier soll nur der ökonomische Testeinsatz vorgeschlagen werden, den Arzt und Klinischer Psychologe ohne lange Einarbeitungszeit vornehmen können. Dieses Vorgehen setzt voraus, daß bereits die Verdachtsdiagnose der cerebralen Insuffizienz, der reversiblen körperlich begründbaren Psychose, des Psychoorganischen Akutsyndroms, der Funktionspsychose o.ä. vorliegt.* Man wird sich erst darum bemühen, die Diagnose zu sichern und danach den Schweregrad zu objektivieren. Durch mehrere Messungen lassen sich schließlich Verläufe erfassen und daran z.B. die Therapieerfolge erkennen.

Bei dem geplanten Vorgehen ist im Auge zu behalten, daß einerseits Leistungsverfahren bei sehr leichter cerebraler Insuffizienz oft nicht anschlagen, während Selbstbeurteilungsskalen sensitiv darauf reagieren und daß andererseits selbstbeurteilte Befindensstörungen von der leichten zur mittelschweren Funktionspsychose wieder abnehmen. Anhand konkreter Meßverfahren wird exemplarisch gezeigt, wie man auf dieser Grundlage vorgehen kann.

Beim Verdacht auf eine cerebrale Insuffizienz läßt sich zur Sicherung der Diagnose erst der c.I.-Test (s. Testüberblick) abnehmen. Nun gibt es zwei Möglichkeiten:

Bestätigt sich der Verdacht nicht, kann immer noch eine sehr leichte, vom Leistungstest nicht erfaßbare cerebrale Insuffizienz vorliegen. In diesem Bereich sind Selbstbeurteilungsskalen wie die Sbcl (s. Abb. 1) sensitiver. Bestätigt diese Messung ebenfalls nicht den Verdacht, wird man davon ausgehen, daß kein Psychoorganisches Akutsyndrom und somit auch keine cerebrale Insuffizienz vorliegt.

Festigt das Ergebnis im c.I.-Test aber den Verdacht, kann man im nächsten Schritt dazu übergehen, den Schweregrad genauer zu bestimmen. Für leichte Durchgangssyndrome bis leichte Bewußtseinstrübungen haben sich der Syndrom-Test (ST, s. Testüberblick) und der Syndrom-Kurztest (SKT, s. Testüberblick), für schwere Durchgangssyndrome bis schwere Bewußtseinstrübungen die Funktionspsychose-Skala-B (FPSB, s. Testüberblick) und die Münchener Koma-Skala (MCS, s. Testüberblick) bewährt. Mit Hilfe dieser Verfahren (ST, SKT, FPSB, MCS) lassen sich auch eindeutig interpretierbare Verläufe aufzeichnen. Um einen möglichst großen Bereich an Schweregraden gemeinsam abzudecken, wurden der SKT und die FPSB aufeinander abgestimmt und normiert — sie bilden ein Testsystem — und ermöglichen deshalb die lückenlose Erfassung leichter bis schwerer Psychoorganischer Akutsyndrome und sogar noch über den psychischen Bereich hinausgehende Differenzierungen in der Bewußtlosigkeit (s. Abb. 9).

* In der Folge werden Organische Psychosyndrome (= körperlich begründbare Psychosen) als Oberbegriff der irreversiblen (= Psychisches Defektsyndrom = Funktionspsychose) verwendet. Für Psychoorganisches Akutsyndrom wird oft einfachheitshalber Psychisches Akutsyndrom eingesetzt.

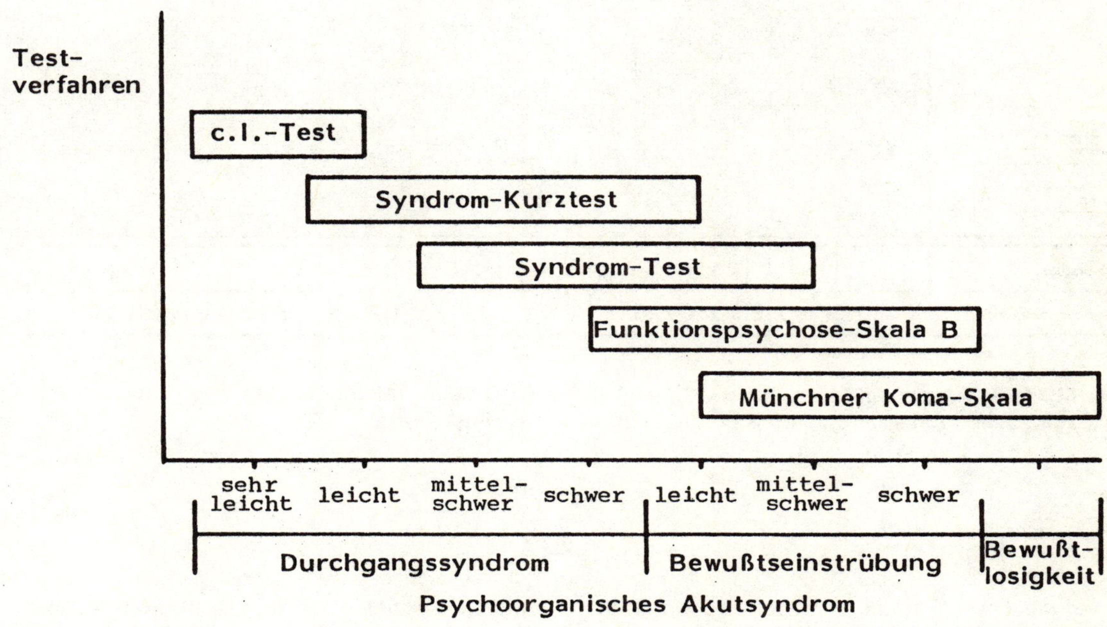

Abb. 8: Übersicht über Testverfahren für Psychoorganische Akutsyndrome (reversible körperlich begründbare Psychose, Funktionspsychose) und deren Meßbereiche bezüglich des Schweregrades der Störung.

Adäquate Verfahren zur Messung des Schweregrades

- endogener Depressionen sind Leistungsverfahren
- psychogener Depressionen sind Selbstbeurteilungsverfahren

Den Depressionstyp objektiviert man sicherer durch die kombinierte Anwendung von Selbstbeurteilungs- und Leistungstests als durch einen dieser Testtypen alleine.

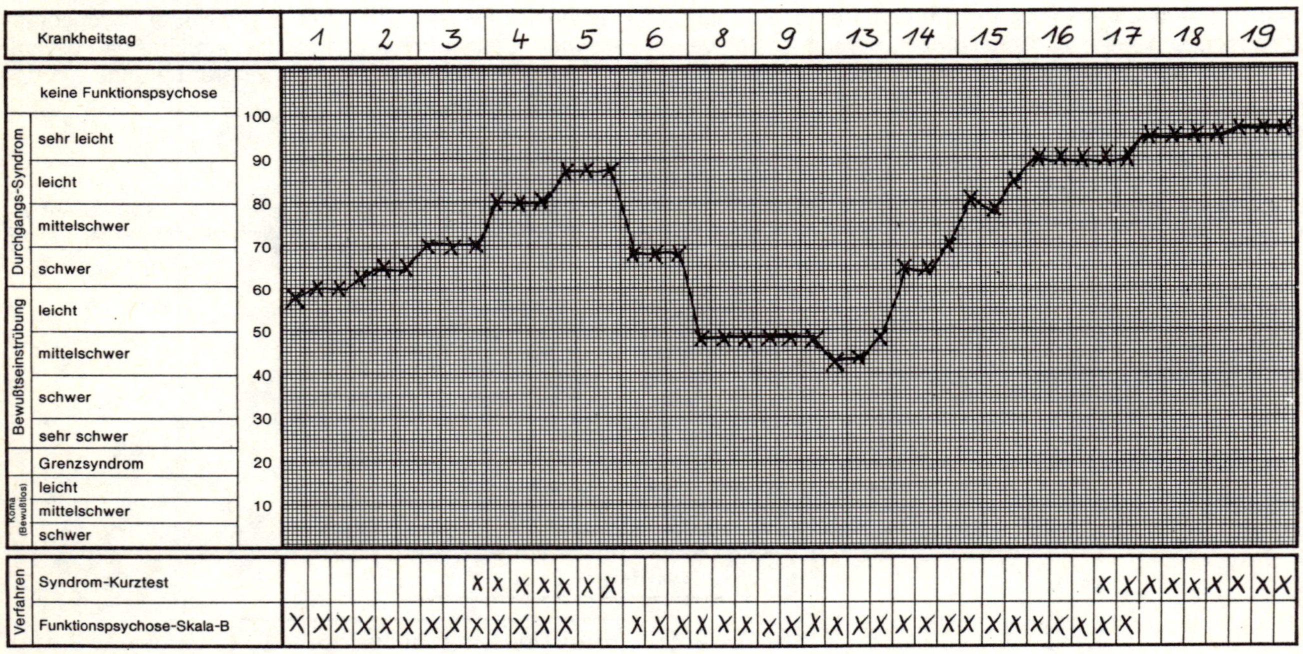

Abb. 9: Darstellung des Funktionspsychose-Verlaufes eines 43jährigen Patienten. Diagnose: Eitrige Meningitis, Hirnabszeß, Otitis media chronica links (aus: Lehrl, S., H.-H. Fuchs et al. 1979)

Vorgehen bei der Objektivierung depressiver Syndrome

Liegt der Verdacht auf eine endogene Depression vor und läßt sich eine cerebrale Insuffizienz ausschließen, auf die dasselbe Testinventar anspricht (s. Tabelle), dann können einfache Tests zur Objektivierung dieser Psychose und ihres Schweregrades eingesetzt werden.

Aus der Abbildung 7b geht hervor, daß nur standardisierte Verhaltensbeobachtungen, vor allem Leistungsverfahren, wie der speziell dafür entwickelte Hemmungstest (HT, s. Testüberblick) oder der Leistungstest für endogene Depressionen (LtD, s. Testüberblick), eindeutig den Schweregrad der endogenen Depression erfassen (s. Abb. 10). Sie eignen sich eher zur Objektivierung schwerer Depressionen, während Selbstbeurteilungsverfahren auf leichte Ausprägungen sensitiver ansprechen. Allerdings spiegeln sich in ihnen auch depressive Syndrome anderer Genese wieder.

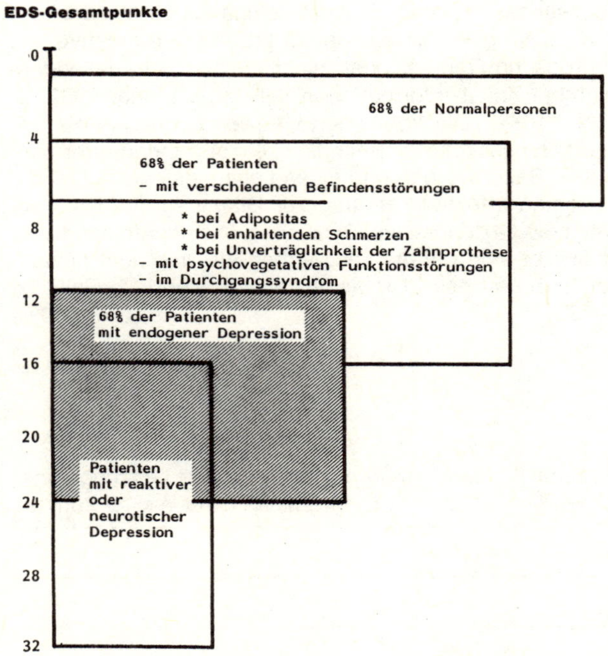

Abb. 10: Ergebnisse der Depressionsmessung durch Selbstbeurteilungsskalen am Beispiel der Erlanger Depressionsskala EDS: Vergleich der EDS-Gesamtpunkte bei verschiedenen Personengruppen. Angegeben sind die mittleren 68% der Personen (Mittelwert ± 1 Standardabweichung). (Aus: S. Lehrl, A. Gallwitz, 1983).

Die mit Selbstbeurteilungsskalen unmittelbar erfaßte depressive Symptomatik kann ihrerseits Indikator für die Art und das Ausmaß verschiedener Depressionstypen sein, beispielsweise für endogene oder reaktive Depressionen oder Depressionen auf der Grundlage cerebraler Funktionsstörungen. Nach der Genese klassifiziert man depressive Zustandsbilder häufig folgendermaßen (z.B. G. Huffmann, 1979):

I. psychogene depressive Zustände (incl. reaktive und neurotische Depression),

II. depressive Zustände infolge körperlicher Störungen oder Schädigungen (z.B. Infektionen, vegetative Funktionsstörungen, Durchgangs-Syndrome),

III. endogene (körperlich noch nicht begründbare?) Depressionen.

Die Ergebnisse von Selbstbeurteilungsskalen geben bereits Hinweise auf die nosologische Einordnung eines depressiven Zustandes, wie der Vergleich verschiedener Patientengruppen anhand der Erlanger Depressions-Skala EDS (s. Testübersicht) zeigt (Abb. 10, Tabelle).

Aus der Abbildung 10 wird ersichtlich, daß die Mittelwerte der EDS-Gesamtpunktzahl folgendermaßen ansteigen:

Personengruppe	ungefährer Mittelwert in der EDS-Gesamtpunktzahl
Normalperson	4
Patienten mit körperlichen Störungen (Durchgangs-Syndrom, vegetative Funktionsstörungen, somatisch begründbare Bauch-/Herz-/Kopfbeschwerden usw.)	10
Patienten mit endogener Depression	16
Patienten mit reaktiver oder neurotischer Depression	24

Nosologische Einordnungen anhand dieser Mittelwerte sind aber mit einer relativ großen Unsicherheit belastet. Das zeigen schon die Überschneidungen der Personengruppen in Abbildung 10. Lediglich bei sehr hohen Punktzahlen kann man sich verhältnismäßig sicher sein, daß eine reaktive oder neurotische Depression vorherrscht. Allgemein benötigt man aber zur nosologischen Absicherung Zusatzinformationen. So umfaßt die Symptomatik der endogenen Depressionen nicht allein die von Selbstbeurteilungsverfahren wie der EDS gemessenen Aspekte, sondern z.B. auch vegetative Funktionsstörungen, spezifische und allgemeine somatische Mißempfindungen und Tagesschwankungen. Es wurde eingangs bereits erörtert, daß Leistungsverfahren wie der LtD, die auf reaktive und neurotische Depressionen nicht ansprechen, besonders wichtige Zusatzinformationen liefern (L. Blaha, 1982; S. Lehrl, 1982). Die kombinierte Anwendung einer Selbstbeurteilungsskala für Befindlichkeitsstörungen oder subjektive Beschwerden und eines Leistungstests liefert daher einen effektiven Beitrag zur Diagnose und Differentialtypologie depressiver Syndrome. Die nachfolgende Tabelle gibt eine bereits ausgearbeitete Übersicht anhand der EDS und des LtD wieder (aus: S. Lehrl, A. Gallwitz, 1983).

Depressionstyp	Auffälligkeit in der EDS-Gesamtpunktzahl (10 Punkte und mehr)	Minderung der psychischen Leistungsfunktionen (z.B. im LtD weniger als 75 Punkte)
endogen	ja (Häufung um 16 Punkte)	ja
involutiv	ja	ja
reaktiv, neurotisch	ja (Häufung um 24 Punkte)	nein
psychovegetative Funktionsstörungen	ja, teils im fraglichen Bereich (Häufung um 10 Punkte)	nein
Durchgangs-Syndrom (leichtes Organisches Psychosyndrom)	ja, teils im fraglichen Bereich (Häufung um 10 Punkte)	ja
Bewußtseinstrübung	nicht mehr abnehmbar (unter 10 Punkte zu erwarten)	ja
Klinische Sondergruppen (Adipositas, Multiple Sklerose, Infektion, Erschöpfungszustand usw.)	ja, teils im fraglichen Bereich (Häufung um 10 Punkte)	von Grundstörungen abhängig

Tabelle: Zusammenhang zwischen Depressionstyp und Auffälligkeiten in der EDS als Selbstbeurteilungsskala und dem LtD als Leistungstest.

Zur Entlastung vom Testaufwand tragen Kleincomputer bei, mit denen im autonomen Dialog zwischen Patient und Bildschirm Daten erhoben und am Schluß ausgewertet und ausgegeben werden.
Diese Entwicklungen befinden sich noch in den Anfängen.

Verläufe von reaktiven und neurotischen Depressionen würde man mit Selbstbeurteilungsskalen objektivieren, da hierbei die Meßergebnisse mit der Ausprägung des Depressionstyps in eindeutigem (monotonem) Zusammenhang zu stehen scheinen. Verläufe endogener Depressionen sollte man dagegen nicht durch Selbstbeurteilungsskalen darstellen, wenn schwere Ausprägungen nicht ausgeschlossen sind. Mit Leistungsverfahren erhobene Verläufe sind in ihrer Aussage jedenfalls eindeutiger (Abb. 11).

Nicht nur bei depressiven Syndromen, sondern allgemein bereitet die Durchführung von Verlaufsuntersuchungen einen meist erheblichen Testaufwand. Zur Entlastung werden daher in jüngster Zeit Kleincomputer eingeführt, die im Dialog zwischen Patient und Bildschirm die Daten erheben und anschließend gleich auswerten und gemeinsam mit Interpretationshilfen graphisch und/oder schriftlich ausgeben. Diese Kleincomputer werden von Patienten überraschend gut akzeptiert. Die Entwicklung der für die Testabnahme nötigen Programme steht noch am Anfang. Hinsichtlich psychischer Störungen dürften die am besten ausgearbeiteten und bewährten Programme auf den Gebieten der reversiblen körperlich begründbaren Psychosen, reaktiven und neurotischen Depressionen sowie subjektiven Beschwerden und Befindensstörungen liegen (z.B. H. Abraham, H. J. Koenig, 1984; R. Teigeler, L. Pieprzyk, 1984).

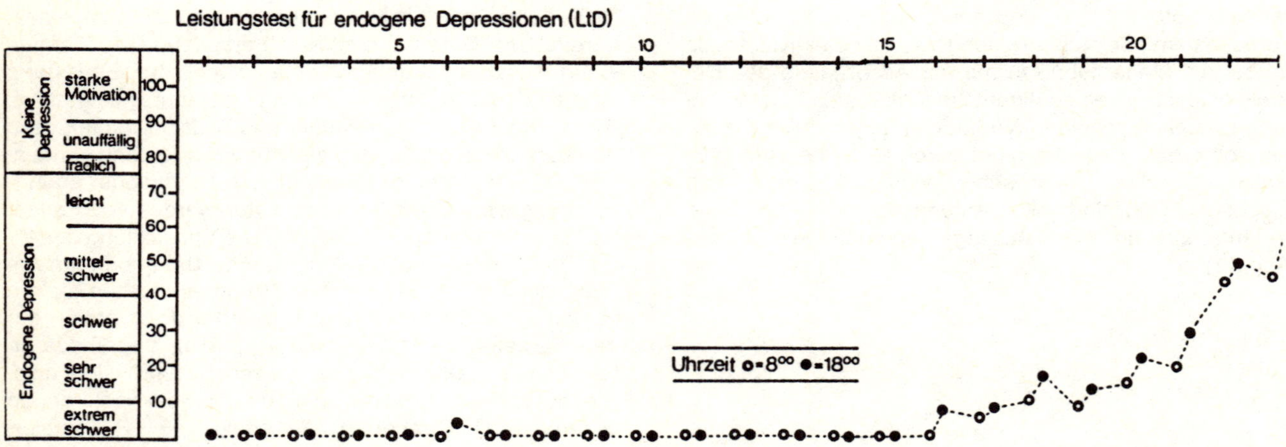

Folgerungen für den Testeinsatz in der Praxis

Aus den Darstellungen geht hervor, daß auch Testungen nicht automatisch, d.h. ohne Entscheidungen des Untersuchers ablaufen. Die umfassende Untersuchung, bei der man den Patienten »in die Testmühle steckt« und dann das sichere Ergebnis erhält, scheitert bereits an der begrenzten Testbarkeit des Patienten, die sich meist umsomehr einschänkt, je schwerer die Störung ist. Dies scheint zumindest für Psychosen zu gelten.

Weiterhin erfordern umfangreiche Verfahren in der Mehrheit eine lange Einarbeitungszeit des Untersuchers, vor allem in die Durchführung und Interpretation. Deshalb liegen deren Abnahmen gewöhnlich in den Händen der speziell dafür ausgebildeten Psychologen. Je begrenzter die Fragestellung ist, desto ökonomischer wird in der Regel die Abnahme eines dafür entwickelten Meßverfahrens — falls es überhaupt eines gibt —, desto mehr eigene Vorentscheidungen muß aber der Untersucher treffen. So muß er sich beispielsweise schon sicher sein, daß, wenn überhaupt, eine endogene Depression in Frage kommt oder daß — wenn ihn der Schweregrad interessiert —, beispielsweise ein Psychoorganisches Akutsyndrom (Funktionspsychose) vorliegt.

Nicht nur die Vorentscheidungen des Untersuchers enthalten das Risiko einer Fehleinschätzung, sondern auch die angewandten Verfahren. Kein Test ist absolut sicher, d.h. völlig reliabel oder gar valide. Dennoch können die mit ihm erzielten Ergebnisse in der Richtigkeit oft neben den ohne Testhilfen erworbenen Beurteilungen durch Fachleute (zwischen 50 und 75% Übereinstimmung) selbst dann bestehen, wenn sie von Nichtfachleuten wie Studenten höherer Semester erhoben und interpretiert werden. Letztlich darf man aber von Tests ebenfalls nicht die Erfüllung des Ideals der absolut sicheren Diagnose und Schweregradeinschätzung von psychischen Störungen erwarten, die — wie verschiedene Studien übereinstimmend zeigten (J. Jakubaschk, J. Werner, 1974, 1976; R. E. Tarter, D. I. Templer, C. Tarty, 1975) — selbst dem Fachmann versagt ist.

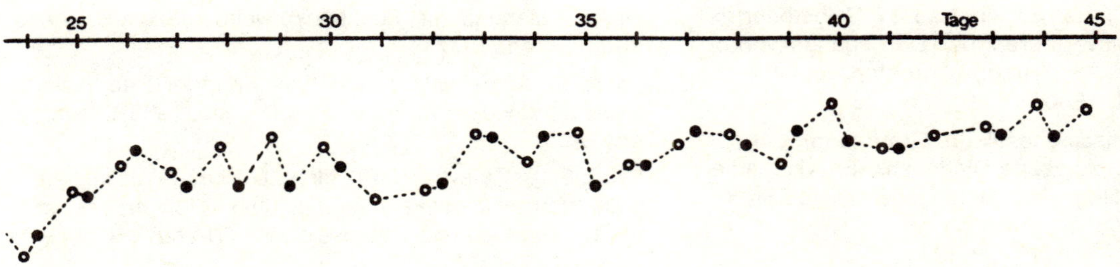

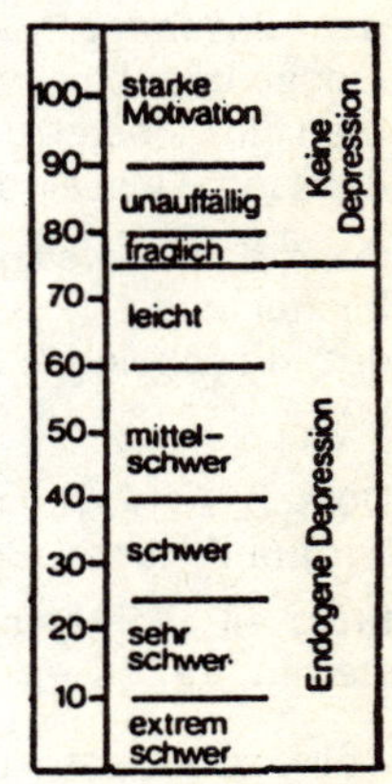

Abb. 11: Verlauf einer endogenen Depression, gemessen mit dem Leistungstest für endogene Depressionen LtD (aus: A. Gallwitz, J. U. Brückmann, 1979)

Literaturverzeichnis

Belegliteratur

Abraham, H., H. J. Koenig: Measurement of Information Psychological Capacities by Microprocessor. In: Proceedings of the 10th International Congress on Cybernetics. Association International Cybernetique: Namur, 1984

Blaha, L.: Zur psychopathometrischen Erfassung der leichten zerebrovaskulären Insuffizienz. In: Fischer, B. (Hrsg.): Erste Klausenbacher Gesprächsrunde: Frühgeriatrie. Diagnostische und therapeutische Aspekte. Cassella Riedel: Frankfurt/M., 1980

Blaha, L.: Klinische Aspekte der Differenzierung depressiver Zustandsbilder im Alter. In: Fischer, B., S. Lehrl (Hrsg.): Differentialdiagnose Depression — beginnende sowie chronische zerebrovaskuläre Insuffizienz. Pharmazeutische Verlagsgesellschaft: München, 1982

Blaha, L.: Klinische Ergebnisse zerebral wirksamer Medikamente in der Geriatrie. In: Böhlau, V. (Hrsg.): Altern: Körperliches und geistiges Training — medizinische Therapie. Schattauer: Stuttgart-New York, 1984

Brückmann, J.-U.: Differentialtherapeutische Ansätze zu depressiven Syndromen im höheren Lebensalter. In: Fischer, B., S. Lehrl (Hrsg.): Differentialdiagnose Depression — beginnende sowie chronische zerebrovaskuläre Insuffizienz. Pharmazeutische Verlagsgesellschaft: München, 1982

Brückmann, J.-U., L. Blaha: Zur Problematik der psychopathometrischen Erfassung leichterer Formen der zerebralen Hypoxidose. In: Lechner, H., G. Ladurner, E. Ott (Hrsg.): Klinik, Diagnostik und Therapie zerebraler Abbauprozesse. Straube: Erlangen, 1984

Burkard, G., L. Blaha: Empirische Untersuchungen über den Zusammenhang der Ergebnisse in Selbstbeurteilungs- und Leistungsverfahren bei Durchgangssyndromen. In: Oesterreich, K. (Hrsg.): Gerontopsychiatrie 8. Janssen: Düsseldorf, 1980

Conrad, W.: Intelligenzdiagnostik. In: Groffmann, K.-J., L. Michel (Hrsg.): Psychologische Diagnostik. Enzyklopädie der Psychologie. Hogrefe: Göttingen-Toronto-Zürich, 1983

Dorsch, F.: Psychologisches Wörterbuch. Meiner: Hamburg und Huber: Bern, 1956, 6. neubearb. erw. Aufl.

Erzigkeit, H.: Manual zum Syndrom-Kurztest. Vless: Vaterstetten, 1977

Gallwitz, A., J.-U. Brückmann: Verlaufsbeurteilung einer zyklothymen Depression mit Hilfe eines Leistungstests. Psycho 4 (1978) 471-477

Hofstätter, P. R.: Gruppendynamik. Kritik der Massenpsychologie. Rowohlt Taschenbuch Verlag: Hamburg, 1957

Huffmann, G.: Erkennung und Behandlung depressiver Zustände. Fortschr. Neurol. Psychiat. 47 (1979) 520-537.

Jakubaschk, J., J. Werner: Übereinstimmung bei der Charakterisierung und Möglichkeiten zur Abgrenzung von zehn psychiatrischen Diagnosen. Soc. Psychiatr. 9 (1974) 47-59

Jakubaschk, J., J. Werner: Konzepte psychiatrischer Diagnosen — eine Ergänzungsuntersuchung zur Reliabilität psychiatrischer Diagnosen. Arch. Psychiat. Nervenkr. 223 (1976) 45-58

Lehrl, S.: Depressive Bilder und Schweregrade der zerebrovaskulären Insuffizienz. In: Fischer, B., S. Lehrl (Hrsg.): Differentialdiagnose Depression — beginnende sowie chronische zerebrovaskuläre Insuffizienz. Pharmazeutische Verlagsgesellschaft: München, 1982

Lehrl, S., H.-H. Fuchs, H. Erzigkeit, G. Nusko, H. Schumacher, J. Lugauer: Verlaufsdarstellung von Funktionspsychosen. Münch. med. Wschr. 121 (1979) 1291-1294

Lehrl, S., H.-H. Fuchs, J. Lugauer, H. Schumacher, G. Nusko: Manual zur Funktionspsychose-Skala-B. Vless: Vaterstetten, 1977

Lehrl, S., A. Gallwitz: Manual zur Erlanger Depressions-Skala EDS. Vless: Vaterstetten-München, 1983, 2. verb. u. erw. Aufl.

Lehrl, S., A. Gallwitz, H. Erzigkeit, L. Blaha: Warum liefern Selbstbeurteilungsskalen ein falsches Bild vom Therapieverlauf endogener Depressionen? Therapiewoche 28 (1978) 4150-4159

Lehrl, S., A. Gallwitz, G. Nusko, G. Burkard: Warum geben Selbstbeurteilungs-Verfahren schwere Depressionen falsch wieder? Therapeutische Umschau / Revue therapeutique 34 (1977) 687-693

Lehrl, S., A. Gallwitz, R. Straub, B. Straub, W. Kinzel: Manual zum Leistungstest für endogene Depressionen (LtD). Vless: Vaterstetten-München, 1979

Spörl, G., S. Lehrl, W. Kinzel, H. Erzigkeit, V. J. Galster: Ein Selbstbeurteilungsverfahren für leichte Durchgangs-Syndrome. Psycho 4 (1978) 464-470

Tarter, R. E., D. I. Templer, C. Tarty: Reliability of the Psychiatric Diagnosis. Dis. Nerv. Syst. 36 (1975) 30-31

Teigeler, R., L. Pieprzyk: Testing Information Psychological Capacities Under Hospital and Home Conditions. In: Proceedings of the 10th International Congress on Cybernetics. Association International Cybernetic: Namur, 1984

Weidenhammer, W., B. Fischer: Ein Selbstbeurteilungsverfahren zur Erfassung leichter Formen der cerebralen Insuffizienz. Rom. J. Gerontol. Geriat. (1986) im Druck

Wieck, H. H.: Lehrbuch der Psychiatrie. Schattauer: Stuttgart, 1967

Wieck, H. H.: Lehrbuch der Psychiatric. Schattauer: Stuttgart-New York, 1977, 2. völl. neu bearb. Aufl.

Weiterführende Literatur

Brickenkamp, R.: Handbuch psychologischer und pädagogischer Tests. Hogrefe: Göttingen, 1975

Brickenkamp, R.: Handbuch psychologischer und pädagogischer Tests. 1. Ergänzungsband. Hogrefe: Göttingen, 1983

Dieterich, R.: Psychodiagnostik. Reinhardt: München-Basel, 1977, 2. Aufl.

Dorsch, F.: Psychologisches Wörterbuch. Huber: Bern, 1982, 10. Aufl.

Drenth, P. J. D.: Der Psychologische Test. Eine Einführung in seine Theorie und Anwendungen. Barth: München, 1969

Fahrenberg, J.: Psychologische Testverfahren. Med. Klin. 72 (1977) 825-839

Fischer, G. H.: Einführung in die Theorie psychologischer Tests. Huber: Bern-Stuttgart, 1974

Göllner, R.: Psychodiagnostische Tests. Eine Einführung für Mediziner unter besonderer Berücksichtigung der Diagnostik in der Psychotherapie. Vandenhoeck & Ruprecht: Göttingen, 1975

Groffmann, K.-J., L. Michel (Hrsg.): Psychologische Diagnostik. Band 1-4. Enzyklopädie der Psychologie. Hogrefe: Göttingen-Toronto-Zürich, 1983

Hartung, H. G.: Der Beitrag der Klinischen Psychologie im Rahmen des forensisch-psychiatrischen Gutachtens. In: Eisen, G. (Hrsg.): Handwörterbuch der Rechtsmedizin für Sachverständige und Juristen, Band 3. Enke: Stuttgart, 1977

Heiss, R. (Hrsg.): Psychologische Diagnostik. Handbuch der Psychologie, Band 6. Hogrefe: Göttingen, 1964

Hiltmann, H.: Kompendium der psychologischen Tests. Huber: Bern-Stuttgart-Wien, 1977, 3. neubearb. verb. Aufl.

Horst, P.: Messung und Vorhersage. Eine Einführung in die psychologische Testtheorie. Beltz: Weinheim, 1971

Jüttemann, G. (Hrsg.): Neue Aspekte klinisch-psychologischer Diagnostik. Hogrefe: Göttingen-Toronto-Zürich, 1984

Lienert, G. A.: Testaufbau und Testanalyse. Beltz: Weinheim, 1969, 3. Aufl.

Magnusson, H.: Testtheorie. Deuticke: Wien, 1975, 2. Aufl.

Mombour, W.: Verfahren zur Standardisierung des psychopathologischen Befundes. Psychiatria Clinica 5 (1972) 73-120, 135-157

Neumann, J., G. Greger, E. Littmann, J. Ott: Psychiatrischer Untersuchungskurs. VEB Georg Thieme: Leipzig, 1981

Schmidt, L. R. (Hrsg.): Lehrbuch der Klinischen Psychologie, Band 1. Enke: Stuttgart, 1984, 2. Aufl.

Schmidtchen, S.: Psychologische Tests für Kinder und Jugendliche. Hogrefe: Göttingen, 1975

Seidel, K., H. Szewczyk (Hrsg.): Psychopathologie. Aspekte einer Neubesinnung. VEB Deutscher Verlag der Wissenschaften: Berlin, 1978

Testfibel: Psychodiagnostische Verfahren. Verstreute Sammlung von Arbeiten verschiedener Autoren in der Ärztlichen Praxis 30 (1978)

Weise, G.: Psychologische Leistungstests, Band 1. Hogrefe: Göttingen, 1975

Aufbau der Einzeldarstellungen der Testverfahren

Die Testübersichten sind alle gleich gegliedert.

Im oberen Teil einer jeden Testübersicht befindet sich ein Fenster zur Orientierung über

— Gültigkeitsanspruch
— Verfahrenstyp und Geltungsbereich
— Anspruch auf Wiederholbarkeit
— Normen
— Abnahmedauer
— Parallelformen
— Empirische Belege zu behaupteten Eigenschaften

Die Testübersichten sind alle gleich gegliedert. Jeweils oben steht die Normalbezeichnung des jeweiligen Verfahrens und darunter die Abkürzung. Hierbei haben wir uns möglichst an die von den Autoren vorgeschlagenen oder in der täglichen Anwendungspraxis eingespielten Kurzbezeichnungen gehalten. Soweit uns keine Abkürzungen bekannt waren, haben wir meistens die ersten Buchstaben der Wörter in der Normalbezeichnung aneinandergesetzt.

Mehrmals traten Verfahren mit gleichen Kurzbezeichnungen auf (z.B. Syndrom-Test, Szondi-Test). In diesen Fällen haben wir die Buchstaben zur Unterscheidung auch durch Bindestriche getrennt (ST, S-T).

Unter den Testbezeichnungen sind der Autor und gegebenenfalls der deutsche Bearbeiter angeführt.

Fenster

Ebenfalls im oberen Teil befindet sich ein Fenster zur schnelleren Orientierung über wichtige Aspekte der Verfahren. Am Anfang steht jeweils der mit dem Verfahren verbundene Gültigkeitsanspruch. Bei vielseitig angewandten Tests haben wir die medizinisch gefärbten Validitätsansprüche hervorgehoben. In der darauffolgenden Zeile werden Verfahrenstyp und Geltungsbereich gekennzeichnet.

Die dritte Zeile enthält orientierende Angaben zur Wiederholbarkeit der Untersuchungen oder zu Erhebungen mit dem betreffenden Verfahren. Dabei wird nur der Anwendungsanspruch wiedergegeben: Dazu wurden Angaben des Autors und auch publizierte Anwendungen und Testwiederholungen, aber nicht die empirisch-methodisch gestützte Rechtfertigung berücksichtigt. Wir unterschieden zwischen einmaligen, mehrmaligen und Verlaufsuntersuchungen. Letztere stehen für Verfahren, die innerhalb Stunden oder wenigen Tagen wiederholt abgenommen werden können. Sind sie nur im Zeitbereich von Wochen oder Monaten durchführbar, wurden sie als für »mehrmalige Untersuchungen« geeignet beurteilt.

Die anschließende Angabe, ob Normen vorliegen, soll nur darauf hinweisen, ob Anhaltspunkte für die Interpretation der Testergebnisse gegeben sind. Und zwar sollte einem Resultat, gewöhnlich einer Punktzahl, eine Einordnungshilfe zugeordnet sein, beispielsweise »bei weniger als 45 Punkten ist nicht auf eine depressive Symptomatik zu schließen«. Ob diese Zuordnung auf der Grundlage empirischer Untersuchungen vorgeschlagen wird oder nicht, spielt bei dieser Angabe noch keine Rolle.

Des weiteren ist die Abnahmedauer angegeben, wie sie entweder der Testautor oder andere, die mit dem Verfahren Erfahrung gesammelt hatten, veröffentlicht haben. Liegen derartige Zeitschätzungen nicht vor, wurde diese Angabe, auch wenn wir die Zeitdauer etwa nach der Testlänge einschätzen könnten, weggelassen. Die Abnahmedauer sollte möglichst nicht nur die Zeit der Anweisung und Durchführung, sondern auch die der Auswertung umfassen.

Waren uns zu einem Verfahren weitere Formen bekannt (dies sind überwiegend Parallelformen, wie sie für Wiederholungsuntersuchungen eingesetzt werden können), wurde dies in der nachfolgenden Zeile angeführt.

Die letzten Zeilen im »Fenster« gelten den empirisch gestützten Angaben zu Reliabilität, Validität und Wiederholbarkeit des Verfahrens. Wenn empirisch ermittelte Normen für das Verfahren vorliegen, wurde dies ebenfalls vermerkt.

Testbeschreibung

Die Testbeschreibungen sind in die vier Abschnitte
- Anwendung
- Aufbau
- Gütewerte
- Literatur

unterteilt.

Anwendung

Sämtliche Übersichten beginnen mit der Darstellung des Verfahrenstyps und des mit ihm verbundenen Gültigkeitsanspruches. Danach sind die Anwendungsgebiete, der Geltungsbereich, die Abnahmedauer und Besonderheiten angeführt.

Aufbau

Unter dem nächsten Gliederungspunkt »Aufbau« werden die Anzahlen der kleinsten Testeinheiten, der Items (Fragen, Feststellungen, Aufgaben), Itembeispiele und Beantwortungsmöglichkeiten wiedergegeben. Die Auswertung wird weniger ausführlich behandelt, da ihre detaillierte Darstellung erst im Zusammenhang mit dem gesamten vorliegenden Verfahren von Interesse sein dürfte. Der Auswertung haben wir demnach keinen eigenen Abschnitt gewidmet.

Gütewerte

Im anschließenden Teil werden empirisch ermittelte Untersuchungsergebnisse angeführt, um einen Eindruck von den jeweiligen praktisch erworbenen und mitgeteilten Erfahrungen zu vermitteln.

Literatur

Der letzte Abschnitt enthält Angaben der Literaturstellen, an denen das jeweilige Verfahren veröffentlicht wurde, außerdem wichtige empirische Arbeiten oder kürzlich erschienene Anwendungsbeispiele. Falls bereits viele publiziert waren, wie beim MMPI (s. dort), zu dem 1972 nach O. K. BUROS schon über 3000 Arbeiten vorgelegen haben sollen, haben wir nur deutsche, vorwiegend in medizinischen Zeitschriften oder Büchern veröffentlichte Arbeiten angegeben. Ebenso sind hin und wieder Sekundärquellen angeführt, in denen das Verfahren ausführlich beschrieben wurde.

Übersicht der Erhebungsverfahren

in alphabetischer Reihenfolge der Kurzbezeichnungen

Abkürzung	Bezeichnung	Autor (deutscher Bearbeiter)	Seite
HAMA	Hamilton-Angst-Skala	Hamilton	133
HAMD	Hamilton-Depressions-Skala	Hamilton	135
HANES	Hamburger Neurotizismus- und Extraversionsskala	Buggle, Baumgärtel	137
HAWIE	Hamburg-Wechsler-Intelligenztest für Erwachsene	Wechsler, D.	138
HAWIK	Hamburg-Wechsler-Intelligenztest für Kinder	Wechsler, D. (Hardesty, Priester)	141
HD-S	Hamburger D-Skala	v. Kerekjarto	143
HESTIBAR	Hamburg-Erlanger Stimmungsbarometer	Upmeyer, Schmidt, Weidenhammer	144
HET	Hemmungs-Enthemmungs-Test	Daun, Habeck, Fechter	145
H-Skala	Kurzfragebogen für Hoffnungslosigkeit	Krampen	146
HIS	Hachinski-Ischämie-Skala	Hachinski (Wagner, Oesterreich, Hoyer)	147
Ho-Skalen	Hostilitäts-Skalen	Bottenberg	149
HT	Hemmungstest	Lutz, Wieck	150
HtE	Händigkeitstest für Erwachsene	Suchenwirth, Ferner, Horn	152
HZI	Hamburger Zwangsinventar	Zaworka, Hand, Sauernig, Lünenschloss	153
IMPS	Mehrdimensionale Psychiatrie-Skala für stationäre Patienten	Lorr, Klett, McNair, Lasky (Flegel, Mäder)	154
KAI	Kurztest für allgemeine Intelligenz	Lehrl, Gallwitz, Blaha	156
KFA	Kurzfragebogen für Alkoholgefährdete	Feuerlein, Küfner, Ringer, Antons	159
KFEAP	Kurzfragebogen zur Erfassung akzentuierter Persönlichkeiten	Littmann, Schmieschek	160
KLT	Konzentrations-Leistungs-Test	Düker, Lienert	162
KQS	Kurzform des Persönlichkeits-Q-Sort	Helm	163
LbA	Liste der biographischen Adaptationsleistungen	Holmes, Rahe (Schüffel)	164
LSI	Skala zur Messung der Lebenszufriedenheit im höheren Lebensalter	Wiendieck	165
LtD	Leistungstest für Endogene Depressionen	Lehrl, Gallwitz, Straub, R., Straub, B., Kinzel	166
MCS	Münchner Komaskala	Brinkmann, v. Cramon, Schulz	168
MMPI-Saarbrücken	Minnesota Multiphasic Personality Inventory	Hathaway, McKinley (Spreen)	169

Abkürzung	Bezeichnung	Autor (deutscher Bearbeiter)	Seite
MWT-B	Mehrfachwahl-Wortschatz-Intelligenztest	Lehrl	171
NAI	Nürnberger-Alters-Inventar	Oswald, Fleischmann	173
NGI	Nurses' Global Impressions	National Institute of Mental Health (CIPS)	175
NK-F	Normkenntnisfragebogen	Fröhlich	176
NOSIE	Nurses' Observation Scale for Inpatient Evaluation	Honigfeld, Gillis, Klett (CIPS)	177
PD-S	Paranoid-Depressivitäts-Skala	v. Zerssen	179
PFT	Picture-Frustration-Test	Rosenzweig (Duhm, Hansen, Hörmann, Moog)	181
PIT	Persönlichkeits-Interessen-Test	Mittenecker, Toman	183
PLUT	Plutchik Geriatrische Beurteilungs-Skala	Plutchik, Conte, Lieverman, Bakur, Grossman, Lehrman (CIPS)	184
PMR	Prior Medication Record	National Institute of Mental Health (CIPS)	185
PSE	Present State Examination	Wing, Cooper, Sartorius (v. Cranach)	186
PSS25	Persönlichkeits-Skalen System 25	Hehl, F.-J., Hehl, R.	188
PTR	Patient Termination Record	National Institute of Mental Health (CIPS)	190
RAS	Risikoliste zur Abschätzung der Suizidalität	Pöldinger	191
RFT	Recurring-Figures-Test	Kimura (Hartje, Rixecker, Lehmkuhl, Büssing)	192
RMSS	Revidierte Mehrdimensionale Schmerzskala	Cziske, Lehrl, Blaha	193
Rorschach-Test	Rorschach-Formdeuteverfahren	Rorschach	195
SA-Skalen	Braunschweiger Selbstaktualisierungsskalen	Bottenberg	197
SAS	Selbstbeurteilungs-Angst-Skala	Zung	199
SB	Stuttgarter Bogen	Lermer, Ermann	200
SCL-90-R	Symptom-Check-Liste	Derogatis (CIPS)	201
SDS	Selbstbeurteilungs-Depressions-Skala	Zung	203
SES	Adjektiv-Skalen zur Einschätzung der Stimmung	Hampel	205
SF-A / SF-B	Schlaffragebogen A und B	Görtelmeyer	206
SKT	Syndrom-Kurztest	Erzigkeit	207

Übersicht der Erhebungsverfahren

nach Anwendungsgebieten

- Inter- und intraindividuelle Differenzen im Normalbereich
- Abnorme Varianten
- Endogene Psychosen
- Hirnorganisch begründbare Syndrome und Symptome
- Unspezifische Syndrome und Symptone
- Umfassende Verfahren (Breitbandverfahren)
- Zusatzverfahren

Verfahren für inter- und intraindividuelle Differenzen im Normalbereich

Über die Anwendung in der Psychiatrie hinausgehende Verfahren

Intelligenz

- aktuell verfügbar
- prä- und postmorbid

Gedächtnis

Aufmerksamkeit, Konzentration,
allgemeine psychische Leistungsfähigkeit

Persönlichkeit
Emotionen, Streßreaktion

---

* = für Verlaufsuntersuchungen geeignet

Intelligenz	**Leistungstests:**	
	CFT3	Allgemeine, insbes. fluide Intelligenz
	FRT	Allgemeine, insbes. fluide Intelligenz
	HAWIE	Allgemeines Intelligenzniveau, Oligophrenie
	HAWIK	Allgemeines Intelligenzniveau, Oligophrenie bei Kindern und Jugendlichen
	*KAI	Informationspsychologische Grundgrößen der Intelligenz
	MWT-B	Prä- und postmorbides allgemeines Intelligenzniveau
	SPM	Allgemeine, insbes. fluide Intelligenz
	WIP	Allgemeines Intelligenzniveau
	*ZVT	Sprachfreier Intelligenzschnelltest
Gedächtnis/ Aufmerksamkeit/ Konzentration/ allgemeine psychische Leistungsfähigkeit	**Leistungstests:**	
	*AD-Test	Aufmerksamkeit
	*d2-Test	Aufmerksamkeit und Konzentration
	*KLT	Konzentration und Belastbarkeit
	VFT	Unmittelbares Konfigurationsgedächtnis
	VmL	Verfahren für mnestische Leistungsschwäche
Persönlichkeit	**Selbstbeurteilungsverfahren:** (Objektive Verfahren)	
	EPI	Neurotizismus und Extraversion
	FPI	Wichtige Persönlichkeitsdimensionen
	*FSKN	Differenzierung von Selbstkonzepten
	*GT	Selbst- und Fremdbild der Persönlichkeit
	HANES	Neurotizismus und Extraversion bei Kindern und Jugendlichen
	*KQS	Selbst- und Idealbild, Selbstzufriedenheit
	MMPI	Alle wesentlichen Persönlichkeitsbereiche
	PIT	Persönlichkeit und Interessen
	PSS25	Persönlichkeitseigenschaften, Psychoneurose
	SA-Skalen	Persönlichkeitsstruktur anhand von Selbstaktualisierungskonzepten
	*SSF	Selbstsicherheit als Persönlichkeitseigenschaft
	Formdeuteverfahren: (Projektive Verfahren)	
	Rorschach	Persönlichkeitsstruktur, Störung der Erlebnisverarbeitung
	TAT	Dominante Triebe, Gefühle, Gesinnungen, Komplexe, Konflikte

Emotionen/ Streßverarbeitung

Selbstbeurteilungsverfahren:

*BELA	Individuelle Neigung, auf Belastungssituationen zu reagieren
*EMI	Verschiedene Emotionen
PFT	Richtung und Art von Aggressionen
*SB	Reaktive Emotionalität, Aktivität und Selbststärke
*SES	Augenblickliche Stimmungslage
SR-K	Streßreagibilität
SVF	Streßverarbeitung als habituelles Persönlichkeitsmerkmal
SWI-2F	Stimmungsfaktoren Verzweiflung und Frohheit

Abnorme Varianten

Minderbegabung, Oligophrenie

Persönlichkeitsabweichung

- Psychopathie
- Neurose

Psychosomatische Störung

Abnormer psychischer Zustand

Aggression, Aggressivität

Sonstiges (Leidensdruck, Suggestibilität usw.)

---

* = für Verlaufsuntersuchungen geeignet

Minderbegabung / Oligophrenie	**Leistungstests:**	
	BGT	Minderbegabung, hirnorganische Schädigung
	EBS	Minderbegabung, allgemeine Intelligenz
	TBGB	Geistige Behinderung und Lernbehinderung bei Kindern
Persönlichkeitsabweichungen / Psychopathie	**Selbstbeurteilungsverfahren:**	
	EPI	Neurotizismus und Extraversion
	KFEAP	Akzentuierte Persönlichkeiten
	MMPI	Entsprechende Subskalen der Persönlichkeit
	SA-Skalen	Persönlichkeitsstruktur anhand von Selbstaktualisierungskonzepten
Neurose / Denk- und Handlungszwang / Psychosomatische Störung	**Selbstbeurteilungsverfahren:**	
	*ASI	Affektive und somatische Angst
	BEB	Körperlich-funktionelle und psychische Beschwerden
	*EMI	Kontrolle reaktionsspezifischer emotionaler Veränderungen
	EPI	Neurotizismus und Extraversion
	FPI	Wichtige Persönlichkeitsdimensionen
	BFB	Neurosenrelevante Beschwerden
	*GBB	Psychosomatische Beschwerdenkomplexe
	HZI	Denk- und Handlungszwänge
	MMPI	Entsprechende Subskalen der Persönlichkeit
	PSS25	Persönlichkeitseigenschaften, Einstellung zu psychosomatischen Störungen
	VFB	Gestörte Personen- und Umweltbeziehungen
Abnormer psychischer Zustand	**Selbstbeurteilungsverfahren:**	
	*APZ	Abnorme psychische Zustände
	DAE-Skala I	Subjektive Veränderungen durch Halluzinogenwirkungen
	KFA	Alkoholgefährdung, Alkoholismus
	Fremdbeurteilungsverfahren:	
	*DRS	Schwere des Delirs
Aggression / Aggressivität	**Selbstbeurteilungsverfahren:**	
	AFGB	Auto- und heteroaggressives Verhalten
	Ho-Skalen	Aggressivität als Persönlichkeitseigenschaft
	PFT	Verbal-thematisches Verfahren, Richtung und Art von Aggressionen

Sonstiges	**Selbstbeurteilungsverfahren:**	
	SLMP	Leidensdruck, Motivation zur Psychotherapie
	*GRP_{20}	Erlebensdimensionen in Selbsterfahrungsgruppen
	SPS	Hypnotisierbarkeit
	S-S-G	Einstellung zu Schwangerschaft, Sexualität und Geburt
	WST	Suggestibilität, Glaubwürdigkeit kindlicher Zeugen
	NK-F	Normkenntnis, Schuldfähigkeit jugendlicher Straftäter

Endogene Psychosen

Zyklothymie / Depression
Schizophrenie

* = für Verlaufsuntersuchungen geeignet

Zyklothymie / Depression

Selbstbeurteilungsverfahren:

*BDI	Intensität der Depression
DI	Offene und larvierte Depression
*D-S	Ängstlich-depressive Stimmung
*EDS	Depressive Stimmung und Einschränkung der Expansivität
*ESTA	Psychotische Prozesse, Verstimmung und Antrieb
*HD-S	Depressive Symptomatik
MMPI	Depressivität, Hypochondrie, Hemmung, Manie
*SDS	Depressive Symptomatik

Fremdbeurteilungsverfahren:

DPI	Depressive Symptomatik
*DSI	Depressive Zustände
*HAMD	Schweregrad depressiver Syndrome
*WDF	Ausprägung der Depressivität
*AMDP	Breiter Merkmalsbereich psychischer Störungen

Leistungstests:

*HT	Hemmung bei zyklothymer Depression
*LtD	Schweregrade endogener Depression
HET	Hemmung und Enthemmung im Rahmen von Zyklothymien

Schizophrenie

Selbstbeurteilungsverfahren:

*ESTA	Psychotische Prozesse, Verstimmung und Antrieb
MMPI	Entsprechende klinische Subskalen
*PD-S	Paranoide und ängstlich-depressive Symptomatik

Fremdbeurteilungsverfahren:

*AMDP	Breiter Merkmalsbereich psychischer Störungen
BPRS	Allgemeine psychische Symptome, insbes. Schizophrenie
*NOSIE	Verhaltensbeurteilung hospitalisierter Patienten

Formdeuteverfahren:

Rorschach	Störungen der Erlebnisverarbeitung
ST	Psychopathologische Persönlichkeitsstruktur im Sinne von Szondis Schicksalsanalyse

Hirnorganisch begründbare Syndrome und Symptome

Psychische Symptomatik bei hirnorganischer Störung oder Schädigung

Gesamtsyndrom
Minderung verschiedener Leistungen
Neuropsychiatrische Lokalsyndrome

* = für Verlaufsuntersuchungen geeignet

Gesamtsyndrom / (Organisches Psychosyndrom / Cerebrale Insuffizienz/ Demenz / Psychisches Akutsyndrom / Psychisches Defektsyndrom u.ä.)

Leistungstests:

c.I.-Test	Geringgradige cerebrale Insuffizienz
*FPSB	Mittelschwere bis schwerste Psychische Akutsyndrome (Funktionspsychosen)
*SKT	Leichte bis mittelschwere Psychische Akutsyndrome (Funktionspsychosen)
*S-T	Leichte bis schwere Psychische Akutsyndrome (Funktionspsychosen)
*MCS	Schwere und schwerste Organische Psychosyndrome, Vigilanzstörungen
*B-T	Visuelle Merkfähigkeit, hirnorganische Störung
GFT	Hirnschädigungen
*MCS	Komatöser Zustand, Aufmerksamkeitsstörungen bei cerebraler Insuffizienz
BGT	Minderbegabung, hirnorganische Schädigung

Fremdbeurteilungsverfahren:

*AGP-System	Breiter Merkmalsbereich psychischer Alterserkrankungen
E-F	Enzephalopathie-typisches Verhalten
*19-FT	Relevanzthematik bei Funktionspsychosen
HIS	Differentialdiagnose dementieller Erkrankungen
PLUT	Verhalten und psychischer Zustand geriatrischer Patienten

Leistungs- und Selbstbeurteilungsverfahren:

DT	Psychisches Defektsyndrom

Umfassende Testbatterien:

TÜLUC	Differentialdiagnose neuropsychologischer Störungen
*NAI	Testbatterie zur Messung kognitiver Leistungskomponenten, Befindlichkeit, Einstellung zum Alter, Verhaltensbeobachtung im Alter

Minderung verschiedener Leistungen

Leistungstests:

*AD-Test	Aufmerksamkeit
BT	Amnestischer Symptomenkomplex
DCS	Persönlichkeits- und Leistungsbereich
RFT	Nicht-verbale Merkfähigkeit bei Hirnschädigung
EBS	Minderbegabung, Intelligenzdefekte
TBGB	Geistige Behinderung, Lernbehinderung bei Kindern
VFT	Unmittelbares Konfigurationsgedächtnis

Lokalsyndrom/ sonstige neuropsychiatrische Syndrome oder Symptome	**Leistungstests:**	
	HtE	Grad der Händigkeit
	TT	Erfassung von Aphasien
	Fremdbeurteilungsverfahren:	
	AAT	Schweregrad aphasischer Störungen
	EPS	Extrapyramidale Syndrome

Unspezifische Syndrome und Symptome

Depressive Syndrome
Suizidalität
Angstsyndrome
Befindlichkeitsstörungen
Beschwerden
Sonstiges
- Hoffnungslosigkeit
- Lebensunzufriedenheit
- Schlafstörungen
- Schmerz

* = für Verlaufsuntersuchungen geeignet

Depressive Syndrome **(siehe Endogene Psychosen: Zyklothymie)**

Suizidalität

Fremdbeurteilungsverfahren:

RAS	Abschätzung der Suizidalität

Selbstbeurteilungsverfahren:

FBS	Suizidal-depressives Persönlichkeitsbild

Angstsyndrome

Fremdbeurteilungsverfahren:

*ASI	Affektive und somatische Angst
HAMA	Angstzustände

Selbstbeurteilungsverfahren:

*EAS	Angst- und Spannungszustand
*HESTIBAR	Angst, Erregung, Antriebsverlust
*SAS	Angstsymptome bei psychischer Erkrankung
*STAI	Angst als Zustand und als Eigenschaft

Befindlichkeitsstörungen

Selbstbeurteilungsverfahren:

*Bf-S	Befindensstörungen
*EWL-K	Verschiedene Aspekte der Befindlichkeit

Beschwerden / Klagsamkeit

Selbstbeurteilungsverfahren:

*B-L	Subjektive Beschwerden
BEB	Körperlich-funktionelle und psychische Beschwerden
BFB	Neurosenrelevante Beschwerden
FBL-G	Subjektiv erlebte körperliche Beschwerden
*GBB	Psychosomatische Beschwerdekomplexe
*HESTIBAR	Verschiedene Beschwerdekomplexe

Sonstiges

Selbstbeurteilungsverfahren:

H-Skala	Hoffnungslosigkeit
LSI	Lebenszufriedenheit im höheren Lebensalter
*SF-A / SF-B	Schlafqualität und Befindlichkeit
*RMSS	Schmerzqualitäten und -quantitäten

Umfassende Verfahren (Breitbandverfahren)

Verfahren für ein breites Spektrum psychischer Störungen

* = für Verlaufsuntersuchungen geeignet

Interview-/ Anamnese-/ Dokumentations-verfahren

Fremdbeurteilungsverfahren:

*AGP-System	Breiter Merkmalsbereich psychischer Alterserkrankungen
*AMDP-System	Breiter Merkmalsbereich psychischer Störungen
CGI	Klinischer Gesamteindruck
*FSCL	Psychopathologische Symptomatik bei verschiedenen psychiatrischen Erkrankungen
*IMPS	Multidimensionale Psychiatrische Skalen
LbA	Biographische Adaptationsleistungen, Neigung zu Krankheiten
NGI	Änderungen globaler psychischer Störungen
*NOSIE	Verhaltensbeurteilung hospitalisierter Patienten
BPRS	Allgemeine psychische Symptome hospitalisierter Patienten
PLUT	Verhalten und psychischer Zustand geriatrischer Patienten
PSE	Breites Spektrum psychopathologischer Symptome
*WPRS	Breites Spektrum psychopathologischer Symptome

Selbstbeurteilungsverfahren:

BIV	Erkennen von Verhaltensstörungen
MMPI	Alle wesentlichen Persönlichkeitsbereiche
SCL-90R	Neun psychiatrische Symptomgruppen

Zusatzverfahren

Verfahren für

- soziale, demographische Anamnese
- Begleiterscheinungen
- frühere Medikamenteneinnahmen
- Therapieeffekt

* = für Verlaufsuntersuchungen geeignet

Anamnese-/ Dokumentationsverfahren

Fremdbeurteilungsverfahren:

APDI	Soziale, demographische und spezielle Anamnese des Patienten
*DOTES	Applikationsmodus und Begleitsymptome bei medikamentöser Behandlung
PMR	Dokumentation früherer Medikamenteneinnahmen
PTR	Abschlußbericht bei Medikamentenprüfungen
*STESS	Somatische, psychosomatische Begleiterscheinungen medikamentöser Therapie
*TWIS	Begleitsymptomatik bei medikamentöser Behandlung

Einzeldarstellungen

in alphabetischer Reihenfolge der Kurzbeschreibungen

Aachener Aphasie Test

AAT

Testbatterie zur Erfassung des Schweregrades aphasischer Störungen

Fremdbeurteilung anhand verschiedener sprachlicher Modalitäten

Mehrmalige Untersuchungen

Abnahme etwa 60 bis 90 Minuten

Empirisch gestützt:
- Reliabilität
- Validität
- Wiederholbarkeit

nach W. Huber, D. Weniger, K. Poeck, K. Willmes

Anwendung

Der AAT ist eine Testbatterie zur differenzierten Erfassung aphasischer Störungen. Er dient der Auslese von Aphasie-Patienten aus einer Population von hirngeschädigten Patienten sowie der Differenzierung der vier aphasischen Syndrome, der globalen, Wernicke-, Broca- und amnestischen Aphasie. Die Erfassung der aphasischen Störungen geschieht mit Hilfe verschiedener sprachlicher Modalitäten. Der Schweregrad der Störung wird anhand eines Leistungsprofils bestimmt.

Der AAT eignet sich sowohl für die einmalige Diagnose und Beschreibung aphasischer Syndrome als auch für die wiederholte Anwendung zur kontrollierten Beobachtung des Krankheitsverlaufs.

Für das Alter der Patienten sind keine Beschränkungen angegeben. Eine Untersuchung mit dem AAT beansprucht etwa 60 bis 90 Minuten.

Aufbau

Der AAT umfaßt folgende Untertests:

1. Spontansprache
   Der Untersucher führt mit dem Patienten ein halbstandardisiertes Interview, wobei folgende Aspekte beurteilt werden:
   — Kommunikationsverhalten
   — Artikulation und Prosodie
   — Automatisierte Sprache
   — Semantische Struktur
   — Syntaktische Struktur
   — Phonematische Struktur
2. Token Test nach Orgass (s. dort)
3. Nachsprechen
   Mit zunehmendem Grad an artikulatorischer Schwierigkeit werden Laute, einsilbige Wörter, Fremdwörter, zusammengesetzte Wörter und Sätze zum Nachsprechen vorgegeben.
4. Schriftsprache
   — Lautes Lesen
   — Zusammensetzen nach Diktat
   — Schreiben nach Diktat
5. Benennen
   — Benennen von Objekten durch einfache Wörter
   — Benennen von Farben
   — Benennen von Objekten durch zusammengesetzte Wörter
   — Benennen von Situationen
6. Sprachverständnis
   — Auditives Verständnis für Wörter
   — Auditives Verständnis für Sätze
   — Lesesinnverständnis für Wörter
   — Lesesinnverständnis für Sätze

Für die Bewertung werden Punkteskalen von 0 bis 3 (bzw. 0 bis 5 bei der Beurteilung der Spontansprache) benutzt, wobei 0 den schwersten Grad der Störung bezeichnet. Die Auswertung orientiert sich an festgelegten neurolinguistischen Kriterien und kann als objektiv angesehen werden.

Gütewerte

Normen: Normwerttabellen für die einzelnen Syndrome mit Schweregradabstufung liegen derzeit noch nicht vor. Es sind jedoch Kennwerte der einzelnen Subtests (Median und Bereich, Mittelwert und Streuung) für verschiedene Aphasieformen sowie für Normalpersonen angegeben (K. WILLMES et al., 1980).

Reliabilität: Die Konsistenzkoeffizienten der einzelnen Untertests betragen bei einer Stichprobe von 120 Aphasikern über 0,90. Für die Retest-Reliabilität nach 2 Tagen sind Koeffizienten in der Höhe von 0,86 bis 0,97 angegeben (D. WENIGER et al., 1981).

Validität: Die inhaltliche Validität ist durch die Art der Aufgaben bei dem Krankheitsbild der Aphasie gegeben. Untersuchungen zur differentiellen Validität mit Hilfe von Diskriminanz- und Clusteranalysen ergaben für den Gesamttest 86% richtige Zuteilungen zu den einzelnen Aphasieformen. Eine zufriedenstellende Klassifikation aphasischer Syndrome gelingt bereits aufgrund der Analyse der Spontansprache (Klassifikationsrate 82%).

Wiederholbarkeit: Empirische Belege für die Wiederholbarkeit werden durch die Retest-Ergebnisse erbracht. Bei einem differenzierten Fremdbeurteilungsverfahren wie dem AAT sind keine bedeutsamen Wiederholungseffekte zu erwarten.

Literatur

HUBER, W., D. WENIGER, K. POECK, K. WILLMES: Der Aachener Aphasie Test — Aufbau und Überprüfung der Konstruktion. Nervenarzt 51 (1980) 475-482

WENIGER, D., K. WILLMES, W. HUBER, K. POECK: Der Aachener Aphasie Test — Reliabilität und Auswertungsobjektivität. Nervenarzt 52 (1981) 269-277

WILLMES, K., K. POECK, D. WENIGER, W. HUBER: Der Aachener Aphasie Test — Differentielle Validität. Nervenarzt 51 (1980) 553-560

Alphabetischer Durchstreichtest

AD-Test

nach J. Grünberger

Aufmerksamkeit als Teilaspekt des Kurzzeitgedächtnisses

Leistungsverfahren für Erwachsene

Mehrmalige Untersuchungen

Normen

Abnahme 2 bis 4 Minuten

Empirisch gestützt:
- Reliabilität
- Validität
- Normierung
- Wiederholbarkeit

Anwendung

Der AD-Test ist ein Leistungsverfahren zur Messung der visuellen Aufmerksamkeit, das spezifische Anforderungen an den Kurzzeitspeicher stellt.

Da die Aufgaben relativ einfach sind, kann der AD-Test im Gegensatz zu den meisten anderen Aufmerksamkeits- und Konzentrationstests auch bei Minderbegabten und hirnorganisch Geschädigten durchgeführt werden. Als Anwendungsgebiet werden außer Querschnittuntersuchungen an psychiatrisch unauffälligen und hirnorganisch geschädigten Personen auch Verlaufsuntersuchungen, z. B. im Rahmen von psychopharmakologischen Experimenten, angegeben.

Der Geltungsbereich umspannt 18- bis 60jährige. Das Verfahren kann in Einzel- und Gruppentestungen abgenommen werden. Normalerweise dauert die Abnahme etwa vier Minuten. Für psychopharmakologische Experimente wird die Halbierung der Durchführungszeit angeraten. Bei Testwiederholungen sollen die Vorgaben variiert werden.

Aufbau

Der AD-Test besteht aus 20 Zeilen mit je 40 Buchstaben.

Ausschnitt:

Y A O L U N R O O B N E R Y S E Y
O F A Y P O G R E H L R A O U G N
Y N L O Z Y E G A X Y A E L S A G

Der Patient soll die vier Buchstaben A, N, E und Y, von denen in jeder Zeile 16 stehen, so schnell wie möglich auffinden und durchstreichen. In einer am Kopf des Formulares befindlichen Probezeile kann er sich in diese Aufgabe einüben.

Für jede Zeile erhält der Proband zehn Sekunden Zeit und soll dann auf die nächste Reihe übergehen. Für psychopharmakologische Experimente wird die Halbierung der Zeitspanne auf je fünf Sekunden vorgeschlagen.

Bei der Auswertung werden die »Gesamtmenge« aller bearbeiteten Buchstaben, außerdem die »Gesamtmenge minus Fehlersumme« (falsch angestrichene oder bis zur letzten Bearbeitungsstelle ausgelassene Buchstaben) und die »Schwankungsvariabilität« bestimmt.

Nach Normentabellen können die Rohwerte in Standardwerte transformiert werden.

Gütewerte

Normen: Von 592 deutschsprachigen Normpersonen liegen Eichwerte vor, die nach vier Altersstufen aufgegliedert sind. Nach den Normentabellen lassen sich die Rohpunkte in Standardwerte umsetzen (m = 100, s = 10). Zusätzlich sind Vergleichswerte von verschiedenen psychiatrischen Stichproben veröffentlicht (Alkoholiker; Parkinson-Patienten usw.).

Reliabilität: Als Split-Half-Reliabilität wird $r_{tt} = 0{,}86$ und als Retest-Zuverlässigkeit 0,76 angegeben (J. GRÜNBERGER, 1977).

Validität: Empirische Validierungen an Verfahren mit einem ähnlichen Gültigkeitsanspruch erbrachten: mit dem PAULI-Test r = 0,73 bis 0,76; mit dem d2-Test r = 0,76 (J. GRÜNBERGER, 1977).

Wiederholbarkeit: Die Wiederholbarkeit ergibt sich aus der Retestkorrelation (s. Reliabilität). Dennoch ist wie bei den meisten Leistungsverfahren mit systematischen Wiederholungseffekten zu rechnen. Deshalb sollten Wiederholungen nur bei Stichproben durchgeführt werden, zu denen Werte an Vergleichsgruppen erhoben werden.

Literatur

GERSTENBRAND, F., J. GRÜNBERGER, H. SCHUBERT: Quantitative Testmethoden zur Objektivierung des Effektes einer L-Dopa-Langzeittherapie beim Parkinsonsyndrom. Nervenarzt 44 (1973) 428-322

GRÜNBERGER, J.: Psychodiagnostik des Alkoholkranken. Ein methodischer Beitrag zur Bestimmung der Organizität in der Psychiatrie. Maudrich: Wien-München-Bern, 1977

GRÜNBERGER, J., J. RANEFELD, W. SLUGA: Psychometrische Erfassung entwöhnungsbedürftiger Rechtsbrecher. Psychother. med. Psychol. 26 (1976) 72-84

SALETU, B., J. GRÜNBERGER, M. SALETU, R. MADER, J. VOLAVKA: Treatment of the Alcoholic Organic Brain Syndrome with EMD 21657. Int. Pharmacopsychiat. 13 (1978) 177-192

SALETU, B., H. SCHANDA, J. GRÜNBERGER: The Treatment of Endomorphous and Psychogenic Depressions with a Fixed Combination of Amitriptyline/-Flupenthixol (Lu 7410). Int. Pharmacopsychiat. 11 (1976) 109-128

Aggressionsfragebogen für Geistigbehinderte

AFGB

Auto- und heteroaggressives Verhalten

Fremdbeurteilungsverfahren für Geistigbehinderte

Mehrmalige Untersuchungen

Empirisch gestützt:
- Reliabilität
- Validität
- Normierung
- Wiederholbarkeit

nach W. Hacke, B. Hammerström, K. Jungen, G. Gohla

Anwendung

Der AFGB ist ein Fremdbeurteilungsverfahren zur Erfassung hetero- und autoaggressiven Verhaltens bei geistig behinderten Probanden. Er dient dem weitgehend standardisierten Vergleich aggressiver Verhaltensweisen und soll auch relativ leichtgradige Verhaltensmodifikationen erkennen lassen, wodurch die Effekte therapeutischer Maßnahmen kontrollierbar werden.

Für das Alter der Probanden, der Geistigbehinderten oder Oligophrenen, werden keine Begrenzungen angegeben. Der Fragebogen sei so einfach konzipiert, daß er auch von nichtgeschulten Betreuern und Bezugspersonen der Probanden bearbeitet werden könne. Als Fremdbeurteilungsverfahren kann er nur in Einzeluntersuchungen durchgeführt werden.

Aufbau

Der AFGB umfaßt 48 Items.

Beispiele:
- Item 1: Verliert schnell die Beherrschung
- Item 2: Schlägt ohne Grund andere Patienten
- Item 3: Läßt sich von anderen alles gefallen

Die Items sind jeweils mit ja oder nein zu beantworten.

28 der Items bilden die Skala Heteroaggressivität, 15 Items Autoaggressivität und fünf sind Kontrollitems. Für jede Antwort, die in Richtung Aggressivität geht, wird ein Punkt vergeben. Die Punkte der Subskalen als auch der Gesamtskala können addiert werden. Die Kontrollitems stellen negative Formulierungen der »echten« Items dar. Hieran soll die Konsistenz der Beurteilungen geprüft werden. Bei zwei oder mehr Urteilsinkonsistenzen sollte man von der Verwertung der Fragebogenergebnisse absehen.

Gütewerte

Normen: Zum Vergleich werden Mittelwerte und Standardabweichungen der Gesamtskala und Subskalen von Geistigbehinderten vorgelegt.

Reliabilität: Für die Subskalen und Gesamtskala wurden verschiedene Reliabilitätskoeffizienten ermittelt. Die Split-Half-Reliabilität mit SPEARMAN-BROWN-Korrektur bewegte sich zwischen 0,85 und 0,90. Die Retest-Reliabilität betrug bei 65 als hetero- oder autoaggressiv eingestuften geistig behinderten Personen nach einem zehntägigen Intervall 0,91.

Validität: Die Items sind inhaltlich valide. Die beiden Subskalen korrelierten 0,0, wodurch die Unabhängigkeit angezeigt wird.

Wiederholbarkeit: Empirische Belege der Wiederholbarkeit werden durch die Retest-Ergebnisse (s. Reliabilität) erbracht. Bei derartigen Fremdbeurteilungsverfahren sind auch kaum praktisch bedeutsame Wiederholungseffekte zu erwarten.

Literatur

HACKE, W., B. HAMMERSTRÖM, K. JUNGEN, G. GOHLA: Zur Quantifizierung von Hetero- und Autoaggressivität. Ein Versuch der standardisierten Erfassung aggressiven Verhaltens bei Geistigbehinderten. In: ERZIGHEIT, H., S. LEHRL, L. BLAHA, B. HEERKLOTZ (Hrsg.): Messung und Meßverfahren in der Psychopathologie. Vless: Vaterstetten, 1979

Dokumentationssystem der Arbeitsgemeinschaft für Geronto-Psychiatrie

AGP-System

Breiter Merkmalsbereich für psychische Alterserkrankungen

Fremdbeurteilungsverfahren für psychisch Alterskranke

Alter mindestens 65 Jahre

Mehrmalige Untersuchungen

nach L. Ciompi, S. Kanowski

Anwendung

Das AGP-System stellt einen auf Vollständigkeit abzielenden Versuch zur standardisierten Dokumentation klinischer Befunde bei ambulanten als auch stationären psychischen Alterskranken dar. Deren Lebensalter sollte wenigstens 65 Jahre betragen.

Der Befund wird anhand einer psychiatrischen Exploration und allgemeinmedizinischen sowie neurologischen Untersuchungen erhoben und in die vorgegebenen maschinenlesbaren Dokumentationsblätter eingetragen. Demnach ist das AGP-System als Fremdbeurteilungsverfahren klassifizierbar. Die Daten werden durch Einzeluntersuchungen ermittelt.

Aufbau

Auf insgesamt drei Dokumentationsbögen werden die Bereiche »Psychischer Befund I und II« und »Somatischer Befund« erfaßt. Der psychische Befund setzt sich aus 183 Items und der somatische Befund aus 104 Items zusammen.

Beispiele für den psychischen Befund:
- Störungen des Frischgedächtnisses
- Störungen des Altgedächtnisses

Die Antwortmöglichkeiten sind nicht für alle Items gleich. Bei den vorgegebenen Beispielen stehen die Rubriken »nicht erhoben«, »nicht abklärbar«, »wechselnd«, »leicht«, »mittel«, »schwer« und »keine« zur Verfügung. Die Items der psychischen Befunde werden in folgende 17 Bereiche untergliedert.

1. Gedächtnisstörungen
2. Sprachstörungen/Aphasien
3. Agnosien
4. Dyspraxien
5. Intelligenz
6. Bewußtseinsstörungen
7. Orientierungsstörungen
8. Wahn
9. Sinnestäuschungen
10. Formale Denkstörungen
11. Überwertige Ideen, Zwänge, Phobien
12. Ich- und Persönlichkeitsstörungen
13. Verstimmungen, Gefühlsstörungen
14. Psychomotorische Störungen
15. Störungen des Trieb- und Sozialverhaltens
16. Pflegebedürftigkeit
17. Schlafstörungen

Der somatische Befund ist in allgemeine körperliche und neurologische Störungen untergliedert. Diese Bereiche sind wiederum in Unterklassen eingeteilt:

Beispiele für

A. Allgemeine körperliche Störungen (insgesamt zwölf Unterklassen):
   1. Sehstörungen
   2. Hörstörungen
   3. Kardiovaskuläre Störungen
   4. Erkrankungen des respiratorischen Systems

Beispiele für

B. Neurologische Störungen (insgesamt zehn Unterklassen):
   1. Motorische Störungen
   2. Sensibilitätsstörungen
   3. Koordinationsstörungen
   4. Hirnstammsymptomatologie

Gütewerte

Empirische Untersuchungen zu den Gütewerten des AGP-Systems liegen nicht vor.

Literatur

CIOMPI, L., A. LOMBRINUS, C. MÜLLER: Basisdokumentation in der Gerontopsychiatrie: Das AGP-System. Janssen: Düsseldorf, 1973

CIPS (Collegium Internationale Psychiatriae Scalarum, Hrsg.): Internationale Skalen für Psychiatrie. Beltz: Weinheim, 1981

Dokumentationssystem der Arbeitsgemeinschaft für Methodik und Dokumentation in der Psychiatrie

AMDP

nach Arbeitsgemeinschaft für Methodik und Dokumentation in der Psychiatrie

Großer Bereich psychischer Zustandsmerkmale
Fremdbeurteilungsverfahren
Verlaufsuntersuchungen
Normen
Empirisch gestützt:
- Reliabilität
- Validität
- Normierung

Anwendung

Das AMDP-System ist die Weiterentwicklung des erstmals 1971 veröffentlichten AMP-Manuals (1971). Es handelt sich dabei um ein umfangreiches Dokumentationssystem zur möglichst umfassenden Datensammlung als Grundlage psychiatrischer Befunde. Es ist mit dem Ziel verbunden, die psychiatrische Diagnostik zu vereinheitlichen und die klinische Forschung auf dem Gebiet der Psychopharmakologie im internationalen Rahmen zu fördern.

Das AMDP-System ist ein Fremdbeurteilungsverfahren, bei dem die Beurteilung durch den Arzt aufgrund von Untersuchungen, Verhaltensbeobachtungen oder Gesprächen mit dem Patienten oder dessen Angehörigen erfolgt. Diese Dokumentation kann nur einzeln am Patienten durchgeführt werden. Sie ist nicht auf bestimmte Alters- und Intelligenzstufen begrenzt.

Aufbau

Das AMDP-System setzt sich aus fünf maschinenlesbaren Belegblättern zusammen. Auf jedem dieser Erhebungsbögen wird ein eigener Ausschnitt von Merkmalen erhoben:

1. Erhebungsbogen: Anamnese 1
2. Erhebungsbogen: Anamnese 2
3. Erhebungsbogen: Anamnese 3
4. Erhebungsbogen: Psychischer Befund
5. Erhebungsbogen: Somatischer Befund

Die im AMP-System enthaltenen Belege zur Medikation und Therapie sind, da sie sich nicht bewährt haben, im AMDP-System nicht mehr berücksichtigt.

Die Erhebungsbögen sind je nach Merkmalsausschnitt gesondert aufgebaut. Die Erhebungen zum psychischen und somatischen Befund unterteilen sich in Merkmalsklassen, wie Bewußtseinsstörungen, Orientierungsstörungen, formale Denkstörungen oder Schlafstörungen, Appetenzstörungen und vegetative Symptome. Innerhalb der Merkmalsklassen werden wiederum Unterscheidungen getroffen, beispielsweise bei Bewußtseinsstörungen »Bewußtseinstrübung«, »delirant«, »umdämmert« und »andere«. Für diese Items wird jeweils angegeben, ob sie vorhanden sind, ob ihr Vorhandensein fraglich ist oder ob sie nicht beurteilt werden können. Sind sie vorhanden, wird ihre Intensität, Prägnanz oder Häufigkeit als »leicht«, »mittel« oder »schwer« eingestuft. Trifft keines der Items innerhalb einer Merkmalsklasse zu, wird die ganze Merkmalsklasse verneint.

Für die Deutung der Ergebnisse liegen inzwischen viele Vergleichswerte vor.

Gütewerte

Normen: In der deutschsprachigen Literatur wurden speziell zu den psychischen und somatischen Befunden viele Vergleichswerte von verschiedenen psychiatrischen Stichproben und »Normal«-Personen vorgelegt.

Reliabilität: Zum AMP-System wurde vor allem die Interrater-Reliabilität untersucht (z.B. Y.A. MAURER-GROELI, 1976; H. BUSCH et al., 1975). Die Interrater-Zuverlässigkeit scheint von der Schulung der Beurteiler abhängig und positiv beeinflußbar zu sein.

Validität: Hierzu liegt eine große Anzahl von Untersuchungen vor (s. Literatur).

Wiederholbarkeit: Als Fremdbeurteilungsverfahren ist das AMDP-System für Verlaufsuntersuchungen geeignet. Für die Gütewerte des revidierten Systems AMDP gelten weitgehend die gleichen Angaben wie beim AMP-System.

Literatur

AMP. Das AMP-System. Manual zur Dokumentation psychiatrischer Befunde. Springer: Berlin-Heidelberg-New York, 1971

AMDP. Das AMDP-System. Manual zur Dokumentation psychiatrischer Befunde. Springer: Berlin-Heidelberg-New York, 1982, 4. Aufl.

ANGST, J., R. BATTEGAY, D. BENTE, P. BERNER, W. BROEREN, F. CORNU, P. DICK, M.-P. ENGELMEIER, H. HEIMANN, K. HEINRICH, H. HELMCHEN, H. HIPPIUS, W. PÖLDINGER, P. SCHMIDLIN, W. SCHMITT, P. WEIS: Das Dokumentationssystem der Arbeitsgemeinschaft für

Methodik und Dokumentation in der Psychiatrie (AMP). Arzneim.-Forsch. (Drug Res.) 19 (1969) 399-405

ANGST, J., D. BENTE, P. BERNER, H. HEIMANN, H. HELMCHEN, H. HIPPIUS: Das klinische Wirkungsbild von Clozapin (Untersuchung mit dem AMP-System). Pharmakopsychiat. 4 (1971) 201-211

ANGST, J., B. WOGGON, J. SCHOEFF: The Treatment of Depression with L. 5-Hydroxytryptophan versus Imipramine. Results of Two Open and One Double-Blind Study. Arch. Psychiat. Nervenkr. 224 (1977) 175-186

BAUMANN, U.: Diagnostische Differenzierungsfähigkeit von Psychopathologie-Skalen. Arch. Psychiat. Nervenkr. 219 (1974) 89-103

BAUMANN, U., G. SCHNEIDEWIND, J. ANGST, H. HELMCHEN, H. HIPPIUS: Untersuchungen zum AMP-System: Symptomvergleich zwischen Berlin und Zürich. Arzneim.-Forsch. (Drug Res.) 26 (1976) 1111-1114

BAUMANN, U., R.-D. STIEGLITZ: Testmanual zum AMDP-System. Empirische Studien zur Psychopathologie. Springer: Berlin-Heidelberg-New York-Tokyo, 1983

BUSCH, H., E. FÄHNDRICH, K. FREUDENTHAL, E. RENFORDT: Zur Anwendung und Weiterentwicklung des AMP-Systems. Bericht über ein Symposium und ein Trainingsseminar. Pharmakopsychiat. 7 (1975) 170-175

GEBHARDT, R., H. HELMCHEN: Zur Zuverlässigkeit psychopathologischer Symptomerfassung. Die Übereinstimmung mehrerer Beurteiler im AMP-System. Schweiz. Arch. Neurol. Neurochir. Psychiat. 112 (1973) 459-469

HENTSCHEL, U., W. SCHUBÖ, D. v. ZERSSEN: Diagnostische Klassifikationsversuche mit zwei standardisierten psychiatrischen Schätzskalen. Arch. Psychiat. Nervenkr. 221 (1976) 283-301

MAURER-GROELI, Y. A.: Untersuchung zur Interraterreliabilität des AMP-Systems. Arch. Psychiat. Nervenkr. 221 (1976) 321-329

MOMBOUR, W.: Symptomhäufigkeiten bei psychiatrischen Erkrankungen. Arch. Psychiat. Nervenkr. 219 (1974) 133-152

MOMBOUR, W., G. GAMMEL, D.v. ZERSSEN, H. HEYSE: Die Objektivierung psychiatrischer Syndrome durch multifaktorielle Analyse des psychopathologischen Befundes. Nervenarzt 44 (1973) 352-358

SCHARFETTER, C.: Das AMP-System. Manual. Springer: Berlin-Heidelberg-New York, 1972, 2. Aufl.

SULZ, S. K. D., W. SCHUBÖ, M.v. CRANACH, A. STRAUSS, B. POLLWEIN: Probleme diskriminanzanalytischer nosologischer Klassifikation auf der Grundlage des AMP-Systems. Diagnostica, 31 (1985) 38-53

VOGEL, H.P.: Der Einfluß frühkindlicher Hirnschäden auf Art und Verlauf psychischer Erkrankungen bei Erwachsenen. Eine AMP-dokumentierte Studie. Arch. Psychiat. Nervenkr. 220 (1975) 361-371

Adult Personal Data Inventory

(Anamnese- und Personal-Daten-Inventar für Erwachsene)

APDI

nach National Institute of Menthal Health

Soziale, demographische und spezielle Anamnese des Patienten

Fremdbeurteilungsverfahren für Erwachsene

Einmalige Untersuchung

Anwendung

Das APDI dient der Fremdbeurteilung und Dokumentation sozialer, demographischer und spezieller Anamnesedaten von Patienten. Es stellt eine Weiterentwicklung des früher oft benutzten Patient Data Inventory (PDI) dar.

Das APDI wurde für erwachsene Patienten konstruiert. Es soll nur für einmalige Untersuchungen eingesetzt werden. Dabei kann es sowohl vom Arzt als auch von besonders geschultem ärztlichen Personal abgenommen werden.

Aufbau

Das APDI umfaßt 13 Itemkomplexe. Ein Teil bezieht sich auf die Personal- und Sozialanamnese des Patienten und der Familienmitglieder. Andere Teile befassen sich mit der speziellen Krankheitsanamnese.

Beispiele:

Itemkomplex 3: Sozialer Status
Itemkomplex 4: Behandlungsstatus
Itemkomplex 6: Psychiatrische Diagnose

Die Itemkomplexe sind teilweise wieder in mehrere Items unterteilt. In einem Leittext werden Hilfen zur Beantwortung gegeben.

Da die Items sehr heterogene Informationen liefern, lassen sie sich nicht sinnvoll zusammenfassen und durch Summen- oder Teilsummenwerte repräsentieren.

Gütewerte

Über Normen, Reliabilität und Validität liegen keine Angaben vor. Da Erhebungen mit dem APDI bei jedem Patienten nur einmal durchgeführt werden sollen, sind auch spezifische Untersuchungen über systematische Wiederholungseffekte bedeutungslos.

Literatur

CIPS (Collegium Internationale Psychiatriae Scalarum, Hrsg.): Internationale Skalen für Psychiatrie. Beltz: Weinheim, 1981

NATIONAL INSTITUTE OF MENTAL HEALTH: 045 APDI. Adult Personal Data Inventory. In: W. GUY (Hrsg.): ECDEU Assessment Manual for Psychopharmacology. National Institute of Mental Health: Rockville/Maryland, 1976, verb. Aufl.

Fragebogen zur Erfassung abnormer psychischer Zustände

APZ

Abnorme psychische Zustände

Selbstbeurteilungsverfahren für Jugendliche und Erwachsene

Verlaufsuntersuchungen

Empirisch gestützt:
- Reliabilität
- Validität
- Normierung

nach A. Dittrich

Anwendung

Der APZ-Fragebogen ist ein Selbstbeurteilungsverfahren zur Erfassung abnormer psychischer Zustände. Er kann bei Bewußtseinsänderungen eingesetzt werden, die bei Gesunden durch Halluzinogene, Reizentzug, Reizüberflutung, Hypnose, Meditation, Schlafentzug oder andere Techniken induziert werden. Diese Zustände treten auch bei Psychosen, vor allem schizophrenen Geistesstörungen auf. Der APZ-Fragebogen ist in Querschnittsstudien und im Rahmen von Verlaufsuntersuchungen, beispielsweise bei Medikamentenprüfungen, anwendbar.

Der APZ-Fragebogen soll für deutlich unterdurchschnittlich intelligente Probanden nur in Ausnahmefällen geeignet sein. Sein Geltungsbereich erstreckt sich auf Jugendliche und Erwachsene. Als Selbstbeurteilungsverfahren kann er auch in Gruppenuntersuchungen angewandt werden. Abnorme psychische Zustände lassen sich mit ihm retrospektiv beurteilen.

Aufbau

Der APZ-Fragebogen geht aus einem Repertoire von ungefähr 800 Items hervor. Er setzt sich aus 158 Feststellungen zusammen.

Beispiele:
1. Ich hatte das Gefühl, es sei alles um mich herum irgendwie unwirklich.
2. Töne und Geräusche klangen anders als gewöhnlich.
3. Die Zeit verging schneller als sonst.
4. Ich hatte das Gefühl, eine höhere Macht spreche aus mir.

Der Proband soll anhand dieser Aussagen urteilen, ob er während einer vergangenen Untersuchungssituation ein solches Erlebnis hatte, indem er das hinter der Aussage stehende »ja« oder »nein« einkreist.

Je nach Untersuchungsziel und -ergebnis lassen sich die Items auswählen oder faktorenanalytisch zusammenfassen, die z.B. Unterschiede zwischen den Einflüssen von halluzinogenen Substanzen und Placebopräparaten zeigen. So erwiesen sich in einer Studie von P. BICKEL, A. DITTRICH, J. SCHÖPF (1976) 77 Items als wichtig, die in folgende acht Faktoren eingeteilt werden konnten:

Faktor 1: optische Sinnestäuschungen
Faktor 2: Konzentrations- und Denkstörungen
Faktor 3: Leiberlebensveränderungen
Faktor 4: Veränderungen des Ich-Erlebens
Faktor 5: Derealisationserscheinungen
Faktor 6: Dysphorisches Zustandsbild
Faktor 7: Euphorisches Zustandsbild
Faktor 8: Wahn

Gütewerte

Normen: Es liegen Vergleichswerte der unter »Aufbau« angegebenen acht Faktoren für eine Placebo- und DMT-Stichprobe vor (Mittelwerte, Standardabweichungen).

Reliabilität: Für die angeführten acht Faktoren werden Konsistenzschätzungen nach CRONBACHs α zwischen 0,67 bis 0,88 angegeben.

Validität: Die konzeptuelle Validität geht aus der Auswahl der Items nach psychiatrischen Beschreibungen und Theorien hervor. Empirische Belege wurden durch die Unterscheidung von Personen unter Placebo und Halluzinogenen erbracht.

Wiederholbarkeit: Als Selbstbeurteilungsverfahren müßte der APZ-Fragebogen wiederholbar sein. Er wurde auch für diesen Zweck konstruiert. Allerdings sind uns spezifische Untersuchungen über systematische Wiederholungseffekte nicht bekannt.

Literatur

BICKEL, P., A. DITTRICH, J. SCHÖPF: Eine experimentelle Untersuchung zur bewußtseinsverändernden Wirkung von N,N-Dimethyltrypanten (DMT). Pharmakopsychiat. 9 (1976) 220-225

DITTRICH, A.: Zusammenstellung eines Fragebogens (APZ) zur Erfassung abnormer psychischer Zustände. Z.f.Klin. Psychol.Psychother. 23 (1975) 12-20

Anxiety Status Inventory

ASI

Angst bei verschiedenen psychischen Störungen

Fremdbeurteilungsverfahren

Verlaufsuntersuchungen

Empirisch gestützt:
Validität

nach W. W. K. Zung

Anwendung

Die vorliegende Angst-Skala wurde als Fremdbeurteilungsverfahren konzipiert. Sie soll als Leitfaden für das ärztliche Interview dienen. Dem Untersucher ist es weitgehend gestattet, die Fagen zu variieren oder besondere Einzelheiten nachzufragen.

Der Indikationsbereich erstreckt sich auf psychische Störungen, die mit Angst in Zusammenhang stehen. Hervorgehoben wird die Anwendung auf Ängste bei psychosomatischen und neurotischen Störungen.

Aufbau

Das Inventar über Angstzustände setzt sich aus 20 Items zusammen. Sechs davon beziehen sich auf den affektiven Aspekt von Angst, während die übrigen 14 Items den somatischen Bereich abdecken sollen.

Beispiel für affektives Angstsymptom:
(Interview-Richtlinie für »Seelische Desintegration«): Haben Sie das Gefühl zusammenzubrechen?

Beispiel für somatisches Angstsymptom:
Interview-Richtlinie für »Herzklopfen«): Hatten Sie je das Gefühl, daß Ihr Herz davonrennt?

Zur Abstufung sind jeweils die vier Antwortrubriken »nicht vorhanden«, »gering«, »mäßig« und »stark« vorgegeben. In die Beantwortung sollen Intensität, Dauer und Häufigkeit des Auftretens der Angstsymptome mit eingehen.

Zur Auswertung werden zwei Scores erstellt. Score 1 entspricht dem Gesamt-Rohwert, der aus der Summe der Punktwerte aller Items gebildet wird. Score 2 wird als ASI-Index bezeichnet. Er ergibt sich aus dem Quotienten des hundertfachen Gesamt-Rohwertes, der durch die Konstante 80 dividiert wird.

Gütewerte

Über Normen und zur Reliabilität fehlen Angaben.

Validität: Eine inhaltliche Validität folgt aus der psychiatrisch orientierten Intemselektion. W.W.K. ZUNG (1971) gibt kriteriumorientierte Validitäts-Koeffizienten an, die sich um 0,66 bewegen.

Wiederholbarkeit: Die Skala soll sich für Verlaufsuntersuchungen eignen, falls der Abstand zwischen zwei Messungen ca. eine Woche beträgt.

Literatur

CIPS (Collegium Internationale Psychiatriae Scalarum, Hrsg.): Internationale Skalen für Psychiatrie. Beltz: Weinheim, 1981

ZUNG, W. W. K.: A Rating Instrument for Anxiety Disorders. Psychosomatic 12 (1971) 317-379

ZUNG, W. W. K.: The Measurement of Affects: Depression and Anxiety. Pharmacopsychiatry 7 (1974) 170-188

ZUNG, W. W. K., R. L. GREEN jr.: Detection of Affective Disorders in the Aged. In: HAUN, W. E., C. EISDORFER (Hrsg.): Psychopharmacology and Aging. Plenum Press: New York, 1973

Becks Depressionsinventar

BDI

nach A. T. Beck

Intensität der Depression

Psychopathometrisches Mischverfahren (Selbst- und Fremdbeurteilung) für Erwachsene

Verlaufsuntersuchungen

Normen

Empirisch gestützt:
- Reliabilität
- Validität
- Amerikanische Normierung
- Wiederholbarkeit

Anwendung

Das BDI ist eine Mischform zwischen Fremd- und Selbstbeurteilungsverfahren, wobei der Fragebogen im Dialog zwischen Psychiater und Patient beantwortet wird.

Das BDI wird zur Einschätzung der Intensität von Depressionen, speziell endogener Depressionen angewandt. Seine Items sind auf Erwachsene ausgerichtet. Sie beziehen sich beispielsweise auf Arbeitsleistung und Libidoverlust.

Aufbau

Das Depressionsinventar von BECK besteht aus 21 depressionstypischen Symptomen, die in jeweils vier bis fünf Aussagen unterteilt sind, welche verschieden starke Depressionsintensitäten anzeigen sollen.

Beispiele:

Reizbarkeit:
0 Ich bin nicht reizbarer als früher.
1 Ich werde leichter ungeduldig oder gereizt als früher.
2 Ich bin dauernd gereizt.
3 Was mich sonst geärgert hat, regt mich nun schon nicht mehr auf.

Libidoverlust:
0 Ich kann in letzter Zeit keine Veränderung in meinem sexuellen Interesse feststellen.
1 Ich habe weniger sexuelles Verlangen als früher.
2 Ich habe kaum noch sexuelles Verlangen.
3 Ich habe gar kein Verlangen mehr nach sexueller Betätigung.

Durch Addition der Punkte eines jeden Items erhält man die Gesamtpunktzahl. Ihre Höchstzahl ist 62. Für die Depressionsausprägungen werden folgende Durchschnittswerte angegeben: Keine Depression (10,9 Punkte), milde (18,8 Punkte), mäßige (25,4 Punkte) und schwere Depression (30,0 Punkte).

Gütewerte

Normen: Es liegen Vergleichswerte von amerikanischen Stichproben vor (n = 409).

Reliabilität: Für die amerikanische Originalform wird ein Reliabilitätskoeffizient von 0,93 (mit SPEARMAN-BROWN-Korrektur) angegeben (A. T. BECK et al., 1961).

Validität: Das BDI ist schon wegen der dahinterstehenden psychiatrischen Konzeption inhaltlich valide. Darüberhinaus liegen verschiedene empirische Validitätsbelege vor. Für die amerikanische Form wurden in zwei Studien Korrelationen zwischen dem BDI-Gesamtscore und der ärztlichen Einschätzung der Depressionstiefe mit 0,65 und 0,67 vorgelegt.

Wiederholbarkeit: Nach Befunden von M. METCALFE u. E. GOLDMAN (1965) scheint sich das BDI für Verlaufsuntersuchungen zu eignen.

Literatur

BECK, A. T., C. J. WARD, M. MENDELSOHN, H. MOCK, J. ERBAUGH: An Inventory for Measuring Depression. Arch. Gen. Psychiat. 4 (1961) 561-571

CLARK, D.C., S.v. AMMON CAVANAUGH, R.D. GIBBONS: The Core Symptoms of Depression in Medical and Psychiatric Patients. J. Nerv. Ment. Dis. 171 (1983) 705-713

HOLE, G., P. GRAW: Somatische Symptome und Depressionstiefe bei depressiven Zustandsbildern. Quantitativer Vergleich im Querschnitt und im Verlauf. Nervenarzt 44 (1973) 136-142

KAMMER, D.: Eine Untersuchung der psychometrischen Eigenschaften des deutschen Beck-Depressionsinventars (BDI). Diagnostica 1 (1983) 48-60

KEREKJARTO, M.v., G.A. LIENERT: Depressionsskalen als Forschungsmittel in der Psychopathologie. Pharmakopsychiat. 1 (1970) 2-20

METCALFE, M., E. GOLDMAN: Validity of an Inventory Measuring Depression. Brit. J. Psychiat. 111 (1965) 240-242

O' HARA, M.W.,L.P. REHM, S.B. CAMPBELL: Postpartum Depression. A Role for Social Network and Life Stress Variables. J. Nerv. Ment. Dis. 171 (1983) 336-341

PAYK, Th. R.: Untersuchungen zum Zeiterleben Depressiver. Psychopathometrie 2 (1976) 143-148

PICHOT, P.: Überlegungen zur Faktorenanalyse des depressiven Syndroms. In: HIPPIUS H., H. SELBACH (Hrsg.): Das depressive Syndrom. Urban & Schwarzenberg: München-Berlin-Wien, 1969

PÖLDINGER, W., P. BLASER, A. GEHRING: Zur Quantifizierung psychopathologischer und somatischer Symptome bei depressiven Verstimmungszuständen. In: HIPPIUS H., H. SELBACH (Hrsg.): Das depressive Syndrom. Urban & Schwarzenberg: München-Berlin-Wien, 1969

VINAR, O., P. GROF: Die depressive Symptomatologie im Lichte des Beckschen Fragebogens. In: HIPPIUS H., H. SELBACH (Hrsg.): Das depressive Syndrom. Urban & Schwarzenberg: München-Berlin-Wien, 1969

WECKOWICZ, T. E., W. MUIR, A. J. CROPLEY: A Factor Analysis of the BECK Inventory of Depression. J. Consult. Psychol. 31 (1967) 23-28

Beschwerden-Erfassungsbogen

BEB

Allgemeine Beschwerden im körperlich-funktionellen und psychischen Bereich

Selbstbeurteilungsverfahren für Erwachsene

Ein- und mehrmalige Untersuchungen

Normen

Empirisch gestützt
- Reliabilität
- Validität
- Normierung

nach E. Kasielke, K.-D. Hänsgen

Anwendung

Der BEB ist ein Selbstbeurteilungsverfahren zur breitgefächerten Erfassung von Beschwerden. Der Fragebogen deckt körperlich-funktionelle sowie psychische Beschwerden ab. Er dient der Erkennung und Differenzierung neurotischer Störungen und läßt sich sowohl als diagnostisches Instrument wie auch für Forschungszwecke einsetzen.

Der BEB eignet sich für Patienten ab 18 Jahren und kann als Einzel- oder Gruppentest abgenommen werden.

Aufbau

Der BEB besteht aus 60 Items, wovon je 25 körperlich-funktionelle und psychische Beschwerden umschreiben. Die restlichen zehn Items stellen eine Zusatzskala aus dem Stimmungs- bzw. sexuellen Bereich dar.

Die Skalen sind:
— Verdauungsbeschwerden (6 Items)
— Atmung, Herz und Kreislauf (7 Items)
— Unregelmäßigkeiten im Wasserhaushalt (4 Items)
— Neurasthenisch-psychasthenische Beschwerden (10 Items)
— Hypochondrisch-anankastische Beschwerden (7 Items)
— Soziale Gehemmtheit (8 Items)
— Ängstlich-phobische Beschwerden (8 Items)

Die einzelnen Items werden vom Patienten nach ihrer aktuellen Auftretenshäufigkeit (von »nie« bis »oft«) sowie nach ihrem Belastungsgrad (von »nicht« bis »stark«) beurteilt.

Die Summe der Itempunktwerte ergibt das allgemeine Beschwerdenniveau. Die Auswertung ist auch auf der Ebene der Einzelskalen (Profilanalyse) oder der Skalenbereiche »körperlich-funktionell« und »psychisch« möglich. Die Rohwerte sind in Normwerte übertragbar.

Gütewerte

Normen: Für jede Skala des BEB liegen C-Wert-Normen vor, getrennt für drei Stichproben: Neurotiker (n = 140), Patienten aus Allgemeinpraxen (n = 3000) und Normalpersonen (n = 174). Die Normen sind zusätzlich nach dem Geschlecht unterteilt.

Reliabilität: Die einzelnen Skalen weisen nach 30 Tagen Retest-Reliabilitäten in der Höhe von 0,51 bis 0,80 auf (Kontrollstichprobe). Die innere Konsistenz beträgt für den Gesamttest 0,94 und für die Subskalen 0,82 bis 0,91.

Validität: Als Nachweis der externen Validität ergeben sich zur Skala »Nervosität« des Freiburger Persönlichkeits-Inventars Korrelationen von 0,27 bis 0,62. Clusteranalysen zeigten, daß das Verfahren zur Differenzierung verschiedener Neurotikergruppen beitragen kann.

Wiederholbarkeit: Empirische Belege für die wiederholte Testung mit dem Verfahren sind in Form der Retest-Analysen gegeben.

Literatur

HELM, J., E. KASIELKE, J. MEHL (Hrsg.): Neurosediagnostik. Beiträge zur Entwicklung klinisch-psychologischer Methoden. VEB Deutscher Verlag der Wissenschaften: Berlin, 1974

KASIELKE, E.: Neurosenklassifikation. VEB Deutscher Verlag der Wissenschaften: Berlin, 1982

KITTLAUS, H.: Untersuchung mit dem Beschwerdenerfassungsbogen (BEB) an gesunden Personen und Neurosekranken. Psychiat. Neurol. med. Psychol., Leipzig 29 (1977) 610-617

Belastungsfragebogen

BELA

nach W. Boucsein, G. Erdmann, W. Janke, D. Albrecht

Individuelle Neigung, auf Belastungssituationen zu reagieren, als Persönlichkeitsmerkmal

Selbstbeurteilungsverfahren für Erwachsene

Mehrmalige Untersuchungen

Normen

Empirisch gestützt:
- Reliabilität
- Validität
- Normierung

Anwendung

Der Belastungsfragebogen BELA ist ein Selbstbeurteilungsverfahren, mit dem die individuelle Neigung, auf Belastungssituationen zu reagieren, erfaßt werden soll. Diese wird auch als Streßreagibilität aufgefaßt, die von anderen, globalen Persönlichkeitsmerkmalen relativ unabhängig ist. Der BELA-Fragebogen kann sowohl bei Querschnitts- als auch Verlaufsuntersuchungen, beispielsweise zur Therapiekontrolle, eingesetzt werden.

Als Selbstbeurteilungsverfahren läßt sich der BELA-Fragebogen außer für Einzel- auch für Gruppenuntersuchungen anwenden. Nach den Iteminhalten zu schließen (Subskala 9: überhöhte Arbeitsanforderungen) ist seine Anwendung auf Jugendliche und Erwachsene begrenzt.

Aufbau

Der BELA-Fragebogen setzt sich aus 87 Feststellungen zusammen.

Beispiele:

Ich reagiere innerlich
- Item 31: — wenn um mich herum Totenstille herrscht
- Item 32: — wenn ich morgens unausgeschlafen aufstehen muß
- Item 33: — wenn ich eine Operation im Film sehe

Als gestufte Antwortmöglichkeiten sind die Rubriken »gar nicht«, »wenig«, »mittel«, »ziemlich« und »stark« vorgegeben.

Die Items werden zu den folgenden elf Subskalen zusammengefaßt:

Belastungen durch
1. Schmerzreize (10 Items)
2. Konfrontation mit körperlichen Verletzungen (8 Items)
3. Ekelerregende Reize oder Situationen (8 Items)
4. Akustische Gefahrensignale (8 Items)
5. Hitze und Kälte (9 Items)
6. Schlafentzug (5 Items)
7. Nahrungs- und Wasserentzug (7 Items)
8. Lärm bei Tätigkeiten (9 Items)
9. Überhöhte Arbeitsanforderungen (8 Items)
10. Versagen in Leistungssituationen (7 Items)
11. Versagen in sozialen Situationen (8 Items)

Um zu den Subskalen-Punkten zu gelangen, summiert man die Punktwerte der zugehörigen Items.

Gütewerte

Normen: Zum Vergleich liegen empirisch erhobene Mittelwerte und Standardabweichungen für verschiedene Alters- und Geschlechtsgruppen vor.

Reliabilität: Für jede der Subskalen wurden innere Konsistenzanalysen (CRONBACHs α) durchgeführt. Die Werte variieren zwischen 0,80 und 0,89. Die Split-Half-Koeffizienten (FLANAGAN, SPEARMAN-BROWN) liegen zwischen 0,72 und 0,92.

Validität: Die Items sind bereits nach Gesichtspunkten der inhaltlichen Validität ausgewählt worden. Die teilweise Unabhängigkeit der Skalen wurde faktorenanalytisch überprüft und bestätigt. Zu konstruktfernen Persönlichkeitsvariablen, wie dem Neurotizismus im Sinne von EYSENCK (s. EPI) oder der vegetativen Labilität im Sinne von FAHRENBERG (s. FPI) wurde die faktorielle Unabhängigkeit empirisch belegt.

Wiederholbarkeit: Retest-Reliabilitäten (18 Tage) liegen vor. Die Werte variieren zwischen 0,73 und 0,90.

Literatur

BOUCSEIN, W.: Analyse einiger psychologischer Testverfahren zur Erfassung von Persönlichkeitsmerkmalen. Bericht des II. Psychol. Instituts der Universität: Düsseldorf, 1973

BOUCSEIN, W., G. ERDMANN, W. JANKE, D. ALBRECHT: Der Belastungsfragebogen BELA. Ärztl. Praxis 30, 1172-1173 (1978)

BOUCSEIN, W., G. ERDMANN, W. JANKE, D. ALBRECHT: Die Erfassung der individuellen Reaktionsbereitschaft auf verschiedene Klassen von Stressoren. I: Konstruktion, Aufgabenanalyse und Normierung des Belastungsfragebogens BELA. Z.f. Differentielle u. Diagnostische Psychologie 3 (1982) 185-200

Beschwerdefragebogen

BFB

Neuroserelevante Beschwerden, Neurosen

Psychopathognostisches Selbstbeurteilungsverfahren für Erwachsene

Ein- und mehrmalige Untersuchungen

Normen

Empirisch gestützt:
- Reliabilität
- Validität
- Normierung

nach K. Köck, H. Hess

Anwendung

Der BFB ist ein Selbstbeurteilungsverfahren zur objektiven und frühen Erfassung funktioneller und neurotischer Erkrankungen. Seine Entwicklung beruht auf der klinischen Erfahrung, daß neurotische Patienten im Vergleich zu organisch Kranken über mehr vegetative und psychische Beschwerden sowie über unspezifische Beschwerden klagen.

Der BFB wurde gemeinsam mit dem Verhaltensfragebogen (VFB, s.dort) entwickelt, dessen gleichzeitige Anwendung die Zuverlässigkeit und Gültigkeit erhöht. Beide Verfahren können aber auch getrennt voneinander abgenommen werden.

Als Selbstbeurteilungsverfahren kann der BFB in Einzel- und Gruppenuntersuchungen eingesetzt werden. Sein Geltungsbereich erstreckt sich auf Erwachsene.

Aufbau

Der BFB umfaßt 63 Beschwerdefragen, von denen sich

- — 41 auf den körperlichen und
- — 22 auf den psychischen Bereich

beziehen.

Jede Frage ist mit »ja« oder »nein« zu beantworten. Die Bejahungen addiert man und ordnet sie T-Werten zu. Diese Ergebnisse werden nach einer der folgenden Kategorien interpretiert:

- — Kein Anhalt für eine Neurose
- — Fraglich neurotisch
- — Neurotisch

Gütewerte

Normen: Anhand einer Eichstichprobe von 1503 Personen wurden T-Werte ermittelt. Die Normierung ist geschlechts- und altersspezifisch. Zur Interpretation werden Hilfen gegeben.

Reliabilität: Es liegen Reliabilitätsuntersuchungen vor (K. KÖCK, H. HESS, 1975)

Validität: Bei der Zuordnung von neurotischen Personen mit Hilfe des BFB werden Trefferquoten von 87 bis 95% und für Normalpersonen 81 bis 82% mitgeteilt. H. KITTLAUS (1980) berichtet von einer Übereinstimmung, die 69% bei 200 ambulanten Neurosepatienten und 75,5% bei Normalpersonen mit den Ergebnissen von Explorationen beträgt.

Literatur

KITTLAUS, H.: Untersuchungen mit dem Beschwerden- und Verhaltensfragebogen (BFB, VFB) an gesunden Personen und Neurosekranken. Psychiat. Neurol. med. Psychol., Leipzig 32 (1980) 477-484

KÖCK, K., H. HESS: Der Beschwerdefragebogen (BFB) — ein Siebtestverfahren der Neurosediagnostik für Ärzte und Psychologen. Deutscher Verlag der Wissenschaften: Berlin, 1975

Befindlichkeits-Skala

Bf-S

nach D. v. Zerssen

Störungen des momentanen Befindens
Selbstbeurteilungsverfahren für Erwachsene
Verlaufsuntersuchungen
Normen
Abnahme 4 bis 10 Minuten
Parallelform
Empirisch gestützt:
- Reliabilität
- Validität
- Normierung

Anwendung

Als Selbstbeurteilungsverfahren wird die Befindlichkeits-Skala dem Patienten zur eigenständigen Bearbeitung vorgelegt. Die Testdauer beträgt in der Regel vier bis sechs Minuten und erstreckt sich nur im Extremfall auf zehn Minuten.

Der Anwendungsbereich ist weit gesteckt. Er zielt auf die Objektivierung und Quantifizierung des momentanen Befindens und seiner augenblicklichen Beeinträchtigungen ab. Der Bf-S wird ein größerer Wert für Verlaufs- als für einmalige Untersuchungen zugesprochen. Dementsprechend eignet sie sich auch in besonderem Maße zur Kontrolle therapeutischer Maßnahmen.

Der Geltungsbereich der Befindlichkeits-Skala erstreckt sich von gesunden Personen über psychosomatisch Erkrankte bis zu psychiatrischen Patienten, bei denen affektive Störungen auftreten. Das Alter der Untersuchten sollte zwischen 20 und 64 Jahren und der Verbal-IQ über 80 liegen.

Aufbau

Die Bf-S besteht aus 28 Gegensatzpaaren von Eigenschaftswörtern.

Beispiel:
Ich fühle mich jetzt:
- eher frisch — eher matt — weder noch
- eher gereizt — eher friedlich — weder noch
- eher sicher — eher bedroht — weder noch

Bei jeder Polarität soll der Patient die Eigenschaft angeben, die seinem augenblicklichen Befinden am ehesten entspricht. Falls er sich nicht zu entscheiden vermag, kann er auf die Rubrik »weder-noch« ausweichen.

Bei jedem Item werden für die Wahl der negativen Eigenschaft zwei Punkte, bei Unentschiedenheit ein Punkt und bei der Wahl der positiven Eigenschaft null Punkte zugeordnet. Die Punktwerte sind über alle Items zu addieren. Die Summe entspricht dem Gesamtwert, der als Schweregradindex der Beeinträchtigung des Befindens interpretiert wird.

Zur Befindlichkeits-Skala liegt eine Parallelform (Bf-S') vor.

Gütewerte

Normen: An einer repräsentativen deutschsprachigen Eichstichprobe (n = 1693) wurden empirische Normen ermittelt. Sie sind auch in Standardwerte (Perzentil-, Stanine- und T-Werte) übersetzt. Ebenfalls liegen Referenzwerte verschiedener klinischer Gruppen vor.

Reliabilität: Die Paralleltest-Reliabilität schwankt zwischen 0,65 und 0,95. Die Halbierungs-Koeffizienten liegen für jede Parallelform bei 0,94 und für beide Skalen zusammen bei 0,96. Da schnell veränderliche Größen erfaßt werden sollen, erscheint die Bestimmung mit einem Wiederholungs-Koeffizienten nicht sinnvoll.

Validität: Die inhaltliche Validität der Befindlichkeits-Skala läßt sich nach psychiatrischen Konzeptionen begründen. Die kriteriumbezogene Validität — Korrelationen mit klinischen Fremdbeurteilungen — beträgt 0,85 bis 0,90.

Literatur

BOBON, D. P., H. BOBON-SCHROD: Les listes d' adjectifs BS/BS' der Zerssen et al. ligne de Scott: Deux autoevaluations de l'humeur. Feuill. psychiat. Liege. 7 (1974) 492-508

GREINER, R.: Vergleich von Schmerzangaben bei zyklothymer Depression und körperlicher Begründbarkeit. Straube: Erlangen, 1976

GREINER, R., S. LEHRL: Zyklothyme Depression und Schmerz — eine empirische Untersuchung. Neurol. Psychiat. 4 (1978) 247-250

HEIMANN, H., H. BOBON-SCHROD, A. M. SCHMOCKER, D. P. BOBON: Auto-évaluation de l'humeur par une liste d'adjectifs, la »Befindlichkeits-Skala« (BS) der Zerssen. Encephale n.s. 1 (1975) 165-183

LEHRL, S., A. GALLWITZ: Erlanger Depressions-Skala EDS. Manual. Vless: Vaterstetten-München, 1984, 2. Aufl.

LEHRL, S., R. STRAUB, B. STRAUB: Ein Vergleich von Beurteilungs-Skalen und Leistungsverfahren für die

Schweregradmessung zyklothymer Depressionen. Pharmakopsychiat. 9 (1976) 247-256

LOOSEN, P.T., U. MERKEL, U. AMELUNG: Kombinierte Schlafentzugs-/Chlorimipramin-Behandlung endogener Depressionen. Arzneim.-Forsch. (Drug Res.) 26 (1976) 1178-1179

MATUSSEK, N., O. BENKERT, K. FIDETZIS, K. FLACH, H.U. HERMANN, S. KAUMEIER, H. KINDT, E. KINZLER: Wirkung des Anthracenderivats Danitracen (WA 335-BS) im Vergleich zu Amitriptylin bei depressiven Patienten. Arzneim.-Forsch. (Drug Res.) 26 (1976) 1160-1163

PAETZ, D., G. KRÜSKEMPER, K.H. GILLICH: Testpsychologische Untersuchungen über die Befindlichkeit von Patientinnen im Klimamakterium während stationärer internistischer Behandlung unter besonderer Berücksichtigung von Oestrogen- und Gestagenwirkung. Z. Geront. 8 (1975) 358-364

RÄHMER, E.: Durchgangssyndrome bei chirurgischen und internistischen Patienten. Med. Diss., Univ. Erlangen 1976

SCHWARZ, D., F. STRIAN: Psychometrische Untersuchungen zur Befindlichkeit psychiatrischer und internmedizinischer Patienten. Arch. Psychiat. Nervenkr. 216 (1972) 70-81

WENDERLEIN, J.M.: Die Befindlichkeit von Frauen vor einer gynäkologischen Untersuchung. Med. Welt 27 (1976) 1161-1164

ZERSSEN, D. v.: Beschwerdenskalen bei Depressionen. Therapiewoche 46 (1973) 4426-4440

ZERSSEN, D. v. (unter Mitarbeit von KOELLER, D.-M.): Klinische Selbstbeurteilungs-Skalen (KSb-S) aus dem Münchener Psychiatrischen Informations-System (PSYCHIS München). Allgemeiner Teil. Manual. Beltz: Weinheim 1976 a

ZERSSEN, D. v.: Die Befindlichkeits-Skala — Parallelformen Bf-S und Bf-S'. Manual. Beltz: Weinheim 1976 b

ZERSSEN, D. v.: Klinisch-psychiatrische Selbstbeurteilungs-Fragebögen.In: BAUMANN, U., H. BERBALK, G. SEIDENSTÜCKER (Hrsg.): Klinische Psychologie, Trends in Forschung und Praxis, Bd. 2. Huber: Bern-Stuttgart-Wien, 1979

ZERSSEN, D. v.: Self-Rating Scales in the Evaluation of Psychiatric Treatment. In: HELGASON, T. (Hrsg.): Methodology in Evaluation of Psychiatric Treatment. Cambridge University Press: Cambridge-London-New York-New Rochelle-Melbourne-Sydney, 1983

ZERSSEN, D. v., C. CORDING: The Measurement of Change in Endogenous Affective Disorders. Arch. Psychiat. Nerventer. 226 (1978) 95-112

ZERSSEN, D. v., D.-M. KOELLER, E.-R. REY: Die Befindlichkeits-Skala (Bf-S) — ein einfaches Instrument zur Objektivierung von Befindlichkeits-Störungen, insbesondere im Rahmen von Längsschnitt-Untersuchungen. Arzneim.-Forsch. (Drug Res.) 20 (1970) 915-918

Bender-Gestalt-Test

BGT

nach L. Bender

Minderbegabung und hirnorganische Schädigungen

Psychopathognostischer Leistungstest für Kinder und Erwachsene

Einmalige Untersuchungen

Normen

Empirisch gestützt:
- Reliabilität
- Validität
- Normierung

Anwendung

Der BENDER-Gestalt-Test ist ein Leistungsverfahren, das die Genauigkeit der Auffassung optischer Gestalten und deren motorischer (zeichnerischer) Reproduktion anspricht. Zusätzlich werden Beziehungen zur allgemeinen Intelligenz angenommen.

Obwohl Normen für 15- bis 50jährige vorliegen, wird der BENDER-Gestalt-Test vorwiegend in der Kinderdiagnostik zur Erkennung von Minderbegabungen und als Hilfsmittel zur Differentialdiagnose hirnorganischer Schädigungen bei erziehungsschwierigen Kindern eingesetzt.

Die Durchführung erfolgt durch Einzeltestungen.

Aufbau

Der BENDER-Gestalt-Test besteht aus neun Karten mit Reizfiguren, die vom Patienten abzuzeichnen sind. Für die Interpretation der Testergebnisse findet die Genauigkeit der Reproduktion besondere Beachtung.

Bei einer amerikanischen Form, der Background Interference Procedure, sind die Reizvorlagen auf Interferenzpapier abzuzeichnen. Die zeichnerische Reproduktion wird absichtlich durch das vorgegebene Zeichenpapier, das mit parallelen Linien bedruckt ist, erschwert.

Die Auswertung nimmt man an Hand differenzierter Auswertungsschemata vor, wie sie von G. R. PASCAL u. B. J. SUTTELL (1951) und von K.-H. WEWETZER (1959) vorgelegt wurden.

Gütewerte

Normen: Für »gesunde« und neurotische Personen und ebenso für Kranke mit Psychosen zwischen 15 und 50 Jahren liegen Roh- und Standardwerte vor.

Reliabilität: Von K. H. WEWETZER (1959) wurden empirische Stabilitätsuntersuchungen vorgenommen.

Validität: K.-H. WEWETZER (1959) wies die Differenzierungsfähigkeit zwischen »Normalpersonen« und Personen mit Hirnschädigung nach.

Wiederholbarkeit: Es wird angenommen, daß die Ergebnisse bei Meßwiederholungen von Übungseffekten beeinflußt werden.

Literatur

BENDER, L.: A Visual Motor Gestalt Test and its Clinical Use. American Orthopsychiatric Association Research Monograph, 3, 1938

MÖBUS, C., R. WALLASCH: Zur Erfassung von Hirnschädigungen bei Kindern: Nichtlineare Entscheidungsregeln auf der Basis von Veränderungsmessungen und des Jackknife. Diagnostica 23 (1977) 227-249

PASCAL, G. R., B. J. SUTTELL: The Bender Gestalt Test: Quantification and Validity for Adults. Grune & Stratton: New York, 1951

WEWETZER, K.-H.: Das hirngeschädigte Kind. Thieme Verlag: Stuttgart, 1959

Biographisches Inventar zur Diagnose von Verhaltensstörungen

BIV

nach R. S. Jäger, S. Lischer, B. Münster, B. Ritz

Erkennung von Verhaltensstörungen, Gewinnung erster Hypothesen für weiteres psychodiagnostisches Vorgehen und Therapieplanung

Selbstbeurteilungsverfahren für Erwachsene

Ein- und mehrmalige Untersuchungen

Abnahmedauer ca. 20 bis 50 Minuten

Normen

Empirisch gestützt:
- Reliabilität
- Validität
- Normierung
- Wiederholbarkeit

Anwendung

Das BIV ist ein Selbstbeurteilungsverfahren zur Erfassung relevanter Information über die Umwelt, Biographie und Persönlichkeit von Probanden. Da es wichtige anamnestische Daten erfaßt, sollte es zu Beginn einer psychodiagnostischen Untersuchung vorgegeben werden. Es ist als Screening-Verfahren einzusetzen, mit dem erste Hypothesen für das weitere psychodiagnostische Vorgehen und therapeutische Ansätze gewonnen werden sollen. Bei mehrmaliger Anwendung läßt es sich auch im Rahmen von Therapiekontrollen abnehmen. Dabei gilt als gesichert, daß es sich zur Grobklassifizierung von Verhaltensstörungen (»vorhanden — nicht vorhanden«) eignet.

Die Testabnahme (Testdauer und -auswertung) liegt zwischen 20 und 50 Minuten. Als Selbstbeurteilungsverfahren läßt es sich auch bei Gruppenuntersuchungen anwenden.

Aufbau

Das BIV setzt sich aus 97 Items zusammen.

Beispiele:

Item 1: Wie verhalten Sie sich gegenüber dem anderen Geschlecht?
Item 2: Ich muß oft daran denken, daß mein Herz plötzlich stehen bleiben könnte.
Item 6: Ich fühle mich tagsüber oft abgespannt, matt und erschöpft.

Es sind immer zwei Antworten vorgegeben, von denen man eine zustimmend ankreuzen soll.

Die 97 Items verteilen sich auf folgende acht Subskalen, die sich auf Persönlichkeitseigenschaften, die Biographie und die momentane Umwelt des Probanden beziehen:

Subskala 1: Familiäre Situation
Subskala 2: Ichstärke
Subskala 3: Soziale Lage
Subskala 4: Erziehungsverhalten
Subskala 5: Neurotizismus
Subskala 6: Soziale Aktivitäten
Subskala 7: Psychophysische Konstitution
Subskala 8: Extraversion

Die Antworten lassen sich mit einer Schablone auswerten. Damit können für jede Subskala die Rohwerte bestimmt und dann nach entsprechenden Tabellen in Standardnormen umgesetzt werden. Die Ergebnisse sind schließlich als Profil graphisch darstellbar.

Gütewerte

Normen: An 1488 Erwachsenen ab dem 18. Lebensjahr fand eine Eichung des BIV statt.

Reliabilität: Die Reliabilität wurde mit verschiedenen Verfahren an der Gesamtstichprobe (n = 1488) und an einigen Teilstichproben überprüft. Die nach SPEARMAN-BROWN korrigierten Split-Half-Koeffizienten lagen beispielsweise bei der Gesamtstichprobe bei allen Skalen zwischen 0,67 und 0,89. Die Homogenität wurde mit Hilfe von CRONBACHs α und Koeffizienten nach GUTTMAN bestimmt. CRONBACHs α nahm für die Gesamtstichprobe bei den acht Subskalen Werte zwischen 0,70 und 0,89 ein. Es wurden auch Testwiederholungen an Patienten- und Studentenstichproben durchgeführt. Sie betrugen für die Patienten-Stichprobe (Zeitraum 14 Tage) zwischen 0,67 und 0,87 (n = 73). Bei der Studentenstichprobe (n = 31) bewegten sich die Werte zwischen 0,61 und 0,95. Von den Autoren wurde außerdem die praktische Differenzierbarkeit der Skalen berechnet.

Validität: Eine größere Zahl von Untersuchungen galt der Validitätsprüfung. Dazu wurden die Items und die Subskalen des BIV faktorenanalysiert und außerdem Korrelationen zu Verfahren mit teilweise gleichen Meßansprüchen, wie dem FPI (s.dort), der FBL-G (s.dort), dem EPI (s.dort) und dem GT (s.dort) vorgelegt. Die Ergebnisse können hier nicht im einzelnen wiedergegeben werden. Zusätzlich wurden Diskriminanzanalysen durchgeführt.

Wiederholbarkeit: Die Wiederholbarkeit geht aus der Konstruktion des Verfahrens und aus den Retest-Reliabilitäten hervor.

Literatur

JÄGER, R. S.: Quantifizierung von anamnestischen Daten — ein Beitrag zur klinischen Diagnostik und zur differentiellen Diagnostizierbarkeit. In: TACK, W. H. (Hrsg.): Bericht über den 30. Kongreß der Deutschen Gesellschaft für Psychologie in Regensburg 1976, Bd. 2. Hogrefe: Göttingen, 1977

JÄGER, R. S.: Differentielle Diagnostizierbarkeit in der Psychologischen Diagnostik. Theoretische und empirische Untersuchungen mit Moderatoren. Hogrefe: Göttingen-Toronto-Zürich, 1978

JÄGER, R. S.: Der diagnostische Prozeß. Eine Diskussion psychologischer und methodischer Randbedingungen. Hogrefe: Göttingen, 1983 a

JÄGER, R. S.: Der Moderatoransatz in der Psychologischen Diagnostik. Eine kritische Reflexion einiger Randbedingungen. Mitteilungen und Nachrichten des Deutschen Instituts für Internationale Pädagogische Forschung, Bl. 112/113 (1983 b) 121-131

JÄGER, R. S., S. LISCHER, B. MÜNSTER, B. RITZ: Biographisches Inventar zur Diagnose von Verhaltensstörungen (BIV). Handanweisung. Hogrefe: Göttingen-Toronto-Zürich, 1976

JÄGER, R. S., G. A. SUNDSTRÖM: Einige Überlegungen zu Grundlagen der Datenerhebung — Implikationen für die diagnostische Urteilsbildung. In: JÄGER, R. S., A. R. MATTENKLOTT, R.-D. SCHRÖDER (Hrsg.): Diagnostische Urteilsbildung in der Psychologie: Grundlagen und Anwendungen. Hogrefe: Göttingen, 1984

Beschwerden-Liste

B-L

nach D. v. Zerssen

Subjektive Beeinträchtigung durch körperliche und Allgemein-Beschwerden

Selbstbeurteilungsverfahren für Erwachsene

Verlaufsuntersuchungen

Normen

Abnahme etwa 7 Minuten

Parallelformen

Empirisch gestützt:
- Reliabilität
- Validität
- Normierung

Anwendung

Die B-L ist ein Selbstbeurteilungsverfahren zur Erfassung subjektiver Beeinträchtigungen durch körperliche und Allgemein-Beschwerden. Darüberhinaus werden mit ihr Schweregrade dieser Symptomatik gemessen. Wegen ihrer kurzen Abnahmezeit kann sie für relativ dichte Verlaufsuntersuchungen eingesetzt werden. Daher dient sie nicht nur als diagnostisches Hilfsmittel, sondern auch der Kontrolle ärztlicher Maßnahmen in Praxis und Forschung.

Der Geltungsbereich der B-L erstreckt sich auf 20- bis 64jährige Erwachsene mit einem Mindestverbal-IQ von 80. Der Anwendungsbereich ist sehr weit gesteckt, vom Gesunden bis zum körperlich wie psychisch Kranken.

Aufbau

Die B-L setzt sich aus 24 Items zusammen, die sich auf verschiedene körperliche und Allgemein-Beschwerden beziehen.

Beispiele:
Ich leide unter folgenden Beschwerden:
- Item 1: Kloßgefühl, Engigkeit oder Würgen im Hals
- Item 2: Kurzatmigkeit
- Item 3: Schwächegefühl

Vorhandensein und Ausprägung dieser Beschwerden sollen durch Ankreuzen einer der folgenden Rubriken beantwortet werden: gar nicht, kaum, mäßig, stark.

Den angekreuzten Ausprägungen sind Wertpunkte zugeordnet. Diese werden über alle Items addiert und bilden den Gesamtwert, der als Maß der Gesamtbeeinträchtigung durch körperliche oder psychische Allgemeinbeschwerden dient.

Zur B-L liegen noch zwei Parallelformen vor, die B-L' und eine Ergänzungsform, die B-L^0. Die B-L' umfaßt ebenfalls 24 Items, die B-L^0 nur 21. Dabei sind bei den letzten vier keine festen Aussagen vorgegeben, wodurch der Patient und auch der Untersucher die Möglichkeit erhalten, selbst Beschwerden einzutragen, die auf dem Formular noch nicht aufgeführt sind.

Gütewerte

Normen: Anhand einer repräsentativen Eichstichprobe Erwachsener (n = 1761) der BRD wurden Standardnormen (Stanine-, Perzentil- und T-Werte) erstellt. Außerdem liegen Referenzwerte für verschiedene klinische Gruppen vor.

Reliabilität: Die Paralleltest-Reliabilität bewegt sich zwischen 0,85 und 0,93. Für jede Parallelform wurde ein Halbierungskoeffizient von 0,91 und für beide Versionen zusammen einer von 0,96 ermittelt.

Validität: Die inhaltliche Validität wird durch die Auswahl der Items aus medizinischen Lehrbüchern, Krankengeschichten und Explorationsprotokollen von Patienten bestimmt. Auf verschiedene Publikationen ist eine große Anzahl empirischer Validitätsbelege verstreut. So wurde durch Faktorenanalysen ein Generalfaktor, der die Erstellung eines Gesamtrohwertes rechtfertigt, ermittelt. Außerdem ließen sich verschiedene Stichproben durch die B-L trennen. Zusätzlich ergaben sich erwartungsgemäß bei stationären Patienten unmittelbar vor der Entlassung bessere Ergebnisse als zur Aufnahmezeit.

Wiederholbarkeit: Die B-L wird häufig in Verlaufsuntersuchungen eingesetzt. Aufgrund der Itemzusammenstellung sind keine systematischen Wiederholungseffekte zu erwarten. Jedoch sind uns hierzu keine speziellen Untersuchungen bekannt.

Literatur

BAUMANN, U.: Eine Kontrolluntersuchung zur Beschwerdenliste. Arch. Psychiat. Nervenkr. 216 (1972) 153-161

CIPS (Collegium Internationale Psychiatriae Scalarum, Hrsg.): Internationale Skalen für Psychiatrie. Beltz: Weinheim, 1981

DITTRICH, A., B. WOGGON: Subjektive Veränderungen unter (—) Δ^9 — trans-Tetrahydrocannabinol bei cannabisnaiven Probanden. Int. Pharmakopsychiat. 9 (1974) 138-151

GREINER, R.: Vergleich von Schmerzangaben bei zyklothymer Depression und körperlicher Begründbarkeit. Straube: Erlangen, 1976

LEHRL, S., A. GALLWITZ: Erlanger Depressions-Skala EDS. Manual. Vless: Vaterstetten-München, 1984, 2. Aufl.

STRIAN, F., C. KLIPCERA: Anxiety Arousal, and Autonomic Habituation. Arch. Psychiat. Nervenkr. 224 (1977) 341-350

STIEGLITZ, R.-D., U. BAUMANN, H. TOBIEN, D. v. ZERSSEN: Zur Stichproben- und Zeitinvarianz von Testkennwerten bei einer Beschwerdenliste. Z. exp. angew. Psychol. 27 (1980) 631-654

WANIK, W., J. PACH: Pimozide bei psycho-vegetativen Störungen. Psychopathometrie 2 (1976) 149-154

ZERSSEN, D. v.: Die Beschwerden-Liste als Test. Therapiewoche 21 (1971) 1908-1914

ZERSSEN, D.v.: Selbstbeurteilungs-Skalen zur Abschätzung des »subjektiven Befundes« in psychopathologischen Querschnitt- und Längsschnitt-Untersuchungen. Arch. Psychiat. Nervenkr. 217 (1973) 299-314

ZERSSEN, D. v.: Beschwerdenskalen bei Depressionen. Therapiewoche 46 (1973) 4426-4440

ZERSSEN, D. v.: Manual zur Beschwerden-Liste. Beltz: Weinheim, 1976

ZERSSEN, D. v.: Klinisch-psychiatrische Selbstbeurteilungs-Fragebögen. In: BAUMANN, U., H. BERBALK, G. SEIDENSTÜCKER (Hrsg.): Klinische Psychologie, Trends in Forschung und Praxis, Bd. 2, Huber: Bern-Stuttgart-Wien, 1979

ZERSSEN. D. v.: Körperliche und Allgemeinbeschwerden als Ausdruck seelischer Gestörtheit. Therapiewoche 31 (1981) 865-876

ZERSSEN, D. v.: Self-Rating Scales in the Evaluation of Psychiatric Treatment. In: HELGASON, T. (Hrsg.): Methodology in Evaluation of Psychiatric Treatment. Cambridge University Press: Cambridge-London-New York-New Rochelle, Melbourne-Sydney, 1983

Brief Psychiatric Rating Scale

(Kurze psychiatrische Beurteilungs-Skala)

BPRS

nach J.E. Overall, D.R. Gorham

Allgemeine psychische Symptome hospitalisierter Patienten, insbesondere bei Schizophrenien

Fremdbeurteilungsverfahren für erwachsene stationäre Psychiatrie-Patienten

Verlaufsuntersuchungen

Abnahme etwa 40 Minuten

Empirisch gestützt:
Reliabilität
Validität

Anwendung

Bei der Brief Psychiatric Rating Scale handelt es sich um ein Fremdbeurteilungsverfahren, dessen Abnahme vom Psychiater oder Psychologen vorgenommen werden sollte. Zur Erhöhung der Objektivität wird vorgeschlagen, die Skala durch zwei unabhängige Beurteiler abnehmen zu lassen.

Die BPRS wurde vor allem für erwachsene stationäre Psychiatrie-Patienten, insbesondere mit Schizophrenie entwickelt. Sie scheint sich jedoch auch für Testungen ambulanter Patienten zu eignen. Die BPRS bezieht sich auf allgemeine psychische Symptome, die mit Angst/Depressionen, Anergie, Denkstörung, Desaktivierung und Feindseligkeit/Mißtrauen in Zusammenhang stehen.

Die Abnahme des Verfahrens dauert etwa 40 Minuten.

Aufbau

Die BPRS wurde als Kurzform aus den zwei sehr umfangreichen Skalen, der IMPS (Inpatient Multidimensional Psychiatric Scale nach M. LORR et al., 1963, 1966) und der MSRPP (Multidimensional Scale for Rating Psychiatric Patients nach M. LORR et. al., 1953) entwickelt. Sie besteht aus 18 Items, die sich auf Symptomkomplexe beziehen.

Ein Beispiel:

Item 8: Größenideen
Überhöhte Selbsteinschätzung, Überzeugung, in Besitz ungewöhnlicher Kräfte und Fähigkeiten zu sein.
Bewerten Sie nur die verbalen Äußerungen des Patienten über sich selbst oder im Vergleich zu anderen, nicht jedoch das Verhalten in der Interviewsituation.

Die Ausprägung jedes Symptomkomplexes wird auf einer siebenstufigen Skala eingeschätzt. Dafür sind folgende Ausprägungsgrade vorgesehen: »nicht vorhanden«, »sehr gering«, »gering«, »mäßig«, »mäßig stark«, »stark« und »extrem stark«.

Der Gesamt-Rohwert, der BPRS-Wert, wird aus der Summe der Punktzahlen gebildet, die der Einstufung eines jeden Items zugeordnet wurden. Nach einer faktorenanalytischen Studie von J.E. OVERALL u. D.R. GORHAM (1970) schließt sich eine detaillierte Auswertung nach Faktoren an. Dabei werden fünf Faktoren unterschieden:

1. Angst/Depression,
2. Anergie,
3. Denkstörung,
4. Aktivierung und
5. Feindseligkeit/Mißtrauen.

Gütewerte

Normen: keine Angaben

Reliabilität: D.V. CICCHETTI u. S.L. AIVANO (1976) fanden Interrater-Reliabilitätskoeffizienten zwischen 0,87 und 0,97.

Validität: Es liegen Hinweise auf die Konstrukt- und Kriterium-Validität (0,93 mit der MSRPP = Multidimensional Scale for Rating Psychiatric Patients) vor.

Wiederholbarkeit: Vielfach wird unterstellt, daß sich die BPRS für wiederholte Untersuchungen eignet.

Literatur

CICCHETTI, S.V., S.L. AIVANO: The Brief Psychiatric Rating Scale (BPRS) Revisted: Further Evidence of Its Utility. Paper presented at Meetings of the American Statistical Association: Boston, Massachusetts, August 27, 1976

CIPS (Collegium Internationale Psychiatriae Scalarum, Hrsg.): Internationale Skalen für Psychiatrie. Beltz: Weinheim, 1981

LORR, M., C.J. KLETT, D.M. McNAIR, J.J. LASKY: Manual: Inpatient Multidimensional Psychiatric Scale, Consulting Psychologists Press: Palo Alto, California, 1963

LORR, M., C.J. KLETT: Inpatient Multidimensional Psychiatric-Scale. Consulting Psychologists Press: Palo Alto, California, 1966

MOMBOUR, W., G. KOCKOTT, K. FLIEGE: Die Brief Psychiatric Rating Scale (BPRS) von Overall und Gorham bei akuten paranoid-halluzinatorischen Psychosen. Untersuchungen zu einer deutschen Übersetzung der BPRS. Pharmacopsych. 8 (1975) 279-288

OVERALL, J. E.: The Brief Psychiatric Rating Scale in Psychopharmacology Research. In: UNIVERSITY OF TEXAS (Hrsg.): Psychometric Laboratory Reports. Galveston, 1972, June, 29

OVERALL, J. E., D. R. GORHAM: The Brief Psychiatric Rating Scale. Psychol. Rep. 10 (1962) 799-812

OVERALL, J. E., D. R. GORHAM: 06-BPRS, Brief Psychiatric Rating Scale. In: GUY, W., R. R. BONATO (Hrsg.): Manual for the EDCEU Assessment Battery. Chevy Chase: Maryland, 1970, 2. rev. Auf.

Bildertest

BT

Amnestischer Symptomenkomplex des Organischen Psychosyndroms

Psychopathognostisches Leistungsverfahren für Erwachsene

Einmalige Untersuchungen

Normen

Empirisch gestützt:
Normierung
Validität

nach M. Müller

Anwendung

Das vorliegende Leistungsverfahren wurde schon zu Beginn dieses Jahrhunderts in der psychiatrischen Universitätsklinik Burghölzli/Zürich angewendet, bis M. MÜLLER (1975) mittels varianzanalytischer Untersuchungen eine Validierung vornahm.

Der Bildertest gilt als einfaches Hilfsmittel zur Prüfung der amnestischen Funktionen. Er soll besonders den amnestischen Symptomenkomplex des Organischen Psychosyndroms erkennen helfen. Seine Normen sind auf Erwachsene ausgelegt.

Aufbau

Der Test setzt sich aus zehn Bildertafeln zusammen, die in wahlloser Reihenfolge je eine Sekunde lang präsentiert werden. Der Patient soll nach jeder Darbietung beschreiben, was auf dem Bild dargestellt war.

Zum Abschluß der zehn Einzeldarbietungen sollen möglichst viele Bilder erinnert werden. Werden weniger als sieben reproduziert, ist ein amnestisches Syndrom anzunehmen.

Gütewerte

Normen: Als optimaler Trennpunkt (Cutting-point) wurde der Wert 7 ermittelt.

Zur Reliabilität fehlen Angaben.

Validität: Mit Untersuchungen von H. K. KNOEPPEL (1951) und varianzanalytischen Studien von M. MÜLLER (1975) liegen Validitätsbelege vor.

Wiederholbarkeit: Wegen vermuteter Lerneffekte wird von Meßwiederholungen abgeraten.

Literatur

KIND, H.: Leitfaden für die psychiatrische Untersuchung. Springer: Berlin, Heidelberg, New York, 1973

KNOEPPEL, H. K.: Der Meggendorfer-Reproduktions-Quotient. Unveröffentlichte Arbeit, Zürich, 1951 (zit. n. M. MÜLLER, 1975)

MÜLLER, M.: Ein einfaches Hilfsmittel (Bildertest) zur Prüfung der amnestischen Funktionen. Nervenarzt 46 (1975) 467-471

Benton-Test

B-T

Visuelle Merkfähigkeit, hirnorganische Störungen

Psychopathognostisches Leistungsverfahren für Kinder und Erwachsene

Verlaufsuntersuchungen

Normen

Abnahmedauer ca. 10 bis 20 Minuten

Parallelformen

Empirisch gestützt:
- Reliabilität
- Validität
- Amerikanische Normierung

nach A. L. Benton

Anwendung

Der BENTON-Test wurde zur Diagnose hirnorganischer Störungen konstruiert. Mit diesem Leistungsverfahren wird die visuelle Merkfähigkeit gemessen. Minderleistungen sollen auf Hirnverletzungen oder Hirnerkrankungen hinweisen.

Der BENTON-Test ist ab einem Lebensalter von ca. sieben Jahren anwendbar. Er wird als Einzeltest durchgeführt, kann aber auch zu Verlaufsuntersuchungen eingesetzt werden, falls seine Parallelformen hinzugezogen werden. Bei der Standardversuchsanordnung beträgt die Gesamtdurchführungszeit etwa zehn bis zwanzig Minuten.

Aufbau

Bei allen Versionen des BENTON-Tests werden auf Vorlagen Abbildungen geometrischer Figuren gezeigt. Beispiel siehe Abbildung. Der Patient soll sich solche Figuren einprägen.

In der Version des BENTON-Tests als Zeichentest sind die Abbildungen nach einer bestimmten Darbietungszeit nachzuzeichnen. Beim Mehrfachwahl-Verfahren soll der Patient hingegen die jeweils dargebotene Vorlage aus vier Wahlmöglichkeiten wiedererkennen. Die Zeichenversion besitzt drei und die Wahlform zwei Parallelformen.

Bei der Zeichen- und Wahlform bestehen mehrere Durchführungsmöglichkeiten. Dabei können jeweils die Darbietungszeiten der Vorlagen als auch die zeitlichen Verzögerungen bis zur Reproduktion verändert werden.

Eine Form der Auswertung erfolgt einfach nach quantitativen Gesichtspunkten, wobei die Summe der richtigen Reproduktionen bzw. Wahlen gebildet wird. Dieses Ergebnis vergleicht man mit einem Erwartungswert, der nach dem Intelligenzniveau des Patienten bestimmt wird. Zur qualitativen Auswertung ist die Art der Fehler gesondert zu berücksichtigen.

Gütewerte

Normen: Für jede Durchführungsart liegen aus amerikanischen Untersuchungen Normen vor.

Reliabilität: Die Retest-Reliabilität beträgt bei den Zeichenformen C, D, E jeweils etwa 0,85. Die Korrelationen zwischen den einzelnen Serien streuen von 0,79 bis 0,84. Die Zeichen- und Wahlform korrelieren mit 0,55.

Validität: Im Testmanual werden zahlreiche Ergebnisse zu Validitätsuntersuchungen angeführt.

Wiederholbarkeit: Wegen des Einflusses von Lerneffekten auf die Merkleistungen, dürfte sich die Anwendung von nur einer einzigen Testform für Verlaufsuntersuchungen nicht eignen. Die Verwendung von Parallelformen müßte jedoch Wiederholungseffekte reduzieren.

Literatur

BENTON, A. L., O. SPREEN: Zur Simulation intellektueller Leistungsdefekte im Benton-Test. Psychol. Beitr. 7 (1962) 147-150

BENTON, A. L., O. SPREEN: Handbuch zum Benton-Test. Huber: Bern-Stuttgart, 1972, 4. rev. u. erw. Aufl.

JACOBI, P., E. SCHNEIDER, P.-A. FISCHER: Störungen der Merkfähigkeit bei Parkinson-Kranken. Fortschr. Neurol. Psychiat. 44 (1976) 63-72

OSWALD, W. D., U. M. FLEISCHMANN: Das Nürnberger Alters-Inventar NAI. Kurzbeschreibung, Testanweisung, Normwerte, Testmaterial. Universität: Erlangen-Nürnberg: Nürnberg, 1982

RASCHKE, W.: Zum Verhalten von Leistungs- und Intelligenztests bei organischer psychischer Beeinträchtigung. Untersuchungen mit dem Benton-Test, Böcker-Test, Raven-Test und Mehrfachwahl-Wortschatz-Test. Diss., Univ. Erlangen, 1976

STRUNK, P., V.B. FAUST: Die hirnorganischen Befunde bei Verhaltensstörungen im Kindesalter. Arch. Psychiat. Nervenkr. 210 (1976) 152-160

VELKOBORSKY, J.: Der Benton-Test in der klinischen Praxis. Diagnostica 10 (1964) 91-101

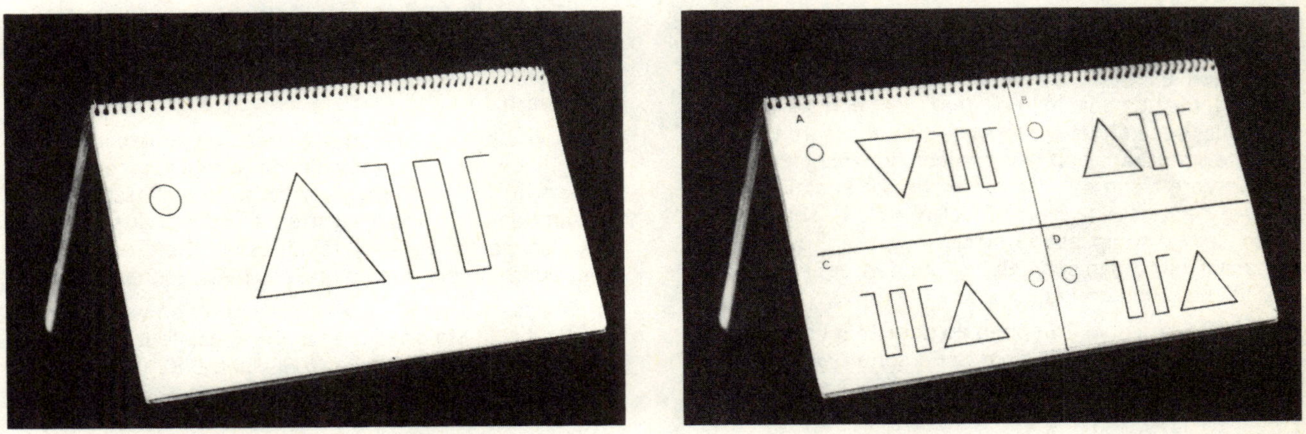

Abb.: Mehrfachwahl-Form des BENTON-Tests: links Vorlage, rechts Antwortmöglichkeiten

Grundintelligenztest Skala 3

CFT 3

Allgemeines Intelligenzniveau, fluide Intelligenz
Leistungsverfahren für Kinder und Erwachsene
Mehrmalige Untersuchungen
Normen
Abnahme etwa 25 bis 50 Minuten
Parallelformen
Empirisch gestützt:
- Reliabilität
- Validität
- Normierung
- Wiederholbarkeit

nach R. B. Cattell
(deutsche Bearbeitung von R. H. Weiss)

Anwendung

Der CFT 3 ist ein Leistungsverfahren zur Messung der allgemeinen intellektuellen Leistungskapazität, besonders der allgemeinen fluiden Intelligenz, die auch als »Grundintelligenz« bezeichnet wird. Mit diesem Verfahren soll also die Intelligenzkapazität einer Person abgeschätzt werden. Durch Vergleiche mit Tests, welche die kristallisierte Intelligenz erfassen (z.B. der MWT-B, s.dort), soll ein intellektueller Leistungsabbau sichtbar werden, der als Hinweis auf hirnorganische Schädigungen oder Störungen genommen werden kann.

Der CFT 3 kann bei Personen ab dem 14. Lebensjahr abgenommen werden. Für jüngere Personen wurde der CFT 2 entwickelt, der genauso wie der CFT 3 aufgebaut ist, der aber hier nicht näher besprochen wird. Die Testungen können in Einzel- oder Gruppenuntersuchungen erfolgen. Bei einer Anwendungsform, nämlich als Power-Test (Niveau-Test), braucht der Testleiter die Durchführung kaum zu überwachen, ist hiervon also entlastet. Durch diese Anwendung dauert die gesamte Abnahme nur etwa 25 Minuten. Zur Vorgabe unter Zeitdruck müssen mehr Tests abgenommen werden, wodurch sich die Testdauer auf 45 bis 50 Minuten verlängert.

Aufbau

Der CFT 3 setzt sich aus zwei Testteilen zusammen, die jeweils 50 Aufgaben enthalten. Jeder dieser Teile besteht wiederum aus vier Subtests, die aus verschiedenen Aufgaben unterschiedlichster Schwierigkeit aufgebaut sind. Die Schwierigkeiten steigen ständig.

Jeder Subtest wird auf einer Vorlage dargeboten. Seine Items bestehen aus dargestellten Figuren, die sich fortlaufend nach bestimmten Regeln verändern (s. Abb.). Der Proband erhält die Aufgabe anzugeben, welche Figur in dieser Reihe nun folgen müßte. Dazu soll er die »richtigen« unter mehreren Darstellungen herausfinden und ankreuzen.

Für jede richtige Lösung erzielt der Proband einen Punkt. Die Punkte werden zur Gesamtpunktzahl aufaddiert und können tabellarisch IQ-Punkten zugeordnet werden.

Der Testteil 1 läßt sich allein als Kurzform verwenden. Außerdem liegt der CFT 3 in zwei Parallelformen vor.

Gütewerte

Normen: Der CFT 3 ist an 3476 deutschsprachigen Personen geeicht worden. Nach diesen Normen lassen sich die Rohwerte des ersten und zweiten Testteiles sowie des Gesamttestes T- und IQ-Werten zuordnen. Zusätzlich liegen Vergleichswerte verschiedener Referenzstichproben, speziell verschiedener Schulbidungsgruppen, vor.

Reliabilität: An verschiedenen Stichproben wurde mittels der Split-Half-Methode die innere Konsistenz untersucht. Die Ergebnisse schwanken zwischen 0,82 und 0,95 (mit SPEARMAN-BROWN-Korrektur). Für die Testwiederholung unmittelbar nach der Ersttestung werden Korrelationen von 0,84 bis 0,94 angegeben.

Validität: In verschiedenen faktorenanalytischen Untersuchungen wurde jeweils ein Generalfaktor ermittelt. Er bestätigte sich auch bei Stichproben unterschiedlicher Zusammensetzung. Die Korrelationen zu Tests mit ähnlichen Gültigkeitsansprüchen, wie dem Intelligenz-Struktur-Test nach R. Amthauer (1955), streuen zwischen 0,51 und 0,74.

Wiederholbarkeit: Aus verschiedenen Retest-Untersuchungen (s. a. Reliabilität) geht die Wiederholbarkeit hervor.

Literatur

AMTHAUER, R.: Intelligenz-Struktur-Test (IST). Hogrefe: Göttingen, 1955, 2. Aufl.

ASSENBAUM, H.: Der Einfluß von Befindensstörungen auf Leistungs- und Intelligenztestergebnisse bei jungen Erwachsenen. Diss, Univ. Erlangen, 1978

CATTELL, R. B.: Theory of fluid and crystallized intelligence: A critical experiment. Educat. Psychol. 54 (1963) 1-22

GUDERNATSCH, V.: Der Einfluß von Befindenssstörungen auf Leistungs- und Intelligenztestergebnisse bei psychiatrisch unauffälligen Patienten. Diss., Univ. Erlangen, 1978

LANGFELDT-NAGEL, M.: Untersuchungen zur Konstruktvalidität der Grundintelligenztests (CFT) von Cattell und Weiß. Diagnostica 28 (1982) 65-79

LEHRL, S.: Einfluß vergangener und akuter Krankenhausaufenthalte auf fluide und kristallisierte Intelligenzleistungen. Vless: Vaterstetten, 1980

WEISS, R. H.: Grundintelligenztest CFT 2 Skala 2. Westermann: Braunschweig, 1972

WEISS, R. H.: Grundintelligenztest CFT 3 Skala 3. Westermann: Braunschweig, 1971

Test 1

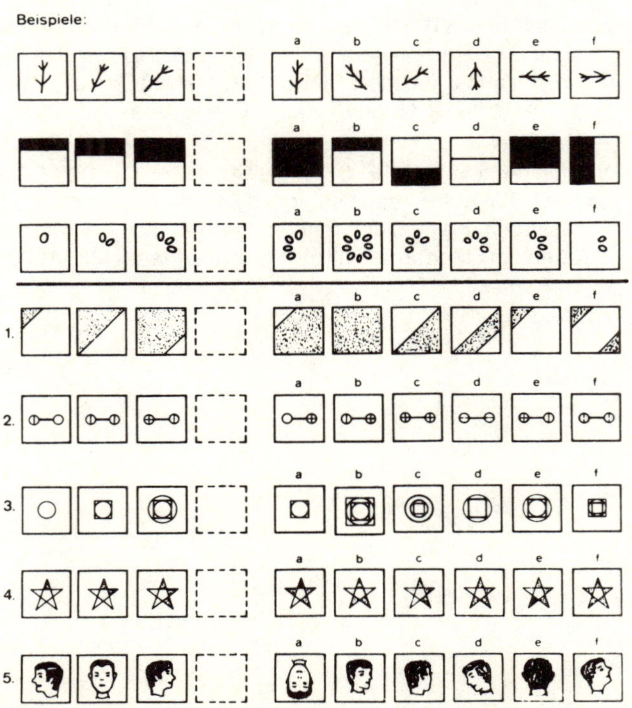

Abb.: Beispiele für Aufgaben aus dem CFT3. Welche Figur (a bis f) gehört in das gestrichelte Feld?

Clinical Global Impressions

(Klinischer Gesamteindruck)

CGI

nach National Institute of Mental Health

Therapieerfolg bei medikamentöser Behandlung psychisch Kranker

Fremdbeurteilungsverfahren

Verlaufsuntersuchungen

Normen

Anwendung

Das CGI-Verfahren ist eine Fremdbeurteilungs-Skala zur Beurteilung und Kontrolle des Therapieerfolges bei der medikamentösen Behandlung psychisch Kranker. Dabei werden der Schweregrad der Krankheit, die Zustandsänderung und der therapeutische Effekt vom Arzt eingeschätzt.

Für das Alter des zu beurteilenden Patienten und die Art der psychischen Erkrankung liegen nach der Beschreibung der Skala keine Einschränkungen vor.

Aufbau

Das CGI-Verfahren setzt sich aus drei Items zusammen. Die ersten beiden dienen der Beurteilung der Krankheitsschwere und der Zustandsänderung. Dazu sind jeweils acht Ausprägungen vorgegeben, so bei der Gesamtbeurteilung der Zustandsänderung »nicht beurteilbar«, »Zustand ist viel besser« usw. bis hin zu »Zustand ist sehr viel schlechter«.

Im dritten Item werden der therapeutische Effekt und die Nebenwirkungen gegeneinander abgewogen und daraus ein Wirksamkeits-Index bestimmt. Dazu wird der therapeutische Effekt als »sehr gut«, »mäßig«, »gering« oder »unverändert oder schlechter« gewertet. Ebenso wird das Ausmaß der Nebenwirkungen durch vier vorgegebene Kategorien eingeschätzt, u. z. von »keine« bis »überwiegen den therapeutischen Effekt«. Dem Schnittpunkt der Werte für den therapeutischen Effekt und für die Nebenwirkungen läßt sich nach einer Tabelle ein Wirksamkeits-Index zuordnen. Er beträgt beispielsweise bei einem sehr guten therapeutischen Effekt und Nebenwirkungen, die den Patienten nicht wesentlich, aber doch etwas beeinträchtigen, 2,00. Liegt der Wirksamkeits-Index größer als 1,00, überwiegt der therapeutische Effekt die Nebenwirkungen. Bei 1,00 heben sie sich auf, und darunter ist die Wirksamkeit als gering zu veranschlagen.

Gütewerte

Zum CGI-Verfahren liegen keine empirisch gestützten Normen vor. Ebensowenig sind uns Reliabilitäts-, Validitätsuntersuchungen oder empirische Belege zur Wiederholbarkeit bekannt. Als Fremdbeurteilungsverfahren müßte diese Skala jedoch wiederholbar sein. Sie wurde auch speziell für Verlaufsuntersuchungen entwickelt.

Literatur

CHOUINARD, G., L. ANNABLE, J. BRADWEJN: An early phase II clinical trial of tomoxetine (LY 139603) in the treatment of newly admitted depressed patients. Psychopharmacology 83 (1984) 126-128

CIPS (Collegium Internationale Psychiatriae Scalarum, Hrsg.): Internationale Skalen für Psychiatrie. Beltz: Weinheim, 1981

NATIONAL INSTITUTE OF MENTAL HEALTH: 012-CGI. Clinical Global Impressions. In: GUY, W., R. R. BONATO (Hrsg.): Manual for the ECDEU Assessment Battery. National Institute of Mental Health: Chevy Chase, 1970, 2. verb. Aufl.

NATIONAL INSTITUTE OF MENTAL HEALTH: 028-CGI. Clinical Global Impressions. In: GUY, W. (Hrsg.): ECDEU Assessment Manual for Psychopharmacology. National Institute of Mental Health: Rockville/Maryland, 1976, verb. Aufl.

Screening-Kurztest für cerebrale Insuffizienz

c.I.-Test

Cerebrale Insuffizienz,
Organisches Psychosyndrom,
Psychoorganisches Akutsyndrom

Psychopathognostisches Leistungsverfahren für Erwachsene

Normen

Abnahme 2 bis 4 Minuten

Empirisch gestützt:
- Reliabilität
- Validität
- Normierung

nach S. Lehrl, B. Fischer

Anwendung

Der c.I.-Test ist ein kurzes Leistungsverfahren, das dem Herausfinden (Screening) oder — bei einem entsprechenden Verdacht — als objektive Entscheidungshilfe bei der Diagnose einer cerebralen Insuffizienz bzw. — auf der psychiatrischen Seite — eines Psychoorganischen Akutsyndrom (Organisches Psychosyndrom) dient. Das Verfahren schlägt noch bei relativ geringgradigen Störungen wie leichten Durchgangs-Syndromen an. Deshalb dürfte das Haupteinsatzgebiet des Tests in der Objektivierung leichter Störungen liegen.

Die Abnahme des c.I.-Tests dauert etwa zwei bis vier Minuten. Um die Verläßlichkeit des Befundes zu erhöhen, ist es günstig, zusätzlich den MWT-B (s. dort) abzunehmen, den psychiatrisch unauffällige oder auch nur leicht gestörte Patienten selbst durchführen können. Der c.I.-Test wird in Einzeluntersuchungen abgenommen. Sein Geltungsbereich erstreckt sich auf 17- bis 64jährige.

Aufbau

Der c.I.-Test setzt sich aus zwei Subtests, dem Symbolezählen und dem Interferenztest, zusammen. Beide Verfahren sind zur Erfassung der Hemmung bei endogenen Depressionen entwickelt (siehe HT, LtD) und später in den SKT (s. dort) übernommen worden. Bei der Frage der Erkennung leichter cerebraler Insuffizienzen, wie sie außerhalb psychiatrischer Kliniken vorkommen (u.a. in ärztlichen Praxen und nichtpsychiatrischen Kliniken), hatten sich diese Subtests mit Abstand am besten bewährt.

Gütewerte

Normen: Die Normen des c.I.-Tests lehnen sich an die empirisch ermittelten Normen des SKT (s. dort) an und wurden in weiteren Studien auf ihre Bewährung geprüft. Die Normen sind nach drei IQ- und vier Altersstufen differenziert.

Reliabilität: Im Rahmen der Studien zum LtD (s. dort) und SKT (s. dort) wurde die Reliabilität der den c.I.-Test konstituierenden Subtests untersucht. Die Ergebnisse lassen sich auf den c.I.-Test übertragen.

Validität: Hierzu liegen Validierungs- und Kreuzvalidierungsstudien vor, die bei B. FISCHER et al. (1985) zusammengefaßt sind.

Wiederholbarkeit: Sie ist nicht untersucht worden, weil sie bei Screening-Verfahren meist nicht interessiert.

Literatur

ERZIGKEIT, H.: Manual zum Syndrom-Kurztest. Vless: Vaterstetten, 1977

FISCHER, B., U. FISCHER, S. LEHRL, W. EISSENHAUER, E. JARMARK, U. EHMKE, H. JESKE: Ein verbesserter Kurztest zum Screening leichter cerebraler Insuffizienzen. In: LEHRL, S., B. FISCHER (Hrsg.): c.I.-Test zur raschen Objektivierung cerebraler Insuffizienzen. Vless: München-Vaterstetten, 1985

FISCHER, B., S. LEHRL: Kurztest zum Screening leichter Störungen der Gehirnleistung. In: BECK, M., W. EISSENHAUER, H. LÖFFLER (Hrsg.): Rehabilitation heute: Die Reha-Studie Baden. Braun: Karlsruhe, 1984

LEHRL, S.: Ein Hemmungstest zur Messung der zyklothymen Depression. In: WIECK, H. H. (Hrsg.): Klinische Psychopathometrie. Byk Gulden: Konstanz, 1972

LEHRL, S., B. FISCHER: Abnahme des c.I.-Tests. In: LEHRL, S., B. FISCHER (Hrsg.): c.I.-Test zur raschen Objektivierung cerebraler Insuffizienzen. Vless: München-Vaterstetten, 1985

LEHRL, S., A. GALLWITZ, G. DOBMANN-MURRMANN: Leistungen von Medizin-Studenten im Syndrom-Kurztest. Zur Erkennung von Funktionspsychosen bei jungen, sehr intelligenten Erwachsenen. Psychiat. Neurol. med. Psychol., Leipzig 30 (1978) 586-592

LEHRL, S., A. GALLWITZ, R. STRAUB, B. STRAUB, W. KINZEL: Leistungstest für endogene Depressionen (LtD). Manual. Vless: Vaterstetten-München, 1979

✻ ★ □

□ ✻ ★ ✻ □ ✻ □ ★ □ ★ ✻ ✻
★ □ □ ✻ ★ ✻ ★ □ ✻ □ ★ ★
✻ ★ ✻ □ ★ □ ✻ ★ □ ★ ✻ □
□ □ ★ ✻ □ ✻ ★ ✻ ★ ✻ □ ★
✻ ★ □ ★ □ ✻ □ ★ ✻ □ ★ ✻

Abb.: Ausschnitt aus dem Subtest »Symbole zählen«

ABBABA
ABAABABBAABABABBA
AABABABBBABAABABA

Abb.: Vorlage für den Interferenztest

Skala für psychische Halluzinogenwirkungen

DAE-Skala 1

Subjektive Veränderungen infolge von Halluzigenwirkungen

Selbstbeurteilungsverfahren für Erwachsene

Verlaufsuntersuchungen

Empirisch gestützt:
Validität

nach A. Dittrich, K. Bättig, B. Woggon, I. von Zeppelin

Anwendung

Die DAE-Skala I ist ein Selbstbeurteilungsverfahren zur retrospektiven Erfassung von Cannabis- und N,N-Dimethyltryptamin (DMT)-effekten. Durch Selbstbeurteilungen werden das Verhältnis von Ich und Umwelt und das ängstlich-depressive und euphorisch-angeregte Zustandsbild beschrieben.

Die Einschätzung des eigenen Zustandes wird erst nach der psychischen Cannabis- oder DMT-Wirkung vorgenommen. Nach der Formulierung und dem Inhalt der Items dürfte sich die Skala nur für Jugendliche und Erwachsene eignen.

Aufbau

Die DAE-Skala I setzt sich aus 54 Feststellungen über psychische Veränderungen zusammen, die nach Einnahme halluzinogenartiger Substanzen auftreten können.

Beispiele:

Item I: Worte hatten eine eigentümlich fremdartige Bedeutung (Skala 1)

Item V: Ich fühlte mich unstet und nicht wohl in meiner Haut (Skala 2)

Item IX: Ich fühlte mich freier als sonst (Skala 3)

Aus diesen Items sollen die Probanden ihre eigenen Erfahrungen durch vier Antwortkategorien von »ja, genau« bis »nein, gar nicht« einstufen.

Nach faktorenanalytischen und testtheoretischen Überlegungen wurden die Items den folgenden drei Subskalen untergeordnet:

Subskala 1: Derealisation von Ich und Umwelt
Subskala 2: Ängstlich-depressives Zustandsbild
Subskala 3: Euphorisch-angeregtes Zustandsbild

Die Antworten auf jedes Item werden mit Punkten bewertet und die Punkte pro Subskala aufaddiert. Mittels der resultierenden Punktzahlen lassen sich verschiedene Personen und Personenstichproben miteinander vergleichen.

Gütewerte

Die Skala wurde weniger für Testzwecke als für die Prüfung von Medikamentenwirkungen konstruiert, weshalb keine Normen vorgelegt wurden. Spezifische Reliabilitätsuntersuchungen sind uns nicht bekannt.

Validität: Für die inhaltliche Validität spricht die Itemauswahl. Durch Faktorenanalysen wurde die Bildung der drei Subskalen empirisch gestützt. Weitere empirische Validitätsbelege sind durch unterschiedliche Ergebnisse bei Stichproben mit und ohne Cannabis oder N,N-Dimethyltryptamin vorgelegt worden.

Wiederholbarkeit: Da mit der Skala retrospektive Zustandsbeschreibungen vorgenommen werden, sind systematische Wiederholungseinflüsse nicht zu erwarten.

Literatur

BICKEL, P., A. DITTRICH, J. SCHOEPF: Eine experimentelle Untersuchung zur bewußtseinsverändernden Wirkung von N,N-Dimethyltryptamin (DMT). Pharmakopsych. 9 (1976) 220-225

DITTRICH, A.: Zusammenstellung eines Fragebogens (APZ) zur Erfassung abnormer psychischer Zustände. Z.f.Klin. Psychol. Psychother. 23 (1975) 12-20

DITTRICH, A., K. BÄTTIG, B. WOGGON, I. v. ZEPPELIN: Entwicklung einer Selbsteinschätzungsskala (DAE-Skala I) zur Erfassung von Cannabiseffekten. Pharmakopsych. 5 (1972) 255-268

DITTRICH, A., B. WOGGON: Subjektive Veränderungen unter (-) Δ^9-trans-Tetrahydrocannabinol bei cannabisnaiven Probanden. Int. Pharmakopsych. 9 (1974) 138-151

Diagnosticum für Cerebralschädigung

DCS

nach S. Hillers (bearbeitet von S. Weidlich)

Störungen im Persönlichkeits- oder Leistungsbereich als Folgen cerebraler Schädigungen

Psychopathognostisches Leistungsverfahren für Kinder und Erwachsene

Einmalige Untersuchungen

Normen

Abnahme ca. 50 Minuten

Drei Formen

Empirisch gestützt:
- Reliabilität
- Validität
- Normierung
- Wiederholbarkeit

Anwendung

Das DCS ist ein Leistungsverfahren für Differentialdiagnosen hirnorganisch bedingter Leistungsschwächen und Persönlichkeitsstörungen. Es prüft verschiedene psychische Hauptfunktionen, da sich Hirnschädigungen je nach Lokalisation, Zeitpunkt und Schweregrad der Schädigung und nach den Besonderheiten der prämorbiden Persönlichkeit sehr verschieden äußern können. Mit diesem Verfahren sollen in einmaligen Untersuchungen cerebrale Schädigungen erkannt werden.

Der Geltungsbereich bezieht sich auf Kinder ab sieben Jahren bis hin zu Erwachsenen mit 60 Jahren. Patienten mit Schizophrenie oder Personen mit einem IQ unter 85 sollten nicht mehr mit dem DCS untersucht werden. Die Testung kann nur in Einzeluntersuchungen erfolgen.

G. LAMBERTI (1978) schlug aufgrund empirischer Analysen eine Ökonomisierung vor, welche die Testzeit halbiert.

Aufbau

Das DCS setzt sich aus neun Karten mit verschiedenen Zeichen und fünf Holzstäbchen zusammen (s. Abb.). Dem Probanden werden die Karten einzeln vorgelegt. Er soll sich die darauf befindliche Figur und die Reihenfolge ihrer Darbietung einprägen. Wann die nächste Karte jeweils vorgelegt wird, kann der Proband selbst bestimmen. Anschließend soll er die Figuren mit den fünf Holzstäbchen aus dem Gedächtnis nachlegen und gleichzeitig die Reihenfolge der zugehörigen Karte beim Vorlegen angeben. Innerhalb von zehn Versuchen müßte er die Figuren richtig nachgelegt und ihre Reihenfolge angeführt haben. Andernfalls wird auf eine cerebrale Schädigung geschlossen.

Mit diesem Test sollen vier psychische Hauptfunktionen geprüft werden:

1. Gestaltwahrnehmung
2. Gestaltspeicherung (Merkfähigkeit, Gedächtnis)
3. Gestaltreproduktion und Übertragung auf die motorische Ebene
4. Aufmerksamkeit und konzentrative Zuwendung

Gütewerte

Normen: Von elf Altersstufen (n = 326) werden Normen für Personen mit und ohne cerebrale Schädigung angegeben.

Reliabilität: Es sind empirisch ermittelte Reliabilitätskoeffizienten der inneren Konsistenz von 0,60 und 0,68 publiziert. Die Reliabilität bei einer Testwiederholung nach einem Jahr betrug bei 40 Personen 1,00.

Validität: Mit dem DCS ließ sich eine Stichprobe hirngeschädigter Patienten (n = 60) von »gesunden« Personen (n = 128) deutlich trennen. Die Fehlzuordnungen lagen bei durchschnittlich zwei Prozent (S. WEIDLICH, 1972). G. LAMBERTI (1978) vermochte 40 Patienten mit Hirnschädigung und klinische Kontrollpatienten statistisch signifikant zu diskriminieren.

Wiederholbarkeit: Die Retest-Untersuchung (s. Reliabilität) ist ein Hinweis auf die Wiederholbarkeit des DCS. Diese liegt allerdings nicht im Sinne seiner Anwendung als differentialdiagnostisches Hilfsmittel.

Literatur

LAMBERTI, G.: Modifikation und Verbesserung des Diagnostikum für Cerebralschädigung (DCS) für den klinischen Gebrauch. Arch. Psychiat. Nervenkr. 225 (1978) 143-157

WEIDLICH, S.: Diagnosticum für Cerebralschädigung (DCS). Huber: Bern, 1972

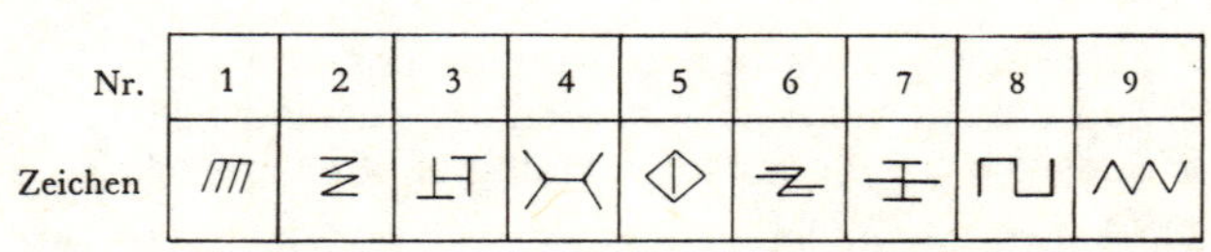

Abb.: Die neun Figuren des DCS, die mit fünf Holzstäbchen aus dem Gedächtnis nachgelegt werden sollen.

Depressions-Index

DI

Offene und larvierte Depressionen

Psychopathognostisches Selbstbeurteilungsverfahren für Erwachsene

Mehrmalige Untersuchungen

Normen

Empirisch gestützt:
Validität
Englische Normierung

nach L. M. Popoff

Anwendung

Der Depressions-Index ist ein Selbstbeurteilungsverfahren, das zur Erkennung larvierter und offener Depressionen entwickelt wurde. Der besondere Wert liegt in der Diagnose larvierter Depressionen, zu deren Erkennung die üblichen Fragebögen nicht so geeignet sind (L. M. POPOFF, 1969). Das Verfahren soll vor allem eine Hilfe für den niedergelassenen Arzt sein. Deshalb wurde es auf den ambulanten Patienten zugeschnitten.

Aufbau

Der DI setzt sich aus fünfzehn Aussagenbereichen zusammen, die jeweils drei Feststellungen umfassen. Eine bezieht sich auf offene Depressionen (O), eine auf larvierte Depressionen (L) und eine auf den gesunden Zustand (G). Der Patient soll jeweils eine dieser Feststellungen ankreuzen.

Beispiele:
(O) Mir macht alles Mühe
(G) Ich bin voller Energie
(L) Vielleicht werde ich nur älter

Die 15 Aussagen-Bereiche sind inhaltlich folgendermaßen festgelegt:

1. Motorische Hemmung
2. Antriebsmangel
3. Unzufriedenheit, Leere
4. Hoffnungslosigkeit
5. Tagesschwankung
6. Schlafstörungen
7. Appetitlosigkeit
8. Verminderte Libido
9. Verlust an Ehrgeiz und Initiative
10. Mangel an Interesse
11. Hilflosigkeit
12. Nutzlosigkeit
13. Verzweifelte Stimmung
14. Schuldgefühle
15. Verzagtheit

Für die Antworten, die charakteristisch für offene oder larvierte Depressionen sein sollen, wird je ein ID-Wert (Index of Depression) bestimmt. Dazu werden die Antworten, die für eine offene oder larvierte Depression sprechen, jeweils addiert. Ein ID-Wert von mindestens zehn spricht für den entsprechenden Depressionstyp.

Gütewerte

Normen: An 96 englisch-sprachigen Personen wurden Normen erstellt.

Validität: Bei 171 Personen soll das Ergebnis des DI in 97% der Fälle mit der psychiatrischen Diagnose übereingestimmt haben.

Die Wiederholbarkeit wird vermutet.

Literatur

POPOFF, L. M.: Eine einfache Methode zur Diagnose der Depression durch den Hausarzt. CIBA-GEIGY: Nachdruck aus Clinical Medicine 76 (1969) 24-29

Dosage Record and Treatment Emergent Symptom Scale

(Dosierungs- und Begleitsymptome-Skala)

DOTES

nach National Institute of Mental Health

Applikationsmodus und Begleitsymptome bei medikamentöser Behandlung

Dokumentationsbogen und Fremdbeurteilungsverfahren

Verlaufsuntersuchungen

Anwendung

Die DOTES besteht aus einem Dokumentationsverfahren für den Applikationsmodus von Medikamenten und einem Fremdbeurteilungsverfahren für Begleitsymptome im Verhalten, bei neurologischen, vegetativen und kardiovaskulären Befunden sowie einigen unspezifischen Symptomen. Außerdem werden die Schweregrade der Begleitsymptome beurteilt. Die DOTES wird für die Dokumentation von Verläufen bei medikamentösen Behandlungen angewandt.

Es bestehen keine Anwendungsbeschränkungen auf bestimmte Patienten- oder Krankheitsgruppen. Wenn Begleitsymptome auftreten, die in der DOTES nicht erwähnt sind, sollte als Ergänzung die TWIS (s.dort) abgenommen werden.

Aufbau

Die Items der DOTES lassen sich in zwei große Gruppen einteilen, nämlich in solche, die den Applikationsmodus dokumentieren und in solche, mit denen man das Auftreten von Begleitsymptomen beurteilt. Drei Itemgruppen dienen der Dokumentation des Applikationsmodus'. Die erste Gruppe bezieht sich auf den Anlaß zum Ausfüllen der Skala. Hierfür sind zehn Kategorien vorgesehen, beispielsweise
»am oben eingetragenen Ausfülldatum wurde die Dosierung wieder begonnen nach vorübergehender Unterbrechung«.
Die 2. und 3. Itemgruppe bilden die »tägliche Gesamtdosis« und »Verordnung«.

In der 4. Itemgruppe wird auf »Begleitsymptome« hingewiesen, die in der Begleitsymptomliste (Itemgruppe 5) zu beurteilen sind. Diese Liste wird in folgende fünf Symptomgruppen eingeteilt:

a) Verhalten
b) neurologisch
c) vegetativ
d) kardiovaskulär
e) andere

Diese Symptomgruppen sind in Symptome unterteilt, beispielsweise das Verhalten in »toxischer Verwirrtheitszustand«, »Erregung/Agitation«, »depressive Stimmung« usw.

Die Intensität der Symptome wird jeweils nach »gering«, »mäßig« und »stark« eingestuft. Für die Intensitätsbeurteilungen gibt es im beiliegenden Text Hilfen, beispielsweise bei »Erregung/Agitation«:

gering = erkennbare Furcht und Angst
mäßig = erkennbare Furcht und Angst bei häufiger — nicht dauernder — agitierter Motorik
stark = erkennbare Furcht und Angst mit dauernder agitierter Motorik, z.B. hin- und hergehen, Händeringen usw.

Zusätzlich ist der Zusammenhang mit dem Medikament durch »keine«, »wenig wahrscheinlich«, »möglicherweise«, »wahrscheinlich« und »sicher« einzustufen. Außerdem ist für jedes Symptom die getroffene Maßnahme als Folge seines Vorhandenseins anzuführen, z.B. »keine«, »intensivierte Überwachung des Patienten« bis hin zu »Absetzen des Prüfmedikaments«. Diese Aufgaben umfassen jeweils sieben Stufen.

Schließlich sind die Begleitsymptome global zu beurteilen (Itemgruppe 6). Dabei ist dazu Stellung zu nehmen, wie beeinträchtigend die Begleitsymptome nach Meinung des Arztes sind und wie seiner Meinung nach der Patient subjektiv darunter leidet.

Gütewerte

Normen und Angaben zur Reliabilität und Validität liegen nicht vor. Es wird darauf hingewiesen, daß diese medikamentenspezifisch erstellt werden sollten, daß aber allgemeine empirische Belege hierzu dringend zu erbringen seien.

Wiederholbarkeit: Empirische Untersuchungen zur Wiederholbarkeit liegen nicht vor. Jedoch sind bei diesem Dokumentationsbogen und Fremdbeurteilungsverfahren keine systematischen Wiederholungseffekte anzunehmen.

Literatur

CIPS (Collegium Internationale Psychiatriae Scalarum, Hrsg.): Internationale Skalen für Psychiatrie. Beltz: Weinheim, 1981

NATIONAL INSTITUTE OF MENTAL HEALTH: 02-DR. Dosage Record. In: GUY, W., R. R. Bonato (Hrsg.): Manual for the ECDEU Assessment Battery. National Institute of Mental Health: Chevy Chase, 1970, 2. verb. Aufl.

NATIONAL INSTITUTE OF MENTAL HEALTH: 029-DOTES. Dosage Record and Treatment Emergent Symptome Scale. In: GUY, W. (Hrsg.): ECDEU Assessment Manual for Psychopharmacology. National Institute of Mental Health: Rockville/Maryland, 1976, verb. Aufl.

Depressions-Index

DPI

Depressive Symptomatik verschiedener Ursachen

Fremdbeurteilungs-Verfahren für Erwachsene

Verlaufsuntersuchungen

Normen

nach F. C. Stam

Anwendung

Der Depressions-Index wurde als Fremdbeurteilungs-Verfahren konzipiert und soll dem behandelnden Arzt als Leitfaden für die Anamnese dienen. Die Befragung kann dabei relativ frei erfolgen.

Der Indikationsbereich erstreckt sich von depressiven Verstimmungen über neurasthenisch-depressive Syndrome bis zum Vollbild der endogenen Depression.

Aufbau

Der Fragebogen besteht aus insgesamt 32 Items.

Beispiele:

Item 1: Können Sie schlecht einschlafen?

Item 7: Fühlen Sie sich niedergeschlagen und schwermütig?

Item 14: Sind Sie normal aktiv oder müssen Sie sich zwingen, Ihrer Arbeit nachzugehen?

Die Items sind zu folgenden acht Symptombereichen zusammengefaßt:

a. körperliche Beschwerden
b. depressive Symptome
c. Hemmungserscheinungen
d. Tagesschwankungen
e. Angsterscheinungen
f. somatische Angstäquivalente
g. neurasthenische Kennzeichen
h. Agitiertheit

Die Einzelfragen werden mit »ja« oder »nein« beantwortet. Innerhalb der einzelnen Symptombereiche wird schließlich die Anzahl der mit »ja« beantworteten Fragen zur Diagnose herangezogen. Beispielsweise soll es für eine depressive Verstimmung sprechen, wenn die Fragen 7 bis 10 bejaht werden.

Gütewerte

Über Normen, Reliabilität und Validität liegen keine empirischen Angaben vor.

Wiederholbarkeit: Aufgrund der Itembeschaffenheit ist eine Wiederholbarkeit anzunehmen.

Literatur

STAM, F.C.: Depressions-Index. Ciba-Geigy: Basel o. J.

Delir-Rating-Skala

DRS

Schweregrad von Alkoholentzugssyndromen, Schwere des Delirs

Mischung aus Fremdbeurteilungsverfahren und Erhebungsverfahren für physiologische Parameter (für Erwachsene)

Verlaufsuntersuchungen

Empirisch gestützt:
- Reliabilität
- Validität

nach D. Athen, W. Bender, R. Meyendorf

Anwendung

Die DRS soll psychische und physiologische Befunde dokumentieren, welche sich auf die häufig beim Delir vorkommende Symptomatik beziehen. Diese Skala ist die Modifikation eines für ähnliche Zwecke entwickelten Verfahrens, das von der klinischen Forschungsabteilung der Firma Bayer entwickelt worden war.

Die DRS wird in Einzeluntersuchungen abgenommen. Sie ist bisher bei Erwachsenen zwischen 28 und 53 Jahren eingesetzt worden.

Aufbau

Die DRS setzt sich aus 22 Items zusammen, die sich auf psychische und physiologische Merkmale beziehen, welche zum Alkoholentzugssyndrom gehören.

Beispiele:

1. Bewußtsein: klar, getrübt, somnolent, bewußtlos
5. Gibt Tag oder Datum richtig an: ja, nein
14. Angst: nein, leicht, mittel, stark
22. Puls: bis 79, bis 99, bis 119

Je nach Ausprägung werden den Items zwischen 0 und 3 Punkten zugeordnet und diese dann zur Gesamtpunktzahl addiert.

Gütewerte

Da sich die DRS erst in der Entwicklung befindet, liegen noch keine Normwerte vor.

Reliabilität: Bei der Untersuchung von 39 Patienten (30 Patienten mit Delir und neun Patienten mit Korsakow-Syndrom) durch zwei unabhängige Rater zu drei Zeitpunkten haben sich auf Itemebene Reliabilitätskoeffizienten in der Höhe von 0,62 bis 0,96 ergeben. Nur Item 18 zeigte eine geringe Reliabilität ($r_{tt} = 0.17$).

Validität: Durch Trennschärfenanalysen wurde die Homogenität der Items belegt. Die konzeptuelle Validität geht aus den damit verbundenen Theorien und den Vorarbeiten mit dem Dokumentationsbogen, an dem die Modifikation des DRS ansetzt, hervor. Die Ratingskala differenziert ausreichend zwischen Delir und Korsakow-Syndrom. Bei einer Diskriminanzanalyse wurden 98,7 % der Patienten richtig klassifiziert.

Wiederholbarkeit: Als Fremdbeurteilungs-Skala und physiologisches Meßverfahren müßte die DRS wiederholbar sein. Dafür spricht, daß sie sich bereits bei einer Verlaufsuntersuchung bewährt hat.

Literatur

ATHEN, D., W. BENDER, R. MEYENDORF: Beurteilung der Wirksamkeit therapeutischer Maßnahmen beim Alkoholdelir. Untersuchung über die Wirksamkeit von Aprotinin beim Alkoholdelir. Psychiatria clin. 9 (1976) 183-198

Depressivitäts-Skala

D-S

Emotionale Beeinträchtigungen, insbesondere ängstlich-depressive Stimmung

Selbstbeurteilungsverfahren für Erwachsene

Verlaufsuntersuchungen

Normen

Parallelform

Empirisch gestützt:
- Reliabilität
- Validität
- Normierung

nach D. v. Zerssen

Anwendung

Die Depressivitäts-Skala ist ein Teil der Paranoid-Depressivitäts-Skala (PD-S), der selbständig angewandt werden kann. Der Indikationsbereich bezieht sich vor allem auf emotionale Beeinträchtigungen bei ängstlich-depressiver Gestimmtheit. Die Ergebnisse der D-S sollen die Ausprägungen dieser Beeinträchtigungen wiedergeben.

Die D-S wird als Selbstbeurteilungsverfahren sowohl Gesunden als auch körperlich und psychisch Kranken vorgelegt. Das Alter der Probanden soll zwischen 20 und 64 Jahren betragen und der Verbal-IQ 80 überschreiten.

Aufbau

Die Depressivitäts-Skala setzt sich aus 16 Aussagen über depressive Gestimmtheit zusammen.

Beispiele:

In letzter Zeit bin ich sehr ängstlich und schreckhaft.
Ich weine leicht.

In vier Ausprägungsstufen kann der Proband angeben, wie stark diese Aussagen auf seinen Zustand zutreffen. Folgende Antwortrubriken sind möglich: »Trifft gar nicht zu«, »trifft etwas zu«, »trifft überwiegend zu« und »trifft ausgesprochen zu«. Jeder dieser Antwortstufen wird ein Punktwert zugeordnet. Den Gesamt-Rohwert ermittelt man durch Addition dieser Punkte über alle Aussagen. Werden 10 % der Items ungemäß beantwortet oder nicht bearbeitet, sollte keine Auswertung erfolgen.

Zur D-S liegt eine gleich aufgebaute Parallelform (D-S') vor. Bei beiden Formen wurden die Kontrollitems der Paranoid-Depressivitäts-Skalen weggelassen.

Gütewerte

Normen: Nach einer repräsentativen deutschen Eichstichprobe (n = 1693) wurden Standardwerte (Percentil-, Stanine- und T-Werte) erstellt. Außerdem sind für verschiedene klinische Gruppen Referenzwerte angegeben.

Reliabilität: Die Paralleltest-Reliabilität liegt zwischen 0,85 und 0,93 und die Split-Half-Reliabilität zwischen 0,90 und 0,92.

Validität: Eine inhaltliche Validität kann aus medizinischen Erwägungen angenommen werden. Die kriteriumorientierte Validität (Arzturteil) bewegt sich um 0,72.

Wiederholbarkeit: Die Gültigkeit für Verlaufsuntersuchungen wird aufgrund der günstigen Erfahrungen mit der Paranoid-Depressivitäts-Skala (PD-S) als gegeben angenommen.

Literatur

Die Depressivitäts-Skala wird im gleichen Manual wie die Paranoid-Depressivitäts-Skala (PD-S) dargestellt und beschrieben. Für die D-S gelten die gleichen Literaturangaben wie für die PD-S (s. dort).

Depression Status Inventory

DSI

nach W. W. K. Zung

> Depressive Zustände
>
> Psychopathometrisches Fremdbeurteilungsverfahren für Erwachsene
>
> Verlaufsuntersuchungen
>
> Normen
>
> Empirisch gestützt:
> Reliabilität
> Validität
> Englische Normierung

Anwendung

Das vorliegende Inventar dient als Fremdbeurteilungsverfahren zur Feststellung und Quantifizierung depressiver Zustände Erwachsener. Es kann auch für Wirksamkeitsprüfungen und unterschiedliche Behandlungen eingesetzt werden.

Die Durchführung des Depression Status Inventory erfolgt auf der Grundlage der klinischen Beobachtung, von Anamnesedaten und einer skalierten Fremdbeurteilung, die als strukturiertes Interview vorgenommen wurde. Die Beurteilung soll sich auf die vorangegangene Woche mitbeziehen.

Aufbau

Das DSI besteht aus 20 Symptomkomplexen, die vom Arzt an Hand einer vierstufigen Ratingskala nach Intensität, Dauer oder Häufigkeit des Auftretens eingeschätzt werden.

Beispiel:
Item 1: Symptome: Depressive Stimmung.
Interview-Richtlinie: Sind Sie manchmal traurig oder niedergeschlagen?

Für die Intensitätseinschätzung sind folgende Rubriken vorgegeben: »nicht vorhanden«, »gering«, »mäßig« und »stark«.

Den Gesamt-Rohwert (Score 1) berechnet man als Summe der Ausprägungsgrade aller Items. Dieser Wert kann maximal 80 betragen. Score 2 wird als »DSI-Index« bezeichnet. Er entspricht dem Quotienten aus dem 100-fachen Gesamt-Rohwert dividiert durch 80.

Ein DSI-Index unter 50 spricht gegen einen depressiven Zustand. Der Index 50 bis 59 wird als minimale bis geringfügige, 60 bis 69 als mittelgradige bis schwere und darüber als sehr schwere Depression interpretiert.

Gütewerte

Normen: Für den DSI-Index gibt W. W. K. ZUNG Orientierungswerte an, die an einer englischen Eichstichprobe von 225 Personen gewonnen wurden. Nach einer Tabelle lassen sich die DSI-Indizes als Schweregrade des depressiven Zustandes deuten.

Reliabilität: W. W. K. ZUNG (1972) führt als Halbierungsreliabilität den Wert 0,81 an.

Validität: Die inhaltliche Validität wird aus medizinischen Konzeptionen abgeleitet. Als kriteriumorientierte Validität wurde 0,87 ermittelt.

Wiederholbarkeit: Das DSI soll sich für Verlaufsuntersuchungen eignen.

Literatur

CIPS (Collegium Internationale Psychiatriae Scalarum): Internationale Skalen für Psychiatrie. Beltz: Weinheim, 1981

ZUNG, W. W. K.: A Cross-Cultural Survey of Depressive Symptomatology in Normal Adult. J. Cross-Cult. Psychol. 3 (1972) 177-183

ZUNG, W. W. K.: The Depression Status Inventory: An Adjunct to the Self-Rating Depression Scale. J. Clin. Psychol. 28 (1972a) 539-543

ZUNG, W. W. K.: 072 DSI. Depression Status Inventory. In: GUY, W. (Hrsg.): ECDEU Assessment Manual for Psychopharmacology National Institute of Mental Health: Rockville/Maryland, 1976, rev. Aufl.

Defekttest

DT

nach W. Kinzel

Psychische Defektsyndrome

Kombination von Selbstbeurteilungsverfahren, Leistungs- und Gestaltungsverfahren für Erwachsene

Einmalige Untersuchungen

Normen

Abnahme ca. 30 Minuten

Empirisch gestützt:
- Reliabilität
- Validität
- Normierung

Anwendung

Der Defekttest setzt sich aus verschiedenen Testtypen, aus Selbstbeurteilungsverfahren, Leistungs- und Gestaltungsproben zusammen. Er wurde nach dem Konzept der irreversiblen körperlich begründbaren Psychosen (H. H. WIECK, 1967; W. KINZEL, 1971) konstruiert. Er dient der Feststellung und Ausprägungsmessung bleibender Schäden nach zerebralen Schädigungen, speziell nach Hirnkontusion.

Der Geltungsbereich erstreckt sich auf Erwachsene. Die Testdauer liegt bei einer halben Stunde.

Aufbau

Der Defekttest besteht aus einem Fragebogen mit vier Subtests und einem Leistungs- sowie einem Gestaltungstest (s. Abb.). Im Detail wird er folgendermaßen aufgegliedert:

A. Fragebogen
   1) Vegetative Regulation
   2) Simulation
   3) Durchgangssyndrom (psychisch periphere Störungen)
   4) Wesensänderung (psychisch zentrale Schäden)

B. Leistungsteil
   1) Gestaltung
   2) Schnelligkeit

Jeder Untertest wird einzeln ausgewertet. Dabei werden aus Rohpunkten für drei Intelligenzniveaus (unterdurchschnittlich, durchschnittlich, überdurchschnittlich) und verschiedene Altersstufen Wertpunkte ermittelt. Diese Einzelresultate können als Ergebnis-Kurve in einem Profilschema dargestellt werden. In dem Profilschema sind bereits Normen zum Vergleich vorgegeben.

Zur globalen Orientierung ermittelt man durch Summierung der Gewichtspunkte einen Gesamtgewichtswert, zu dem ebenfalls Normen vorhanden sind.

Gütewerte

Normen: Aus Stichproben kranker und psychiatrisch unauffälliger Personen wurden Prozentrang-Normen ermittelt.

Reliabilität: Es wurden Split-Half-Werte zwischen 0,76 und 0,96, außerdem eine Retest-Reliabilität von 0,78 veröffentlicht.

Validität: Jeder Subtest trennt zwischen Personen mit Defektsyndrom und Kontrollpersonen auf dem 1%-Niveau. Diese Befunde wurden durch eine Kreuzvalidierung bestätigt.

Wiederholbarkeit: Der Defekttest wurde zur einmaligen Messung konstruiert.

Literatur

KINZEL, W.: Die Trennung reversibler und irreversibler Syndrome körperlich begründbarer Psychosen. Phänomenologie, Analyse, experimentelle Ergebnisse und Bedeutung einer Syndromdifferenzierung. Nervenarzt 42 (1971) 585-590

KINZEL, W.: Die quantitative Abschätzung des psychischen Defektsyndroms nach Hirnkontusion. Diss. Köln-Erlangen, 1971

KINZEL, W.: Das irreversible psychische Defektsyndrom nach Hirntrauma. Eine Übersicht über die literarische Produktion zu einem vielschichtigen Problem. Fortschr. Neurol. Psychiat. 40 (1972) 169-219

KINZEL, W.: Defekttest zur Bestimmung des organischen Defektsyndroms. Klinische Psychopathometrie 4, Byk Gulden: Konstanz, 1972

KINZEL, W.: Psychopathometrie des organischen Defektsyndroms. In: WIECK, H. H. (Hrsg.): Angewandte Psychopathometrie. JANSSEN-Symposien, Bd. 8, Düsseldorf, 1973

KINZEL, W.: Phänomenologie und Empirie seelischer Spätschäden als Folge hirntraumatischer Verletzungen. Die Entwicklung einer kreuzvalidierten Testbatterie zur Messung des Defektsyndroms nach Hirnkontusion. Habil. Erlangen, 1975

KINZEL, W.: Der Einfluß des Alters auf Art und Grad der psychischen Spätfolgen nach Hirnkontusion. In: Schriftenreihe Arbeit und Gesundheit 92 (N.F.), Thieme: Stuttgart, 1977

KINZEL, W.: Der Defektsyndrom-Test. Erfassung bleibender posttraumatischer Wesensänderungen. Ärztl. Praxis 30 (1978) 491-494

KINZEL, W.: Die Notwendigkeit der Unterscheidung von Funktionspsychose und Defektsyndrom. In: ERZIGHEIT, H., S. LEHRL, L. BLAHA, B. HEERKLOTZ (Hrsg.): Messung und Meßverfahren in der Psychopathologie. Vless: Vaterstetten-München, 1978

KINZEL, W.: Der Defekttest. Probleme der testoperationalen Begriffsfassung bei der Messung psychischer Spätschäden nach Hirnkontusion. Neurol. Psychiat. 5 (1979) 115-122

KINZEL, W.: »Defekttest« nach Hirnkontusion? — Antwort auf eine Frage von Dr. med. U.P. in M. In: Ärztl. Prax. 31, Nr. 39 (1979) 1869

KINZEL, W.: Psychodiagnostik im Dienst der Differentialdiagnose. Med. Sach. 75, Nr. 5 (1979) 86-89

KINZEL, W.: Kann der Defekttest als prägeriatrisches Ausleseverfahren verwendet werden? In: FISCHER, B. (Hrsg.): Erste Klausenbacher Gesprächs-Runde. Frühgeriatrie. Diagnostische und therapeutische Aspekte. Cassella-Riedel Pharma GmbH: Frankfurt, 1980

KINZEL, W.: Zum Begriff des sogenannten Organischen Psychosyndroms. In: FISCHER, B., S. LEHRL (Hrsg.): Fünfte Klausenbacher Gesprächsrunde. Zerebrale Insuffizienz im Alter. Begriffsklärungen — Klinische Aspekte — Therapievoraussetzungen. Narr: Tübingen, 1985

KINZEL, W., J.V. GALSTER, H. ERZIGKEIT, W. LAMPRECHT: Besteht ein Zusammenhang zwischen dem Schweregrad des psychischen Defektsyndroms nach Hirnkontusion und der Intelligenzleistung? Fortschr. Neurol. Psychiat. 47 (1979) 67-83

KINZEL, W., J. KRAUS: Psychopathometrie bei endogenen Psychosen. Abgrenzung der Schizophrenie und der Zyklothymie vom organischen Defektsyndrom nach Hirnkontusion. Fortschr. Neurol. Psychiat. 42 (1974) 113-165

KINZEL, W., U. SCHMID: Psychopathometrie bei internistischen Patienten. Abgrenzung der psychischen Erscheinungen bei internistischen Grundprozessen vom organischen Defektsyndrom. Arch. Psychiat. Nervenkr. 216 (1972) 44-57

LITTMANN, E.: Zur Psychodiagnostik von Hirnschäden und Hirnschadensfolgen im Erwachsenenalter. Psychiat. Neurol. med. Psychol., Leipzig 27 (1978) 641-659

MAIER, C.: Korrelation von computertomographischen Befunden und testpsychologischen Ergebnissen bei Patienten mit Schädel-Hirn-Traumen. Fortschr. Neurol. Psychiat. 52 (1984) 346-351

WIECK, H.H.: Lehrbuch der Psychiatrie. Schattauer: Stuttgart 1977, 2. Aufl.

Vegetative Regulation/Simulation:

1. Ich leide stark unter Kopfschmerzen.
2. Alle meine Bekannten meinen, daß es noch eine lange Zeit der Erholung bedarf, bis ich wieder voll einsatzfähig bin.
3. Ich habe festgestellt, daß bei mir auf den kleinsten Ärger ein langer Schüttelanfall folgt.
4. Bücken bekommt mir ganz besonders schlecht.
5. Mir bricht des öfteren plötzlich der Schweiß aus.
6. Ich schlafe schnell ein.

Durchgangssyndrom:

1. Ich vergesse von Augenblick zu Augenblick, was ich eben noch tun wollte.
2. Ich brauch ein Vielfaches der früher benötigten Zeit, um die einfachsten Dinge zu erledigen.
3. Bei jeder Tätigkeit, die ich jetzt verrichte, unterlaufen mir eine Menge Fehler.

Wesensänderung:

1. Zeitweise bin ich gereizt.
2. Ich kann mich kaum noch gut konzentrieren.
3. Die anderen Leute interessieren mich sehr.

Abb.: Beispiel-Items aus dem Fragebogenteil des Defekttests

Die Ziffer 3 ausstreichen!	Den Buchstaben H ausstreichen!	Alle 9Y, 7R, 6F, 8A, ausstreichen!
1	X	7R
9	H	5H
3	F	9G
1	G	6F
4	A	8A
2	H	7A
1	Z	9C
6	Y	8G
6	C	1H
3	K	6F

Abb.: Ausschnitt aus dem Schnelligkeitsteil des Defekttests (Zahlen, Buchstaben und Kombinationen ausstreichen)

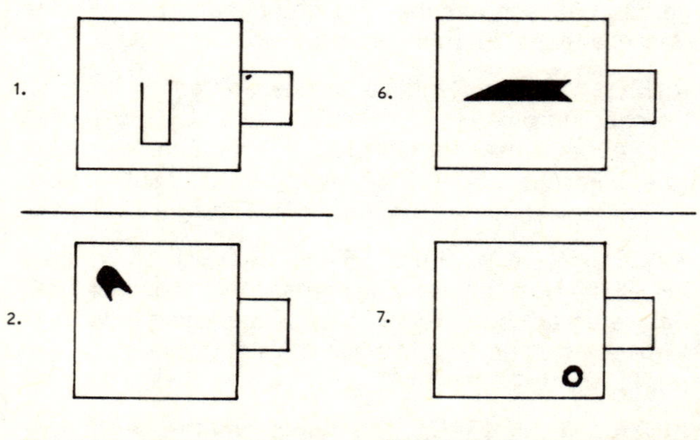

Abb.: Ausschnitt aus dem Gestaltungsteil des Defekttests (Zeichen vervollständigen)

Aufmerksamkeits-Belastungs-Test

d2-Test

Aufmerksamkeits- und Konzentrationsleistung, allgemeine Leistungsfähigkeit

Leistungsverfahren für Kinder und Erwachsene

Ein- und mehrmalige Untersuchungen

Normen

Abnahme ca. 8 Minuten

Empirisch gestützt:
- Reliabilität
- Validität
- Normierung
- Wiederholbarkeit

nach R. Brickenkamp

Anwendung

Der d2-Test ist ein Leistungsverfahren zur Messung der allgemeinen Leistungsfähigkeit, speziell der Aufmerksamkeits- und Konzentrationsleistung. Dieses Verfahren kann als Weiterentwicklung des BOURDON-Tests, der früher häufig für ähnliche Zwecke eingesetzt wurde, angesehen werden. Die Hauptanwendungsgebiete sind die Betriebspsychologie, Berufsberatung, Klinische Psychologie, Schulpsychologie, Pharmakopsychologie sowie Psychopharmakologie. Bei Testwiederholungen machen sich starke positive Lerneffekte bemerkbar. Diese sind allerdings bei Vergleichsuntersuchungen, beispielsweise bei Medikamentenprüfungen unter Doppelblindbedingungen, meistens bedeutungslos.

Der Geltungsbereich des d2-Tests erstreckt sich auf neun- bis 60jährige. Er ist als Einzel- und Gruppentest anwendbar. Die genaue Durchführungszeit beträgt vier Minuten und 40 Sekunden. Für die Gesamtabnahme ist jedoch eher mit acht Minuten zu rechnen.

Aufbau

Der d2-Test setzt sich aus 14 Testzeilen mit jeweils 47 Zeichen zusammen. Diese Zeichen sind die Buchstaben »p« und »d«. Ober- und unterhalb dieser Buchstaben können sich jeweils bis zu zwei (insgesamt vier) Striche befinden. Die Aufgabe besteht nun darin, innerhalb dieser Reihe die d durchzustreichen, die mit insgesamt zwei Strichen versehen sind (s. Abb.). 20 Sekunden nach Beginn einer jeden Zeile gibt der Testleiter das Signal »Halt!«. Daraufhin soll der Proband die nächste Zeile bearbeiten.

Beim d2-Test werden die Gesamtleistungen und die Fehlerleistungen mit Hilfe von Schablonen ausgewertet. Ebenso können mit ihm die Differenzen zwischen Maximal- und Minimalleistungen berücksichtigt werden. Als Interpretationshilfen liegen Normentabellen vor.

Gütewerte

Normen: Für verschiedene Altersstufen, Schulbildungen sowie das weibliche und männliche Geschlecht gibt es je unterschiedliche Normen, die an ungefähr 6000 deutschsprachigen Personen gewonnen wurden. Die Rohwerte lassen sich tabellarisch Prozenträngen und Standardwerten zuordnen.

Reliabilität: Für die verschiedenen Parameter des d2-Tests liegt inzwischen eine große Anzahl von Reliabilitätsuntersuchungen vor. So werden für die innere Konsistenz der Gesamtleistung Koeffizienten zwischen 0,84 und 0,98 angegeben. Bei Stabilitätsprüfungen nach einem und zwei Jahren ergaben sich für die Gesamtleistung die Korrelationen 0,92 und 0,88.

Validität: Zur Validität der verschiedenen Testparameter liegen unterschiedlichste Belege vor. So korrelieren die Mengenleistungen im d2-Test und im KLT (s.dort) um 0,58 (n = 65). Auch aus psychiatrischen und spezieller pharmakopsychologischen Anwendungen ergeben sich Hinweise auf die entsprechende Validität in diesen Bereichen (M.-L. HARTUNG, D. BENTE, K.A. SCHNEEWIND, 1964; K.A. FLÜGEL, R. STOERGER, 1966).

Wiederholbarkeit: Über den Einfluß von Übungseffekten liegen verschiedene Studien vor (vgl. R. BRICKENKAMP, 1975). Der nachgewiesene Übungseffekt ist bei Verlaufsuntersuchungen an Experimental- und Kontrollgruppen gewöhnlich kontrollierbar.

Literatur

BRICKENKAMP, R.: Test d2. Aufmerksamkeits-Belastungs-Test. Hogrefe: Göttingen-Toronto-Zürich, 1981, 7. erw. Aufl.

BRICKENKAMP, R. (Hrsg.): Handbuch psychologischer und pädagogischer Tests. Hogrefe:Göttingen-Toronto-Zürich, 1975

BRICKENKAMP, R., G. RUMP: Die Stabilität des Aufmerksamkeits-Belastungs-Tests (Test d2) über längere Zeitabschnitte. Diagnostica 12 (1966) 17-24

EICH, F.X.: Verfahren zur Leistungsmessung. In: SCHMIDT, L.R. (Hrsg.): Lehrbuch der klinischen Psychologie, Bd. 1. Enke: Stuttgart, 1978

FLÜGEL, K.A., R. STOERGER: Modifikationen pharmakogen hervorgerufener exogen psychotischer Zustandsbilder durch methansulfonsaures Dihydroergotamin. Arzneim.-Forsch. (Drug. Res.) 16 (1966) 235-237

GUDERNATSCH, V.: Der Einfluß von Befindensstörungen auf Leistungs- und Intelligenztestergebnisse bei psychiatrisch unauffälligen Patienten. Diss., Univ. Erlangen, 1978

HAHLWEG, K.: Tests für Aufmerksamkeit und Antrieb. Ärztl. Praxis 30 (1978) 526-528

HARTUNG, M.-L., D. BENTE, K.A. SCHNEEWIND: Vergleichende Untersuchungen über die Wirkung antidepressiver und neuroleptischer Pharmaka auf die Konzentrationsleistung. 3. Symposium d. Dt. Arbeitsgemeinsch. f. Neuropsychopharmakologie, Nürnberg 1963. Kongreßbericht, 1964

RAUCHFLEISCH, U.: Zur Reliabilität und Validität des Aufmerksamkeits- und Belastungs-Tests (Test d2) bei Patienten mit hirndiffusem Psychosyndrom und neurotischen Störungen. Diagnostica 3 (1983) 247-255

RICHTER, R., V. HOBI: Die persönlichkeitsspezifische Wirkung eines Tranquilizers. Arzneim.-Forsch. (Drug. Res.) 26 (1976) 1136-1138

SCHMIDTCHEN, S.: Psychologische Tests für Kinder und Jugendliche. Hogrefe: Göttingen-Toronto-Zürich, 1975

WESTHOFF, K., M.-L. KLUCK: Zusammenhang zwischen Intelligenz und Konzentration. Diagnostica 4 (1983) 310-319

WESTHOFF, K., R. KRULL-WITTKOPF: Tageszeit, Extraversion und Leistungen im Test d2. Z. exp. angew. Psychol. 25 (1978) 321-326

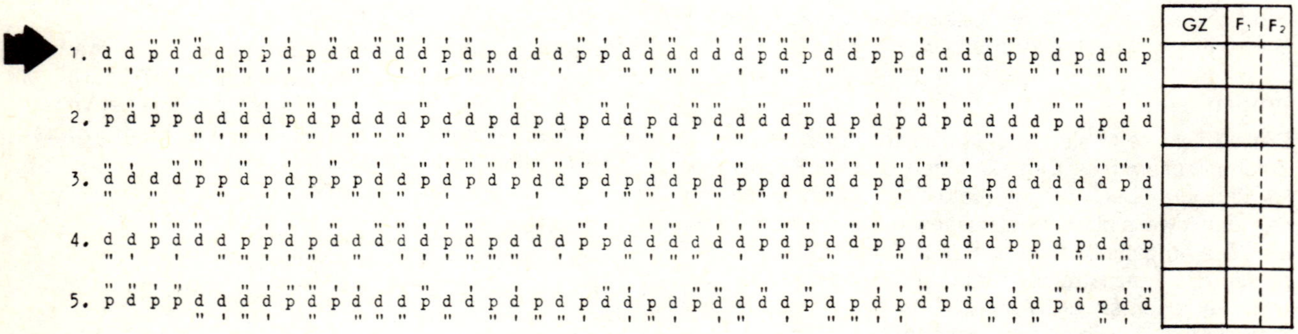

Abb.: Die ersten fünf Zeilen aus dem d2-Test

Erlanger Angst-Spannungs-Skala

EAS

Angst- und Spannungszustand
Selbstbeurteilungsverfahren für Erwachsene
Verlaufsuntersuchungen
Normen
Abnahme 3 Minuten
Empirisch gestützt:
- Reliabilität
- Validität
- Normierung
- Wiederholbarkeit

nach J. V. Galster

Anwendung

Die EAS ist ein Selbstbeurteilungsverfahren zur Messung der Situationsangst und -spannung. Diese Skala ist ein Kurzverfahren, das bisher hauptsächlich für die rasche Abschätzung aktueller Angst- und Spannungszustände prä- und postoperativer Patienten eingesetzt wurde. Außerdem fand es bei der Prüfung von Anxiolytika und Tranquilizern Anwendung.

Die Abnahmedauer beträgt etwa drei Minuten. Bisher wurde die Skala nur an Erwachsenen abgenommen.

Aufbau

Die EAS setzt sich aus elf Items zusammen.

Beispiele:
Ich bin jetzt
furchtsam
unruhig

Der Proband soll beurteilen, inwieweit das Item auf seinen augenblicklichen Zustand zutrifft. Dazu stehen ihm folgende fünf Abstufungen zur Verfügung: »ja, stimmt genau«, »stimmt ziemlich«, »mittel«, »stimmt kaum« und »nein, stimmt nicht«.

In der Auswertung bleibt das erste Item unberücksichtigt, da es nur der Einübung dient. Die Gesamtpunktzahl wird durch Addition der zehn Itemwerte gebildet. Ferner können zwei Teilpunktzahlen, je für die Komponente »Angst« und »Spannung« gewonnen werden.

Gütewerte

Normen: Es stehen empirisch ermittelte Vergleichswerte von Studenten (Normalpersonen) und verschiedenen Stichproben mit Angst- und Spannungszuständen zur Verfügung.

Reliabilität: Spezifische Reliabilitätsuntersuchungen sind zwar nicht bekannt, Abschätzungen der Mindestgrößen gehen aber aus den Kommunalitäten von Faktorenanalysen der EAS (s. Validität) hervor.

Validität: Die inhaltliche Validität beruht bereits auf der Itemselektion. Zu den empirischen Validitätsbelegen ist zu rechnen, daß Personen unter angstinduzierenden Bedingungen höhere Werte als ohne diese Bedingungen zeigten (z.B. J. V. GALSTER, K.-F. DRUSCHKY, 1975; S. LEHRL, L. BLAHA, H. ERZIGKEIT, 1977). Die Aufteilung der Items in die zwei Komponenten »Angst« und »Spannung« wird durch die Ergebnisse verschiedener Faktorenanalysen gerechtfertigt (S. LEHRL, L. BLAHA, H. ERZIGKEIT, 1977).

Wiederholbarkeit: Es wird angenommen, daß sich die EAS als Selbstbeurteilungsverfahren für Meßwiederholungen eignet. Die Faktorenstruktur ändert sich, wie entsprechende Studien zeigen, im Verlauf nicht.

Literatur

BLAHA, L., J. V. GALSTER: Die quantitative Erfassung der Tranquilizer-Wirkung auf Angstsyndrome. Psychopathometrie 2 (1976) 74-81

BLAHA, L., J. V. GALSTER, G. SPÖRL: Psychopathometrische Untersuchungen bei langzeithospitalisierten psychisch Kranken. In: BÖCKER, F. (Hrsg.): Forschung an der Universitäts-Nervenklinik Erlangen. Schattauer: Stuttgart-New York, 1980

DONY, M.: Psychologische Aspekte im Bereich der Anästhesie. In: BECKMANN, D., S. DAVIES-OSTERKAMP, J. W. SCHEER (Hrsg.): Medizinische Psychologie. Forschung in Klinik und Praxis. Springer: Berlin-Heidelberg-New York, 1982

GALSTER, J. V.: Über Zusammenhänge zwischen sozialen sowie psychologischen Merkmalen und dem Verhalten chirurgischer Patienten unter besonderer Berücksichtigung der Angstemotion. Diss., Univ. Erlangen, 1979

GALSTER, J. V., K.-F. DRUSCHKY: Bedingungen für Indikatorfragen zur Einschätzung des Patientenverhaltens. Ein Versuch der Quantifizierung der präoperativen psychischen Situation des chirurgischen Patienten. In: RÜGHEIMER, E. (Hrsg.): Kongreßbericht der Deutschen Gesellschaft für Anästhesie und Wiederbelebung. Straube: Erlangen, 1975

GALSTER, J. V., G. SPÖRL: Entwicklung einer Skala zur Quantifizierung transitorischer und habitueller Angstzustände. Neurol. Psychiat. 5 (1979) 223-226

LEHRL, S., L. BLAHA, H. ERZIGKEIT: Einfluß von Oxprenolol auf die Affektlage in einer Prüfungssituation. Arzneim.-Forsch. (Drug Res.) 27 (1977) 429-435

WIECK, H. H.: Probleme der psychischen Führung des chirurgischen Patienten: Angst-Befindens-Diagramme. Med. Welt 26 (1975) 849-855

WIECK, H. H., J. V. GALSTER: Psychopathometrische Untersuchungen. Ciba revue, 1976

Erlanger Bilder-Skala

EBS

Kurztest zur Quantifizierung
des allgemeinen Intelligenzniveaus
im unteren Intelligenzbereich

Leistungsverfahren für Erwachsene

Einmalige Untersuchungen

Abnahmedauer 4 Minuten

Empirisch gestützt:
- Reliabilität
- Validität
- Normierung

nach L. Blaha, W. Pater

Anwendung

Die EBS ist ein averbaler Leistungs-Kurztest zur einmaligen Messung des allgemeinen Intelligenzniveaus im unteren Intelligenzbereich.

Der Geltungsbereich dieses, nur in Einzeltestungen abnehmbaren Verfahrens erstreckt sich auf Erwachsene. Die Abnahme dauert etwa vier Minuten.

Aufbau

Die EBS besteht aus 28 Items mit je drei zur Auswahl stehenden Bildern (s. Abb.). Der Untersucher fragt nach einem bestimmten Bild, auf das der Patient zeigen soll, z.B.

Item 1: »Zeigen Sie mir bitte die Uhr«
Item 6: »Wo ist die Flasche?«
Item 28: »Wo ist die Türangel?«

Für jede richtige Reaktion erhält der Patient 1 Punkt. Die Zahl der Punkte wird zur Gesamtpunktzahl, die sich zwischen 0 und 28 bewegt, addiert. Der Vergleich mit EBS-Ergebnissen von Erhebungen an Oligophrenen und anderen psychiatrischen Patienten erleichtert die Deutung der Ergebnisse.

Gütewerte

Normen: Für Oligophrene und andere psychiatrische Patienten (z.B. affektive Psychosen) liegen Mittelwerte und Standardabweichungen vor. Empirisch gestützte Hilfen zur Differenzierung innerhalb der oligophrenen Personen, z.B. nach Debilität, Imbezillität und Idiotie, fehlen allerdings noch.

Reliabilität: Als Split-Half-Koeffizient (SPEARMAN-BROWN-Aufwertung) wurde an 178 Patienten $r_{tt} = 0{,}93$ ermittelt.

Validität: Anhand gleichzeitig abgenommener Intelligenztests für den Normalbereich der allgemeinen Intelligenz bestätigte sich, daß die EBS den unteren Intelligenzbereich erfaßt und hier differenzierter ist. Der Anspruch, das allgemeine Intelligenzniveau zu erfassen, impliziert eine eindimensionale Messung. Das bestätigen zwei eigens dafür durchgeführte Studien, nach denen die EBS die Kriterien einer eindimensionalen Guttman-Skala erfüllte.

Wiederholbarkeit: Studien fehlen hierzu, weil die Testwiederholung nicht in der Absicht der Testautoren lag.

Literatur

PATER, W.: Die Erlanger-Bilder-Skala (EBS). Ein psychopathometrischer Kurztest zur Quantifizierung der Intelligenzschwäche Erwachsener. Diss., Univ. Erlangen, 1979

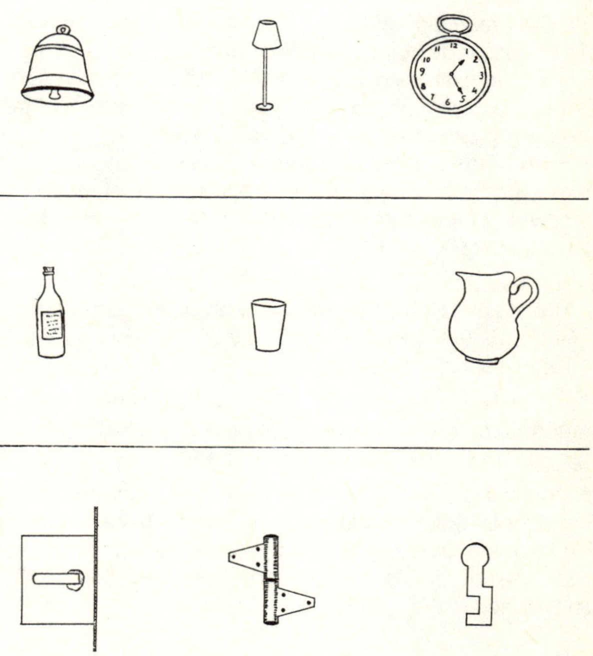

Abb.: Beispiele von Items der EBS. Die zugehörigen Fragen stehen unter »Aufbau«.

Erlanger Depressions-Skala

EDS

Depressive Stimmung und Einschränkung der Expansivität (Antriebsminderung) bei verschiedenen Depressionstypen, Psychovegetativen Funktionsstörungen und Durchgangs-Syndromen

Selbstbeurteilungsverfahren für Erwachsene

Verlaufsuntersuchungen

Normen

Abnahme 3 bis 5 Minuten

Empirisch gestützt:
- Reliabilität
- Validität
- Normierung

nach S. Lehrl, A. Gallwitz

Anwendung

Die EDS ist ein Selbstbeurteilungsverfahren, mit dem das Ausmaß der depressiven Stimmung und des Gefühles, in der Expansivität eingeschränkt zu sein (Antriebsminderung), eingeschätzt werden soll. Bei schweren endogenen Depressionen sollte man sie nicht mehr einsetzen.

Die EDS wurde als ökonomisches Hilfsmittel zur Einschätzung depressiver Zustände entwickelt. Sie sollte nur bei Erwachsenen und bei einem höheren Verbal-IQ als 80 bis 90 angewandt werden. Als Selbstbeurteilungsverfahren eignet sie sich auch für Gruppentestungen.

Aufbau

Die EDS setzt sich aus neun Aussagen zusammen, wobei die erste nur der Einübung dient und deshalb nicht in die Auswertung einbezogen wird. Aus faktorenanalytischen Untersuchungen an verschiedenen Stichproben ließ sich wiederholt eine zweidimensionale Struktur ermitteln, wobei vier Items als Repräsentanten der »depressiven Stimmung« und die restlichen vier als »das Gefühl, in der Expansivität eingeschränkt zu sein (Antriebsminderung)« gedeutet wurden.

Beispiele:

»Ich fühle mich nicht wohl« (depressive Stimmung)
»Ich möchte etwas unternehmen« (Einschränkung der Expansivität, umgepolt)

Zu den Feststellungen wird jeweils in fünf Stufen Stellung genommen: »ganz falsch«, »stimmt kaum«, »nur halbrichtig«, »fast richtig« und »stimmt genau«.

Die Auswertung kann nach den Faktoren getrennt und als Gesamtpunktzahl erfolgen. Tabellarisch lassen sich die Punktzahlen jeweils den fünf Schweregraden der depressiven Symptomatik »keine«, »fraglich«, »leicht«, »mittel« und »schwer« zuordnen.

Gütewerte

Normen: Die vorgeschlagenen Schweregradnormen orientieren sich an empirisch ermittelten Verteilungen an psychiatrisch unauffälligen Personen und endogen depressiven Patienten. Es liegen Vergleichswerte verschiedener klinischer Gruppen vor (S. LEHRL, A. GALLWITZ, 1983).

Reliabilität: Reliabilitätsuntersuchungen hatte A. JUNGER (1982) vorgelegt. Sie nahm die EDS vor und nach einer zahnärztlichen Behandlung ab. Dabei korrelierten beide Ergebnisse mit 0,78.

Validität: Da die Auswahl der Items nach psychiatrischen Konzeptionen erfolgte, liegt eine konzeptuelle Validität vor. Empirische Validitätsbelege sind in Vergleichen mit verwandten und konstruktfernen Verfahren aus Verlaufs- und Querschnittsuntersuchungen enthalten. So betragen die Korrelationen mit der Bf-S (s. dort) in verschiedenen Querschnittsstudien zwischen 0,54 und 0,81 (S. LEHRL, A. GALLWITZ, 1983)

Wiederholbarkeit: Spezifische Untersuchungen zur Wiederholbarkeit wurden nicht durchgeführt. Jedoch wird wie bei ähnlichen Selbstbeurteilungsverfahren unterstellt, daß keine systematischen Wiederholungseffekte auftreten.

Literatur

BENOS, J.: Psychopathometrische Untersuchungen bei Schizophrenien im Alter. Habil. Erlangen, 1978

BLAHA, L.: Klinische Aspekte der Differenzierung depressiver Zustandsbilder im Alter. In: FISCHER, B., S. LEHRL (Hrsg.): Differentialdiagnose Depression — beginnende sowie chronische zerebrovaskuläre Insuffizienz. Pharmazeutische Verlagsgesellschaft: München, 1982

CLEMENS, R., U. CLEMENS: Offener Versuch mit Befuraline (DIV 154) bei 64 depressiv Kranken. Arzneim.-Forsch. (Drug Res.) 27 (1977) 2416-2421

DAUN, H.: Hemmung und Enthemmung bei der Zyklothymie. In: BÖCKER, F. (Hrsg.): Forschung an der Universitäts-Nervenklinik Erlangen. Schattauer: Stuttgart-New York, 1980

FECHTER, G.: Erfahrungen mit einem modifizierten Hemmungs-Enthemmungstest (HET II).

GREINER, R.: Vergleich von Schmerzangaben bei zyklothymer Depression und körperlicher Begründbarkeit. Straube: Erlangen, 1976

HUBER, A.: Ein Vergleich der Trennfähigkeit verschiedener Leistungs- und Selbstbeurteilungsverfahren bei endogen depressiven Patienten und Patienten mit Durchgangs-Syndrom. Diss., Univ. Erlangen, 1977

JUNGER, A.: Zur Gültigkeit von selbstabnehmbaren psychometrischen und psychopathometrischen Verfahren in der zahnärztlichen Praxis. Diss., Univ. Erlangen, 1982

LEHRL, S.: Psychopathometrie. In: WIECK, H. H., F. BÖCKER, E. LANG (Hrsg.): Schlaf- und Verhaltensstörungen im Alter. Witzstrock: Baden-Baden-Brüssel, 1973

LEHRL, S., R. BAER, F. G. RÖTH: Ein Versuch verteilungsunabhängiger Strukturanalysen bei der zyklothymen Depression. Ein Beitrag zum Problem psychopathologischer Stichprobenerstellung. Psychopathometrie 1 (1975) 40-56

LEHRL, S., H. ERZIGKEIT: Psychopathometrisches Verfahren bei der Prüfung von Psychopharmaka. Zur Frage der Rentabilitätserhöhung. Int. Pharmakopsychiat. 12 (1977) 25-37

LEHRL, S., A. GALLWITZ: Erlanger Depressions-Skala (EDS). Manual. Vless: Vaterstetten-München, 1983, 2. verb. u. erw. Aufl.

LEHRL, S., A. GALLWITZ, G. NUSKO, G. BURKARD: Warum geben Selbstbeurteilungs-Verfahren schwere Depressionen falsch wieder? Therap. Umsch. 34 (1977) 687-693

LEHRL, S., A. GALLWITZ, H. ERZIGKEIT, L. BLAHA: Wann liefern Selbstbeurteilungsskalen ein falsches Bild vom Therapieverlauf endogener Depressionen? Therapiewoche 28 (1978) 4150-4159

LEHRL, S., T. LEITNER: Erlanger Depressions-Skala EDS — ein Kurztest für depressive Syndrome. Z. Allg. Med. 58 (1982) 1870-1874

OTT, C., G. OTT: Clinical Study of Trazodone in the Treatment of Patients with Endogenous Depression. Monitoring by Means of Psychopathometric Tests. Pharmacopsychiat. 18 (1985) 80-82

SCHOLZ, H., I. DEMEL, R. HALLER, H. SCHUBERT, H. ZINGERLE, W. FLEISCHHACKER: Beurteilung der Depressionstiefe bei chronischen Alkoholikern. Neurol. Psychiat. 6 (1980) 317-319

WENDERLEIN, J. M.: Depression und hormonale Kontrazeption. Gynäkol. Prax. 4 (1980) 694-704

WENDERLEIN, J. M.: Depression und Klimakterium. Geburts- u. Frauenheilk. 42 (1982) 833-837

Fragebogen zur Erfassung enzephalopathietypischen Verhaltens

E-F

Psychopathologische Symptomatik der Enzephalopathie, hirnorganisch-psychisches Achsensyndrom

Fremdbeurteilungsverfahren für Kinder

Mehrmalige Untersuchungen

Normen

Empirisch gestützt:
- Reliabilität
- Validität
- Normierung

nach B. Meyer-Probst

Anwendung

Der E-F ist ein Fremdbeurteilungsverfahren, mit dem enzephalopathietypische Verhaltenseigenschaften von fünf- bis zehnjährigen Kindern durch Eltern, Lehrer und Erzieher eingeschätzt werden können. Für seine Anwendung werden folgende Gebiete angegeben:

Diagnostisches Hilfsmittel in der Ambulanz,
Kontrolle von therapeutischen Maßnahmen (z.B. Psychopharmakabehandlung),
Auslese von Problemkindern (z.B. Sonderklassen für konzentrationsgestörte Kinder) und
Erhebungen in der einschlägigen Forschung.

Aufbau

Der E-F setzt sich aus 40 Items zusammen, die sich insbesondere auf Verhaltensweisen von Kindern im frühen Schulalter beziehen.

Beispiele:

Item 5: Ist das Kind unbeständig und schwankend in seinen Leistungen?
Item 14: Ist das Kind nervös, hastig, fahrig, sprunghaft?
Item 35: Wie reagiert das Kind meistens, wenn ihm etwas verboten oder ein Wunsch nicht erfüllt wird?

Zu jeder Frage sind vier Antwortkategorien vorgegeben, die Häufigkeits- oder Intensitätsabstufungen bezeichnen.

Beispiel zu Item 5: nie, gelegentlich, häufig, sehr häufig.
Beispiel zu Item 14: nie, gelegentlich, häufig, immer.
Beispiel zu Item 35: ruhig-einsichtig, still-bekümmert, deutlich verärgert, unbeherrscht-wütend.

In der Gesamt-Skala von 40 Fragen sind folgende fünf Teilskalen enthalten:
- Hyperkinese
- Soziale Anpassung
- Emotionale Labilität
- Intelligenz
- Erziehbarkeit

Außer einem Gesamtwert kann man demnach noch fünf Teilwerte erstellen. Dazu werden den angegebenen Antwortkategorien pro Item tabellarisch Wertpunkte zugeordnet, die für die Fragen einer jeden Skala zu summieren sind. Diese Skalen können schließlich mit Normwerten, die für Kinder von 5; 6 bis 10 Jahren vorhanden sind, verglichen werden.

Gütewerte

Normen: Für die Gesamt-Skala und die Teilskalen liegen Normwerte vor (Standardwerte [C]). Die Normierung wurde an 108 Kontrollkindern und 38 hirnorganisch leistungsgeminderten normalintelligenten Kindern vorgenommen.

Reliabilität: Die Interrater-Reliabilität betrug bei einem Vergleich von Eltern auf der einen oder Lehrern und Erziehern auf der anderen Seite für die Kontroll- und enzephalopathischen Kinder $r = 0{,}64$.

Validität: Die zu beurteilenden Verhaltensmerkmale sind der Literatur entnommen, wodurch eine konzeptuelle Validität gegeben ist. Empirische Validierungen wurden durch Faktorenanalysen und die Differenzierung zwischen Kontroll- und enzephalopathischen Kindern vorgenommen. Differentielle Analysen zu Lebensalter und Geschlecht, Schulbewährung, familiären und gesundheitlichen Bedingungen präzisieren die Leistungsmöglichkeiten und Grenzen des Verfahrens.

Wiederholbarkeit: Die Wiederholungsstabilität liegt nach einem Zeitraum von sechs Monaten im Elternurteil bei $r = 0{,}64$ und im Lehrerurteil bei $r = 0{,}76$.

Literatur

KINZE, W., H. BARCHMANN: Zur diagnostischen Wertigkeit des Enzephalopathie-Fragebogens nach Meyer-Probst. Psychiat. Neurol. med. Psychol., Leipzig 36 (1984) 161-163

MEYER-PROBST, B.: Ein standardisierter Fragebogen zur Erfassung enzephalopathietypischen Verhaltens. Psychiat. Neurol. med. Psychol., Leipzig 30 (1978) 138-149

MEYER-PROBST, B.: Enzephalopathie-Fragebogen E-F. Psychodiagnostisches Zentrum: Berlin, 1983

VEHRESCHILD, T., W. v. SUCHODOLETZ, W. GIEROW: Differenzen in der Verhaltenseinschätzung von normal intelligenten Kindern mit Schulschwierigkeiten durch Eltern und Lehrer. Psychiat. Neurol. med. Psychol., Leipzig 35 (1983) 598-603

Emotionalitätsinventar

EMI

Kontrolle reaktionsspezifischer emotionaler Veränderungen, insbesondere bei Verhaltenstherapien

Selbstbeurteilungsverfahren für Erwachsene

Verlaufsuntersuchungen

Parallelformen

Empirisch gestützt:
- Reliabilität
- Validität
- Wiederholbarkeit

nach R. Ullrich, R. Ullrich de Muynck

Anwendung

Das Emotionalitätsinventar ist ein Selbstbeurteilungsverfahren, das der Erfassung emotionaler Reaktionsklassen dient. Dabei findet es vor allem als Instrument zur Kontrolle des Therapieerfolges, insbesondere bei Verhaltenstherapien, Anwendung.

Aufbau

Das Emotionalitätsinventar setzt sich aus 17 bipolaren Items zusammen, d.h. beide Abstufungsextreme werden durch Eigenschaftswörter inhaltlich festgelegt.

Beispiele:
- Item 1: gespannt — entspannt
- Item 2: locker — steif
- Item 3: starr — gelöst

Die Antworten können durch sechs Stufen, die von links nach rechts durch die Zahlen 1 bis 6 repräsentiert sind, graduiert werden. Dabei soll der Patient angeben, inwieweit diese Eigenschaften auf ihn unter jeweils festgelegten Bedingungen zutreffen. Seine Einschätzungen können sich beispielsweise auf seinen Zustand vor einer Woche in einer Ruhesituation oder auf eine momentane Streßsituation beziehen.

Die Items wurden nach verschiedenen Gesichtspunkten ausgewählt und zusammengestellt, zum einen Teil durch Beobachtungen der Verfasser bei Reizüberflutungstherapien, zum anderen Teil durch die Literatur, besonders faktorenanalytische Arbeiten über psychiatrische Fremdbeurteilungs-Skalen. Insgesamt wurde das Emotionalitätsinvantar in sieben Unterskalen aufgeteilt:

1. psychomotorisch erlebte Angst
2. vegetativ erlebte Angst
3. Bedrohlichkeit
4. Hemmung
5. Erschöpfung
6. Aggressivität
7. Depressivität

Aufgrund faktorenanalytischer Ergebnisse ließen sich die ersten beiden Subskalen zu einem Faktor zusammenfassen. Somit ermittelten die Verfasser sechs Faktoren.

Für Verlaufsuntersuchungen stehen itempermutierte Parallelformen zur Verfügung.

Gütewerte

Normen: Da mit der Skala vorwiegend intraindividuelle Veränderungen gemessen werden sollen, werden keine Normen vorgelegt.

Reliabilität: Reliabilitätsprüfungen sind in den Validitätsuntersuchungen mit enthalten.

Validität: Eine inhaltliche Validität wird bereits durch die Itemselektion begründet. Empirische Validitätsnachweise werden durch Faktorenanalysen, deren Ergebnisse sich gut mit den Ausgangsannahmen zur Deckung bringen lassen, erbracht. Außerdem erwiesen sich die Faktorenstrukturen bei verschiedenen Untersuchungsstichproben als relativ stabil.

Wiederholbarkeit: Systematische Wiederholungseffekte sind bei verschiedenen empirischen Untersuchungen, speziell mit Parallelformen, nicht entdeckt worden.

Literatur

DIETRICH, B., G. CHEMNITZ, U. MÜLLER: Präoperative Ängste bei orthopädischen Patienten in Abhängigkeit von den Narkoseformen Leitungsanästhesie und Vollnarkose. In: TEWES, U. (Hrsg.): Angewandte Medizinpsychologie. Fachbuchhandlung für Psychologie: Frankfurt/M., 1984

ULLRICH, R., R. ULLRICH DE MUYNCK: Implosion — Reizüberflutung — Habituationstraining. In: KRAIKER, T., (Hrsg.): Handbuch der Verhaltenstherapie. Kindler: München, 1974

ULLRICH, R., R. ULLRICH DE MUYNCK: Das Emotionalitätsinventar (EMI) — Struktur und faktorenanalytische Untersuchungen streßinduzierter Antworten. Diagnostica 21 (1975) 84-95

ULLRICH DE MUYNCK R., R. ULLRICH: Das Emotionalitätsinventar als Befindlichkeitsmaß. Testmanual EMI-B. Pfeiffer: München, 1977

Eysenck-Persönlichkeits-Inventar

EPI

nach H. J. Eysenck
(deutsch von D. Eggert und G. Ratschinski)

Persönlichkeitseigenschaften Neurotizismus und Extraversion

Selbstbeurteilungsverfahren für Erwachsene und Jugendliche

Ein- und mehrmalige Untersuchungen

Normen

Abnahme ca. 15 Minuten

Parallelform

Empirisch gestützt:
- Reliabilität
- Validität
- Normierung
- Wiederholbarkeit

Anwendung

Das Selbstbeurteilungsverfahren EPI kann als Weiterentwicklung des MMQ und MPI betrachtet werden. Es mißt gleichzeitig alle der im MMQ und MPI enthaltenen Skalen, nämlich die Persönlichkeitseigenschaften »Neurotizismus« (emotionale Stabilität vs. Instabilität) und »Extraversion-Introversion«. Zusätzlich enthält das EPI eine Lügenskala, mit der sich die Verläßlichkeit der Fragebogenangaben abschätzen läßt.

Das EPI kann genauso bei Erwachsenen wie auch bei Jugendlichen ab 14 Jahren angewendet werden. Es ist in Einzel- und Gruppentestungen abnehmbar. Die Durchführungsdauer beträgt ungefähr 15 Minuten.

Aufbau

Das Eysenck-Persönlichkeits-Invantar besteht aus den zwei Parallelformen A und B. Jede Form setzt sich aus insgesamt 57 Feststellungen zusammen, wobei die Neurotizismus- und Extraversions-Introversionsskala jeweils 24 Items umfassen. Die restlichen neun Items bilden die Lügenskala.

Beispiele:
- Item 1: Haben Sie oft Lust, etwas Aufregendes zu erleben?
- Item 3: Sind Sie im allgemeinen ohne Sorgen?
- Item 5: Nehmen Sie sich Zeit, um erst einmal über die Lage nachzudenken, bevor Sie etwas tun?

Jedes Item kann mit »ja« oder »nein« beantwortet werden. Die Auswertung erfolgt mit einer Schablone. Dabei wird für jede Subskala ein eigener Kennwert erstellt, der mit entsprechenden empirischen Normen vergleichbar ist.

Gütewerte

Normen: Für die Ergebnisse können zum Vergleich Mittelwerte und Streuungen als Lage- und Streuungskennwerte verschiedener deutscher Stichproben herangezogen werden. Außerdem liegen Stanine-Normen für Vergleichsgruppen normaler Erwachsener vor.

Reliabilität: Für die innere Konsistenz der Neurotizismusskala werden die Werte 0,74 bis 0,78 und für die Extraversionsskala 0,55 bis 0,75, außerdem für die Lügenskala 0,44 bis 0,55 angegeben. Die Paralleltestmethode erbrachte für die einzelnen Skalen und für männliche und weibliche Vergleichspersonen folgende Werte:

Neurotizismusskala: 0,80 und 0,85
Extraversionsskala: 0,76 und 0,77
Lügenskala: 0,38 und 0,50

Validität: Zur Validitätsprüfung wurden Korrelationen mit dem MMQ und MPI ermittelt, die zwischen 0,42 und 0,80 liegen. Außerdem liegen empirische Validitätsbelege zu weiteren konstruktnahen Skalen wie der Saarbrücker Angstliste vor (s. D. EGGERT, 1983). Die Korrelationen zwischen Extraversion und Neurotizismus sind, wie es von der Konzeption her gefordert wird, sehr gering.

Wiederholbarkeit: Die Wiederholbarkeit wird einerseits durch Retest-Untersuchungen nachgewiesen, in denen noch bei Zeitabständen von einigen Monaten die Werte über 0,85 lagen. Andererseits ermöglicht auch die Anwendung der Parallelform Testwiederholungen.

Literatur

BRICKENKAMP, R. (Hrsg.): Handbuch psychologischer und pädagogischer Tests. Hogrefe: Göttingen-Toronto-Zürich, 1975

EGGERT, D.: Untersuchung zur psychometrischen Eignung eines neuen Fragebogens der neurotischen Tendenz und der Extraversion von EYSENCK (EPI). In: DUHM, E. (Hrsg.): Praxis der klinischen Psychologie, Bd. 2. Hogrefe: Göttingen, 1971

EGGERT, D.: Eysenck-Persönlichkeits-Inventar (EPI). Handanweisung für die Durchführung und Auswertung. Hogrefe: Göttingen, 1983, 2. Aufl.

EYSENCK, H. J., S. B. G. EYSENCK: Manual of the EYSENCK Personality Inventory. University of London Press: London, 1971, 4. Aufl.

GRÜNBERGER, J., J. RANEFELD, W. FLUGA: Psychometrische Erfassung entwöhnungsbedürftiger Rechtsbrecher. Psychother. med. Psychol. 26 (1976) 72-84

LANGE, H. U.: Angst und Neurotizismus in der Genese von postkontusionellen Kopfschmerzen. Nervenarzt 49 (1978) 47-49

LAUX, L., P. GLANZMANN, P. SCHAFFNER, C. D. SPIELBERGER: STAI — das State-Trait-Angstinventar. Theoretische Grundlagen und Handanweisung. Beltz: Weinheim, 1981

PLANZ, S., H. MAXION: Ergebnisse einer Untersuchung mit drei Persönlichkeitsinventaren bei 80 Migränepatienten. Nervenarzt 49 (1978) 357-360

WESTHOFF, K., V. SOREMBE: Zur Brauchbarkeit des Eysenck-Persönlichkeits-Inventars (Form A) als Individualdiagnostikum. Diagnostica 4 (1979) 314-326

Skala für extrapyramidale Syndrome

EPS

Permanente extrapyramidale Syndrome
Fremdbeurteilungsverfahren
Verlaufsuntersuchungen
Empirisch gestützt:
Reliabilität
Validität
Wiederholbarkeit

nach D. J. Mattke, W. Mombour, F. L. Glötzner

Anwendung

Die EPS ist ein Fremdbeurteilungsverfahren zur Messung der Ausprägungen permanenter extrapyramidaler Störungen. Diese Skala stellt eine Modifikation der englischen »Extrapyramidal Symptom Scale« nach G. M. SIMPSON u. J. W. S. ANGUS (1970) dar. Ihr Hauptanwendungsgebiet dürfte die Verlaufsbeschreibung von extrapyramidalen Syndromen bei Neuroleptika-Behandlung sein.

Als Fremdbeurteilungsverfahren, das vom Arzt auszufüllen ist, wird die EPS nur in Einzeluntersuchungen abgenommen. Für das Alter der mit ihr untersuchbaren Patienten werden keine Beschränkungen angegeben.

Aufbau

Die EPS besteht aus neun Items, deren Ausprägung jeweils nach vier Stufen eingeschätzt wird.

Beispiele:

Item 1: Gang

Der Patient wird beobachtet, während er in den Untersuchungsraum kommt. Sein Gang, die Mitbewegungen der Arme, seine allgemeine Haltung dienen als Grundlage für die Bewertung dieses Items.
Es wird bewertet wie folgt:
0 — Normal
1 — Verminderung der Armbewegungen beim Gehen
2 — Steifer Gang; die Arme werden steif vor dem Abdomen gehalten
3 — Kleinschrittiger schlürfender Gang mit Propulsion und Retropulsion

Item 8: Tremor

Der Patient wird gebeten, noch einmal in den Untersuchungsraum hineinzukommen und wird dann für dieses Item wie folgt untersucht und bewertet:
0 — Normal
1 — Feiner Fingertremor, deutlich bei Sicht und Berührung
2 — Tremor der Hand oder des Unterarmes, zeitweise einschießend bzw. dauernder Tremor einer oder mehrerer Extremitäten
3 — Tremor des ganzen Körpers

Insgesamt sind folgende Aspekte zu beurteilen:
1) Gang
2) Arm-Fall
3) Rigor im Schultergelenk
4) Rigor im Ellbogengelenk
5) Rigor im Handgelenk
6) Beinpendelbewegungen
7) Rigor der Nackenmuskulatur
8) Tremor
9) Speichelfluß

Die auf den neun Items angekreuzten Wertpunkte werden zur Gesamtpunktzahl addiert.

Nach Faktorenanalysen lassen sich zwei Faktoren unterscheiden, die klinisch folgendermaßen interpretiert wurden: Faktor I: »Rigor«
Faktor II: »Tremor und Speichelfluß«

Gütewerte

Normen: Die EPS wurde für Verlaufsuntersuchungen entwickelt, weshalb keine interindividuellen Normwerte vorgelegt werden. Von zwei klinischen Gruppen, beide mit einer neuroleptikafreien Vorphase, wurde die eine mit Haloperidol und die andere mit Loxapin behandelt. Von beiden Gruppen liegen Vergleichswerte (Mittelwerte) von verschiedenen Verlaufsabschnitten vor.

Reliabilität: Zwei Untersucher beurteilten 37 Patienten mit der EPS. Die durchschnittliche Übereinstimmung der Gesamtscores betrug $r = 0{,}88$ (Produkt-Moment-Korrelation).

Validität: Die Items wurden nach neurologischen Konzeptionen ausgewählt, wobei die theoretische Unterteilung der permanenten neuroleptischen Symptomatik durch Faktorenanalysen der Items empirisch bestätigt wird. Als weiterer Validitätsbeleg gilt der nachgewiesene Anstieg der Gesamtscores bei Beginn von Neuroleptika-Behandlungen.

Wiederholbarkeit: Die EPS ist für Verlaufsuntersuchungen konzipiert und dazu auch empirisch eingesetzt worden. Die gemachten Erfahrungen geben keinen Anlaß, an der wiederholten Anwendbarkeit zu zweifeln.

Literatur

KUHS, H., B. EICKELMANN: Unterbrechen der neuroleptischen Medikation als Mittel der antipsychotischen Therapie? Psycho 11 (1985) 466-467

MATTKE, D.J., W. MOMBOUR, F.L. GLÖTZNER: Erfassung neuroleptisch bedingter extrapyramidaler Syndrome in einem psychopharmakologischen Forschungsprojekt. Pharmakopsychiat. 1 (1975) 36-44

SIMPSON, G.M., J.W.S. ANGUS: A rating scale for extrapyramidal side effects. Acta psychiat. scand., suppl. 212 (1970) 11-20

Eppendorfer Stimmungs-Antriebs-Skala

ESTA

Psychotische Prozesse, insbesondere endogene Depressionen, Hypomanien, schizoaffektive Psychosen

Selbstbeurteilungsverfahren für Erwachsene

Verlaufsuntersuchungen

Abnahme 2 bis 10 Minuten

Empirisch gestützt:
- Reliabilität
- Validität
- Wiederholbarkeit

nach U. Supprian

Anwendung

Die ESTA ist ein Selbstbeurteilungsverfahren für Therapiekontrollen von Psychopharmaka und Verlaufsdarstellungen psychotischer Prozesse im Rahmen der Grundlagenforschung. Der Indikationsbereich umfaßt endogene (zyklothyme) Depressionen gehemmter oder agitierter Art, Hypomanien, mischbildhafte oder schizoaffektive Psychosen und prämenstruelle und thymopathische Verstimmungszustände.

Die Durchführungszeit beträgt ungefähr zwei Minuten, bei gehemmten Patienten fünf bis zehn Minuten.

Aufbau

Die ESTA besteht aus 20 Items, von denen zehn die Ausprägungen von Verstimmungen und die restlichen das Ausmaß des Antriebs erfassen sollen. Die Items sind bipolar angeordnet.

Beispiele:
- Item 1 (Stimmung): Bedrücktheit — Heiterkeit
- Item 2 (Antrieb): Arbeitsunfähigkeit — Betätigungslust

Auf der linken Seite stehen die Eigenschaften, die mit Depressivität in Zusammenhang stehen und rechts Substantiva, die manische Zustände anzeigen. Der Bereich zwischen den Extremen ist durch 17 Stufen unterteilt. Sie reichen von den Polen symmetrisch zur Mitte. Dabei beginnen sie mit »äußerst stark« und gelangen über »sehr stark«, »stark«, »deutlich«, »etwas mehr«, »wenig«, »sehr wenig« und »spurenweise« zu »weder/noch«.

Für die Stimmung und den Antrieb wird je ein eigener Score ermittelt. Dadurch läßt sich deutlich deren Zusammensetzung bei einem Syndrom und besonders das Mischungsverhältnis in Verlaufsuntersuchungen darstellen.

Die Auswertung erfolgt über einen zentralen Computer.

Gütewerte

Normen: Die ESTA dient in erster Linie intraindividuellen Verlaufsuntersuchungen, weshalb der Autor keine interindividuellen Normen ermittelte.

Reliabilität: Ihr wurden keine spezifischen Untersuchungen gewidmet. Aus den Kommunalitäten, die durch Faktorenanalysen intraindividueller Verläufe ermittelt wurden, lassen sich Abschätzungen vornehmen. So betragen die Anteile an der Gesamtvarianz durch fünf Faktoren in einem Fall 0,82 (U. SUPPRIAN, 1975). Auf eine zufriedenstellende Reliabilität verweisen auch faktorenanalytische Studienergebnisse von J. STÖCKER (1982).

Validität: Die inhaltliche Validität wurde durch die Itemauswahl nahegelegt. Die Konstruktvalidierung der Zweiteilung in Stimmung und Antrieb ist durch Faktorenanalysen intraindividueller Verläufe (P-Technik) belegt worden, wobei sich diese beiden Faktoren übereinstimmend als stärkste Gruppenfaktoren finden ließen.

Wiederholbarkeit: Die ESTA wurde speziell für Verlaufsuntersuchungen, in einem Fall bis tausend Abnahmen, eingesetzt. Systematische Wiederholungseffekte sind dem Autor nicht aufgefallen.

Literatur

STÖCKER, J.: Stimmung und Antrieb in der endogenen Depression — aus der Sicht des Gesetzes der homogenen Syndromdynamik (WIECK) und des Konzeptes der Desynchronisation (SUPPRIAN). Diss., Univ. Erlangen, 1982

SUPPRIAN, U.: Die Eppendorfer Stimmungs-Antriebs-Skala (ESTA) — ein Instrument zur Abbildung des Verlaufes manisch-depressiver Psychosen. Pharmakopsychiat. 81 (1975) 8-25

SUPPRIAN, U.: Über die chronopathologische Struktur einiger langer Katamnesen bei manisch-depressiver Erkrankung. Fortschr. Neurol. Psychiat. 43 (1975a) 575-601

SUPPRIAN, U.: Die Eppendorfer Stimmungs-Antriebs-Skala (ESTA). Manual Beltz: Weinheim, 1976

SUPPRIAN, U.: Ausgewählte Probleme der Chronopathologie der Zyklothymie. Psychopathometrie 2 (1976) 19-27

Eigenschaftswörterliste Kurzform

EWL-K

Verschiedene Aspekte der Befindlichkeit
Selbstbeurteilungsverfahren für Erwachsene
Verlaufsuntersuchungen
Normen
Abnahmedauer 15 bis 30 Minuten
Empirisch gestützt:
- Reliabilität
- Validität
- Normierung
- Wiederholbarkeit

nach W. Janke, G. Debus

Anwendung

Die EWL-K erfaßt verschiedene Dimensionen der Befindlichkeit. Als Selbstbeurteilungs-Skala soll sie vom Probanden eigenständig bearbeitet werden. Da der Testbogen mit ausführlicher Anweisung und Übungsbeispielen versehen ist, kann die Untersuchung auch ohne Anwesenheit eines Testleiters erfolgen.

In der Literatur finden sich folgende Anwendungsbereiche (vgl. CIPS, 1981):

1. Erfassung spontaner Befindlichkeitsschwankungen bei klinischen Gruppen.
2. Quantitative Beschreibung von Befindlichkeitsänderungen als Folgen therapeutischer Maßnahmen, insbesondere Pharmakotherapie.
3. Quantitative Beschreibung des Einflusses beliebiger Faktoren auf die aktuelle Befindlichkeit, etwa von Pharmaka, Klima, Stationsmilieu.
4. Alle Arten von Depressionen und Neurosen, die sich mit Hilfe der EWL-K deutlich vom Zustandsbild »normaler« Personen unterscheiden lassen.

Die angemessene Anwendung der EWL-K setzt mindestens den IQ 80 voraus. Sie ist für Erwachsene entwickelt worden.

Die Testdauer beträgt 15 bis 30 Minuten.

Aufbau

Die EWL-K setzt sich aus 123 Eigenschaftswörtern zusammen, die in zufälliger Reihenfolge angeordnet sind.

Der Proband soll beurteilen, wie er sich augenblicklich fühlt:

Beispiele:
- Item 1: tatkräftig
- Item 2: dösig

Dem Probanden stehen die zwei Antwortkategorien »trifft zu« und »trifft nicht zu« zur Beurteilung seines augenblicklichen Befindens zur Verfügung.

Die 123 Items werden in 14 Subskalen zusammengefaßt, nach denen sich Befindlichkeitsprofile erstellen lassen. Die Subskalen sind folgendermaßen bezeichnet:

1. Aktiviertheit
2. Desaktiviertheit
3. Müdigkeit
4. Benommenheit
5. Extravertiertheit
6. Introvertiertheit
7. Selbstsicherheit
8. Gehobene Stimmung
9. Erregtheit
10. Empfindlichkeit
11. Ärger
12. Ängstlichkeit
13. Deprimiertheit
14. Verträumtheit

Für jede Subskala folgt eine eigene Auswertung. Dazu wird jeweils die Anzahl der Items bestimmt, die mit »trifft zu« beantwortet wurden.

Gütewerte

Normen: Für unterschiedliche Situationsaspekte liegt eine Reihe statistischer Kennwerte (Mittelwerte, Streuungen) von Normalpersonen und verschiedenen Patientenstichproben vor.

Reliabilität: Die publizierten Halbierungs- und Konsistenz-Koeffizienten schwanken im Bereich von 0,70 bis 0,95.

Validität: Die angegebene Faktorenstruktur erwies sich bei verschiedenen Faktorenanalysen als hinreichend konstant. Dies gilt auch für Verlaufsuntersuchungen.

Wiederholbarkeit: Wegen der verhältnismäßig stabilen Faktorenstrukturen, auch bei Verlaufsuntersuchungen, wird die EWL-K als tauglich für Meßwiederholungen angesehen.

Literatur

CIPS (Collegium Internationale Psychiatriae Scalarum, Hrsg.): Internationale Skalen für Psychiatrie. Beltz: Weinheim, 1981

DEBUS, G.: Selbst- und Fremdeinstufung des aktuellen Befindens in psychopharmakologischen Längsschnittuntersuchungen. Arzneim.-Forsch. (Drug Res.) 24 (1974) 996-1001

HAMPEL, R.: Adjektiv-Skalen zur Einschätzung der Stimmung (SES). Diagnostica 23 (1977) 43-60

JANKE, W.: Psychodiagnostische Methoden in der Human-Psychopharmakologie. Sandoz: Nürnberg, 1977

JANKE, W., G. DEBUS: Die Eigenschaftswörterliste (EWL-K) — Ein Verfahren zur Erfassung der Befindlichkeit. Hogrefe: Göttingen, 1978

Freiburger Beschwerden-Liste-Gesamtform

FBL-G

Subjektiv erlebte körperliche Beschwerden, Nervosität als Persönlichkeitsmerkmal

Selbstbeurteilungsverfahren für Erwachsene

Einmalige Untersuchungen

Normen

Empirisch gestützt:
- Reliabilität
- Validität
- Normierung

nach J. Fahrenberg

Anwendung

Die FBL-G ist ein Selbstbeurteilungsverfahren, mit welchem das Ausmaß subjektiv erlebter körperlicher Beschwerden erfaßt werden soll. Die Häufigkeit der Beschwerden wird als Persönlichkeitsmerkmal »Nervosität« gedeutet.

Die FBL-G soll relativ überdauernde Merkmale erfassen und eignet sich daher vorwiegend für Querschnittsuntersuchungen, vor allem zum Vergleich psychosomatisch auffälliger Gruppen. Wiederholungsmessungen sollten mit ihr daher erst nach längeren Zeiträumen, wenigstens einem Jahr, vorgenommen werden. Als Selbstbeurteilungsverfahren kann sie auch in Gruppenuntersuchungen abgenommen werden. Von der Formulierung der Aussagen und der Auswahl der bisher untersuchten Stichproben her scheint sie nur für Erwachsene geeignet zu sein.

Aus der FBL-G wurde auch eine Kurzform entwickelt, die sich für mehrmalige Untersuchungen eignet.

Aufbau

Die FBL-G setzt sich aus 78 Fragen zusammen:

Beispiele:

Welche körperlichen Beschwerden sind während der letzten Zeit aufgetreten?

1. Fühlen Sie sich morgens nach dem Aufstehen noch müde und zerschlagen?
8. Haben Sie Kopfschmerzen?
16. Spüren Sie bei Aufregung Herzklopfen?

Als Antwortmöglichkeiten sind jeweils folgende fünf Häufigkeitsrubriken vorgegeben: Nie, etwa 2mal/Jahr, etwa 2mal/Monat, etwa 3mal/Woche und fast täglich.

Die Items werden zu elf Skalen zusammengefaßt. Diese sind folgendermaßen bezeichnet:

Skala 1: Allgemeinbefinden
Skala 2: Emotionale Reaktivität
Skala 3: Herz-Kreislauf
Skala 4: Magen-Darm
Skala 5: Kopf-Hals-Reizsyndrom
Skala 6: Anspannung
Skala 7: Sensorik
Skala 8: Schmerz
Skala 9: Motorik
Skala 10: Haut
Skala 11: Beschwerden-Summe

Die letzte Skala setzt sich aus allen 78 Items zusammen. Die Skalenwerte ermittelt man jeweils durch Addition der Punktwerte aller zugehörigen Items. Die Werte können schließlich mit denen von Vergleichsstichproben verglichen werden.

Gütewerte

Normen: Es liegen Vergleichswerte von verschiedenen Stichproben vor, beispielsweise von 330 Kurpatienten und 400 männlichen Studenten.

Reliabilität: Als Halbierungs- und Konsistenzkoeffizienten der zehn Subskalen werden Werte von 0,77 bis 0,91 angegeben.

Validität: Die inhaltliche Validität ergibt sich aus der Auswahl der Fragen. Empirisch ist die Gültigkeit beispielsweise durch signifikante Mittelwertunterschiede zwischen »Gesunden« und »Kurpatienten« belegt. Ebenso wird von substantiellen Korrelationen zu anamnestischen Daten sowie den Ergebnissen im FPI berichtet.

Wiederholbarkeit: Von den Häufigkeitsrubriken zur Beantwortung der Fragen her (etwa 2mal/Jahr) wird man die FBL-G kaum für mehrmalige Untersuchungen einsetzen, deren zeitliche Intervalle weniger als ein Jahr betragen. Als Selbstbeurteilungsverfahren dürfte sie bei einjährigen Abnahmen keine bedeutenden Wiederholungseffekte zeigen. Allerdings fehlen hierzu spezifische Untersuchungen.

Literatur

CIPS (Collegium Internationale Psychiatriae Scalarum, Hrsg.): Internationale Skalen für Psychiatrie. Beltz: Weinheim, 1981

FAHRENBERG, J.: Die Freiburger Beschwerdenliste FBL.Z. f. Klin. Psychol. 4 (1975) 79-100

JÄGER R.S., S. LISCHER, B. MÜNSTER, B. RITZ: Biographisches Inventar zur Diagnose von Verhaltensstörungen (BIV). Handanweisung. Hogrefe: Göttingen-Toronto-Zürich, 1976

MEDERT-DORNSCHEIDT, G., M. MYRTEK: Ergebnisse einer Zwei-Jahres-Katamnese an Herz-Kreislaufkranken nach einem Heilverfahren. Rehabilitation 16 (1977) 207-217

Fragebogen zur Beurteilung der Suizidgefahr

FBS

nach J. Stork

Suizidal-depressives Persönlichkeitsbild
Selbstbeurteilungsverfahren für Erwachsene
Gruppentest
Empirisch gestützt:
  Validität
  Normierung

Anwendung

Der FBS wurde als Selbstbeurteilungsverfahren zur Erkennung der suizidal-depressiven Persönlichkeit konzipiert. Neben der Suizidgefährdung (Suizidtendenzen, -versuche) sollen verwandte Verhaltensweisen oder Einstellungen, wie Neigung zu Alkohol und Rauschgiften, Unfällen und antisozialem Verhalten, gemessen werden.

Der Fragebogen kann ab ungefähr dem 17. Lebensjahr als Einzel- oder Gruppentest durchgeführt werden.

Aufbau

Der FBS besteht aus 52 Items, die Suizidverhalten, aber auch biographisch gefärbte persönliche Einstellungen betreffen.

Beispiele:
- Item 10: Ich denke oft über den Tod nach
- Item 18: Ich habe zu wenig Selbstvertrauen
- Item 34: Ich bin oft einsam.

Die Auswertung wird an Hand einer Schablone vorgenommen. Je nach Höhe der Gesamt-Rohwerte können fünf Schweregrade der Gefährdung unterschieden werden:
a. Normalität
b. Normalität zweifelhaft
c. schwache Suizidgefahr
d. starke Suizidgefahr
e. besonders starke Suizidgefahr

Gütewerte

Normen: In einer Untersuchung an 837 deutschsprachigen Wehrdienstpflichtigen wurde die Einteilung in die fünf Gefährdungsgruppen getroffen.

Zur Reliabilität liegen keine Angaben vor.

Validität: Die Konstruktvalidität wurde durch umfangreiche Begleituntersuchungen gestützt. Vergleiche verschiedener Gruppen mit unterschiedlicher Suizidgefährdung differieren in den Testergebnissen nach Erwartung.

Wiederholbarkeit: Hierzu werden keine eigenen Studien vorgelegt. Als Selbstbeurteilungsverfahren dürfte der FBS aber keinen systematischen Wiederholungseffekten unterworfen sein.

Literatur

BRICKENKAMP, R. (Hrsg.): Handbuch psychologischer und pädagogischer Tests. Hogrefe: Göttingen-Toronto-Zürich, 1975

STORK, J.: Suizidtendenz und Suizidversuch. Statistische Analyse des suizidalen Feldes bei Schülern. Z. f. Psychol. u. Psychother. 2 (1972) 123-151

STORK, J.: Das suizidale Feld. Schweiz. Arch. f. Neurol., Neurochir. u. Psychiat. 120 (1977) 283-296

STORK, J.: Fragebogentest zur Beurteilung der Suizidgefahr (FBS). Müller: Salzburg, o.J., 2. überarb. Aufl.

Freiburger Persönlichkeitsinventar

FPI

Wichtige Persönlichkeitseigenschaften

Selbstbeurteilungsverfahren für Jugendliche und Erwachsene

Ein- und mehrmalige Untersuchungen

Normen

Abnahme etwa 15 bis 50 Minuten

Parallelformen

Empirisch gestützt:
- Reliabilität
- Validität
- Normierung
- Wiederholbarkeit

nach J. Fahrenberg, H. Selg, R. Hampel

Anwendung

Der FPI ist ein Selbstbeurteilungstest zur Erfassung von neun weitgehend unabhängigen Persönlichkeitsdimensionen, die als überdauernde Eigenschaften aufgefaßt werden. Mit dem FPI sollen Befinden und Verhalten, Einstellungen, Gewohnheiten und körperliche Beschwerden beurteilt werden.

Der FPI dient der Diagnostik von wichtigen Persönlichkeitseigenschaften im klinischen und nichtklinischen Bereich. Dabei ist er gleichermaßen als Instrument für Forschung und Praxis gedacht.

Als Selbstbeurteilungsverfahren kann der FPI in Einzel- und Gruppenuntersuchungen abgenommen werden. Außer der Gesamtform (FPI-G) liegt eine Kurzform (FPI-K) mit 76 Items für Screening-Zwecke vor. Für Wiederholungsuntersuchungen wird die Anwendung der Halbformen FPI-A und FPI-B mit je 114 Items angeraten. Hier wird nur die FPI-Gesamtform näher erörtert. Die neueste Auflage des Handbuchs (1984) stellt zusätzlich eine revidierte Fassung FPI-R mit 138 Items vor.

Der Geltungsbereich erstreckt sich auf Jugendliche und Erwachsene ab dem 15. Lebensjahr. Nur in Ausnahmefällen soll der FPI bei Probanden mit deutlich unterdurchschnittlicher Intelligenz (IQ<90) abgenommen werden. Ebenso sollte eine günstige Testmotivation gegeben sein. Die Abnahmedauer des FPI-G beträgt etwa 50 Minuten, die des FPI-K nur ungefähr 15 Minuten.

Aufbau

Der FPI setzt sich aus 212 Items zusammen.

Beispiele:
- Item 1: Ich gehe abends gerne aus
- Item 2: Ich schließe nur langsam Freundschaften
- Item 3: Ich bin immer guter Laune

Als Antworten auf jede Aussage sind jeweils »stimmt« und »stimmt nicht« angegeben, von denen das Zutreffende angekreuzt werden soll.

Die Items werden in Gruppen zu neun voneinander weitgehend unabhängigen Skalen zusammengefaßt. Diese Skalen wurden folgendermaßen benannt:
- FPI 1: Nervosität
- FPI 2: Aggressivität
- FPI 3: Depressivität
- FPI 4: Erregbarkeit
- FPI 5: Geselligkeit
- FPI 6: Gelassenheit
- FPI 7: Dominanzstreben
- FPI 8: Gehemmtheit
- FPI 9: Offenheit

Diese neun Dimensionen sind die Ergebnisse von Faktorenanalysen. Diese haben sich über unterschiedliche Stichproben hinweg als stabil erwiesen. Für bestimmte Zwecke wurden noch drei zusätzliche Skalen konstruiert:
- FPI E: Extraversion — Introversion
- FPI N: Emotionale Labilität — Stabilität
- FPI M: Maskulinität — Femininität

Für jede Skala werden die Punkte in den zugehörigen Items zusammengezählt, anschließend die resultierende Rohpunktsumme mit Normen verglichen und in Standardnormen übersetzt (Stanine-Werte). Die Ergebnisse der einzelnen Skalen können danach in Profilblättern eingetragen werden.

Gütewerte

Normen: Das FPI wurde an einer bevölkerungsrepräsentativen Stichprobe (n = 2035) geeicht. Zu jeder Skala liegen Standardnormen (Stanine-Werte) vor. Außerdem ist eine große Anzahl von Lage- und Streuungsstatistiken verschiedener Stichproben, besonders auch Patienten, verstreut veröffentlicht worden.

Reliabilität: Zum FPI sind verschiedene empirische Reliabilitätsuntersuchungen publiziert worden. Dabei ergaben sich beispielsweise als Split-Half-Koeffizienten (mit SPEARMAN-BROWN-Korrektur) Werte von 0,77 bis 0,90. CRONBACHs α variierte zwischen 0,74 und 0,87. Die Retest-Stabilität, die im Abstand von acht Monaten an 74 männlichen und weiblichen Studenten ermittelt wurde, streute zwischen 0,66 und 0,87.

Validität: Der FPI wurde nach faktorenanalytischen Gesichtspunkten aufgebaut. Diese Faktorenstruktur hatte sich in Studien an verschiedenen Stichproben als relativ stabil erwiesen. Über die Korrelationen der einzelnen Skalen mit anderen Verfahren des gleichen Gültigkeitsanspruches, vorwiegend die Extraversions- und Neurotizismus-Skala, liegen verhältnismäßig viele empirische Untersuchungen vor.

Wiederholbarkeit: Der FPI ist in erster Linie für einmalige Untersuchungen konzipiert worden. Für Wiederholungsuntersuchungen wird die Verwendung der Halbformen FPI-A und FPI-B angeraten. Aus den empirischen Ergebnissen zu Wiederholungstestungen mit der Gesamtform (s. Reliabilität) geht auch deren Wiederholbarkeit hervor.

Literatur

DITTRICH, A., B. WOGGON: Subjektive Veränderungen unter (-) Δ^9-trans-Tetrahydrocannabinol bei cannabisnaiven Probanden. Int. Pharmacopsychiat. 9 (1974) 138-151

FAHRENBERG, J., R. HAMPEL, H. SELG: Das Freiburger Persönlichkeitsinventar FPI. Handanweisung. Hogrefe: Göttingen, 1984, 4. rev. Aufl.

FAHRENBERG, J., R. HAMPEL, H. SELG: Die revidierte Form des Freiburger Persönlichkeitsinventars FPI-R. Diagnostica 31 (1985) 1-21

FAHRENBERG, J., H. SELG, R. HAMPEL: Die bevölkerungsrepräsentative Normierung des Freiburger Persönlichkeitsinventars FPI-A. Diagnostica 4 (1983) 336-345

GRUNDLER, F.: Empirische Studien zur Validität des Freiburger Persönlichkeitsinventars FPI. Diss., Univ. Freiburg, 1970

HAHN, P., H. MAYER, B. STANEK: Biometrische Befunde bei der Herzneurose. Z. f. Psychosom. Med. Psychoanal. 19 (1973) 231-264

HAMPEL, R.: Das Freiburger Persönlichkeitsinventar. Ärztl. Praxis 30 (1978) 1142-1143

HAMPEL, R.: Zur Langzeit-Stabilität des Freiburger Persönlichkeitsinventars — Ergebnisse einer Zwei-Jahres-Retestuntersuchung. Diagnostica 3 (1978) 235-241

HOBI, V., R. RICHTER: Eine gemeinsame Faktorenanalyse von GT, MPI und FPI. Arch. Psychiat. Nervenkr. 217 (1973) 43-52

HUNGER, J., J. ENKEMANN, J. KLEIN: Das Freiburger Persönlichkeitsinventar (FPI) in der Persönlichkeitsdiagnostik hirngeschädigter Patienten. Nervenarzt 54 (1983) 316-319

MEDERT-DORNSCHEIDT, G., M. MYRTEK: Ergebnisse einer Zwei-Jahres-Katamnese an Herz-Kreislaufkranken nach einem Heilverfahren. Rehabilitation 16 (1977) 207-217

PLANZ, S., H. MAXION: Ergebnisse einer Untersuchung mit drei Persönlichkeitsinventaren bei 80 Migränepatienten. Nervenarzt 49 (1978) 357-360

RICHTER, R., V. HOBI: Die persönlichkeitsspezifische Wirkung eines Tranquilizers. Arzneim.-Forsch. (Drug. Res.) 26 (1976) 1136-1138

REINDELL, A., E. PETZOLD: Formen und Kriterien für eine Behandlung auf einer klinisch-psychosomatischen Station. Psychother. med. Psychol. 26 (1976) 191-199

SCHOTT, E., U. SCHOTT: Die Bedeutung studentischer Motivations- und Persönlichkeits-Dispositionen für den medizinischen Sozialisationsprozeß auf dem Hintergrund der Bedürfnisse einer primary health care. Med. Psychol. 3 (1977) 224-239

SIEBER; M.: Retest-Untersuchungen zur Stabilität beim Persönlichkeitsfragebogen FPI. Diagnostica 2 (1979) 181-190

SPEIERER, G.-W.: Zur Persönlichkeitsstruktur von psychotherapeutisch ausgebildeten Studenten der Sozialpädagogik. Psychother. med. Psychol. 25 (1975) 203-211

WENDERLEIN, J. M.: Der Persönlichkeitsfaktor »Maskulinität« in der Gynäkologie. Psychother. med. Psychol. 27 (1977) 235-238

WITTKOWSKI, J., W. DACHENEDER: Neurotizismus und Extraversion in der FPI-Kurzform. Diagnostica 3 (1980) 251-261

Funktionspsychose-Skala-B

FPSB

nach S. Lehrl, H.-H. Fuchs, J. Lugauer, H. Schumacher, G. Nusko

Ausprägung mittelschwerer und schwerer reversibler körperlich begründbarer Psychosen (Psychoorganische Akutsyndrome)

Leistungstest für Erwachsene

Verlaufsuntersuchungen

Abnahme 2 bis 5 Minuten

Normen

Empirisch gestützt:
- Reliabilität
- Validität
- Normierung
- Wiederholbarkeit

Anwendung

Die vorliegende Skala ist ein Leistungsverfahren zur Messung der Schweregrade von reversiblen körperlich begründbaren Psychosen (Funktionspsychosen) nach H. H. WIECK (1977). Sie wurde vor allem für Patienten mit stationärem Klinikaufenthalt entwickelt.

Die FPSB erreicht ihre größte Meßgenauigkeit in den Abschnitten des mittelschweren und sehr schweren Durchgangs-Syndroms und der Bewußtseinstrübung. Wie es ihrer Ausrichtung auf Psychische Akutsyndrome entspricht, sollte sie nur bei allgemeinen krankhaften zerebralen Funktionsstörungen angewandt werden. Dazu gehören zerebrale Durchblutungsstörungen, Schlafmittel- oder Alkoholintoxikationen und raumfordernde zerebrale Prozesse. Bei Patienten mit neurologischen Herdsymptomen, wie Werkzeugstörungen (Apraxie, Aphasie, Agnosie, Rechts-Links-Störungen usw.) oder Halbseitenlähmungen ist die FPSB nur noch bedingt anwendbar.

Das Alter der zu testenden Personen sollte nicht jünger als fünfzehn Jahre sein. Die Testabnahme kann nur in Einzeltestungen erfolgen. Bei Ersttestungen beträgt die Durchführungszeit ungefähr fünf Minuten, kann aber bei Testwiederholungen auf zwei Minuten gesenkt werden.

Aufbau

Die Funktionspsychose-Skala-B besteht aus 33 Items. Die ersten sechs Items sind Reflex- und Pupillenprüfungen. Die weiteren, die alle dem Schweregrad nach geordnet sind, betreffen die Kommunikationsfähigkeit und die persönliche, situative, räumliche und zeitliche Orientierung.

Beispiele:
- Item 9: Heben Sie eine Hand.
- Item 10: Wie heißen Sie?
- Item 31: Welches genaue Datum haben wir heute?

Für jede richtig beantwortete Aufgabe oder jeden vorhandenen Reflex wird ein Punkt vergeben. Daraus ergibt sich schließlich die Gesamtpunktzahl, die nach Schweregradnormen interpretierbar ist.

Da die Auswahl und Zuordnung der Items nach dem Modell der eindimensionalen GUTTMAN-Skala getroffen worden sind, ist ein Testabbruch ohne besonderen Informationsverlust nach sieben hintereinander nicht gelösten Aufgaben möglich. Ebenso kann die Testung bei Patienten, die sich sichtlich nicht in den schwersten Zuständen befinden, bei den schwereren Testitems beginnen. Dadurch wird die Testabnahme verhältnismäßig ökonomisch.

Zur Interpretation der Schweregrade liegen Normen vor. Über Standardnormen ist die FPSB an den Syndrom-Kurztest nach H. ERZIGKEIT (1977) gekoppelt, der vorwiegend leichtere Psychische Aktusyndrome mißt. Dadurch können beide Tests als System zur Untersuchung und Beobachtung sehr verschiedenartiger Schweregrade der Störung eingesetzt werden.

Gütewerte

Normen: An deutschsprachigen erwachsenen stationären Patienten wurden Orientierungswerte für Normen erhoben. Diese wurden jedoch nicht nur auf Grund der empirischen Verteilung, sondern auch mit Hilfe theoretischer Überlegungen festgelegt. Zu den einfachen Normen der Testrohpunkte gibt es noch Standardnormen, in welche die FPSB-Rohpunkte tabellarisch übersetzt werden können. Dadurch wird dieser Test gemeinsam mit dem SKT abnehmbar.

Reliabilität: Der Reproduktivitäts-Koeffizient, der nach der CORNELL-Technik ermittelt wurde, betrug bei einer Stichprobe 0,93 ($n = 120$) und bei einer anderen 0,95 ($n = 62$).

Validität: Zur Validität gehören verschiedene Aspekte, beispielsweise die Eindimensionalität der Items. Sie wurde durch die unter Reliabilität angeführten Reproduktivitäts-Koeffizienten nachgewiesen. Die Korrelation mit dem SKT (s.dort), der ebenfalls Funktionspsychosen messen soll, betrug bei $n = 120$ $r = 0{,}95$ (J. LUGAUER, S. LEHRL, H.-H. FUCHS, 1977). Validität kann auch auf Grund der Itemselektion aus theoretischen Gründen angenommen werden.

Wiederholbarkeit: Bisher wurden keine systematischen Wiederholungseffekte festgestellt (S. LEHRL et al. 1977). Wegen der starken Störungen der Patienten, für welche die FPSB entwickelt wurde, sind keine nennenswerten Lerneffekte zu erwarten.

Literatur

BLAHA, L., S. LEHRL, H.-H. FUCHS: Wirksamkeitsnachweis von Cetal® parenteral bei psychopathologischen Zustandsbildern nach Contusio cerebri. Med. Klin., Sondernummer (1979) 40-43

ERZIGKEIT, H.: Manual zum Syndrom-Kurztest. Vless: Vaterstetten, 1977

FUCHS, H.-H., S. LEHRL, L. BLAHA: Die Wirkung von Vincamin auf die psychopathologischen Störungen nach Hirnkontusionen. Neurol. Psychiat. 5 (1979) 327-330

LEHRL, S., H.-H. FUCHS, J. LUGAUER, H. SCHUMACHER, G. NUSKO: Manual zur Funktionspsychose-Skala-B. Vless: Vaterstetten-München, 1977

LEHRL, S., H.-H. FUCHS, J. LUGAUER: Funktionspsychose-Skala-A — Eine Skala für mittlere und schwere Durchgangs-Syndrome und Bewußtseinstrübungen. Psychopathometrie 3 (1977) 89-102

LUGAUER, J., S. LEHRL, H.-H. FUCHS: Messung von Funktionspsychosen. Diagnostik 10 (1977) 241-245

WIECK, H.H.: Lehrbuch der Psychiatrie. Schattauer: Stuttgart-New York, 1977, 2. völl. neu bearb. Aufl.

Figure Reasoning Test

(Figuren-Intelligenztest)

FRT

nach J. C. Daniels

Allgemeines Intelligenzniveau
Leistungsverfahren für Kinder und Erwachsene
Mehrmalige Untersuchungen
Normen
Abnahme etwa 40 Minuten
Empirisch gestützt:
- Reliabilität
- Validität
- Englische Normierung
- Wiederholbarkeit

Anwendung

Der FRT ist ein Leistungsverfahren zur Erfassung des allgemeinen Intelligenzniveaus. Er prüft insbesondere die nichtverbale Intelligenz. Man wird ihn im psychiatrischen Bereich vorwiegend zur Kontrolle der Variable »Intelligenzniveau« bei Forschungen einsetzen.

Der FRT kann in Einzel- und Gruppenuntersuchungen abgenommen werden. Der Testleiter hat nur darauf zu achten, daß für die Durchführung das Zeitlimit von 30 Minuten nicht überschritten wird. Mit Instruktion und Auswertung dauert seine Abnahme etwa 40 Minuten. Der Geltungsbereich bezieht sich auf Personen ab dem zehnten Lebensjahr.

Aufbau

Der FRT setzt sich aus 45 Aufgaben zusammen, die der Schwierigkeit nach gestuft vorgegeben werden. Bei jeder Aufgabe werden gedruckte Figuren vorgelegt, die sich ähnlich dem SPM (s. dort) nach gesetzmäßigen Beziehungen entwickeln. Am Schluß ist eine Figur ausgelassen. Als Antwortmöglichkeiten sind mehrere Figuren aufgezeichnet, von denen der Proband diejenige aussuchen soll, die seinem Urteil nach die richtige Lösung darstellt (s. Abb.).

Für jede richtige Lösung erhält der Proband einen Punkt. Deren Summe läßt sich schließlich nach Normentabellen interpretieren.

Gütewerte

Der FRT ist an englischen Personen repräsentativ geeicht worden. Deutsche Untersuchungsergebnisse können nur mit diesen Normen verglichen werden.

Reliabilität: Durch die Split-Half-Methode wurde $r_{tt} = 0{,}96$ (n = 7000) ermittelt. Bei Testwiederholungen an 443 Kindern zwischen elf und 16 Jahren ergab sich nach 14 Tagen die Reliabilität 0,97 und nach einem Jahr 0,89.

Validität: Es wurden Korrelationen mit verschiedenen Verfahren vorgelegt, die ebenfalls das allgemeine Intelligenzniveau messen sollen. Sie betrugen beispielsweise zum SPM (s. dort) 0,93 und zum Stanford-Binet-Test 0,86. Durch Faktorenanalysen ließ sich erwartungsgemäß ein Generalfaktor ermitteln.

Wiederholbarkeit: Die Retest-Ergebnisse (s. Reliabilität) belegen empirisch die Wiederholbarkeit des FRT. Allerdings gehören dichte Verlaufsuntersuchungen nicht zu seinen Anwendungsgebieten.

Literatur

BRICKENKAMP, R. (Hrsg.): Handbuch psychologischer pädagogischer Tests. Hogrefe: Göttingen-Toronto-Zürich, 1975

DANIELS, J. C.: Figure Reasoning Test. Crosby Lockwood & Son Ltd.: London, 1971, 6. Aufl.

HILTMANN, H.: Kompendium der psychodiagnostischen Tests. Huber: Bern-Stuttgart, 1969, 2. neubearb. erg. Aufl.

JACOBI, P., P.-A. FISCHER, E. SCHNEIDER: Das Verhalten der allgemeinen Intelligenz von Parkinson-Patienten während der L-Dopa-Therapie. Arch. Psychiat. Nervenkr. 218 (1974) 125-140

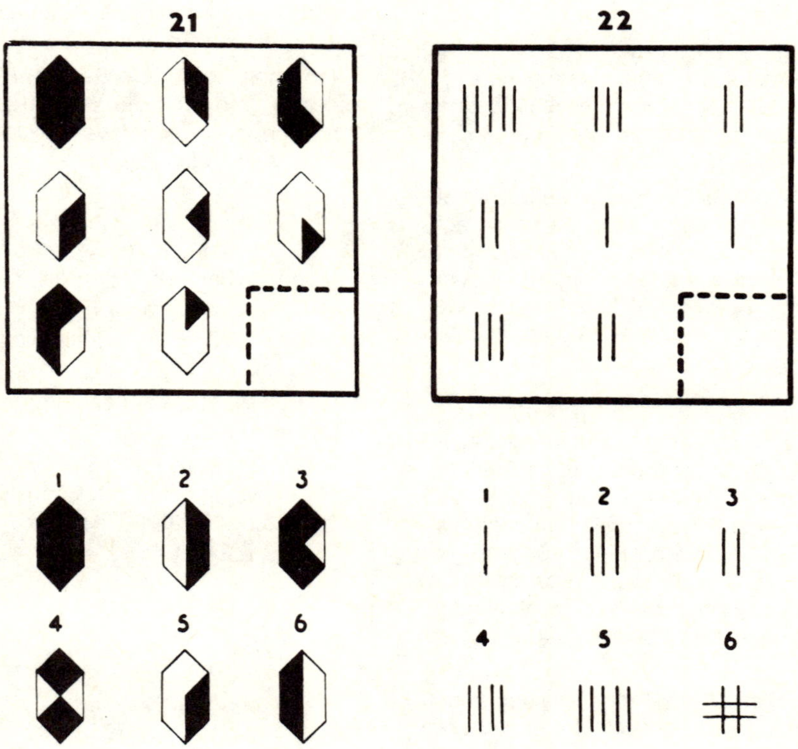

Abb.: Zwei Aufgaben aus dem FRT. Welche Figur (1-6) gehört in das gestrichelte Feld?

Fischer Symptom-Check-Liste

FSCL

nach K. A. Fischer-Cornelssen

Psychopathologische Symptomatik bei verschiedenen psychiatrischen Erkrankungen

Fremdbeurteilungsverfahren für erwachsene Patienten

Verlaufsuntersuchungen

Empirisch gestützt:
- Reliabilität
- Validität
- Wiederholbarkeit

Anwendung

Die FSCL ist ein Fremdbeurteilungsverfahren zur quantitativen Erfassung psychischer oder psychopathologischer Symptome bei erwachsenen Patienten, wobei neben der Profildarstellung der Symptomatik auch der Schweregrad der Störung Berücksichtigung findet. Die Auswahl der 40 Symptome orientierte sich an deren realer Auftretenshäufigkeit bei verschiedenen psychiatrischen Krankheitsbildern.

Die Durchführung des Verfahrens geschieht im Rahmen eines semistrukturierten Interviews, das sich an den vorgegebenen Items orientiert. Das Ausfüllen der Check-Liste beansprucht etwa zwei bis fünf Minuten.

Zur Beurteilung des Symptombildes und des Schweregrades psychopathologischer Zustände bei schizophrenen Patienten liegt die Skala FSCL-NL (CIPS, 1981) vor, die insgesamt 46 speziell auf schizophrene Syndrome abgewandelte Items enthält.

Aufbau

Die FSCL besteht aus 40 Einzelsymptomen, die in sieben Symptomgruppen aufgeteilt sind:

— Stimmung/Affektivität (z.B. Hoffnungslosigkeit, Schmerzempfindung, innere Unruhe)
— Tagesschwankungen
— Schlaf (Einschlafstörung, Durchschlafstörung, frühes Erwachen)
— Psychomotorik
— Denkablauf (z.B. Denkhemmung, Orientierungsstörung)
— Gedankeninhalt (z.B. Hypochondrie, Suizidgedanken)
— Umweltbeziehung (z.B. Interesselosigkeit, Unselbständigkeit)

Die Beurteilung des Schweregrades erfolgt nach einer vierstufigen Skala: nicht vorhanden (= 0), schwach (= 1), mittel (= 2), stark (= 3). Neben den Summenscores der einzelnen Symptomgruppen läßt sich ein Gesamttestwert als Ausdruck des Schweregrades der allgemeinen psychopathologischen Symptomatik errechnen.

Gütewerte

Normen: Normwerte liegen nicht vor. Für verschiedene psychiatrische Stichproben sind statistische Kennwerte veröffentlicht:

— Angstneurosen (n = 422)
— Endogene Depression (n = 451)
— Geriatrische Patienten (n = 339)

Reliabilität: Mit Hilfe eines Televisionsratings mit 34 Ratern wurde nach Angaben der Testautoren eine hohe Interrater-Reliabilität ermittelt. Die Retest-Reliabilität liegt bei untrainierten Beurteilern bei 0,58, sonst zwischen 0,69 und 0,95.

Validität: Die inhaltliche Validität der FSCL ist durch die Methode der Itemselektion gegeben. Als Kriteriumsvalidität wurde eine Korrelation von 0,80 zwischen prozentualer Symptombesserung in der FSCL und der klinischen Gesamtbeurteilung ermittelt. Die faktorielle Validität ist anhand unterschiedlicher psychiatrischer Stichproben nachgewiesen.

Wiederholbarkeit: Das Verfahren eignet sich zur Meßwiederholung. Es liegen Erfahrungen zur Verlaufsbeschreibung über sechs bis 24 Wochen vor.

Literatur

CIPS (Collegium Internationale Psychiatriae Scalarum, Hrsg.): Internationale Skalen für Psychiatrie. Beltz: Weinheim, 1981

FISCHER-CORNELSSEN, K. A.: Videotape Recording in Psychiatry and Psychopharmacology. Acta psychiat. scand. 61 (1980) 228-238

FISCHER-CORNELSSEN, K. A.: Einige Gesichtspunkte zur Gerontopsychiatrie. Arzneim.-Forsch. (Drug Res.) 30 (1980) 1215-1217

FISCHER-CORNELSSEN, K. A.: Multicenter Trials and Complementary Studies of Cloxazolam. Arzneim.-Forsch. (Drug Res.) 31 (1981) 1757-1765

FISCHER-CORNELSSEN, K. A., P. BERCHIER: Validität und Reliabilität einer Symptom-Checkliste (FSCL): Anwendung in der Psychogeriatrie. Z. Gerontol. 15 (1982) 31-37

FISCHER-CORNELSSEN, K. A., U. FERNER, H. STEINER:
Multifokale Psychopharmaprüfung (Multihospital Trial).
Arzneim.-Forsch. (Drug Res.) 24 (1974) 1706-1724

Frankfurter Selbstkonzeptskalen

FSKN

Selbstkonzept von psychiatrischen Patienten und Normalpersonen

Selbstbeurteilungsverfahren für Erwachsene

Ein- und mehrmalige Untersuchungen

Normen

Empirisch gestützt:
- Reliabilität
- Validität
- Normierung
- Wiederholbarkeit

nach I. M. Deusinger

Anwendung

Die FSKN sind Selbstbeurteilungsverfahren zur Bestimmung und Differenzierung von Selbstkonzepten, die sich vor allem für depressive, manische und auch schizophrene Patienten eignen sollen. Sie können für Zwecke der Grundlagenforschung, zur Analyse der Wirkungen verschiedener Substanzen wie auch zum Wirkungsnachweis psychotherapeutischer Bemühungen oder zur Diagnose von Veränderungen des Krankheitsverlaufs eingesetzt werden.

Die FSKN eignen sich von der Formulierung der Items her vor allem für Jugendliche und Erwachsene. Bei der Messung von Selbstkonzepten älterer Personen hat sich das Verfahren ebenfalls bewährt (I. M. DEUSINGER, 1982a, 1982b, 1985). Die Skalen können als Einzel- oder als Gruppentest abgenommen werden.

Aufbau

Die FSKN unterscheiden zehn Selbstkonzeptskalen aus vier Bereichen des Selbst: Leistungsbereich, allgemeine Selbstwertschätzung, Stimmung und Sensibilität, psychosozialer Bereich. Im folgenden sind die einzelnen eindimensionalen Skalen mit Itembeispielen dargestellt:

FSL — Frankfurter Selbstkonzeptskala zur Leistungsfähigkeit
Beispiel: Item Nr. 3: Ich bin mit meinen eigenen Leistungen zufrieden.

FSP — Frankfurter Selbstkonzeptskala zur Problembewältigung
Beispiel: Item Nr. 1: Ich verliere leicht den Kopf.

FSVE — Frankfurter Selbstkonzeptskala zur Verhaltens- und Entscheidungssicherheit
Beispiel: Item Nr. 4: Ich kann wichtige Entscheidungen ohne Hilfe treffen.

FSSW — Frankfurter Selbstkonzeptskala zur Selbstwertschätzung
Beispiel: Item Nr. 1: Manchmal glaube ich, daß ich zu überhaupt nichts gut bin.

FSEG — Frankfurter Selbstkonzeptskala zur Empfindlichkeit und Gestimmtheit
Beispiel: Item Nr. 1: Ich bin ein fröhlicher Mensch.

FSST — Frankfurter Selbstkonzeptskala zur Standfestigkeit
Beispiel: Item Nr. 1: Wenn ich mich in einer Gruppe befinde, traue ich mich nicht, etwas zu sagen.

FSKU — Frankfurter Selbstkonzeptskala zur sozialen Kontakt- und Umgangsfähigkeit
Beispiel: Item Nr. 1: Ich habe eine gute Art, mit anderen umzugehen.

FSWA — Frankfurter Selbstkonzeptskala zur Wertschätzung durch andere
Beispiel: Item Nr. 1: Ich habe wenig Ansehen bei meiner Familie.

FSIA — Frankfurter Selbstkonzeptskala zur Irritierbarkeit durch andere
Beispiel: Item Nr. 1: Wenn ich den Eindruck habe, daß mir jemand geistig überlegen ist, gehe ich ihm aus dem Weg.

FSGA — Frankfurter Selbstkonzeptskala über Gefühle und Beziehungen zu anderen
Beispiel: Item Nr. 2: Ich kann anderen in der Regel vertrauen.

Der Grad der Zustimmung zu den einzelnen Items wird vom Probanden mit Hilfe einer sechsstufigen Beurteilungsskala ausgedrückt, die von »trifft gar nicht zu« (= 1) bis »trifft sehr zu« (= 6) differenziert. Den Antwortstufen jeder Aussage sind Wertpunkte zugeordnet, die pro Skala zu addieren sind.

Gütewerte

Normen: Hierzu muß auf das Testmanual (I. M. DEUSINGER, 1985 bei Hogrefe: Göttingen, im Druck) verwiesen werden.

Reliabilität: Bei 33 Patienten im Alter von 44 bis 87 Jahren wurden für sechs Skalen Retest-Reliabilitäten von 0,45 bis 0,88 ermittelt (I. M. DEUSINGER, 1982a).

Validität: Korrelationsstudien der FSKN mit den FPI-Skalen Depressivität, Gehemmtheit und Neurotizismus erbrachten durchwegs signifikante Korrelationskoeffizienten. Analoge Befunde zeigten sich bei der Korrelation mit der Dimension Neurotizismus des Brengelmann-Fragebogens (I. M. DEUSINGER, 1982a).

Wiederholbarkeit: Es liegen empirische Ergebnisse zur Messung von Veränderungen von Selbstkonzepten in einem Zeitraum von sechs Monaten vor (I. M. DEUSINGER, 1982b).

Ergänzende Angaben zu den Gütewerten finden sich im Manual (I. M. DEUSINGER, 1985, im Druck).

Literatur

BRENGELMANN, J. C., L. BRENGELMANN: Deutsche Validierung von Fragebogen der Extraversion, neurotischer Tendenzen und Rigidität. Z. exp. angew. Psychol. 7 (1960) 291-331

DEUSINGER, I. M.: Zur Messung von Selbstkonzepten in der Psychiatrie. In: ERZIGHEIT, H., S. LEHRL, L. BLAHA, B. HEERKLOTZ (Hrsg.): Messung und Meßverfahren in der Psychopathologie. Vless: Vaterstetten, 1979

DEUSINGR, I. M.: Untersuchungen über Selbstkonzepte älterer Menschen unter verschiedenen situativen Bedingungen mit den Frankfurter Selbstkonzeptskalen — FSKN. In: OSWALD, W. D., U. M. FLEISCHMANN (Hrsg.): Experimentelle Gerontopsychologie. Beltz: Weinheim, 1981

DEUSINGER, I. M.: Untersuchungen zur Messung von Selbstkonzepten älterer Personen mit den Frankfurter Selbstkonzeptskalen — FSKN. Z. Gerontol. 15 (1982a) 38-41

DEUSINGER, I. M.: Zur Messung von Veränderungen von Selbstkonzepten mit den Frankfurter Selbstkonzeptskalen — FSKN. Z. Gerontol. 15 (1982b) 42-45

DEUSINGER, I. M.: Leistungskonzepte, Befinden und psychische Stabilität älterer Menschen. Rehabilitation 24 (1985) 26-32

19-Fragen-Test

19-FT

Relevanzthematik bei Psychoorganischen Akutsyndromen (Funktionspsychosen)

Leistungsverfahren für Erwachsene

Verlaufsuntersuchungen

Abnahme 5 bis 10 Minuten

Empirisch gestützt:
Validität

nach B. Heerklotz, H. Hartl

Anwendung

Der 19-FT ist ein Fragebogen, der als Leistungsverfahren zur Erkundung der Relevanzen von Personen mit Psychischen Akutsyndromen eingesetzt wird. Dabei wird unter Relevanz das seelisch-geistige Innesein der Lebenssituation einer Person verstanden (s. H. H. WIECK, 1977).

Da sich mit zunehmendem Schweregrad der Funktionspsychose der Inhalt der Antworten auf den 19-FT immer mehr von den gestellten Fragen entfernt und die Antworten stattdessen zunehmend von den Relevanzthematiken beherrscht werden, ist dieses Leistungsverfahren auch für Schweregraduntersuchungen einsetzbar. Bisher diente es vorwiegend als Forschungsinstrument.

Aufbau

Der 19-Fragen-Test setzt sich aus 19 Fragen zusammen, welche sich auf allgemeine Relevanzthematiken beziehen.

Beispiele:
Was für ein Hobby haben Sie?
Welche Arbeit haben Sie in Ihrem Beruf zu verrichten?

Die Antworten werden einerseits formal als gelöst oder nicht gelöst bewertet, andererseits ist auch eine inhaltliche Interpretation vorgesehen.

Gütewerte

Über Normen, Reliabilität und die Wiederholbarkeit wurden keine spezifischen Untersuchungen durchgeführt.

Validität: Die inhaltliche Validität geht aus der Relevanztheorie hervor, aus der die Fragen abgeleitet wurden. Empirische Validitätsbelege ergaben sich bei Relevanzanalysen von Kranken in verschiedenen Stadien der Funktionspsychose, deren Ergebnisse deutlich differierten.

Literatur

HARTL, H.: Relevanzantworten im 19-Fragen-Verfahren bei Funktionspsychosen. Diss., Univ. Erlangen, 1970

HEERKLOTZ, B., H. HARTL: Relevanzantworten im 19-Fragen-Test. In: WIECK, H. H. (Hrsg.): Angewandte Psychopathometrie. Janssen: Düsseldorf, 1973, Bd. 8

WIECK, H. H., K. PHILIPPS: Relevanzanalysen bei Kranken in der Bewußtseinstrübung und im schweren Durchgangs-Syndrom. Arch. Psychiat. Nervenkr. 207 (1965) 221-233

WIECK, H. H.: Lehrbuch der Psychiatrie, Schattauer: Stuttgart, 1977, 2. Aufl.

Gießener Beschwerdebogen

GBB

Psychosomatische Beschwerdenkomplexe, körperliches Beschwerdebild psychoneurotischer und psychosomatischer Patienten

Selbstbeurteilungsverfahren für Erwachsene

Verlaufsuntersuchungen

Normen

Abnahme 10 bis 15 Minuten

Empirisch gestützt:
- Reliabilität
- Validität
- Normierung

nach E. Brähler, J.W. Scheer

Anwendung

Mit dem GBB wurde ein differenziertes und doch ökonomisches Instrument zur Erfassung des körperlichen Beschwerdebildes von psychoneurotischen und psychosomatischen Patienten in der Selbstschilderung geschaffen. Der GBB kann in medizinischen Institutionen (Krankenhaus, Praxis, Kurklinik etc.) sowie in Beratungs- und Forschungseinrichtungen zur Anamnese der Beschwerden wie auch wiederholt zur Kontrolle des Therapieverlaufs eingesetzt werden. Er ist eine Weiterentwicklung des von H. ZENZ (1971) vorgestellten Beschwerdebogens BSB.

Der GBB wurde an 18- bis 60jährigen Personen geeicht. Als Selbstbeurteilungsverfahren kann er in Einzel- und Gruppenuntersuchungen eingesetzt werden.

Aufbau

Der GBB setzt sich aus 57 Items zusammen. Der Patient soll dabei jeweils zu folgender Aussage Stellung nehmen: »Ich fühle mich durch folgende Beschwerden belästigt«:

Beispiele:
- Item 3: Druck- und Völlegefühl im Leib
- Item 4: Neigung zum Weinen
- Item 5: Juckreiz

Als Antwortkategorien stehen jeweils die Stufen »nicht«, »kaum«, »einigermaßen«, »erheblich« und »stark« zur Verfügung.

In einer Zusatzfrage soll der Patient noch dazu Stellung nehmen, in welchem Ausmaße er die Beschwerden als körperlich und/oder seelisch bedingt ansieht. Außerdem wird ihm Gelegenheit gegeben, Beschwerden anzuführen, die in der Liste nicht vorkamen.

Die Ergebnisse können auf Itemebene mit den Statistiken von Normalpersonen sowie verschiedenen Patientengruppen einer Psychosomatischen Klinik verglichen werden.

Die Ergebnisse der Items lassen sich aber auch zu (Teil)-Summen addieren. Aufgrund faktorenanalytischer Befunde sind vier Kurzskalen zu den folgenden Beschwerdekomplexen entwickelt:

1. Erschöpfung
2. Magensymptomatik
3. Gliederschmerzen
4. Herz-Kreislauf-Beschwerden

Summe: 5. Klagsamkeit (gesamter Beschwerdedruck)

Für die Ergebnisse in den Kurzskalen sind ebenfalls Vergleichswerte veröffentlicht. Liegt die für bestimmte Patientengruppen typische Monosymptomatik nicht vor, sondern zeigen sich Beschwerden in mehreren Bereichen, so deutet dies auf eine neurotische bzw. psychosomatische Komponente hin.

Gütewerte

Normen: An 1601 18- bis 60jährigen in der Bundesrepublik wurde eine repräsentative Eichung durchgeführt. Außerdem sind Vergleichsstatistiken von insgesamt 4076 Patienten einer Psychosomatischen Klinik publiziert. Dabei wurden die Statistiken von 81 Ulcuskranken und 30 Herzneurotikern herausgestellt. Die Normen der Repräsentativerhebung sind nach Geschlecht und Altersstufen unterteilt.

Reliabilität: Für die Kurzskalen wurden bei der Patientenstichprobe und der Repräsentativerhebung verschiedene Reliabilitätskoeffizienten errechnet. Die Split-Half-Koeffizienten betragen in der Eichstichprobe 0,65 bis 0,85 für die fünf Skalenwerte, bei den Patienten 0,61 bis 0,84.

Validität: Die inhaltliche Validität ergibt sich aus der Auswahl der Items. Bei klinischen Stichproben mit eindeutig definierten Krankheitssymptomen zeigt sich eine hohe Extremgruppen-Validität (E. BRÄHLER et al., 1984). Bei verschiedenen Untersuchungen ergab sich eine hohe Vorhersagevalidität (K. MÖHLEN, E. BRÄHLER, 1984).

Literatur

BRÄHLER, E., D. BECKMANN, S. MÜLLER: Psychosomatische Beschwerden und Schichtzugehörigkeit. Med. Psychol. 3 (1977) 214-223

BRÄHLER, E., J.W. SCHEER: Skalierung psychosomatischer Beschwerdekomplexe mit dem Gießener Beschwerdebogen (GBB). Psychother. med. Psychol. 29 (1979) 14-27

BRÄHLER, E., J.W. SCHEER: Der Gießener Beschwerdebogen (GBB) — Testhandbuch. Huber: Bern, 1983

BRÄHLER, E., J.W. SCHEER, H.W. SURREY, D. BECKMANN: Die Erfassung subjektiver Beschwerden mit dem Gießener Beschwerdebogen. Med. Welt 35 (1984) 543

BRÄHLER, E., H.W. SURREY, J.W. SCHEER: Der Gießener Beschwerdebogen — Testhandbuch. Band 2 — Tabellenband. Institut f. Med. Psych.: Gießen, 1983

MÖHLEN, K., E. BRÄHLER: Zur Problematik des »Operationserfolges« beim Zwölffingerdarmgeschwür. In: SCHEER, J.W., E. BRÄHLER (Hrsg.): Ärztliche Maßnahmen aus psychologischer Sicht. Springer: Berlin, 1984

ZENZ, H.: Empirische Befunde über die Gießener Fassung einer Beschwerdeliste. Z. Psychother. med. Psychol. 21 (1971) 8-13

Göttinger Formreproduktions-Test

GFT

Hilfsmittel zur Diagnose von Hirnschädigungen
Leistungsverfahren für Kinder
Querschnittsuntersuchungen
Normen
Abnahme ca. 10 Minuten
Empirisch gestützt:
- Reliabilität
- Validität
- Normierung

nach H. Schlange, B. Stein, I. von Boetticher, S. Taneli

Anwendung

Mit Hilfe des GFT sollen Anhaltspunkte zur Diagnose von Hirnschäden bei Kindern gewonnen werden, die durch zusätzliche medizinische Untersuchungen abzusichern sind.

Der GFT wird als Einzeltest bei Kindern von sechs bis 15 Jahren durchgeführt und dauert ungefähr zehn Minuten.

Aufbau

Der GFT besteht aus neun Abbildungen von geometrischen Figuren (Beispiele siehe Abb.). Diese Abbildungen wurden dem »Visual Motor Gestalt-Test« von BENDER entnommen. Die Aufgabe des Kindes besteht im Abzeichnen der neun vorgelegten Figuren. Besonderheiten der Durchführung und die Gesamttestzeit werden vom Testleiter protokolliert.

Die Auswertung erfolgt durch den Vergleich der Reproduktionen mit den Vorlagen anhand von Schablonen und einem Lineal. Die Gesamtpunktzahl der Fehler wird mit Normen verglichen.

Gütewerte

Normen: Für die drei Gruppen »kein Hirnschaden«, »Hirnschadenverdacht« und »Hirnschaden« werden Mittelwerte, Streuungen und Prozentrangwerte nach Altersgruppen getrennt angegeben.

Reliabilität: Als Wert der inneren Konsistenz wurde 0,96 ermittelt.

Validität: Es liegen Validierungs- und Kreuzvalidierungsergebnisse vor. Dazu wurden Werte von 0,50 bis 0,66 veröffentlicht.

Wiederholbarkeit: Der GFT ist nicht für Verlaufsuntersuchungen konstruiert. Bei Wiederholungen in kurzen Zeitabständen ist mit deutlichen Lerneffekten zu rechnen.

Literatur

BRICKENKAMP, R. (Hrsg.): Handbuch psychologischer und pädagogischer Tests. Hogrefe: Göttingen-Toronto-Zürich, 1975

JUNGMANN, J., D. GÖBEL: Zur differentialdiagnostischen Effizienz des Göttinger Formreproduktionstests. Diagnostica 2 (1983) 136-144

SCHLANGE, H., B. STEIN, I. v. BOETTICHER, S. TANELI: Göttinger Formreproduktions-Test (GFT). Hogrefe: Göttingen, 1977, 3. Aufl.

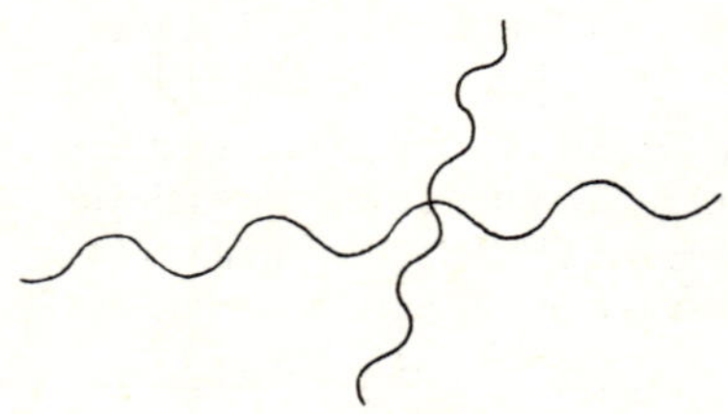

2. Figur

3. Figur

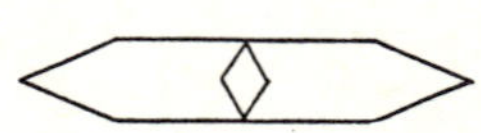

4. Figur

Abb.: Figuren aus dem GFT

Kurzfassung des Gruppenprozeß-Stundenbogens

GRP_{20}

Dimensionen des Erlebens in Selbsterfahrungsgruppen

Selbstbeurteilungsverfahren für Erwachsene

Verlaufsuntersuchungen

Normen

Abnahme etwa 5 bis 10 Minuten

Empirisch gestützt:
- Reliabilität
- Validität
- Wiederholbarkeit

nach G.-W. Speierer

Anwendung

Der GRP_{20} ist ein Selbstbeurteilungsverfahren zur Erfassung von fünf faktorenanalytisch abgrenzbaren Dimensionen des Erlebens in Selbsterfahrungsgruppen. Er wurde für die Analyse und Erforschung von Gruppenprozessen und Prozeß-Ergebnisbeziehungen im Bereich klientenzentrierter Gruppenmethoden entwickelt. Allgemein dient er der Objektivierung von Vorhandensein, Entwicklung und Änderung individueller und gemeinsamer Erfahrungen in Gruppen.

Der GRP_{20} ist eine Kurzfassung des aus 50 Items bestehenden GRP_{50} (G.-W. SPEIERER, 1976), der hier nicht näher beschrieben wird.

Als Selbstbeurteilungsverfahren kann der GRP_{20} sowohl einzeln als auch von Gruppen abgenommen werden. Er sollte unmittelbar nach Ende einer jeden Gruppensitzung von den Gruppenteilnehmern und auch vom Gruppenleiter bearbeitet werden. Die Bearbeitungszeit dauert nach ein- bis zweimaliger Vorgabe etwa fünf Minuten. Hinzu kommt die Auswertungszeit. Der Geltungsbereich dürfte sich auf Erwachsene beschränken. Dafür spricht zum einen, daß die bisherigen Erfahrungen an Erwachsenen gewonnen wurden und zum anderen die hohe Differenziertheit der Aussagen, zu denen Stellung genommen werden soll.

Aufbau

Der GRP_{20} setzt sich aus 20 Items zusammen.

Beispiele:

Item 1: Heute empfand ich für die Gruppenmitglieder überwiegend Sympathie

Item 2: Der Therapeut (Moderator, Facilitator) hat mir heute weitergeholfen

Item 3: Ich spürte heute die Fragwürdigkeit meiner Ideale

Zur Beantwortung eines jeden Items soll eine von sechs Rubriken ausgewählt werden: Ja, ganz genau (3); ja (2); eher ja (1); eher im Gegenteil (-1); im Gegenteil (-2); ganz im Gegenteil (-3). In den Klammern stehen die jeweiligen Punktebewertungen.

19 der Items verteilen sich auf fünf Dimensionen, die faktorenanalytisch gewonnen worden sind:

Faktor 1: Erfahrung von Sympathie, Vertrauen, Verständnis und Hilfe unter den Gruppenteilnehmern (Gruppensolidarität)

Faktor 2: Erfahrung der Freiheit von Angst und Streß

Faktor 3: Erfahrung von Offenheit, Auseinandersetzung und Feedback

Faktor 4: Erfahrung des Transparentwerdens eigenen und fremden Erlebens

Faktor 5: Erfahrung von Verständnis, Hilfe und Nähe des Gruppenleiters

Ein Item (Item 8) wird isoliert ausgewertet. Mit ihm soll der psychologische Nutzen der Gruppenerfahrung eingeschätzt werden.

Bei jedem Faktor werden die Summen der Punkte für die zugehörigen Items gebildet und anschließend durch die Anzahl dieser Items geteilt. Die Faktoren lassen sich schließlich graphisch darstellen. Auf diese Weise werden Veränderungen synoptisch erkennbar.

Gütewerte

Da mit dem GRP_{20} Besonderheiten von Gruppenerfahrungen und deren Veränderungen dargestellt werden sollen, ist die Erhebung interindividueller Normen, die unter unspezifischen Bedingungen gelten sollen, nur beschränkt sinnvoll. Uns sind derartige Normen nicht bekannt.

Reliabilität: Als Übereinstimmungswert zwischen der Normalform GRP_{50} und der Kurzform GRP_{20} wurde für die sechs Faktoren 0,82 bis 0,97 ermittelt ($n = 76$).

Validität: Der GRP_{20} wurde nach der Konzeption der klientenzentrierten Selbsterfahrungsgruppe von C. R. ROGERS (1970) entwickelt und erhält von daher seine konzeptionelle Validität. Die Dimensionen wurden faktorenanalytisch ermittelt. Bei dem GRP_{50} erwies sich deren Struktur über zehn aufeinanderfolgende Sitzungen als annähernd konstant. Ein weiterer empirischer Validitätsbeleg ist daraus zu ersehen, daß sich die Korrelationen der fünf Dimensionen der Selbsterfahrung mit den Zielen der Gruppenteilnahme veränderten.

Wiederholbarkeit: Der GRP_{20} wurde für Verlaufsuntersuchungen entwickelt. Als Selbstbeurteilungsverfahren dürfte er keine bedeutsamen systematischen Wiederholungseffekte aufweisen. Ein Nachweis seiner Wiederholbarkeit liegt in dem Befund, daß die Struktur der fünf Erlebnisfaktoren über zehn aufeinanderfolgende Sitzungen annähernd konstant war.

Literatur

ROGERS, C. R.: On Encountergroups. New York 1970, (deutsch) Kindler: München, 1974

SPEIERER, G.-W.: Dimensionen des Erlebens in Selbsterfahrungsgruppen. Vandenhoek & Ruprecht: Göttingen, 1976

SPEIERER, G.-W.: Empirische Ergebnisse zur Theorie und Technik der klientenzentrierten Selbsterfahrungsgruppe. Psychother. Medizin. Psychol. 6 (1978) 194-204

SPEIERER, G.-W.: Entwicklung und Stellenwert von Angst- und Streßerleben in klientenzentrierten Selbsterfahrungsgruppen. Psychol. u. Psychotherapie 2 (1979) 135-145

SPEIERER, G.-W.: Diagnostik in der klientenzentrierten Gruppenpsychotherapie. In: ZIELKE, M. (Hrsg.): Diagnostik in der Psychotherapie. Kohlhammer: Stuttgart, 1982

Gießen-Test

GT

Selbst- und Fremdbild der Persönlichkeit

Selbstbeurteilungsverfahren für Jugendliche und Erwachsene

Verlaufsuntersuchungen

Abnahme 15 bis 20 Minuten

Normen

Empirisch gestützt:
- Reliabilität
- Validität
- Normierung
- Wiederholbarkeit

nach D. Beckmann, E. Brähler, H.-E. Richter

Anwendung

Der GT ist ein Selbstbeurteilungsverfahren, mit dem jemand beurteilen soll, wie er sich selbst oder jemand anders sieht. Häufig wird es zur Einschätzung des Selbstbildes von Patienten angewandt. Durch die Einschätzung anderer Personen besteht die Möglichkeit, deren Beziehungen zueinander darzustellen, beispielsweise den idealen Arzt aus der Sicht des Patienten und den idealen Patienten aus der Sicht des Arztes. Sehr häufig wird der Gießen-Test auch zur Paardiagnostik eingesetzt, wobei die Partner ein Selbst- und Fremdbild erstellen. Außer für die Objektivierung von Selbst- und Fremdbildern bei Einzelpersonen oder in verschiedenen Gruppenkonstellationen wird der Gießen-Test auch für Verlaufsuntersuchungen angewandt, beispielsweise zur Kontrolle von Psychotherapiewirkungen, die sich im Aufbau realistischerer Selbstbilder widerspiegeln können.

Der GT kann von normalintelligenten Jugendlichen (ab dem 18. Lebensjahr) und Erwachsenen abgenommen werden. Mit ihm sind auch Gruppentestungen durchführbar. Patienten benötigen für die Beantwortung des Fragebogens etwa 15 Minuten. Die zusätzliche Auswertung dauert ungefähr fünf Minuten. Sie kann von Hilfspersonen übernommen werden.

Aufbau

Der GT setzt sich aus 40 Feststellungen zusammen, die bipolar formuliert worden sind.

Beispiele:

Item 1: Ich habe den Eindruck, ich bin eher geduldig (ungeduldig)

Item 7: Ich habe den Eindruck, ich bin sehr stark (kaum) interessiert, andere zu übertreffen

Item 14: Ich halte mich oft (selten) für sehr bedrückt.

Anhand einer Sieben-Punkte-Skala soll der Patient beantworten, wie stark diese Aussagen auf ihn zutreffen. Die Ausprägungen werden durch Zahlen repräsentiert. Sie sind jeweils an einem der Pole mit 3 Punkten am größten und nehmen dann über 2 Punkte und 1 Punkt bis auf 0 Punkte zur Mitte hin ab.

Die 40 Items können zu sechs Skalen zusammengefaßt werden. Den Punktwert einer jeden Skala erhält man durch Addition der angekreuzten Werte ihrer Items. Die sechs Skalen des GT sind folgendermaßen bezeichnet:

Skala 1: Soziale Resonanz
Skala 2: Dominanz
Skala 3: Kontrolle
Skala 4: Grundstimmung
Skala 5: Durchlässigkeit
Skala 6: Soziale Potenz

Die Werte dieser Skalen können auf ein Profilblatt übertragen werden. Dabei werden sie in Standardwerte übergeführt (T-Werte). Dadurch sind Normabweichungen sofort zu erkennen.

Für die Paardiagnostik wurden leicht modifizierte Skalen entwickelt (E. BRÄHLER, D. BECKMANN, 1984).

Gütewerte

Normierung: Vom GT liegen Standardwerte (T-Werte) von deutschsprachigen Eichungen vor (1587 18- bis 60jährige; 718 60- bis 75jährige). Außerdem sind statistische Vergleichswerte von vielen klinischen Stichproben veröffentlicht.

Reliabilität: Für den Gesamttest und für die sechs Skalen wurden in verschiedenen Untersuchungen Reliabilitätskoeffizienten ermittelt. Bei den sechs Skalen betrugen sie im Rahmen einer Testwiederholung nach sechs Wochen ($n = 204$) zwischen 0,65 und 0,76. Eine Untersuchung an 235 neurotischen Personen erbrachte eine mittlere innere Stabilität der Skalen von $r = 0{,}86$.

Validität: Die Items wurden nach sozialpsychologischen und tiefenpsychologischen Gesichtspunkten ausgewählt und erhalten von daher ihre konzeptuelle Validität. Als empirische Validitätsbelege lassen sich viele Untersuchungsergebnisse auslegen: In faktorenanalytischen Untersuchungen war die Mehrzahl der sechs Skalen gut trennbar (z.B. D. BECKMANN, H.E. RICHTER, 1975; V. HOBI, R. RICHTER, 1973). Inzwischen wurde eine größere Anzahl von Arbeiten publiziert, in denen empirische Belege der Validität in Bezug auf verschiedene Kriterien, wie

Objektivierung von psychotherapeutischen Behandlungserfolgen oder Trennung verschiedener psychosomatischer Stichproben, nachgewiesen wurden.

Wiederholbarkeit: Als spezifische Untersuchung zur Prüfung systematischer Wiederholungseffekte läßt sich die Retest-Untersuchung (s. Reliabilität) deuten. Der GT müßte sich aus diesem Grund auch als Selbstbeurteilungsverfahren für Verlaufsuntersuchungen eignen.

Literatur

BADURA, H.O., E.M. STEINMEYER: Objektivierung des Behandlungserfolges einer analytischen Gruppenpsychotherapie mit dem Gießen-Test. Psychother. med. Psychol. 26 (1976) 205-208

BECKMANN, D.: Der Gießen-Test in der ärztlichen Praxis. Ärztl. Praxis 30 (1978) 814-818

BECKMANN, D., H.E. RICHTER: Erfahrungen mit dem Gießen-Test (GT) — Praxis, Forschung und Tabellen. Huber: Bern, 1979

BECKMANN, D., E. BRÄHLER, H.-E. RICHTER: Gießen-Test (GT). Manual. Huber: Bern, 1983, 3. Aufl.

BRÄHLER, E., D. BECKMANN: Stabilität der Gießen-Test-Skalen. Diagnostica 27 (1981) 110-126

BRÄHLER, E., D. BECKMANN: Die Erfassung von Partnerbeurteilungen mit dem Gießen-Test. Diagnostica 30 (1984) 184-197

BRÄHLER, E., D. BECKMANN, H. ZENZ: Gießen-Test (GT) und Sprechverhalten bei neurotischen Patienten im Erstinterview. Med. Psychol. 1 (1976) 49-57

ECKENSBERGER, D.: Die affektive Reaktion auf das psychotherapeutische Erstinterview als Interaktionseffekt. Med. Psychol. 2 (1976) 145-164

HOBI, V., R. RICHTER: Eine gemeinsame Faktorenanalyse von GT, MPI und FPI. Arch. Psychiat. Nervenk. 217 (1973) 43-52

HOLLING, H., D. LIEPMANN: Testtheoretische Analysen zum Gießen-Test (GT). Diagnostica 25 (1979) 257

KRAUSS, F., K. ÜBERLA, W. WARNCKE: Auswertung des Gießen-Tests bei einer repräsentativen Stichprobe von Frauen zwischen 12 und 45 Jahren — Faktorenstruktur und Test-Retest-Korrelationen. Diagnostica 26 (1980) 74-84

LESSEL, E.: Zur Veränderungsmessung mit dem Gießen-Test in Test-Retest-Situationen. Diagnostica 27 (1981) 227-240

RICHTER, R., V. HOBI: Die persönlichkeitsspezifische Wirkung eines Tranquilizers. Arzneim.-Forsch. (Drug Res.) 26 (1976) 1136-1138

SCHEER, J.W., M.L. MÖLLER: Krankheitskonzepte Psychotherapeutischer Patienten I, II. Med. Psychol. 1 (1976) 13-48

STAUBER, M.: Der Gießen-Test in der gynäkologischen Praxis. Ärztl. Praxis 30 (1978) 854-855

Hamilton-Angst-Skala

HAMA

Angstzustand
Fremdbeurteilungsverfahren
Mehrmalige Untersuchungen
Empirisch gestützt:
Reliabilität

nach M. Hamilton

Anwendung

Die HAMA ist ein Fremdbeurteilungsverfahren zur Bewertung von Angstzuständen und nicht zur Beurteilung der Angst als überdauernder Persönlichkeitseigenschaft. Da die HAMA nur zur Schweregradmessung eingesetzt werden soll, wenn ein ängstlich-neurotischer Zustand gesichert wurde, ist sie als psychopathometrisches Verfahren klassifizierbar. Sie soll sich nicht zur Angstschätzung bei Patienten mit agitierter Depression, Zwangsneurose oder gar sog. organischer Demenz, Hysterie und Schizophrenie eignen.

Bei der Beurteilung der Angstausprägung sollte man die Woche vor der Befragung mitberücksichtigen. Deshalb führt man mit der HAMA keine dichten Verlaufsuntersuchungen durch. Der Zustand des Patienten sollte zur Erhöhung der Reliabilität von zwei Fachleuten auf der Basis einer Befragung beurteilt werden. Hinsichtlich des Alters sind keine Einschränkungen des Geltungsbereiches angegeben. Die Patienten lassen sich nur in Einzeluntersuchungen beurteilen.

Aufbau

Die HAMA setzt sich aus 14 Itemgruppen zusammen.

Beispiele:

1. Ängstliche Stimmung
   Sorgen, Erwartung des Schlimmsten, furchtvolle Erwartungen, Reizbarkeit
2. Spannung
   Gefühl von Gespanntheit, Erschöpfbarkeit, Schreckhaftigkeit, Neigung zum Weinen, Zittern, Gefühl von Unruhe, Rastlosigkeit, Unfähigkeit, sich zu entspannen
5. Intellektuelle Leistungsbeeinträchtigung
   Konzentrationsschwierigkeiten, Gedächtnisschwäche.

Jeder Itemkomplex soll durch Ankreuzen einer der folgenden fünf Ausprägungsstufen beantwortet werden: Nicht vorhanden (0 Punkte), gering (1), mäßig (2), stark (3), sehr stark (4).

Die angekreuzten Punkte können zum Gesamt-Rohwert addiert und dann als Gradmesser der Angst interpretiert werden.

Die Symptomkomplexe lassen sich noch nach zwei unterschiedlichen Faktoren zusammenfassen:

Faktor I: somatische Angst (allgemeine somatische Symptome, cardiovaskuläre Symptome usw.)
Faktor II: psychische Angst (s. obige Beispiele).

Für jeden Faktor kann ein entsprechendes Score gebildet werden.

Die ermittelten Rohwerte der HAMA sind, da Normwerte fehlen, nur mit denen von anderen Zuständen des gleichen Patienten oder mit denen von anderen gleichzeitig untersuchten Gruppen vergleichbar.

Gütewerte

Es fehlen empirische Belege zu den Normen, zur Validität und zur Wiederholbarkeit. Die inhaltliche Validität ist allerdings durch die Auswahl der Items gegeben. Ebenso wird man bei der HAMA als Fremdbeurteilungsverfahren nicht mit bedeutsamen systematischen Wiederholungseffekten rechnen.

Reliabilität: Als Interrater-Reliabilität wird der Wert 0,89 angeführt.

Literatur

CIPS (Collegium Internationale Psychiatriae Scalarum, Hrsg.): Internationale Skalen für Psychiatrie. Beltz: Weinheim, 1981

FONTAINE, R., G. CHOUINARD, L. ANNABLE: Rebound Anxiety in Anxious Patients After Abrupt Withdrawel of Benzodiazepine Treatment. Am. J. Psychiatry 141 (1984) 848-852

HAMILTON, M.: 048 HAMA Hamilton Anxiety Scale. In: GUY, W. (Hrsg.) ECDEU Assessment Manual for Psychopharmacology. National Institute of Mental Health: Rockville/ Maryland, 1976, verb. Aufl.

HAMILTON, M.: The Assessment of Anxiety States by Rating. Brit. J. med. Psychol. 32 (1959) 50-55

LADER, M. H., I. M. MARKS: The Rating of Clinical Anxiety. Acta Psychiat. Scand. 50 (1974) 112-137

Hamilton-Depressions-Skala

HAMD

Depresssive Symptomatik

Fremdbeurteilungsverfahren für Erwachsene mit depressiver Symptomatik

Mehrmalige Untersuchungen

Abnahme ca. 30 Minuten

Empirisch gestützt:
- Reliabilität
- Validität
- Englische Normierung
- Wiederholbarkeit

nach M. Hamilton

Anwendung

Die HAMD ist ein Fremdbeurteilungsverfahren zur Abschätzung des Schweregrades depressiver Syndrome. Sie soll bevorzugt zur Beschreibung von Depressionsverläufen eingesetzt werden. Dabei sind kleinere Schwankungen der Symptomausprägungen nicht zu berücksichtigen. Deshalb ist nur nach den Zuständen der vergangenen Tage oder während der letzten Woche zu fragen.

Die HAMD soll auf der Grundlage eines Interviews von etwa 30 Minuten vom Arzt ausgefüllt werden. Als Fremdbeurteilungsverfahren kann sie nur in Einzeluntersuchungen abgenommen werden. M. HAMILTON empfiehlt die Zusammenarbeit von zwei erfahrenen Klinikern pro Interview, um die Zuverlässigkeit der Urteile zu erhöhen. Als Geltungsbereich werden Erwachsene mit depressiver Symptomatologie angegeben.

Aufbau

Die deutschsprachige HAMD (CIPS, 1981) bezieht sich auf 21 Symptome.

Beispiele:

1. Depressive Stimmung
2. Schuldgefühle

12. Körperliche Symptome — Gastrointestinale

Für jedes Symptom soll eine von mehreren Antwortmöglichkeiten angekreuzt werden, die überwiegend der Intensität nach geordnet sind. Zu jedem Symptom liegen zwischen drei und fünf Beantwortungsmöglichkeiten vor. Bei den letzten beiden Items »Paranoide Symptome« und »Zwangssymptome« ist jeweils noch eine Rubrik für freie Eintragungen offengelassen. Die angekreuzten Werte können zur Gesamtpunktzahl addiert werden.

Gütewerte

Zur HAMD liegen englische, aber keine deutschen Normen vor. Jedoch sind in der Literatur verstreut Statistiken von verschiedenen depressiven Stichproben zu finden.

Reliabilität: Als Interrater-Reliabilitäten für den Gesamtwert werden 0,89 und 0,90 (CIPS, 1981) angeführt. Die innere Konsistenz für zwei empirisch ermittelte Faktoren der HAMD wird mit 0,73 bis 0,91 angegeben (U. BAUMANN, 1976).

Validität: Die Items sind Symptomen zugeordnet, die sich nach psychiatrischen Auffassungen auf die depressive Symptomatik beziehen. Somit läßt sich das Verfahren als inhaltlich valide beurteilen. Empirische Validitätsbelege ergeben sich aus Antidepressiva-Studien, bei denen die Werte während der Behandlung abnahmen.

Wiederholbarkeit: In einem zeitlichen Intervall von 20 Tagen hat sich die Symptomkonfiguration nur wenig geändert (U. BAUMANN, 1976). Damit ist ein wichtiger Aspekt der Wiederholbarkeit empirisch belegt. Ohnehin sind bei Fremdbeurteilungsverfahren meistens keine systematischen Wiederholungseffekte anzunehmen.

Literatur

ANGST, J., B. WOGGON, J. SCHÖPF: The Treatment of Depression with L-5-Hydroxytryptophan versus Imipramine. Results of two Open and one Double Blind Study. Arch. Psychiat. Nervenkr. 224 (1977) 175-186

BAUMANN, U.: Methodische Untersuchungen zur Hamilton-Depressions-Skala. Arch. Psychiat. Nervenkr. 222 (1976) 359-375

BERGNER, H., H.D. ESCHER, K.J. LINDEN: Die Bedeutung standardisierter Beurteilungsskalen in der psychiatrischen Diagnostik — dargestellt am Beispiel eines Therapieversuchs mit Desmethyl-Loxapin. Pharmakopsychiat. 8 (1975) 69-81

BROWN, M.A., A.M. MUNFORD: Life Skills Training for Chronic Schizophrenics. J. Nerv. Ment. Dis. 171 (1983) 466-470

CIPS (Collegium Internationale Psychiatriae Scalarum, Hrsg.): Internationale Skalen für Psychiatrie. Beltz: Weinheim, 1981

CHOUINARD, G., L. ANNABLE, J. BRADWEJN: An early phase II clinical trial of tomoxetine (LY139603) in the treatment of newly admitted depressed patients. Psychopharmacol. 83 (1984) 126-128

FAHY, T.: Some Problems in the Assessment of Current Mental Status of Depressed Patients. In: HIPPIUS H. H., H. SELBACH (Hrsg.): Das depressive Syndrom. Urban & Schwarzenberg: München-Berlin-Wien, 1969

FROST, S. J., D. ECKLESTON, E. F. MARSHALL, F. HASSANYEH: Alaproclate — an Open Clinical Study in Depressive Illness. Psychopharmacology 83 (1984) 285-287

HAMILTON, M.: A Rating Scale for Depression. J. Neurol. Neurosurg. Psychiat. 23 (1960) 56-62

HAMILTON, M.: 049 Hamilton Depression Scale. In: GUY, W. (Hrsg.): ECDEU Assessment Manual for Psychopharmacology. National Institute of Mental Health: Rockville, 1976, verb. Aufl.

MAVISSAKALIAN, M., L. MICHELSON: Tricyclic Antidepressants in Obsessive-Compulsive Disorder. J. Nerv. Ment. Dis. 171 (1983) 301-306

OTT, C., G. OTT: Clinical Study of Trazodone in the Treatment of Patients with Endogenous Depression. Monitoring by Means of Psychopathometric Tests. Pharmacopsychiat. 18 (1985) 80-82

PICHOT, P.: Überlegungen zur Faktorenanalyse des depressiven Syndroms. In: HIPPIUS, H., H. SELBACH (Hrsg.): Das depressive Syndrom. Urban & Schwarzenberg: München-Berlin-Wien, 1969

WOGGON, B., J. ANGST, M. GMUER, K. HESS, E. HURWITZ, H. MARTENS, R. ROTHWEILER, A. STEINER: Klinische Doppelblindstudie mit zwei verschiedenen Dosierungen von Maprotilin (150 und 225 mg pro die). Arch. Psychiat. Nervenkr. 222 (1976) 13-25

Hamburger Neurotizismus- und Extraversionsskala

HANES

nach F. Buggle, F. Baumgärtel

Persönlichkeitsdimensionen Neurotizismus und Extraversion, Verfälschungstendenz der Beantwortung

Selbstbeurteilungsverfahren für Kinder und Jugendliche

Ein- und mehrmalige Untersuchungen

Abnahmedauer je nach Alter 10 bis 30 Minuten

Normen

Empirisch gestützt:
- Reliabilität
- Validität
- Normierung

Anwendung

Als Persönlichkeitstest soll die HANES überdauernde Merkmale erfassen. Sie wurde zur Messung der fundamentalen Dimensionen »Neurotizismus« und »Extraversion« bei Kindern und Jugendlichen konstruiert. Dabei stehen mit Neurotizismus (s. EPI) Insuffizienzgefühle, Neigungen zu Tagträumen, Grübelei und Stimmungsschwankungen sowie Sorgen um die eigene Zukunft, Angst vor Erkrankungen und innere Unruhe in Verbindung. Extraversion bedeutet Freude an der Gesellschaft anderer, Lebhaftigkeit, Erlebnisdrang, u.ä.

Das Selbstbeurteilungsverfahren ist für Einzel- und Gruppenuntersuchungen einsetzbar. Die Abnahme bewegt sich zwischen zehn (bei über zehnjährigen Kindern) und 30 Minuten (bei acht- und neunjährigen). Der Geltungsbereich erstreckt sich auf Kinder und Jugendliche von acht bis 16 Jahren.

Die HANES kann als Langform oder in zwei Halbformen abgenommen werden.

Aufbau

Die Langform setzt sich aus 68 Items zusammen. Dabei enthält
- — die Neurotizismus-Skala 40 Items (N-Skala),
- — die Extraversions-Skala 16 Items (E-Skala) und
- — die Lügen-Skala 12 Items (L-Skala).

Die Extraversions-Skala läßt sich in die zwei Unterskalen »Geselligkeit« und »Aktivität« teilen.

Itembeispiele:
- N-Skala: Fühlst Du Dich oft einsam?
- E-Skala: Bist Du bei einem rauhen und wilden Spiel gerne dabei?
- L-Skala: Tust Du immer sofort, was man Dir sagt?

Als Antwortmöglichkeiten stehen jeweils »ja« und »nein« zur Verfügung. Die Auswertung nimmt man mit Schablonen vor, wobei die in Richtung Neurotizismus, Extraversion und Verfälschung gehenden Antworten mit je 1 Punkt bewertet und innerhalb der Skala aufsummiert werden. Die Werte variieren deshalb zwischen 0 und 40 (N-Skala), 0 und 16 (E-Skala) sowie 0 und 12 (L-Skala). Zur Interpretation gibt es Normentabellen.

Gütewerte

Normen: Für Jungen und Mädchen stehen für jede Altersstufe Normen (Stanine-Werte, Prozentränge) zur Verfügung, die an insgesamt 6333 Kindern und Jugendlichen erhoben worden waren.

Reliabilität: Unter anderem wurden Reliabilitätskoeffizienten nach KUDER-RICHARDSON Formula 8 veröffentlicht. Für die N-Skala wird $r = 0{,}93$ und für die E-Skala $r = 0{,}85$ angegeben.

Validität: Die differentielle Validität wurde an unterschiedlich definierten Gruppen (z.B. verhaltensauffällige Kinder, in psychosomatischen Kliniken behandelte Kinder, »Verwahrloste«) empirisch belegt.

Literatur

BUGGLE, F., F. BAUMGÄRTEL: Hamburger Neurotizismus- und Extraversionsskala (HANES, KJ). Hogrefe: Göttingen-Toronto-Zürich, 1975, 2. verb. Aufl.

MINZLAFF, T.: Hamburger Neurotizismus- und Extraversionsskala. Ärztl. Praxis 30 (1978) 920-922

Hamburg-Wechsler-Intelligenztest für Erwachsene

HAWIE

nach D. Wechsler

Allgemeines Intelligenzniveau, Oligophrenie

Leistungsverfahren für Jugendliche und Erwachsene

Einmalige Untersuchungen

Normen

Abnahme 75 bis 110 Minuten

Empirisch gestützt:
- Reliabilität
- Validität
- Normierung
- Wiederholbarkeit

Anwendung

Der HAWIE ist ein Leistungsverfahren, das heute noch im psychiatrisch-klinischen Bereich am häufigsten zur Intelligenzmessung eingesetzt wird. Er soll das allgemeine Intelligenzniveau erfassen. Es besteht auch große Einigkeit darüber, daß sich mit ihm intellektuelle Minderbegabung, einschließlich Oligophrenien, messen lassen. Hingegen neigen die meisten Autoren empirischer Untersuchungen zum HAWIE — bis 1974 sind bereits tausend dazu erschienen — zu der Auffassung, daß dieses Verfahren, entgegen seinen Ansprüchen, als Hilfsmittel für psychiatrische Diagnosen nur eine geringe oder gar keine Brauchbarkeit besitzt.

Der Geltungsbereich bezieht sich auf Personen zwischen 15 und 65 Jahren. Der Test kann nur von erfahrenen Testleitern in Einzeluntersuchungen abgenommen werden. Dabei betragen die Durchführungszeit etwa 60 bis 90 Minuten und die Auswertung zusätzlich 15 bis 20 Minuten.

Aufbau

Der HAWIE setzt sich aus zehn Subtests zusammen. Wahlweise kann noch ein elfter hinzugenommen werden. Den ersten Teil, »Verbalteil« genannt, bilden sprachliche, die Bildung ansprechende Verfahren:

Subtest 1: Allgemeines Wissen
Subtest 2: Allgemeines Verständnis
Subtest 3: Zahlennachsprechen vorwärts und rückwärts
Subtest 4: Rechnerisches Denken
Subtest 5: Gemeinsamkeitenfinden
(Wahlweise): Wortschatz-Test

Die restlichen fünf Untertests bilden den »Handlungsteil«. Die dazugehörigen Verfahren prüfen vorwiegend die praktische, sprachfreie Intelligenz:

Subtest 6: Zahlensymboltest
Subtest 7: Bilderordnen
Subtest 8: Bilderergänzen
Subtest 9: Mosaiktest
Subtest 10: Figurenlegen

Jeder Subtest setzt sich aus mehreren Aufgaben zusammen, die der Schwierigkeit nach gestaffelt sind. Die Leistungen in jedem dieser Subtests werden nach Normentabellen, die differenziert nach Altersstufen aufgeschlüsselt sind, in Wertpunkte umgesetzt. Die Wertpunkte der Subtests lassen sich in ein Profil eintragen. Aus den resultierenden Kurven werden oft Schlüsse zur diagnostischen Zuordnung getroffen.

Die Wertpunkte der Subtests aus dem Verbalteil können summiert werden; dasselbe gilt für die Subtests des Handlungsteils. Nach einer Tabelle lassen sie sich einem Verbal- bzw. Handlungs-IQ zuordnen. Aus der Wertpunktesumme aller Subtests wird schließlich der Gesamt-IQ ermittelt.

Gütewerte

Normen: Der HAWIE wurde an etwa 2000 Personen der BRD geeicht. Von diesen liegen nach Altersstufen aufgeschlüsselte Normen vor. Außerdem sind in der Literatur verstreut Lage- und Streuungsstatistiken verschiedener Referenzgruppen angegeben.

Reliabilität: Für jede der untersuchten Altersstufen und jeden Subtest wurden Reliabilitätskoeffizienten ermittelt (Split-Half). Sie schwanken je nach Altersklasse zwischen 0,33 und 0,95. Für den Gesamt-IQ wird der Reliabilitätskoeffizient 0,94 angegeben.

Validität: Die Korrelationen mit anderen Verfahren, mit denen ebenfalls der Anspruch verbunden ist, allgemeines Intelligenzniveau zu messen, liegen relativ hoch, beispielsweise beim HAWIE-Verbal-IQ und Stanford-Binet-Test zwischen 0,60 und 0,85. Zur Validität verschiedener Indikatoren psychiatrischer Merkmale, beispielsweise zum Abbauquotienten, liegen etwa gleich viele positive wie negative und neutrale empirische Befunde vor.

Wiederholbarkeit: Die Testwiederholung gehört nicht zum Anwendungsgebiet des HAWIE. Bei relativ kurzfristigen — nur wenige Wochen oder Monate umfassenden — Wiederholungsintervallen sind Lerneffekte vor und nach therapeutischen Interventionen zu erwarten.

Literatur

BACHMANN, U., U. RAUCHFLEISCH: Itemanalyse zum Hamburg-Wechsler-Intelligenztest für Erwachsene (HAWIE) an einer Stichprobe psychisch Kranker. Diagnostica 27 (1981) 345-359

BAND, U., U. RAUCHFLEISCH: Zur Diagnostik hirnorganischer Störungen mit Hilfe des Hamburg-Wechsler-Intelligenztests für Erwachsene. Eine Untersuchung zur differentialdiagnostischen Validität des HAWIE. Diagnostica 28 (1982) 248-262

BREIDT, R.: Zur Untersuchung cerebraler Intelligenzstörungen mit dem HAWIE. In: TEWES, U. (Hrsg.): Angewandte Medizinpsychologie. Fachbuchhandlung für Psychologie: Frankfurt/M., 1984

DAHL, G.: Zur Bestimmung des pathologischen Intelligenzabbaus im HAWIE mit Hilfe des Abbauquotienten. Psychol. Forsch. 28 (1965) 476-490

EICH, F.X.: Verfahren zur Leistungsmessung. In: SCHMIDT, L.R. (Hrsg.): Lehrbuch der Klinischen Psychologie, Bd. 1. Enke: Stuttgart, 1978

ENGEL-SITTENFELD, P.: Der Hamburg-Wechsler-Intelligenztest für Erwachsene. Ärztl. Praxis 30 (1978) 740-744

GUERTIN, W.H., G.H. FRANK, C.E. LADD, A.I. RABIN, D.S. HIESTER: Research with the Wechsler intelligence scales for adults: 1960-1965. Psychol. Bull. 66 (1966) 385-409

RIEGEL, R.M.: Faktorenanalysen des Hamburg-Wechsler-Intelligenztests für Erwachsene (HAWIE) für die Altersstufen 20 bis 34, 35 bis 49, 50 bis 64 und 65 Jahre und älter. Diagnostica 6 (1960) 41-66

RIEGEL, R.M., K.F. RIEGEL: Standardisierung des Hamburg-Wechsler-Intelligenztests (HAWIE) für die Altersstufen über 50 Jahre. Diagnostica 5 (1959) 97-128

RAUCHFLEISCH, U., R. RAUCHFLEISCH-MALISIUS: Beziehungen zwischen dem Progressiven Matrizen-Test von RAVEN und dem HAWIE. Prax. Kinderpsychol. Kinderpsychiat. 21 (1972) 54-58

RÖTH, F.G., S. LEHRL, W. KINZEL: Besteht ein Zusammenhang zwischen dem Wechslerschen Abbauquotienten und dem Schweregrad von Funktionspsychosen? Psycho 4 (1978) 383-386

SCHELLER, R.: Zur Brauchbarkeit des Hamburg-Wechsler-Intelligenztests für Erwachsene (HAWIE) als differentialdiagnostisches Instrument. Psychol. Prax. 17 (1973) 68-80

WECHSLER, D.: Die Messung der Intelligenz Erwachsener. Huber:Bern, 1964, 3. Aufl.

Abb.: Aufgabe aus dem »Mosaik-Test« einem Untertest des HAWIE. Mit diesen Würfeln soll das links vorgegebene Muster möglichst rasch nachgelegt werden.

Hamburg-Wechsler-Intelligenztest für Kinder

HAWIK

Allgemeines Intelligenzniveau, Oligophrenie
Leistungsverfahren für Kinder und Jugendliche
Mehrmalige Untersuchungen
Normen
Abnahme etwa 70 bis 90 Minuten
Empirisch gestützt:
- Reliabilität
- Validität
- Normierung

nach D. Wechsler (deutsche Bearbeitung: F. P. Hardesty, H. J. Priester)

Anwendung

Der HAWIK ist ein Leistungsverfahren zur Erfassung des allgemeinen Intelligenzniveaus. Dabei eignet er sich auch zur Erkennung von Oligophrenien. Seine Anwendungszwecke sind die gleichen wie beim HAWIE (s. dort), allerdings mit dem Unterschied, daß sich sein Geltungsbereich auf Kinder zwischen sechs und 15 Jahren bezieht. Der HAWIK liegt inzwischen auch in einer revidierten Form (U. TEWES, 1983) mit überwiegend neu konstruierten Items und teilweise abgeänderten Bewertungsschemata vor.

Aufbau

Aufbau und Durchführung unterscheiden sich nicht vom HAWIE (s. dort). Jedoch sind die Items stärker kindlichen Interessen angepaßt.

Gütewerte

Normen: Der HAWIK wurde an 1500 deutschsprachigen Kindern zwischen sechs und 15 Jahren geeicht. Für jede Altersstufe liegen Normwerte für die Untertests, den Handlungs- und Verbalteil und den Gesamttest, vor (Wertpunkte, IQ, Prozentrang).

Reliabilität: Für verschiedene Altersstichproben und für die einzelnen Subtests wurden u.a. Split-Half-Koeffizienten ermittelt. Sie schwanken zwischen 0,28 und 0,91. Beim Gesamttest liegen sie zwischen 0,84 und 0,94, beim Verbalteil zwischen 0,91 und 0,94 und beim Handlungsteil zwischen 0,79 und 0,95.

Validität: Durch Faktorenanalysen wurde das Überwiegen eines Generalfaktors, der häufig als allgemeines Intelligenzniveau interpretiert wird, bestätigt. Es liegen verschiedene Studien vor, in denen beachtliche Korrelationen zu Ergebnissen von Tests mit ähnlichen Validitätsansprüchen nachgewiesen werden, beispielsweise zum Binetarium $r = 0{,}81$.

Wiederholbarkeit: Bei Untersuchungen an Kindern sind häufig mehrmalige Untersuchungen zur Beobachtung der Entwicklung von Interesse. Hierzu wird manchmal die Verwendung des HAWIE als Parallelform vorgeschlagen. Jedoch muß auch bei seiner Verwendung mit Lerneffekten gerechnet werden. Spezifische Untersuchungen zur Wiederholbarkeit sind uns nicht bekannt.

Literatur

BRICKENKAMP, R. (Hrsg.): Handbuch psychologischer und pädagogischer Tests. Hogrefe: Göttingen-Toronto-Zürich, 1975

EICH, F.X.: Verfahren zur Leistungsmessung. In: SCHMIDT, L. R. (Hrsg.): Lehrbuch der Klinischen Psychologie, Bd. 1. Enke: Stuttgart, 1978

EYFERTH, K.: Gültigkeit und faktorielle Struktur des Hamburg-Wechsler-Intelligenztests für Kinder (HAWIK) bei seiner Anwendung auf schwachsinnige Erwachsene. Diagnostica 9 (1963) 11-26

HARDESTY, F. P., H. J. PRIESTER, J. M. GOTTSCHALK: Hilfstabellen zum Vergleich von Intelligenzquotienten und Wertpunkten beim HAWIK. Diagnostica 8 (1962) 49-58

KEREKJARTO, M. v., G. SCHMIDT: Faktorenanalysen des Hamburg-Wechsler-Intelligenztest für Kinder (HAWIK). Diagnostica 8 (1962) 95-110

KLEBER, E. W.: Sonderpädagogische Diagnostik in der Krise? Eine Diskussion über die Brauchbarkeit des HAWIK zur sonderpädagogischen Begutachtung. Z. Heilpädagog. 22 (1971) 328-340

LIENERT, G. A., C. FABER: Über die Faktorenstruktur des HAWIK auf verschiedenen Alters- und Intelligenzniveaus. Diagnostica 9 (1963) 3-11

PAWLIK, K.: Altersspezifische Kurzformen im Hamburg-Wechsler-Intelligenztest für Kinder (HAWIK). Psychol. Prax. 8 (1964) 14-26

PRIESTER, H. J.: Die Standardisierung des Hamburg-Wechsler-Intelligenztests für Kinder (HAWIK). Huber: Bern, 1958

PRIESTER, H. J., R. KUKULKA: Vergleichsuntersuchungen zum Hamburg-Wechsler-Intelligenztest für Kinder und Binet-Bobertag und zum HAWIK und dem Hamburg-Wechsler-Intelligenztest für Erwachsene (HAWIE) in bezug auf die Intelligenzquotienten und die Benutzung dieser Tests als Paralleltests. Diagnostica 4 (1958) 6-16

TEWES, U.: Hamburg-Wechsler-Intelligenztest für Kinder. Revision 1983 (HAWIK-R). Huber: Bern, 1983

ZIMMERMANN, K.W., R, KORNMANN, A.L. LORENZ: Der HAWIK bei lernbehinderten Sonderschülern. Jarick: Wetzlar, 1971

4. GEMEINSAMKEITENFINDEN	RP
1. JUNGEN – MÄDCHEN	
2. LAUFEN – WERFEN	
3. BUCH – ZEITUNG	
4. ZITRONE – SCHWAMM	

11. SCHERE – KUPFERPFANNE	
12. BERG – SEE	
13. SALZ – WASSER	
14. FREIHEIT – GERECHTIGKEIT	

Abb.: Ausschnitt aus dem Subtest »Gemeinsamkeiten finden« (Verbalteil des HAWIK)

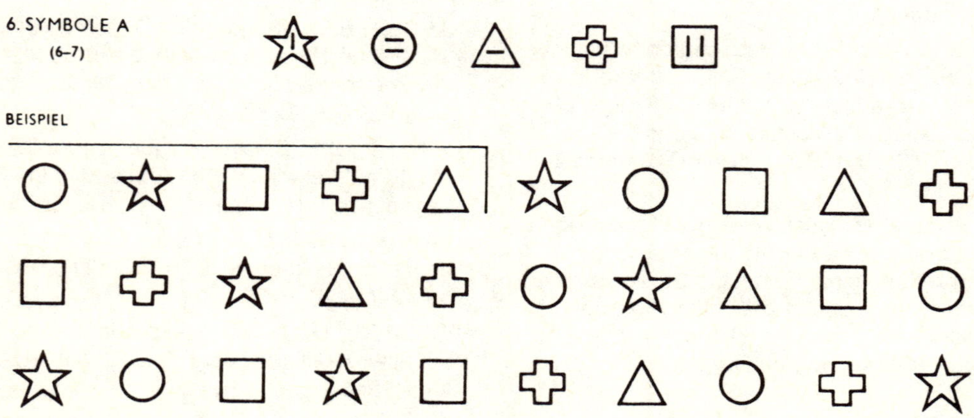

Abb.: Ausschnitt aus dem Subtest »Zeichen-Symbol-Test« (Handlungsteil des HAWIK).

Hamburger D-Skala

HD-S

Depressive Symptomatik
Selbstbeurteilungsverfahren für Erwachsene
Verlaufsuntersuchungen
Normen
Empirisch gestützt:
- Reliabilität
- Validität
- Normierung
- Wiederholbarkeit

nach M. v. Kerekjarto

Anwendung

Die HD-S gilt als die erste im deutschen Sprachraum entwickelte Depressionsskala. Die vorliegende Form wurde nach verschiedenen Voruntersuchungen und Übergangsversionen von M. v. KEREKJARTO (1969) in die Endfassung gebracht.

Die HD-S ist eine Selbstbeurteilungsskala für depressive Symptome. Ihr Geltungsbereich erstreckt sich auf Erwachsene. Sie kann in Einzel- und Gruppenuntersuchungen für Querschnitts- oder Verlaufsstudien eingesetzt werden.

Aufbau

Die HD-S besteht aus 50 Behauptungen. Beispiele sind:

Item 1: Ich habe manchmal unbegründete Angst
Item 2: Meistens finde ich das Leben schön.

Die Items sollen von den Patienten mit »ja« oder »nein« beantwortet werden. Nur in Ausnahmefällen ist es ihnen gestattet, eine Fragezeichen-Rubrik anzukreuzen. Jede für einen depressiven Zustand sprechende Antwort wird mit einem Punkt bewertet. Die Summe der Punkte ergibt schließlich die Gesamtpunktzahl, die nach Normwerten für psychiatrisch unauffällige Personen und depressive Patienten interpretiert werden können.

Gütewerte

Normen: Es liegt eine Standardisierung an einer repräsentativen Stichprobe von 600 gesunden Personen und an über 1500 depressiven Patienten vor.

Reliabilität: Die Testreliabilität wird in beiden Standardisierungsstichproben als über 0,92 angegeben.

Validität: Als Korrelation (biserial) zwischen der ärztlichen Diagnose (Depression-Nichtdepression) und der HD-S-Gesamtpunktzahl wurde ein Koeffizient von 0,72 ermittelt. Die Korrelation zum DSI (s. dort) nach ZUNG wird mit 0,90 angegeben.

Wiederholbarkeit: Als Selbstbeurteilungsverfahren, das sich aus vielen Items zusammensetzt, sind bei der HD-S keine systematischen Wiederholungseffekte zu erwarten. Die Ergebnisse einer Testwiederholungs-Studie nach einer Woche stützen die Annahme der Wiederholbarkeit.

Literatur

BURZIG, G.: Zur Konvergenz psychometrischer Beurteilungsverfahren und deren Indikatorfunktion bei psychopharmakotherapeutischen Effekten. In: ERZIGKEIT, H., S. LEHRL, L. BLAHA, B. HEERKLOTZ (Hrsg.): Messung und Meßverfahren in der Psychiatrie. Vless: München-Vaterstetten, 1979

GONCALVES, N., K.-D. STOLL, E. FÄHNDRICH, R. URBAN: Klinische Prüfung von Mepitrazol bei stationär behandelten Neurotikern. Pharmakopsychiat. 11 (1978) 121-127

KEREKJARTO, M. v.: Hamburger D-Skala, Huber: Bern, 1969

KEREKJARTO, M. v., G. A. LIENERT: Depressionsskalen als Forschungsmittel in der Psychopathologie. Pharmakopsychiat. 1 (1970) 2-20

KEREKJARTO, M. v., A. E. MEYER, D. v. ZERSSEN: Die HHM-Beschwerdenliste bei Patienten einer internistischen Ambulanz. Z. psychosom. Med. Psychoanal. 18 (1972) 1-16

LIENERT, G. A., M. v. KEREKJARTO: Möglichkeiten der Expost-Klassifizierung depressiver Symptome und Patienten mittels Faktoren- und Konfigurationsanalyse. In: HIPPIUS, H., H. SELBACH (Hrsg.): Das depressive Syndrom. Urban & Schwarzenberg: München-Berlin-Wien, 1969

SCHMIDTCHEN, S., M. v. KEREKJARTO, H. HEIM: Möglichkeiten quantitativer Erfassung von Depressionsverläufen. Diagnostica 19 (1973) 49-62

SPEIDEL, J., M. v. KEREKJARTO, B. KNAUF, P. PROBST: Psychische und psychosoziale Probleme bei Prothesenträgern: ein Vergleich zwischen Patienten mit Hüftendoprothesen, künstlichen Herzklappen und unter chronischer klinischer Hämodialyse. Medizin. Psychol. 2 (1975) 127-158

Hamburg-Erlanger Stimmungsbarometer

HESTIBAR

Diagnoseunterstützung und Therapiekontrolle im Bereich der Tranquilizer-Indikation

Selbstbeurteilungsverfahren für Jugendliche und Erwachsene

Mehrmalige Untersuchungen

Abnahme 2 bis 5 Minuten

Empirisch gestützt:
Validität

nach H.-J. Upmeyer, A. Schmidt, W. Weidenhammer

Anwendung

Das HESTIBAR ist ein Selbstbeurteilungsverfahren, das zur Diagnoseunterstützung und zur Therapiekontrolle speziell im Bereich der Tranquilizer-Indikation eingesetzt werden kann. Der Aufbau des diesem Verfahren zugrundeliegenden Itempools orientierte sich an der Häufigkeit der Verordnungsgründe (Symptome) für Tranquilizer. Durch dieses anwendungsgeleitete Vorgehen entstand eine Skala, die den ärztlichen Gewohnheiten der Symptombeschreibung entspricht und damit eine hohe Praktikabilität für sich beansprucht.

Das Verfahren ist für Jugendliche und Erwachsene geeignet und läßt sich als Einzel- oder Gruppenverfahren abnehmen. Die Durchführung beansprucht etwa zwei bis fünf Minuten.

Aufbau

Das HESTIBAR besteht aus 24 Items, wobei jeweils vier Items eine Subskala repräsentieren. Die sechs Unterskalen sind:

— Angst
— Erregung
  Beispiel: Zur Zeit bin ich unruhig
  Zur Zeit bin ich reizbar
— Vegetative Funktionsstörungen
— Antriebsverlust
— Psychosomatische Störungen
— Depressive Verstimmung
  Beispiel: Zur Zeit bin ich traurig
  Zur Zeit ist mir alles gleichgültig

Der Patient drückt den Grad der Zustimmung zu den Items mit Hilfe einer vierstufigen Skala aus, die den Bereich von »stimmt genau« bis »stimmt nicht« abdeckt. Hohe numerische Werte der Skalen sind als hohe Merkmalsausprägung zu deuten. Zusätzlich besteht mit Hilfe der Skala die Möglichkeit, für psychosomatische Mißempfindungen differenzierte Lokalisationsangaben zu machen.

Gütewerte

Normen: Normen liegen derzeit noch nicht vor. Für verschiedene Stichproben klinischer Gruppen sowie für Normalpersonen stehen statistische Kennwerte (Mittelwerte und Standardabweichungen) zur Verfügung.

Reliabilität: Empirische Angaben zur Zuverlässigkeit des Verfahrens liegen nicht vor.

Validität: Die inhaltliche Validität des Verfahrens leitet sich aus dem Konstruktionsprinzip ab. Die differentielle Validität des Verfahrens konnte anhand verschiedener Patientengruppen mit der jeweiligen Leitsymptomatik Psychogene Störungen, Angst, Psychosomatische Störungen oder Depressive Verstimmung nachgewiesen werden. Die Patienten zeigten entsprechend ihrer vorherrschenden Symptome unterschiedliche Beschwerdeprofile.

Wiederholbarkeit: Aufgrund der Itemzusammenstellung sind keine systematischen Wiederholungseffekte zu erwarten.

Literatur

BURKARD, G., H.-J. UPMEYER, W. WEIDENHAMMER, A. SCHMIDT: Das Hamburg-Erlanger Stimmungsbarometer (HESTIBAR) — Selbstbeurteilungsskala unterstützt die Diagnosefindung. Psycho 8 (1982) 690-696

Hemmungs-Enthemmungs-Test

HET

Hemmung und Enthemmung im Rahmen von Zyklothymien

Zyklothyme Depressionen und Manien

Leistungsverfahren für Erwachsene

Abnahme 20 bis 30 Minuten

Empirisch gestützt:
Validität

nach H. Daun, I. M. Habeck, G. Fechter

Anwendung

Der HET wurde nach dem Konzept entwickelt und konstruiert, wonach Hemmung und Enthemmung entgegengesetzte Störungen ein und derselben polaren psychischen Steuerfunktion darstellen. Beide Störungen, die im Zusammenhang mit der Zyklothymie auftreten, lassen sich mit dem Verfahren objektivieren. Der Test erfaßt dabei die Bereitschaft zum Aufgreifen neuer psychischer Inhalte. Neben der psychopathognostischen Fähigkeit, Patienten mit zyklothymer Depression bzw. Manie von psychiatrisch unauffälligen Patienten zu trennen, leistet das Verfahren Hilfestellung bei der objektiven Schweregradmessung der Störung.

Der Geltungsbereich beschränkt sich auf Erwachsene. Das Verfahren kann nur als Einzeltest abgenommen werden. Die dazu benötigte Zeit wird mit 20 bis 30 Minuten angegeben.

Das Testverfahren befindet sich noch in Entwicklung. Zu einer leicht modifizierten Testform liegen ebenfalls empirische Befunde vor (G. FECHTER, 1984).

Aufbau

Der HET setzt sich aus sechs Untertests zusammen:

- I Zu 15 gegebenen Wörtern möglichst schnell aus je drei vorgebenen Wörtern das Wort mit der geringsten Beziehung suchen.
- II Angeben, was alles auf einem nichtgegenständlichen vielgestaltigen Farbbild an Einzelheiten gesehen wird.
- III Aufzählen von 20 verschiedenen Hauptwörtern.
- IV Angeben, was alles mit einem Geldgeschenk in Höhe eines Monatsgehalts gemacht würde.
- V Angeben, was alles auf einem nichtgegenständlichen vielgestaltigen Farbbild an Einzelheiten gesehen wird (20 vorgegebene Antworten).
- VI Angeben, was alles das Leben ist (22 vorgegebene Antworten).

Die Rohwerte der einzelnen Subtests (Anzahl von Wörtern, Zeitbedarf) werden in Wertpunktskalen (0 bis 20) transformiert. Abhängigkeiten der Ergebnisse zum Alter sowie zur prämorbiden Intelligenz (gemessen mit dem MWT-B, s. dort) sind in Form von Korrekturfaktoren berücksichtigt. Neben den Subtestwerten gilt der Gesamttestwert als Indikator der Ausprägung auf der Dimension »Hemmung-Enthemmung«.

Gütewerte

Normen: Normentabellen gibt es noch nicht. Für Patienten mit zyklothymer Depression und Manie sowie für psychisch unauffällige Personen liegen aber statistische Kennwerte (Mittelwert, Standardabweichung) pro Subtest und Gesamttest vor.

Reliabilität: Hierzu liegen keine empirischen Belege vor.

Validität: Der HET trennt signifikant zwischen Patienten mit zyklothymer Depression und Manie. Die Übereinstimmung mit der subjektiven Einschätzung nach dem klinischen Bild ist relativ hoch. Auf Grund der Testergebnisse konnten 86,3% der Patienten richtig ihrer Diagnose zugeordnet werden (I. M. HABECK, 1980).

Wiederholbarkeit: Erfahrungen mit wiederholten Testabnahmen liegen nicht vor.

Literatur

DAUN, H.: Hemmung und Enthemmung bei der Zyklothymie. Krankenhausarzt 53 (1980) 139-141

FECHTER, G.: Erfahrungen mit einem modifizierten Hemmungs-Enthemmungs-Test (HET II). Diss., Univ. Erlangen, 1984

HABECK, I. M.: Untersuchungen mit einem neuen Hemmungs-Enthemmungs-Test (HET). Diss., Univ. Erlangen, 1980

Kurzfragebogen für Hoffnungslosigkeit

H-Skala

Hoffnungslosigkeit/Pessimismus
versus Optimismus

Selbstbeurteilungsverfahren für Erwachsene

Verlaufsuntersuchungen

Normen

Empirisch gestützt:
- Reliabilität
- Validität
- Normierung

nach G. Krampen

Anwendung

Das vorliegende Selbstbeurteilungsverfahren ist eine deutsche Version der »hopelessness scale« nach A. T. BECK et al. (1974). Sie soll Hoffnungslosigkeit oder Pessimismus versus Optimismus erfassen. Ihre Diagnose bei Therapiebeginn ermöglicht eine bessere Interventionsplanung, da es hoffnungslosen Patienten an Motivation zur aktiven Mitarbeit mangelt. Ein weiteres Anwendungsgebiet ist die Kontrolle therapeutischer Interventionen durch Verlaufsuntersuchungen.

Als Selbstbeurteilungsverfahren ist die H-Skala in Einzel- und Gruppenuntersuchungen abnehmbar. Ihr Geltungsbereich beschränkt sich auf Erwachsene.

Aufbau

Die H-Skala setzt sich aus 20 Aussagen zusammen.

Beispiele:

Item 1: Ich blicke mit Optimismus und Begeisterung in die Zukunft

Item 4: Ich kann mir nicht vorstellen, wie mein Leben in 10 Jahren aussehen wird.

Item 14: Die Dinge laufen einfach nicht so, wie ich es gerne hätte.

Jede Aussage soll daraufhin beurteilt werden, ob sie »richtig« oder »falsch« ist. Jede optimistische Antwort wird mit 1 und jede pessimistische mit 2 Punkten bewertet. Diese Punkte werden zur Gesamtpunktzahl addiert, die sich zwischen 20 und 40 Punkten bewegt.

Gütewerte

Normen: Von verschiedenen Personengruppen wie nichtauffälligen Personen, stationären Patienten, Alkoholikern im Krankenhaus, Depressiven im Krankenhaus und Herzinfarktpatienten liegen Vergleichswerte vor (Mittelwerte, Standardabweichungen, Konfidenzintervalle).

Reliabilität: Als Testhalbierungsreliabilität (nach SPEARMAN-BROWN) wird $r_{tt} = 0{,}87$ angegeben. Die interne Konsistenz (Formula 8 nach KUDER-RICHARDSON) beträgt $r = 0{,}86$.

Validität: Varianzanalytisch wurde die differentielle Validität an verschiedenen Personengruppen belegt. Für Alter, Geschlecht, Religionszugehörigkeit und Stadt-Land-Vergleich ergaben sich keine Unterschiede.

Zur faktoriellen und konvergenten Validität liegen Befunde vor. So zeigen sich erwartete Zusammenhänge zur externalen Kontrollüberzeugung und zu Machiavellismus.

Wiederholbarkeit: Obwohl keine Studien zur Wiederholbarkeit vorliegen, kann man wie bei anderen Selbstbeurteilungsverfahren davon ausgehen, daß bei der H-Skala keine systematischen Wiederholungseffekte auftreten.

Literatur

BECK, A. T., A. WEISSMAN, D. LESTER, L. TREXLER: The measurement of pessimism: The hopelessness scale. J. Consult. Clin. Psychol. 42 (1974) 861-865

KRAMPEN G.: Hoffnungslosigkeit bei stationären Patienten — Ihre Messung durch einen Kurzfragebogen (H-Skala). Med. Psychol. 5 (1979) 39-49

Hachinski-Ischämie-Skala

HIS

nach V. C. Hachinski
(deutsch von O. Wagner, K. Oesterreich, S. Hoyer)

Differentialdiagnose von primär degenerativer Demenz und Multiinfarktdemenz

Fremdbeurteilungsverfahren für Patienten im mittleren und höheren Lebensalter

Bearbeitungszeit 5 bis 10 Minuten

Empirisch gestützt:
Validität

Anwendung

Die Ischämie-Skala nach Hachinski ist ein standardisiertes Fremdbeurteilungsverfahren zur Erfassung und Abgrenzung einer Multiinfarkt-Demenz von der primär degenerativen Demenz. Zu letzterer werden die präsenile und senile Demenz sowie die Demenz vom Alzheimer-Typ gezählt. Die Items der Skala sind vorwiegend an der neurologischen und psychopathologischen Symptomatik dementieller Prozesse orientiert.

Das Verfahren bietet sich als Ergänzung anderer differentialdiagnostischer Methoden (z.B. aus den Gebieten von Biochemie, EEG, CT) für Patienten im mittleren und höheren Lebensalter an. Die Abnahmezeit beträgt fünf bis zehn Minuten.

Aufbau

Die Ischämie-Skala umfaßt 13 Merkmale, die mit unterschiedlicher Gewichtung (0, 1 oder 2 Punkte) in den Gesamtscore der Skala eingehen:

- Plötzlicher Beginn der Erkrankung
- Schrittweise Verschlechterung
- Wechselhafter Verlauf der Symptomatik
- Nächtliche Verwirrtheit
- Persönlichkeit ist eher erhalten
- Depression
- Somatische Beschwerden
- Emotionale Inkontinenz
- Anamnestisch Hypertonie
- Anamnestisch Schlaganfall
- Vorliegen einer extrazerebralen Arteriosklerose
- Neurologische Herdsymptome
- Neurologische Herdzeichen

Der errechnete Gesamtscore, der sog. Ischämie-Score, dient der differentialdiagnostischen Einteilung, wobei 0 bis 4 Punkte für eine primär degenerative Demenz und 7 bis 18 Punkte für eine Multiinfarktdemenz sprechen (V. C. HACHINSKI et al. 1975). Der Bereich von 5 bis 6 Punkten repräsentiert die nicht eindeutig zuordenbaren Mischtypen. M. J. G. HARRISON et al. (1979) verwendeten ein vereinfachtes Trennkriterium, indem sie die Bereiche 0 bis 5 Punkte (primär degenerative Form) und 6 bis 18 Punkte (vaskuläre Form) wählten.

Gütewerte

Normen: Die empirisch geprüfte Wahl des optimalen Trennkriteriums ist für das differentialdiagnostische Verfahren als einziger Norm-Aspekt zu sehen.

Reliabilität: Hierzu liegen keine Angaben (z.B. Interrater-Reliabilität) vor.

Validität: Zur differentialdiagnostischen Validität des Verfahrens wurden empirische Hinweise erbracht (V. C. HACHINSKI et al. 1975, M. J. G. Harrison et al., 1979; O. WAGNER, 1982).

Wiederholbarkeit: Bei diesem Verfahren zur Differentialdiagnose besitzen wiederholte Messungen keine Relevanz.

Literatur

GUTZMANN, H.: Aspekte des hirnorganischen Psychosyndroms im Alter — Eine deskriptive und korrelationsstatistische Studie. Diss., Univ. Berlin, 1984

HACHINSKI, V. C., L. D. ILIFF, E. ZILHKA, G. H. DU BOULAY, V. L. McALLISTER, J. MARSHALL, R. W. R. RUSSELL, L. SYMON: Cerebral blood flow in dementia. Arch. Neurol. 32 (1975) 632-637

HARRISON, M. J. G., D. J. THOMAS, G. H. DU BOULAY, J. MARSHALL: Multiinfarct dementia. J. Neurolog. Sci. 40 (1979) 97-103

OESTERREICH, K.: Diagnose und Differentialdiagnose des psychoorganischen Syndroms (klinische Aspekte). In: FISCHER, B., S. LEHRL (Hrsg.): Dritte Klausenbacher Gesprächsrunde. Pharmazeutische Verlagsgesellschaft: München, 1982

WAGNER, O.: Entwicklung von differentialdiagnostischen Kriterien zur Erfassung zerebraler Abbauerkrankungen auf degenerativer und vaskulärer Grundlage im mittleren und höheren Lebensalter. In: FISCHER, B., S. LEHRL

(Hrsg.): Dritte Klausenbacher Gesprächsrunde. Pharmazeutische Verlagsgesellschaft: München, 1982

WAGNER, O., K. OESTERREICH: Möglichkeiten der Differenzierung von Patienten im mittleren und höheren Lebensalter mit dementiellen und depressiven Erkrankungen aufgrund klinischer und testpsychologischer Befunde — Vorläufige Ergebnisse. In: FISCHER, B., S. LEHRL (Hrsg.): Fünfte Klausenbacher Gesprächsrunde. Narr: Tübingen, 1985

Hostilitäts-Skalen

Ho-Skalen

Aggressivität als Persönlichkeitseigenschaft

Selbstbeurteilungsverfahren für Jugendliche und Erwachsene

Einmalige Untersuchungen

Empirisch gestützt:
- Reliabilität
- Validität

nach E. H. Bottenberg

Anwendung

Die Ho-Skalen dienen als brauchbares Forschungsinstrument, um auf ökonomische Weise zwei generelle Komponenten fragebogenmäßig faßbarer Aggressivität zugänglich zu machen. Es handelt sich dabei um die Überarbeitung der deutschen Übersetzung einer von A. H. BUSS u. A. DURKEE (1957) konstruierten Skala.

Die Ho-Skalen sind ein Selbstbeurteilungsverfahren, das bei unauffälligen und delinquenten Jugendlichen und Erwachsenen eingesetzt wird.

Aufbau

75 ins Deutsche adaptierte Items des Hostilitäts-Fragebogens von BUSS und DURKEE wurden anhand einer Stichprobe von 190 Soldaten faktorenanalysiert. Ausgehend von faktoriell relevanten Items schälten sich durch iterative Itemselektion mittels Trennschärfeanalyse und Konsistenzkontrolle zwei Skalen (VA und AH) mit je 14 Items heraus. Die VA-Skala umfaßt die Komponente spontaner oder reaktiver, affektgetragener, verhaltensmassiver Aggression, insbesondere in Form von Gewalttätigkeit. Die AH-Skala umschreibt die Komponente der Aggressions-Hemmung im Rahmen von Gewissenskontrolle und Schuldgefühl sowie die Komponente verhaltener Aggression im Sinne mißtrauischer und negativistischer Einstellungen.

Beispiele:

VA: Wer mich oder meine Freunde beleidigt, muß damit rechnen, daß ich mich räche und zuschlage.

AH: Wenn ich etwas Falsches tue, habe ich stets Gewissensbisse.

Auf einer vierstufigen Skala, die von 0 bis 3 Punkten reicht, soll der Proband angeben, in welcher Intensität die betreffende Feststellung für ihn zutrifft.

Gütewerte

Normen: Normen liegen nicht vor. Anhaltspunkte für die Verteilung der Ho-Skalen-Scores bei Jugendlichen bieten die Angaben von Mittelwert, Streuung und Quartilwerten (E. H. BOTTENBERG, 1975).

Reliabilität: Die Split-Half-Reliabilität (testlängenkorrigiert) beträgt für eine Stichprobe von 190 Soldaten 0,92 (VA) und 0,83 (AH).

Validität: Auf beiden Skalen VA und AH erreichten psychosozial auffällige (offiziell straffällige) Jugendliche und Erwachsene signifikant höhere Werte als psychosozial unauffällige junge Erwachsene (Extremgruppen-Validierung). Ein weiterer Hinweis auf die empirische Absicherung der beiden Aggressivitäts-Komponenten liegt darin, daß sich die Items der VA- und AH-Skalen komponentenadäquat auf vier, bei einer Faktorenanalyse der deutschsprachigen Version des Fragebogens von BUSS und DURKEE ermittelten Faktoren verteilten.

Wiederholbarkeit: Als Selbstbeurteilungsverfahren müßten die Ho-Skalen wiederholt vorlegbar sein. Untersuchungen zur Prüfung systematischer Wiederholungseffekte sind uns jedoch nicht bekannt.

Durchführung, Auswertung und Interpretation der Skalen folgen genauen Anweisungen.

Literatur

BOTTENBERG, E. H.: Aggressivität und perzipierte elterliche Erziehungsstile. Schweiz. Z. f. Psychol. 34 (1975) 129-140

BOTTENBERG, E. H., B. GAREIS: Elterliche Erziehungsstile, Neurotizismus und Aggressivität bei jugendlichen Kriminellen. Psychotherapie 25 (1975) 89-99

BUSS, A. H., A. DURKEE: An inventory for assessing different kinds of hostility. J. Consult. Psychol. 21 (1957) 343-349

GLESER, G. C., D. IHILEVICH: An objective instrument for measuring defense mechanisms. J. Consult. Psychol. 33 (1969) 51-60

KORNADT, H.-J.: Aggressionsmotiv und Aggressionshemmung, Bd. 2: Aggressions-TAT und andere aggressionsrelevante Verfahren. Huber: Bern, 1982

Hemmungstest

HT

nach H. Lutz, H. H. Wieck

Hemmung bei zyklothymer Depression

Psychopathometrisches Leistungsverfahren für Erwachsene

Verlaufsuntersuchungen

Normen

Abnahme 20 bis 50 Minuten

Empirisch gestützt:
- Reliabilität
- Validität
- Normierung
- Wiederholbarkeit

Anwendung

Der Hemmungstest ist ein Leistungsverfahren, mit dem das Ausmaß der Hemmung bei zyklothymer Depression gemessen werden soll. Dieses dient nach dem Hemmungskonzept von H. H. WIECK als Indikator des Schweregrades der gesamten zyklothymen Depression.

Der HT wurde auch für Verlaufsuntersuchungen entwickelt. Sein Geltungsbereich erstreckt sich auf Erwachsene. Er kann nur in Einzeltestungen abgenommen werden. Die Abnahmedauer hängt von dem Schweregrad der zyklothymen Depression ab. Sie liegt meistens im Bereich von 20 bis 50 Minuten.

Aufbau

Der HT setzt sich aus 21 Subtests zusammen. Elf Untertests entsprechen den ersten elf Subtests im Syndrom-Test (s.dort). Diesen wurden zehn neue hinzugefügt. Sie bestehen aus folgenden Aufgaben:

- Subtest 12: Auf einem mit Kreisen, Dreiecken und Vierecken bedruckten Bogen sind die Kreise zu zählen.
- Subtest 13: Eine Minute lang Striche in vorgedruckte Rechtecke setzen und zwar fortlaufend einen Strich mehr.
- Subtest 14: Wie 13). Allerdings fortlaufend zwei Striche mehr.
- Subtest 15: In vorgezeichnete Rechtecke abwechselnd Striche und Zahlen in ihrer arithmetischen Reihenfolge schreiben.
- Subtest 16: Striche und Zahlen werden je für sich ausgewertet.
- Subtest 17: Kreise und Dreiecke zeichnen, dann die gleiche Zahl Dreiecke über Kreise. Außerdem fortlaufend ein Dreieck und einen Kreis mehr.
- Subtest 18: Kreise und Dreiecke werden je für sich ausgewertet.
- Subtest 19: Zahlensymboltest. Ähnlich dem Untertest ZS aus dem HAWIE.
- Subtest 20: Kurzform des PAULI-Tests über sechs Minuten: fortlaufendes Addieren zweier einziffriger Zahlen.
- Subtest 21: Wie 20).

Alle Subtests sind Geschwindigkeitstests. Den Ergebnissen werden Wertpunkte zugeordnet und diese zur Gesamtpunktzahl addiert. Die Höhe der Gesamtpunktzahl läßt sich als Hemmungsgrad und somit auch als Schwere der zyklothymen Depression durch eine Tabelle deuten. Dabei werden die folgenden sechs Unterscheidungen getroffen: keine, leichte, mittelschwere, schwere, sehr schwere und extrem schwere Hemmung.

Gütewerte

Normen: Die Schweregradeinteilung orientiert sich an empirisch ermittelten Verteilungen der Gesamtpunktzahlen im Hemmungstest.

Reliabilität: Die Korrelation der Wertpunkte in den ersten elf mit den restlichen zehn Subtests beträgt 0,98 (J. LIST, 1972).

Validität: Die konzeptionelle Validität ist aus der Hemmungskonzeption nach H. H. WIECK (1967; H. LUTZ, H. H. WIECK, 1969) abzuleiten. Empirischen Validitätsbelegen kann man zuordnen, daß sich psychiatrisch unauffällige Normalpersonen deutlich von zyklothym depressiven Patienten unterschieden ($p<0{,}01$). Außerdem ergab die Korrelation zwischen Hemmungsgrad und Beurteilung durch zwei unabhängige Ärzte $rho = 0{,}72$.

Wiederholbarkeit: Bei leichteren Störungen waren Wiederholungseffekte nachweisbar. Bei stärkeren Veränderungen der Depressionsschwere scheinen diese jedoch nicht so stark ins Gewicht zu fallen.

Literatur

LEHRL, S.: Ein Hemmungstest zur Messung der zyklothymen Depression. In: WIECK, H. H. (Hrsg.): Klinische Psychopathometrie, Byk Gulden: Konstanz, Bd. 4 (1972) 36-43

LIST, J.: Die Anwendung des Hemmungstestes nach LUTZ bei Patienten mit Funktionspsychose. Diss., Univ. Erlangen, 1972

LUTZ, H., H. H. WIECK: Funktionspsychotische Antriebsstörungen und zyklothyme Hemmung. In: SCHULTE, W., W. MENDE (Hrsg.): Melancholie in Forschung, Klinik und Behandlung. Thieme: Stuttgart, 1969

WIECK, H. H.: Lehrbuch der Psychiatrie. Schattauer: Stuttgart, 1967

WIECK, H. H., H. LUTZ: Ein »Hemmungstest« zur Quantifizierung der cyclothymen Depression. Arzneim. Forsch. (Drug Res.) 19 (1969) 886-889

Händigkeitstest für Erwachsene

HtE

Rechts-, Links- oder Beidhändigkeit, Grad der Händigkeit

Leistungsverfahren für Erwachsene

Einmalige Untersuchung

Normen

Empirisch gestützt:
- Validität
- Normierung

nach R. Suchenwirth, U. Ferner, B. Horn

Anwendung

Für Neurologen, Unfallchirurgen, Pädiater, Heilpädagogen und Klinische Psychologen ist sowohl die Frage der Rechts-, Links- und Beidhändigkeit als auch die des Ausmaßes der Händigkeit von Interesse. Dafür wurde der HtE entwickelt, der als Kurzform aus dem Untersuchungsbogen nach H. NUTZHORN hervorgegangen ist.

Der HtE basiert auf Erfahrungen an 18- bis 91jährigen »gesunden« Personen. Die Ergebnisse werden in Einzeluntersuchungen erhoben.

Aufbau

Der HtE setzt sich aus 17 Proben zusammen, bei denen der Proband vormachen soll, wie er die gestellte Aufgabe lösen würde.

Beispiele:
- Kreisschlagen
- Bleistift anspitzen
- Brotschneiden
- Streichholz anzünden
- Werfen
- Kämmen

Wird ein Untertest rechtshändig ausgeführt, gibt man 2 Punkte, bei linkshändiger Ausführung 0 Punkte und 1 Punkt, wenn der Proband einmal die rechte und einmal die linke Hand benutzt, wenn er beide Hände nimmt oder, wenn er lange braucht, um sich für eine entscheiden zu können.

Die Gesamtpunktzahl liegt demnach bei den 17 Subtests zwischen 0 und 34 Punkten. Die Autoren schlagen folgende Interpretation vor:

0 - 11 Punkte: Linkshänder
12 - 22 Punkte: Beidhänder
23 - 34 Punkte: Rechtshänder

Es lassen sich noch Graduierungen vornehmen. 2 Punkte weisen beispielsweise auf eine sehr ausgeprägte Linkshändigkeit hin.

Gütewerte

Normen: Von 1030 Erwachsenen zwischen 18 und 91 Jahren liegen Vergleichswerte vor.

Validität: Die beim gesamten Probandengut von 1030 Personen ermittelte Händigkeit verteilt sich wie die in der Literatur beschriebenen Befunde. Außerdem ergab sich inferenzstatistisch keine Abhängigkeit von Alter und Geschlecht.

Literatur

FERNER, U., B. HORN, R. SUCHENWIRTH: Die Bestimmung der Händigkeit beim Erwachsenen. Med. Welt 21 (1970) 33-35

Hamburger Zwangsinventar

HZI

Denk- und Handlungszwänge

Selbstbeurteilungsverfahren für Erwachsene

Mehrmalige Untersuchungen

Normen

Empirisch gestützt:
- Reliabilität
- Validität
- Normierung

nach W. Zaworka, I. Hand, G. Sauernig, K. Lünenschloss

Anwendung

Das HZI ist ein Selbstbeurteilungsverfahren zur Erfassung von Denk- und Handlungszwängen. Es soll u.a. zwischen Zwanghaftigkeit im Sinne normangepaßter, leistungsorientierter und kulturell geförderter Denk- und Handlungszwänge und Zwängen bei psychischen und (hirn-)organischen Störungen differenzieren. Daneben ist es zur Untersuchung differentieller Therapieeffekte einsetzbar.

Der Test ist als Einzel- wie auch als Gruppenverfahren abnehmbar. Die Autoren halten die Abnahme des Selbstbeurteilungsverfahrens bei schwer Depressiven oder Patienten mit ausgeprägten Kontrollzwängen für kontraindiziert.

Aufbau

Das HZI setzt sich aus insgesamt 188 Items zusammen, die sechs voneinander unabhängige Skalen des Zwangsverhaltens repräsentieren.

- Skala A. kontrollieren, wiederholen, denken nach einer Handlung (36 Items)
- Skala B: waschen, reinigen (36 Items)
- Skala C: ordnen (36 Items)
- Skala D: zählen, berühren, sprechen (28 Items)
- Skala E: denken von Worten, Bildern, Gedankenketten, Gedanken vor einer Handlung (36 Items)
- Skala F: Gedanken, sich selbst oder anderen ein Leid zuzufügen (16 Items)

Die einzelnen Items werden vom Patienten mit »ja« oder »nein« beantwortet. Die Items sind inhaltlich nach vier Schweregraden der Störung unterteilt.

Die Summe der »ja«-Antworten pro Skala ergibt den Skalenrohwert. Die Summe dieser Skalenwerte liefert den Gesamtrohwert des HZI.

Gütewerte

Normen: Die Rohwerte der sechs HZI-Skalen sowie der Gesamtrohwert lassen sich mit Hilfe von Norm-Tabellen in Stanine-Werte transformieren. Normen liegen für drei Stichproben getrennt vor: Zwangsneurotiker (n = 121), schwer gestörte Zwangsneurotiker in bestimmten Zwangsthemen und Normalstichprobe (n = 120).

Reliabilität: Bei Zwangsneurotikern wurden nach zwei Wochen in den Einzelskalen Retest-Koeffizienten von 0,78 bis 0,96 ermittelt. Der Zuverlässigkeitskoeffizient für den Gesamttest beträgt 0,93.

Validität: Die inhaltliche Validität der Items ist wegen sorgfältiger Selektion der Items durch Expertenratings gegeben. Die HZI-Skalen sind weitgehend unabhängig von der allgemeinen psychischen Labilität oder neurotischen Tendenz. Bei einem Diagnosegruppen-Vergleich (Zwangsneurotiker, Agoraphobiker, Patienten mit gehemmt-neurotischer Entwicklung, Patienten mit depressiv-neurotischer Entwicklung) wiesen alle HZI-Skalen sowie der Gesamtwert signifikante Unterschiede zwischen den vier Diagnosegruppen auf.

Wiederholbarkeit: Durch die Retest-Untersuchungen sind empirische Belege für die Wiederholbarkeit gegeben.

Literatur

ZAWORKA, W., I. HAND: Phänomenologie (Dimensionalität) der Zwangssymptomatik. Arch. f. Psychiat. Nervenkrankheit 228 (1980) 257-273

ZAWORKA, W., I. HAND. G. SAUERNIG, K. LÜNENSCHLOSS: Hamburger Zwangsinventar (HZI). Beltz: Weinheim, 1983

Inpatient Multidimensional Psychiatric Scale

(Multidimensionale Psychiatrische Rating-Skala für Klinikpatienten)

IMPS

nach M. Lorr, C. J. Klett, D. M. McNair, J. J. Lasky (übersetzt von H. Flegel, M. Mäder)

Psychiatrische Syndrome
Fremdbeurteilungsverfahren
Verlaufsuntersuchungen
Normen
Abnahme ca. 45 bis 55 Minuten
Empirisch gestützt:
 Reliabilität
 Validität
 Normierung

Anwendung

Die IMPS ist ein Fremdbeurteilungsverfahren, mit dem Symptome und Verhaltensweisen festgehalten werden sollten, die man beim Interview beobachtet oder über die der Patient selbst berichtet. Durch dieses Verfahren werden im faktorenanalytischen Sinn relativ unabhängige psychiatrische Syndrome stationärer Patienten beurteilt.

Die IMPS wird sowohl in Einzel- als auch Verlaufsuntersuchungen eingesetzt und dient dabei als diagnostisches Hilfsmittel sowie zur Kontrolle therapeutischer Maßnahmen, z.B. bei psychopharmakologischen Studien. Ihre Anwendung wird für die klinische Arbeit und psychiatrische Forschung empfohlen.

Die IMPS kann nur in Einzeluntersuchungen vom Arzt abgenommen werden. Sie wird im Anschluß an ein etwa 35- bis 45minütiges Interview ausgefüllt. Dieser Vorgang dauert zusätzlich etwa zehn bis zwölf Minuten. Für den Geltungsbereich hinsichtlich des Alters und der psychiatrischen Einordnung der Patienten gibt es keine Beschränkungen.

Aufbau

Die IMPS setzt sich aus 90 Items zusammen, die in einfacher, nicht-fachlicher Sprache abgefaßt sind.

Beispiele:

Vergleichen Sie den Patienten mit einer normalen Person und beurteilen Sie, in welchem Ausmaß...

1. ist seine Sprache (Sprechweise) verlangsamt, nachdenklich, mühsam?
4. neigt er dazu, vom Thema abzuschweifen oder abzuwandern, wenn er die Fragen beantwortet?
6. zeigt er Stellungen, die eigentümlich; unnatürlich; starr oder bizarr sind?

Zu diesen Fragen liegen häufig noch Hinweise für den Arzt vor. Dieser soll die Ausprägung dieser Symptome bei den ersten 30 Items durch Ankreuzen einer von neun Stufen, die von »extrem stark ausgeprägt« bis »gar nicht« reichen, einschätzen. Für die Items 31 bis 45 sind nur noch fünf Häufigkeitsstufen und für die restlichen 45 Items »ja«- oder »nein«-Antworten vorgesehen.

Die Items werden zu zehn Gruppen zusammengefaßt, die für faktorenanalytisch ermittelte Syndrome stehen. Diese wurden folgendermaßen benannt:

- Manisches Syndrom
- Aggressive Gereiztheit
- Paranoides Syndrom
- Größenwahn
- Halluzinatorisches Syndrom
- Depressives Syndrom
- Apathisches Syndrom
- Orientierungsstörungen
- Katatones Syndrom
- Formale Denkstörungen

Für die einzelnen Faktoren werden Scores gebildet, indem man die Wertpunkte der zugehörigen Items aufaddiert. An Hand der Scores für diese Syndrome lassen sich Profile erstellen. Eine von P. JACOBI entwickelte und überprüfte 75-Item-Version HALSYS (Hamburg-LORR-Symptome-Skala zur Verhaltensdiagnostik psychischer Erkrankungen) befindet sich in weiterführender Erprobung.

Gütewerte

Normen: Für die deutschsprachige Form liegen inzwischen Statistiken verschiedener Vergleichsstichproben vor.

Reliabilität: Die Interrater-Reliabilität bewegte sich bei den Scores der verschiedenen Syndrome durchschnittlich zwischen 0,82 und 0,91. Für die einzelnen Items wird der Medianwert 0,77 angeführt (W. MOMBOUR, 1972).

Validität: Die Unabhängigkeit der zehn psychiatrischen Syndrombeurteilungen wurde durch Kreuzvalidierungen mittels Faktorenanalysen bestätigt. Mit verwandten deutschsprachigen Verfahren, wie dem AMDP-System (s.dort), wurden empirische Untersuchungsergebnisse zur Übereinstimmung und Diskordanz von Subskalen mit gleichem Gültigkeitsanspruch publiziert. Verschiedene psychiatrische Patientengruppen ließen sich erwartungsgemäß deutlich auf der IMPS trennen. Die Diskriminationsleistung der Skala bei Berücksichtigung aller Items liegt mit 83,3% richtiger Zuordnungen relativ hoch (W. BENDER, 1982).

Wiederholbarkeit: Als Fremdbeurteilungsverfahren müßte die IMPS ohne besondere Wiederholungseffekte mehrmals abnehmbar sein. Spezifische Untersuchungen sind uns hierzu jedoch nicht bekannt.

Literatur

BENDER, W.: Vergleichsuntersuchung zur differentialdiagnostischen Gültigkeit der deutschen Form der IMPS. In: PAWLIK, K. (Hrsg.): Multivariate Persönlichkeitsforschung. Huber: Bern-Stuttgart-Wien, 1982

CAIRNS, V., T. FALTERMAIER, H.-U. WITTCHEN, H. DILLING, W. MOMBOUR, D.v. ZERSSEN: Some Problems Concerning the Reliability and Structure of the Scales in the Inpatient Multidimensional Psychiatric Scale (IMPS). Arch. Psychiatr. Nervenkr. 232 (1982) 395-406

FLEGEL, H., M. MÄDER: Leitfaden zur Multidimensionalen Psychiatrischen Rating-Scale für Klinikpatienten IMPS. Unveröffentlicht.

HENTSCHEL, U., W. SCHUBÖ, D.v. ZERSSEN: Diagnostische Klassifikationsversuche mit zwei standardisierten psychiatrischen Schätzskalen. Arch. Psychiat. Nervenkr. 221 (1976) 283-301

JACOBI, P.: Untersuchungen zur Faktorenstruktur, Zuverlässigkeit und Gültigkeit einer deutschen Bearbeitung der IMPS nach LORR. Diss., Univ. Hamburg, 1974

JACOBI, P.: Entwicklung und multivariate Analyse einer deutschen Form der IMPS nach LORR. In: PAWLIK, K. (siehe oben).

LORR, M., C.J. KLETT: Inpatient Multidimensional Psychiatric Scale. Revised 1966. Manual. Consulting Psychologist Press, Palo Alto, Cal., 1967

LORR, M., C.J. KLETT, D.M. McNAIR: Syndromes of psychoses. Pergamon Press: Oxford-London-New York, 1963

LORR, M., C.J. KLETT, D.M. McNAIR, J.J. LASKY: Inpatient Multidimensional Psychiatric Scale. Consulting Psychologist Press: Palo Alto Cal., 1963

LORR, M., D.M. McNAIR, C.J. KLETT, J.J. LASKY: Evidence of ten psychotic syndromes. J. Consult. Psychol. 26 (1962) 185-189

MOMBOUR, W.: Verfahren zur Standardisierung des psychopathologischen Befundes, Teil I. Psychiat. Clin. 5 (1972) 73-120

MOMBOUR, W.: Verfahren zur Standardisierung des psychopathologischen Befundes, Teil II. Psychiat. Clin. 5 (1972) 137-157

MOMBOUR, W.: Symptomhäufigkeiten bei psychiatrischen Erkrankungen. Eine vergleichende Untersuchung mit zwei Schätzskalen für den psychopathologischen Befund (IMPS und AMP-Skala). Arch. Psychiat. Nervenkr. 219 (1974) 133-152

RACKENSBERGER, W., W. FRITSCH, D. SCHWARZ, K.H. STUTTE, D.v. ZERSSEN: Wirkung des Beta-Rezeptoren-Blockers Propranolol auf Manien. Arch. Psychiat. Nervenkr. 222 (1976) 223-243

ZERSSEN, D.v., C. CORDING: The Measurement of Change in Endogenous Affective Disorders. Arch. Psychiat. Nervenkr. 225 (1978) 95-112

Kurztest für allgemeine Intelligenz

KAI

Allgemeines Intelligenzniveau,
Gegenwartsdauer, Grundgeschwindigkeit der psychischen Abläufe

Leistungsverfahren für Erwachsene

Verlaufsuntersuchungen

Normen

Abnahmedauer etwa 5 bis 8 Minuten

Parallelform

Empirisch gestützt:
- Reliabilität
- Validität
- Normierung
- Wiederholbarkeit

nach S. Lehrl, A. Gallwitz, L. Blaha

Anwendung

Der KAI ist ein Leistungsverfahren zur Erfassung der Grundgrößen der zentralen Informationsverarbeitung, welche das allgemeine fluide Intelligenzniveau festlegen, d.h. die gegenwärtig verfügbare intellektuelle Leistungsfähigkeit. Die so gemessenen Grundkomponenten der Intelligenz lassen sich genauer als Gegenwarts- oder Präsenzdauer und Geschwindigkeit des Informationsflusses zum Kurzspeicher (Bewußtsein) auffassen.

Der KAI soll zur einmaligen oder mehrmaligen IQ-Messung eingesetzt werden. Wegen seiner Kürze kann seine Anwendung als Screening-Verfahren für den Einsatz von Selbstbeurteilungsverfahren, die meistens den IQ 90 voraussetzen, von Interesse sein. Aus der Diskrepanz mit Ergebnissen von Verfahren für kristallisierte Intelligenz, beispielsweise dem MWT-B (s.dort), resultieren Hinweise auf psychische Störungen. Bei Veränderungen der gegenwärtigen intellektuellen Leistungsfähigkeit im Rahmen von psychischen Störungen, allen voran reversiblen körperlich begründbaren Psychosen (Funktionspsychosen), kann er zur Verlaufskontrolle dienen.

Der Geltungsbereich des KAI bezieht sich auf Erwachsene zwischen 17 und 65 Jahren. Dieser Test kann nur in Einzeluntersuchungen abgenommen werden. Seine Abnahmezeit beträgt zwischen fünf und acht Minuten. Zusammen mit einem Test für die Lerngeschwindigkeit kann der KAI nun auch auf Heimcomputern im Dialog zwischen Patient und Bildschirm abgenommen werden (S. LEHRL, B. FISCHER, 1984).

Aufbau

Der KAI besteht aus zwei Teilen. Der erste Teil wird als »Buchstaben-Lesen« und der zweite als »Zeichen-Nachsprechen« bezeichnet.

Der Subtest Buchstaben-Lesen setzt sich aus vier Kärtchen zusammen. Auf jedem Kärtchen stehen 20 Buchstaben, die in der vorgegebenen Abfolge keinen Sinn ergeben.

Beispiel:

u n v z t r f e p k b v d s n i l d m r

Die Buchstaben sollen so schnell wie möglich gelesen werden. Die Zeitdauer wird jeweils registriert. Nachdem das erste Kärtchen gelesen wurde, wird das zweite vorgelegt usw. In die Auswertung gelangt nur die beste der Leseleistungen. Sie soll die Maximalgeschwindigkeit des Informationszuflusses zum Kurzspeicher anzeigen.

Der Subtest Zeichen-Nachsprechen setzt sich aus zwei Teilen zusammen. Im ersten werden Ziffern einer Zahlenreihe im Abstand von etwa einer Sekunde vorgelesen. Nach Ende einer Zeile sollen die Ziffern vom Probanden wiederholt werden. Ist er in der Lage, diese Leistung zu erbringen, wird ihm anschließend eine neue Zeile mit einer zusätzlichen Ziffer vorgelesen usw.

Beispiel:

4 9
3 1 8
5 2 9 4

Die längste noch reproduzierte Zeile gilt als Maß der Gegenwartsdauer. Zur Erhöhung der Zuverlässigkeit wird der gleiche Versuch mit Buchstaben wiederholt.

Beispiel:

C B
B K F
P L D O

Die Leistungen im Zahlen- und Buchstaben-Nachsprechen werden gemittelt. Sie sollen ein Maß der Gegenwarts- oder Präsenzdauer (auch: Unmittelbares Behalten) sein.

Die Ergebnisse im Buchstaben-Lesen und Zeichen-Nachsprechen lassen sich tabellarisch je einzeln IQ-Werten zuordnen. Sie können aber auch zusammengefaßt und dann in IQ-Werte umgewandelt werden. Zusammengefaßt bilden sie ein gültigeres Maß des allgemeinen fluiden Intelligenzniveaus.

Zum KAI liegt eine Parallelform (KAI') vor.

Gütewerte

Normen: Für das Gesamtverfahren und die beiden Teile wurden je eigene Normen von 341 psychiatrisch unauffälligen Patienten und Vergleichswerte von 333 Patienten verschiedener psychiatrischer Gruppen erstellt. Diese Normen wurden nicht nach Alter und Geschlecht ausdifferenziert, da keine derartigen Einflüsse festgestellt werden konnten.

Reliabilität: Es werden Reliabilitätskoeffizienten der Subtestteile vorgelegt. So korrelierte die erste und zweitbeste Leistung im Buchstaben-Lesen bei 149 psychiatrisch unauffälligen Personen mit 0,96. Für das Zahlen- und Buchstaben-Nachsprechen wurde als Korrelation 0,80 ermittelt.

Es liegen verschiedene Retest-Untersuchungen vor. 14 Studenten wurden mit dem Gesamttest nach acht Tagen wiederum getestet. Die Korrelation der Ergebnisse betrug 0,80. 130 langzeithospitalisierte Patienten mit vorwiegend niedrigem Intelligenzniveau wurden mit dem Teiltest »Buchstaben-Lesen« nach 14 Monaten wieder untersucht: $r = 0{,}70$. 18 Studenten wurden permutiert mit der Grund- und Parallelform im Abstand von 20 Minuten zweimal untersucht. Dabei konnten keine systematischen Differenzen zwischen den Rohpunkten beider Formen festgestellt werden. Von 1864 Patienten mit cerebraler Insuffizienz wurde im Abstand von sechs Wochen die Kurzspeicherkapazität mit dem KAI zweimal gemessen: $r = 0{,}84$.

Validität: Der KAI ist nach der Konzeption des informationspsychologischen Kurzspeichers nach H. FRANK (1969) entwickelt worden. Empirische Belege seiner Gültigkeit als Maß des allgemeinen Intelligenzniveaus ergeben sich u.a. aus empirischen Untersuchungen mit dem MWT-B (s.dort) und einer verwandten Intelligenztestform, der MWT-Erstform. Bei 36 psychiatrisch unauffälligen Personen korrelierten die KAI- und MWT-B-Ergebnisse 0,72, bei 18 Patienten mit endogener Depression 0,57. Bei 119 langzeithospitalisierten Patienten mit vorwiegend geringem Intelligenzniveau wurden zwischen Buchstabenlesen und MWT-Erstform und ebenso zum MWT-B jeweils 0,54 ermittelt usw.

Wiederholbarkeit: Bei der Wiederholung mit der Parallelform (s. Relabilität) konnten keine systematischen Wiederholungseffekte festgestellt werden. Auch die anderen Retest-Ergebnisse lassen die Wiederholbarkeit vermuten.

Literatur

BLAHA, L.: Information Psychological Procedures of Measuremement with in Psychiatry. In: Proceedings of the 9th International Congress on Cybernetics, Namur, 1980. Association International de Cybernetique: Namur, 1981

BLAHA, L., W. PATER, S. LEHRL: Neue empirische Untersuchungen zur Zuverlässigkeit und Gültigkeit von Meßverfahren des Kurzspeichers als Intelligenzkorrelat. Grundlagenstud. Kybern. Geisteswissensch. 19 (1978) 11-18

EYSENCK, H. J.: The Theory of Intelligence and the Psychophysiology of Conception. In: STERNBERG, R. J. (Hrsg.): Advances in the Study of Human Intelligence. Erlbaum: Hillsdale, 1986, 3. Aufl.

FRANK, H.: Kybernetische Grundlagen der Pädagogik, Bd. 2. Agis: Baden-Baden, 1969, 2. Aufl.

GUDERNATSCH, V.: Der Einfluß von Befindensstörungen auf Leistungs- und Intelligenztestergebnisse bei psychiatrisch unauffälligen Patienten. Diss., Univ. Erlangen, 1978

JESKE, H., S. LEHRL: Zusammenhänge zwischen Schweregraden einer Funktionspsychose, Intelligenzleistungen und Grundparametern der Informationsverarbeitung. grkg/Humankybernetik 24 (1983) 39-46

LEHRL, S.: Intelligenz, informationspsychologisch. In: Enzyklopädie Naturwissenschaft, Jahresband 1983. Moderne Industrie: Landsberg/Lech, 1983

LEHRL, S., H. ERZIGKEIT: Determiniert der Kurzspeicher das allgemeine Intelligenzniveau? Grundlagenstud. Kybern. Geisteswissensch. 17 (1976) 109-119

LEHRL, S., B. FISCHER: Computertestung informationspsychologischer Grundgrößen bei zerebraler Insuffizienz in 66 ärztlichen Praxen. In: BÖHLAU, V. (Hrsg.): Altern: körperliches und geistiges Training — medizinische Therapie. Schattauer: Stuttgart-New York, 1984

LEHRL, S., A. GALLWITZ, L. BLAHA: Kurztest für allgemeine Intelligenz KAI. Manual. Vless: Vaterstetten-München, 1980

LEHRL, S., G. SOLLBERG, H. SCHUMACHER: Pharmakogene Erhöhung des Intelligenzniveaus. Überlegungen und eine Doppelblindstudie mit Flunarizin (Sibelium^{R}). Pharmakopsychiat. 11 (1978) 134-146

LEHRL, S., B. STRAUB, R. STRAUB: Informationspsychologische Elementarbausteine der Intelligenz. Grundlagenstud. Kybern. Geisteswissensch. 16 (1975) 41-50

WEISS, V.: Psychometric intelligence correlatess with interindividual different rates of lipid peroxidation. Biomed. Biochim. Acta 43 (1984) 755-763

Kurzfragebogen für Alkoholgefährdete

KFA

Alkoholgefährdung und Alkoholismus
Selbstbeurteilungsverfahren für Erwachsene
Einmalige Untersuchungen
Normen
Abnahme etwa 5 Minuten
Empirisch gestützt:
- Reliabilität
- Validität
- Normierung

nach W. Feuerlein, H. Küfner, Ch. Ringer, K. Antons

Anwendung

Der KFA ist ein Selbstbeurteilungsverfahren für Alkoholgefährdete und Alkoholiker. Er wird als Hilfsmittel zur Diagnose eingesetzt.

Der Geltungsbereich des Kurzfragebogens für Alkoholgefährdete erstreckt sich auf »gesunde« und alkoholgefährdete Erwachsene und Alkoholiker.

Eine Kombination aus Fremd- und Selbstbeurteilung liegt in Form des Münchner Alkoholismustests MALT (W. FEUERLEIN et al., 1977) vor.

Aufbau

Der KFA setzt sich aus 23 Fragen zusammen.

Beispiele:

1. Item: Leiden Sie in der letzten Zeit häufiger an Zittern der Hände?
4. Item: Leiden Sie in letzter Zeit an starker Nervosität?
7. Item: Fühlen Sie sich ohne Alkohol gespannt und unruhig?

Die Items beziehen sich auf fünf Bereiche:

I. Somatischer Bereich
II. Psychischer Bereich
III. Sozialer Bereich
IV. Abhängiges Trinkverhalten
V. Motivation und Einsicht in die eigene Hilfsbedürftigkeit

Jede Frage soll nur durch Ankreuzen von »ja« oder »nein« beantwortet werden. Die für Alkoholismus oder Alkoholgefährdung positiven Antworten sind schließlich zusammenzuzählen. Personen mit mehr als sechs Punkten werden als alkoholgefährdet beurteilt.

Gütewerte

Normen: Der optimale Trennpunkt bei sechs Punkten wurde empirisch ermittelt.

Reliabilität: Als Reliabilitätskoeffizient wird 0,94 angegeben.

Validität: Die Zusammensetzung der Items sichert bereits die inhaltliche Validität. Als Korrelation mit der Diagnose als Außenkriterium wurde 0,81 ermittelt.

Wiederholbarkeit: Als Selbstbeurteilungsverfahren dürfte der KFA wiederholbar sein. Verlaufsuntersuchungen werden allerdings nicht als Anwendungsgebiet angegeben.

Literatur

FEUERLEIN, W., H. KÜFNER: Alkoholkonsum, Alkoholmißbrauch und subjektives Befinden: Eine Repräsentativerhebung in der Bundesrepublik Deutschland. Arch. Psychiat. Nervenkr. 224 (1977) 89-106

FEUERLEIN, W., H. KÜFNER, Ch. RINGER, K. ANTONS: Kurzfragebogen für Alkoholgefährdete (KFA). Eine empirische Analyse. Arch. Psychiat. Nervenkr. 222 (1976) 139-152

FEUERLEIN, W., Ch. RINGER, H. KÜFNER, K. ANTONS: Diagnose des Alkoholismus: der Münchner Alkoholismustest (MALT). Münch. Med. Wschr. 119 (1977) 1275-1282

Kurzfragebogen zur Erfassung akzentuierter Persönlichkeiten

KFEAP

Akzentuierte Persönlichkeiten, Varianten innerhalb der normalen Spielbreite menschlicher Wesenszüge

Selbstbeurteilungsverfahren für Erwachsene

Ein- und mehrmalige Untersuchungen

Normen

Empirisch gestützt:
- Reliabilität
- Validität
- Normierung

nach E. Littmann, H.-G. Schmieschek

Anwendung

Die Kurzform des Fragebogens zur Erfassung akzentuierter Persönlichkeiten ist ein Selbstbeurteilungsverfahren, das nach empirischen Analysen aus einem umfassenden Fragebogen für den gleichen Zweck nach H.-G. SCHMIESCHEK (1970) entstanden ist. Mit ihm sollen klinisch-empirisch gewonnene Persönlichkeitsakzentuierungen, die K. LEONHARD (1966) beschrieben hatte, erfaßt werden. Diese entsprechen relativ konstanten, habituellen Persönlichkeitszügen oder Eigenschaftskombinationen, die sich als Varianten innerhalb der normalen Spielbreite menschlicher Wesenszüge vom unauffälligen Durchschnitt abheben.

Diese Fragebogen wurden bisher vor allem als zusätzliche gruppendiagnostische Untersuchungsinstrumente bei Forschungen herangezogen. Mit ihnen hatte man bislang vorwiegend psychosomatische und hirnorganisch geschädigte Patienten untersucht.

Der KFEAP eignet sich weniger für Einzelfall- als für Gruppenuntersuchungen. Er wurde bisher nur an Erwachsenen abgenommen.

Aufbau

Der KFEAP setzt sich aus 66 Items zusammen.

Beispiele:
- Item 1: Ist Ihre Stimmung im allgemeinen heiter und unbekümmert?
- Item 2: Sind Sie empfindlich gegen Kränkungen?
- Item 3: Kommen Ihnen manchmal schnell die Tränen?
- Item 5: Waren Sie als Kind so waghalsig wie Ihre Altersgefährten?

Die Items werden jeweils durch Ankreuzen von »ja« oder »nein« beantwortet.

Gegenüber der Ausgangsform nach H.-G. SCHMIESCHEK (1970) mit 88 Items sind nach empirischen Analysen (einschließlich Faktorenanalysen) von E. LITTMANN und H.-G. SCHMIESCHEK (1977) 22 Items entfallen. Ursprünglich waren folgende zehn Skalen vorgegeben:

- Skala 1: hyperthymer Wesenszug
- Skala 2: übernachhaltiger Wesenszug
- Skala 3: emotiver Wesenszug
- Skala 4: übergenauer Wesenszug
- Skala 5: ängstlicher Wesenszug
- Skala 6: zyklothymer Wesenszug
- Skala 7: demonstrativer Wesenszug
- Skala 8: ungesteuerter Wesenszug
- Skala 9: disthymer Wesenszug
- Skala 10: überschwenglicher Wesenzug

Nach einer Faktorenanalyse ließen sich nur sieben Faktoren psychologisch plausibel interpretieren. Auch wenn nach diesen Ergebnissen keine neuen Einteilungen in Unterskalen erfolgten, lassen sich Gruppenuntersuchungen durch Vergleiche der Ergebnisse in den einzelnen Items durchführen.

Gütewerte

Der KFEAP ist noch in der Entwicklung. Deshalb sind Vergleichswerte (Mittelwerte; Standardabweichungen), wie sie für verschiedene Patientenstichproben vorgelegt wurden, nur für die zehn Skalen der 88 Items umfassenden Vorform gültig. Dasselbe gilt für die Reliabilitätskoeffizienten, die für die Wesenszug-Skalen ermittelt wurden. Die ebenfalls hinsichtlich dieser längeren Form vorgenommenen Validitätsuntersuchungen durch Vergleiche verschiedener Patientenstichproben lassen auch entsprechende Validitäten der Kurzform vermuten, dies um so mehr, als hierbei formal ungünstige (nicht eindeutig verständliche) Items eliminiert wurden.

Wiederholbarkeit: Der KFEAP ist ursprünglich für einmalige Untersuchungen gedacht. Er müßte sich als Selbstbeurteilungsverfahren aber auch für mehrmalige Untersuchungen eignen.

Literatur

LEONHARD, K.: Differenzierte Diagnostik der endogenen Psychosen, abnormen Persönlichkeitsstrukturen und neurotischen Entwicklungen. VEB Volk und Gesundheit: Berlin, 1966

LITTMANN, E., H.-G. SCHMIESCHEK: Zur Brauchbarkeit der Kurzform eines Fragebogens zur Erfassung akzentuierter Persönlichkeiten. Psychiat. Neurol. med. Psychol., Leipzig 29 (1977) 49-55

LITTMANN, E., H.-G. SCHMIESCHEK: Analyse und Revision der Langform des Fragebogens zur Erfassung akzentuierter Persönlichkeitszüge im Sinne Leonhards. Psychiat. Neurol. med. Psychol., Leipzig 34 (1982) 32-45

SCHMIESCHEK, H.-G.: Fragebogen zur Ermittlung akzentuierter Persönlichkeiten. Psychiat. Neurol. med. Psychol., Leipzig 22 (1970) 378-381

Konzentrations-Leistungs-Test

KLT

Konzentrationsfähigkeit und psychische Belastbarkeit, Ausdauer und Ermüdungsresistenz

Leistungsverfahren für Kinder und Erwachsene

Mehrmalige Untersuchungen

Normen

Abnahme etwa 38 Minuten

Parallelformen

Empirisch gestützt:
- Reliabilität
- Validität
- Normierung
- Wiederholbarkeit

nach H. Düker, G. A. Lienert

Anwendung

Der KLT ist ein Leistungsverfahren zur Messung von Konzentrationsfähigkeit. Er dient besonders der Erfassung der Belastbarkeit, Ausdauer und Ermüdungsresistenz. Der KLT wurde häufig als objektives Verfahren zur Erfassung psychischer Beeinträchtigungen, besonders bei psychopharmakologischen Untersuchungen, eingesetzt.

Der Konzentrations-Leistungs-Test kann bei allen Probanden, welche die Grundrechenarten beherrschen, angewandt werden. Er ist in Einzel- und Gruppenuntersuchungen durchführbar. Die Durchführungszeit dauert 30 Minuten. Dazu werden zusätzlich etwa acht Minuten für die Instruktion benötigt. Der KLT kann auch verkürzt abgenommen werden (20 Minuten).

Aufbau

Der KLT setzt sich aus 250 Items zusammen, die jeweils aus zwei Rechenaufgaben bestehen.

Erstes Beispiel: 8 + 7 – 2
6 – 2 + 3

Zweites Beispiel: 6 – 5 + 1
4 + 5 + 3

Die Aufgabe besteht nun darin, die erste und zweite Zeile je für sich zu addieren. Ist die Summe der ersten Zeile größer als die der zweiten, soll die zweite Summe von der ersten abgezogen werden. Liegt die Summe der ersten Zeile hingegen niedriger, sind beide Ergebnisse zu addieren.

Schließlich werden alle Items, die bearbeitet wurden, addiert. Sie bilden die Leistungsmenge. Zusätzlich wird die Anzahl der Fehler festgestellt und mit der Summe der richtigen Lösungen ins Verhältnis gesetzt. Die verschiedenen KLT-Parameter können nach Normentabellen in Normwerte übersetzt werden.

Die angeführten Beispiele entstammen dem KLT der Schwierigkeitsstufe für Jugendliche und Erwachsene. Es gibt noch eine Form mit geringeren Schwierigkeiten. Für beide liegen jeweils Parallelformen A und B vor.

Gütewerte

Normen: Der KLT wurde an etwa 8000 deutschsprachigen Kindern und Erwachsenen geeicht. Die Normen sind nach Alter, Geschlecht, Beruf und Schulklassenzugehörigkeit aufgeteilt. Hierzu liegen jeweils Standardwerte und Prozentränge vor.

Reliabilität: Für die Leistungsmenge werden höhere Reliabilitätskoeffizienten ($r = 0{,}87$ bis 0,96) als für die Fehlerzahl ($r = 0{,}05$ bis 0,74) mitgeteilt. Die Retest-Reliabilität liegt für die Leistung bei Wiederholungen nach acht Wochen mit $r_{tt} = 0{,}86$ bis 0,88 relativ hoch. Das gilt ebenfalls für Testwiederholungen an 27 Studenten im Zustand stark leistungsbeeinträchtigender LSD-Wirkungen ($r_{tt} = 0{,}74$).

Validität: Korrelationen zwischen KLT-Werten und Lehrerurteilen liegen zwischen $r = 0{,}42$ und 0,59. Im gleichen Bereich streuen die Korrelationen mit Verfahren ähnlicher Gültigkeitsansprüche, wie dem d2-Test (s.dort), dem Pauli-Test und dem Konzentrations-Verlaufs-Test.

Wiederholbarkeit: Die Retestuntersuchungen (s. Reliabilität) sind ein Beitrag zur Prüfung der systematischen Wiederholungseffekte. Zusätzlich lassen sich bei Testwiederholungen die Parallelformen anwenden. Dennoch ist wie bei ähnlichen komplexen Leistungsverfahren mit deutlichen Lerneffekten zu rechnen. Daher sollte man bei mehrmaligen Untersuchungen außer Experimental- auch Kontrollgruppen einsetzen.

Literatur

BRICKENKAMP, R. (Hrsg.): Handbuch psychologischer und pädagogischer Tests. Hogrefe: Göttingen-Toronto-Zürich, 1975

DÜKER, H.: Leistungsfähigkeit und Keimdrüsenhormone. Barth: München, 1957

DÜKER, H., G. A. LIENERT: Konzentrations-Leistungs-Test. Handanweisung. Hogrefe: Göttingen, 1965

EICH, F.X.: Verfahren zur Leistungsmessung. In: SCHMIDT, L. R. (Hrsg.): Lehrbuch der Klinischen Psychologie, Bd. 1. Enke: Stuttgart, 1978

HAHLWEG, K.: Test für Aufmerksamkeit und Antrieb. Ärztl. Praxis 30 (1978) 526-528

Kurzform des Persönlichkeits-Q-Sorts

KQS

Gegenwärtiges Selbstbild und Idealbild, Selbstzufriedenheit

Selbstbeurteilungsverfahren für Erwachsene

Verlaufsuntersuchungen

Normen

Empirisch gestützt:
- Reliabilität
- Validität
- Normierung
- Wiederholbarkeit

nach J. Helm

Anwendung

Die KQS ist ein Selbstbeurteilungsverfahren zur Beschreibung des gegenwärtigen Selbstbildes und Idealbildes. Die Ähnlichkeit zwischen Selbst- und Idealbild dient als Index für »Selbstzufriedenheit«. Dieses Verfahren findet im Rahmen psychodiagnostischer oder psychotherapeutischer Fragestellungen Anwendung. Es wird besonders zur Kontrolle psychotherapeutischer Effekte eingesetzt.

Die KQS geht aus dem wesentlich unökonomischeren Persönlichkeits-Q-Sort nach BUTLER u. HAIGH hervor. Als Selbstbeurteilungsverfahren kann sie sowohl in Einzel- als auch Gruppenuntersuchungen abgenommen werden. Bisher liegen nur Normen von Erwachsenen vor.

Aufbau

Die KQS besteht aus 28 Items.

Beispiele:
- Item 1: Ich habe oft ein Gefühl der Hoffnungslosigkeit
- Item 2: Ich fühle mich hilflos
- Item 3: Ich bin unharmonisch

Diese Items sind je auf einem Kärtchen aufgedruckt. Der Proband soll die Kärtchen nun jeweils einer von sechs Kategorien zuordnen. Dabei sind sie folgendermaßen auf die Kategorien zu verteilen:

- Kategorie I: Zwei Aussagen, die überhaupt nicht zutreffen
- Kategorie II: Fünf Aussagen, die wenig zutreffen
- Kategorie III: Sieben Aussagen, die etwas zutreffen
- Kategorie IV: Sieben Aussagen, die schon eher zutreffen
- Kategorie V: Fünf Aussagen, die sehr zutreffen
- Kategorie VI: Zwei Aussagen, die besonders typisch sind und ganz genau zutreffen

Der Itemsatz ist nun zweimal diesen Kategorien zuzuordnen, das erste Mal zur Beschreibung des Selbstbildes im gegenwärtigen Zustand und das zweite Mal zur Beschreibung des Idealbildes. Hierbei soll der Proband also beschreiben, wie er sein möchte.

Ein Meßwert der Ähnlichkeit von Selbst- und Idealbild, die als Selbstzufriedenheit interpretiert wird, kann nach einer Korrelationsformel errechnet werden.

Gütewerte

Normen: Für die Idealbildbeschreibungen liegen empirisch ermittelte Normwerte vor ($n = 64$). Durch Korrelationen von Ideal- und Selbstbildern erhält man einen Ähnlichkeitswert, für den wiederum Vergleichswerte von Psychotherapie-Patienten und einer Normalstichprobe veröffentlicht sind.

Reliabilität: Über die Ähnlichkeitskoeffizienten des KQS und ebenso über das Selbst- und Idealbild getrennt werden Retest-Reliabilitäten von 0,78 bis 0,83 vorgelegt (Zeitintervall unbekannt; $n = 20$).

Validität: An einer Normal- und Patientenstichprobe ($n_1 = 20$; $n_2 = 20$) wurden die KQS und eine normallange Form des Persönlichkeits-Q-Sorts korreliert. Die Korrelationen betragen 0,83 und 0,85.

Wiederholbarkeit: Die Retest-Ergebnisse weisen bereits auf die Wiederholbarkeit hin, die auch im Sinne der Anwendung liegt.

Literatur

HELM, J.: Eine vorläufige Kurzform des Persönlichkeits-Q-Sorts (Butler und Haigh). In: HELM, J., E. KASIELKE, J. MEHL (Hrsg.): Neurosendiagnostik. VEB Deutscher Verlag der Wissenschaften: Berlin, 1977

Liste der biographischen Adaptationsleistungen

LbA

Biographische Adaptationsleistung, Neigung zu Krankheiten

Dokumentation biographischer und sozialer Ereignisse und Krankheiten bei Erwachsenen

Mehrmalige Untersuchungen

Normen

Empirisch gestützt:
Validität
Amerikanische Normierung

nach T.H. Holmes, R.H. Rahe
(übersetzt von W. Schüffel)

Anwendung

Mit der LbA sollen biographische und soziale Ergebnisse dokumentiert werden. Es wird davon ausgegangen, daß die Anpassungsleistungen an neue Situationen anstrengend oder gar krankheitsfördernd sind. Demnach stehen biographische und soziale Ereignisse mit Krankheiten in Beziehung. Es zeigten sich auch empirische Zusammenhänge zwischen der Höhe von Adaptationsleistungen und der Schwere von Erkrankungen. Aus dem Zustand biographischer und sozialer Adaptationen sollen sich die Neigung zu Erkrankungen und deren Schweregrade abschätzen und daraus der Einsatz therapeutischer Maßnahmen mitbestimmen lassen. Auf diese Weise war es beispielsweise möglich, die Notwendigkeit von Cortison-Behandlungen und die Höhe der Steroid-Dosis vorherzusagen.

Aus den Inhalten der Items ist zu schließen, daß sich der Geltungsbereich nur auf Erwachsene bezieht (»Ehefrau beginnt oder beendet Arbeit«). Die Dokumentation kann in Selbst- aber auch Fremdbeurteilungen durchgeführt werden. Die Anwendung als Selbstbeurteilungsverfahren ermöglicht Gruppenuntersuchungen.

Aufbau

Die LbA setzt sich aus 43 Items zusammen, die sich auf Veränderungen wichtiger Lebensaspekte beziehen.

Beispiele:

1. Tod des Ehepartners
12. Schwangerschaft
30. Schwierigkeiten mit Chef
42. Weihnachten

Die Items für die biographischen Ereignisse sind nach der Schwierigkeit der Adaptation angeordnet. Die Items für schwierigste Adaptationsleistungen stehen am Anfang und für die leichtesten (z.B. Ferien, Weihnachten, kleinere Gesetzesübertretungen) am Schluß.

Hinter jedem biographischen Ereignis ist ein Punktwert angegeben, der die Schwere der damit verbundenen Adaptationsleistung wiedergeben soll. Der höchste Wert beträgt 100 beim Tod des Ehepartners und der geringste 11 bei kleineren Gesetzesübertretungen. Die Punkte für jedes bestätigte biographische Ereignis werden addiert. Adaptationswerte unter 200 beurteilt man als relativ niedrig und solche über 300 als hochgradig.

Gütewerte

Normen: Die Punktwerte für die Adaptationsleistungen wurden durch amerikanische Untersuchungen empirisch ermittelt.

Reliabilität: Untersuchungen sind uns nicht bekannt. Die Reliabilität derartiger biographischer Variablen müßten aber sehr hoch liegen.

Validität: Aus amerikanischen Untersuchungen werden verschiedene empirische Validitätsbelege erbracht. So zeigte sich mit der Höhe der Adaptationsleistung in einem zweijährigen Zeitraum vor Ausbruch einer bestimmten Erkrankung die Korrelation 0,65 zwischen Schwere der Krankheit und Höhe der Adaptationswerte. Bei über 300 Punktwerten bestand eine zweieinhalb mal größere Chance einer Erkrankung als bei Punktwerten unter 200.

Wiederholbarkeit: Da es um »harte« (hochreliable) biographische Daten geht, dürften auch keine systematischen Wiederholungseffekte vorliegen. Empirische Untersuchungen mögen sich unter dieser Betrachtung erübrigen.

Literatur

HOLMES, T.H., R.H. RAHE: The Social Readjustment Rating Scale. J. Psychosom. Res. 11 (1967) 213-218

SCHÜFFEL, W.: Arbeitsansätze in der heutigen Psychosomatik: Angst, Stress und körperliches Geschehen. Psychother. med. Psychol. 25 (1975) 1-15

STEGIE, R.: Probleme der life event-Forschung. In: DAVIES-OSTERKAMP, S., E. PÖPPEL (Hrsg.): Emotionsforschung. Med. Psychol. 6 (1980) Heft 1/2

Skala zur Messung der Lebenszufriedenheit im höheren Lebensalter

LSI

Lebenszufriedenheit im höheren Lebensalter
Selbstbeurteilungsverfahren für Erwachsene
Verlaufsuntersuchungen
Normen
Empirisch gestützt:
- Reliabilität
- Validität
- Normierung

nach G. Wiendieck

Anwendung

Der LSI ist ein Selbstbeurteilungsverfahren, das sich an die Vorarbeiten mit dem englischsprachigen Life-Satisfaction Index A nach B. L. NEUGARTEN, R. J. HAVIGHURST und S. S. TOBIN anlehnt. Er soll die Lebenszufriedenheit älterer Menschen erfassen. Aus Faktorenanalysen ging hervor, daß sich mit ihm eine allgemeine, augenblickliche Lebenszufriedenheit und eine relative Lebenszufriedenheit deutlich unterscheiden lassen.

Die Skala soll vorwiegend für gerontologische Forschungen an Gruppen und nicht an Einzelpersonen eingesetzt werden. Die Abnahme dieses Selbstbeurteilungsverfahrens ist jedoch in Gruppen- und Einzeluntersuchungen möglich. Der Geltungsbereich betrifft Personen ab dem 60. Lebensjahr.

Aufbau

Der LSI setzt sich aus 19 Items zusammen.

Beispiele:

Item 1: Als ich älter wurde, erschienen mir viele Dinge besser als ich früher erwartet hätte.
Item 2: Ich habe in meinem Leben mehr Rückschläge hinnehmen müssen als die meisten Menschen
Item 3: Jetzt ist die trübseligste Zeit meines Lebens.

Als Antwortmöglichkeiten sind die Kategorien »richtig«, »weiß nicht« und »falsch« vorgegeben. Jede Antwort im Sinne von Lebenszufriedenheit wird mit einem Punkt gewertet. Durch ihre Addition erhält man den Gesamtpunktwert. Dieser läßt sich nach empirisch ermittelten Normen interpretieren.

Mittels einer Faktorenanalyse konnten die Items in zwei Faktoren gruppiert werden. Auch für diese Subskalen lassen sich Punktsummen ermitteln. Hierzu werden jedoch keine Normen vorgelegt.

Gütewerte

Normen: Der Gesamtpunktwert des LSI wurde an 1112 Personen über 65 Jahre geeicht. Ihr Durchschnittsalter lag bei 73,7 Jahren. Zusätzlich werden von jedem Item Mittelwerte (= Schwierigkeitsindex) vorgelegt.

Reliabilität: Als Split-Half-Koeffizienten mit SPEARMAN-BROWN-Korrektur werden die Werte 0,81 und 0,74 angegeben.

Validität: Die Items sind bereits nach Gesichtspunkten der inhaltlichen Validität ausgewählt. Die Korrelationen mit verschiedenen Kriterien der Lebenszufriedenheit, beispielsweise der Einschätzung durch Experten, streut zwischen 0,35 und 0,60.

Wiederholbarkeit: Als Selbstbeurteilungsverfahren müßte der LSI wiederholbar sein. Die Wiederholung liegt sicher auch in den Anwendungszwecken. Jedoch sind uns hierzu keine spezifischen Untersuchungen bekannt.

Literatur

WIENDIECK, G.: Entwicklung einer Skala zur Messung der Lebenszufriedenheit im höheren Lebensalter. Z. Gerontol. 3 (1970) 215-224

Leistungstest für Endogene Depressionen

LtD

Schweregrade endogener Depressionen, Unterscheidung reaktiver bzw. neurotischer und endogener Depressionen

Leistungsverfahren für Erwachsene

Verlaufsuntersuchungen

Normen

Abnahme 8 bis 12 Minuten

Parallelformen

Empirisch gestützt:
- Reliabilität
- Validität
- Normierung
- Wiederholbarkeit

nach S. Lehrl, A. Gallwitz, R. Straub, B. Straub, W. Kinzel

Anwendung

Der LtD baut auf Vorarbeiten mit dem Hemmungstest (s.dort) und auf den Ergebnissen verschiedener Grundlagenstudien auf, wonach viele psychische Leistungen bei endogener Depression gemindert sind. Dadurch wird eine Abgrenzung von reaktiven und neurotischen Depressionen möglich. Darüber hinaus scheint sich im Ausmaß der Leistungsminderung der Schweregrad der endogenen Depression wiederzuspiegeln. Da Selbstbeurteilungsverfahren schwerere endogene Depressionen nicht mehr angemessen wiedergeben, wird die Anwendung des LtD von den Autoren speziell für die mittelschweren und schweren Störungsgrade anempfohlen.

Der LtD kann nur als Einzeltest angewandt werden. Seine Abnahme ist zeitlich begrenzt. Sie liegt zwischen acht und zwölf Minuten. Sein Geltungsbereich erstreckt sich auf Erwachsene bis zu 65 Jahren. Im Gegensatz zu Selbstbeurteilungsverfahren kann er auch bei Personen mit einem IQ unter 90 abgenommen werden.

Aufbau

Der LtD setzt sich aus fünf Subtests zusammen, die eine Mischung verschiedener psychischer Funktionen erfassen sollen, beispielsweise äußere Wahrnehmung, Gedächtnis und Geschwindigkeit der psychischen Abläufe.

- Subtest 1: Vom Patienten sollen sechs auf einer Tafel abgebildete Gegenstände möglichst schnell benannt werden (s. Abb.).
- Subtest 2: Nach Weglegen der Tafel (Subtest 1) soll der Patient die Gegenstände erinnern.
- Subtest 3: Zehn Klötzchen mit darauf befindlichen zweistelligen Zahlen sollen möglichst schnell in die »richtige« Reihenfolge gebracht werden.
- Subtest 4: Auf einer Tafel, die eine Reihe verschiedener Symbole enthält, soll die Anzahl der Kreise so rasch wie möglich gezählt werden (s. Abb.).
- Subtest 5: Der Patient soll möglichst schnell zwei Zeilen lesen, auf denen die Buchstaben A und B stehen. Allerdings soll er jedesmal für A »B« und für B »A« sagen.

Die Rohpunkte der einzelnen Subtests werden anhand von Normentabellen, die für drei Alters- und drei Intelligenzstufen kombiniert sind (insgesamt neun Normentabellen), in Wertpunkte umgewandelt. Die Summe der so ermittelten Wertpunkte ergibt den Gesamtpunktwert. Diesem läßt sich nach einer Tabelle ein entsprechender Schweregrad der endogenen Depression zuordnen.

Für Testwiederholungen stehen zwei Parallelformen zur Verfügung. Die Gesamtpunktwerte des LtD lassen sich graphisch in ein Verlaufsschema eintragen. Daraus sind synoptisch Besonderheiten der Depressionsverläufe erkennbar.

Gütewerte

Normen: Für drei Alters- und drei Intelligenzstufen liegen Normen vor, die sich an den empirisch ermittelten Ergebnissen von endogen depressiven Patienten und Kontrollpersonen (n = 119) orientieren.

Reliabilität: Als Reliabilitätskoeffizienten werden KUDER-RICHARDSON-Werte zwischen 0,72 und 0,81 (n = 92 endogen depressive Patienten) und als Korrelation zwischen den ersten drei und letzten zwei Subtests r = 0,96 (SPEARMAN-BROWN-Korrektur) angegeben.

Validität: Zur Validität werden verschiedene empirische Untersuchungsergebnisse vorgelegt. Bei endogen depressiven Patienten ergab sich für die fünf Subtests jeweils nur ein Generalfaktor und kein weiterer Gruppenfaktor (Eigenwert > 1,0). Von 20 psychiatrisch unauffälligen Krankenschwesternschülerinnen konnten mittels des LtD 19 der Normalgruppe zugeordnet werden. 119 »gesunde« und endogen depressive Personen ließen sich zu 80% ihrer richtigen Stichprobe zuordnen. Gleichzeitig abgenommene Selbstbeurteilungsverfahren diskriminierten nicht besser. Reaktiv und neurotisch depressive Patienten zeigten im LtD erwartungsgemäß keine Minderungen.

Wiederholbarkeit: Systematische Wiederholungseffekte sollen durch den Einsatz der Parallelformen minimiert werden. Selbst bei relativ dichten Testabnahmen (jeden

Tag einmal) konnten keine wesentlichen Wiederholungseffekte erkannt werden.

Literatur

BLAHA, L.: Klinische Aspekte der Differenzierung depressiver Zustandsbilder im Alter. In: FISCHER, B., S. LEHRL (Hrsg.): Differentialdiagnose Depression — beginnende sowie chronische zerebrovaskuläre Insuffizienz. Pharmazeutische Verlagsgesellschaft: München, 1982

GALLWITZ, A., J.-U. BRÜCKMANN: Verlaufsbeurteilung einer zyklothymen Depression mit Hilfe eines Leistungstests. Psycho 4 (1978) 471-477

GALLWITZ, A., S. LEHRL: Untersuchungen zur Eignung von Leistungsverfahren für die Messung von Schweregraden endogener Depressionen. Arch. Psychiat. Nervenkr. 226 (1978) 215-227

LEHRL, S.: Depressive Bilder und Schweregrade der zerebrovaskulären Insuffizienz. In: FISCHER, B., S. LEHRL (Hrsg.): Differentialdiagnose Depression — beginnende sowie chronische zerebrovaskuläre Insuffizienz. Pharmazeutische Verlagsgesellschaft: München, 1982

LEHRL, S., A. GALLWITZ: Erlanger Depressions-Skala EDS. Vless: Vaterstetten-München, 1984, 2. völl. neu bearb. Aufl.

LEHRL, S., A. GALLWITZ, H. ERZIGKEIT, L. BLAHA: Wann liefern Selbstbeurteilungsskalen ein falsches Bild vom Therapieverlauf endogener Depressionen? Therapiewoche 28 (1978) 4150-4159

LEHRL, S., A. GALLWITZ, G. NUSKO, G. BURKARD: Warum geben Selbstbeurteilungs-Verfahren schwere Depressionen falsch wieder? Empirische Untersuchungen zur Einschränkung verschiedener Erklärungsmöglichkeiten. Therapeutische Umschau 34 (1977) 687-693

LEHRL, S., A. GALLWITZ, R. STRAUB, B. STRAUB, W. KINZEL: Leistungstest für endogene Depressionen (LtD). Manual. Vless: Vaterstetten-München, 1979

LEHRL, S., B. STRAUB, R. STRAUB: Welche Leistungsvariablen messen die zyklothyme Depression? Psychopathometrie 2 (1976) 196-205

LEHRL, S., R. STRAUB, B. STRAUB: Ein Vergleich von Beurteilungsskalen und Leistungsverfahren für die Schweregradmessung zyklothymer Depressionen. Pharmakopsychiat. 9 (1976) 247-265

STRAUB, R., B. STRAUB, S. LEHRL: Zyklothyme Depression und Leistung. Psychiat. Neurol. med. Psychol., Leipzig 28 (1976) 500-508

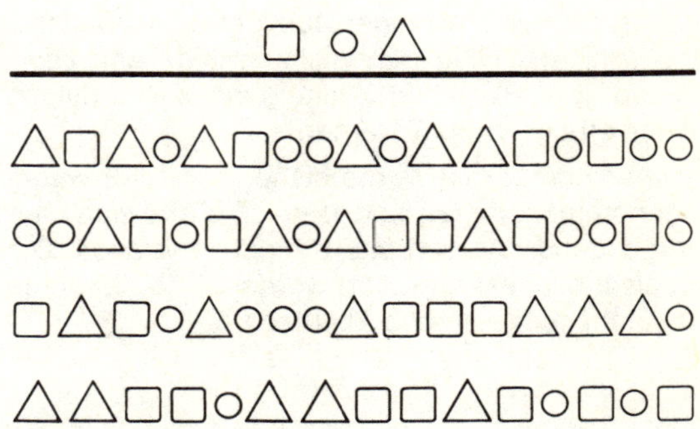

Abb.: Ausschnitt aus dem Subtest 4 des LtD

Abb.: Vorlage für Subtest 1 des LtD

Münchner Komaskala

(Munich Coma Scale)

MCS

nach R. Brinkmann, D. v. Cramon, H. Schulz

Komatöser Zustand, Schweregrad von Aufmerksamkeitsstörungen

Leistungsverfahren

Verlaufsuntersuchungen

Normen

Abnahme 5 bis 10 Minuten

Empirisch gestützt:
- Reliabilität
- Validität
- Normierung

Anwendung

Die MCS soll Aufmerksamkeitsstörungen erfassen. Dazu werden abgestufte Reize dargeboten und die Reaktionen, die selbst wieder in eine gestufte Ordnung gebracht sind, registriert. Dieser Leistungstest wurde zur Einschätzung schwerer und schwerster Aufmerksamkeitsstörungen entwickelt und wird daher vorwiegend bei Klinikpatienten, besonders auf Intensivstationen, angewandt.

Bei Patienten mit einer weniger ausgeprägten Vigilanzminderung kann mit Hilfe der Vigilanzskala nach D. v. CRAMON und U. SCHURI (1980) eine genaue Beurteilung der Vigilanzstörung erreicht werden.

Die Münchner Komaskala wurde bisher nur bei Erwachsenen abgenommen. Ihr Geltungsbereich dürfte sich aber ebenso auf Jugendliche und ältere Kinder beziehen. Die MCS muß als Einzeltest appliziert werden. Ihre Abnahme dauert ungefähr fünf bis zehn Minuten.

Aufbau

Die Münchner Komaskala setzt sich aus zwei Skalen zusammen. Eine dient der Abstufung der Stimulierbarkeit und die andere der Reaktivität des Patienten.

Die Stimulierbarkeit wird durch vier, der Stärke nach abgestufte Reize gemessen. Den stärksten Stimulus (Stufe 1) bietet ein elektrischer Reiz (Konstantstromgeber). Auf den Stufen 2 bis 4 folgen zunehmend schwächere Reize, erst ein mechanischer, dann ein akustischer und schließlich ein optischer.

Die zu beobachtenden Reaktionen werden ebenfalls nach vier Stufen differenziert: in motorische, mimische, orientierende und kommunikativ-reaktive.

Die Reiz- und die Reaktionsskala werden in einer Matrix einander zugeordnet. Die Position eines Patienten in der Matrix geht dementsprechend aus seiner Stimulierbarkeit und Reaktivität hervor. Hiernach wird schließlich die Schwere seiner Aufmerksamkeitsstörung bestimmt.

Gütewerte

Normen: Als Normwerte werden fünf Schweregradstufen (0 bis IV) angegeben, deren Einteilung durch empirische Untersuchungen an verschiedenen Patientenstichproben mit je ca. 70 Personen empirisch gestützt wurde.

Reliabilität: Als Reliabilitätsmaße dienten Korrelationen zwischen den beiden Skalen. Als Koeffizient wurde ein CC-Wert = 0,82 (n = 67) ermittelt. Weitere Maße sind die Reproduktivitätskoeffizienten nach der eindimensionalen GUTTMAN-Skala, die bei verschiedenen Studien um 0,95 lagen. Außerdem wurden als Indikatoren der Reliabilität die Fehlzuordnungen angegeben, die auftraten, wenn die Einstufung nach der Stimulierbarkeits-Skala mit der jeweils erreichten Stufe nach der Reliabilitäts-Skala verglichen wurde. Hiernach werden geringere Fehler als 1% angegeben.

Validität: Empirische Validitätsnachweise gehen sowohl aus der vom Konzept geforderten Eindimensionalität der beiden Skalen je für sich und aus ihrer hohen Interkorrelation hervor (s. Reliabilität).

Wiederholbarkeit: Da die mit der MCS zu untersuchenden Patienten meistens schwere Aufmerksamkeitsstörungen haben, sind systematische Wiederholungseffekte, wie sie vor allem durch Lerneinflüsse bewirkt werden, kaum zu erwarten.

Literatur

BRINKMANN, R., D.v. CRAMON, H. SCHULZ: Skalierung von Aufmerksamkeitsstörungen bei neurologischen Patienten. J. Neurol. 209 (1975) 1-8

BRINKMANN, R., D.v. CRAMON, H. SCHULZ: The Munich Coma Scale (MCS). Neurol. Neurosurg. Psychiat. 39 (1976) 788-793

CRAMON, D.v., R. BRINKMANN, H. SCHULZ: Entwicklung eines Meßinstruments zur Bestimmung der Aufmerksamkeit bei Patienten mit cerebralen Läsionen und Funktionsstörungen. J. Neurol. 208 (1975) 241-256

CRAMON, D.v., U. SCHURI: The Vigilance Scale: An Analysis of Elicited Behavioral Responses. Arch. Psychiat. Nervenkr. 229 (1980) 45-52

SCHULZ, H., D.v. CRAMON, R. BRINKMANN: Messung des Verlaufs der Aufmerksamkeit bei intoxizierten Patienten. J. Neurol. 210 (1975) 33-40

Minnesota Multiphasic Personality Inventory

MMPI-Saarbrücken

Alle wesentlichen Persönlichkeitsbereiche
Selbstbeurteilungsverfahren für Erwachsene
Ein- und mehrmalige Untersuchungen
Normen
Abnahme 60 bis 90 Minuten
Empirisch gestützt:
- Reliabilität
- Validität
- Normierung
- Wiederholbarkeit

Nach O. Spreen (amerikanisches Original: S. R. Hathaway, J. C. Mc Kinley)

Anwendung

Der MMPI dürfte der im klinischen Bereich am häufigsten angewandte Persönlichkeitstest sein. Er ist ein Selbstbeurteilungsverfahren, das sowohl als Einzel- wie auch als Gruppentest abgenommen werden kann. Mittels seiner dreizehn Standard-Subskalen sollen »alle wesentlichen Persönlichkeitsbereiche« eines Probanden erfaßt werden. Die Bezeichnungen der Skalen orientieren sich an psychiatrischen Klassifikationen.

Wegen des großen Merkmalsbereiches, den der MMPI umfaßt, dauert seine Abnahme mit 60 bis 90 Minuten verhältnismäßig lang. Er kann bei Erwachsenen ab dem 16. Lebensjahr angewandt werden. Der Proband sollte wenigstens über den HAWIE-IQ 85 verfügen (zu HAWIE, s. dort). Von A. GEHRING (A. GEHRING, A. BLASER, 1982) wurde eine MMPI-Kurzform mit 221 Items entwickelt, die auch in einer vom Computer auswertbaren Form vorliegt (s. Abb.).

Aufbau

Der MMPI umfaßt insgesamt 566 Feststellungen, wobei 16 Wiederholungen vorkommen.

Beispiele:

Item 2: Ich habe einen guten Appetit
Item 3: Meist wache ich am Morgen frisch und ausgeruht auf
Item 4: Ich glaube, der Beruf eines Bibliothekars würde mir gefallen.

Die Items sollen durch Anstreichen der Rubriken »ja« oder »nein« beantwortet werden.

Durch Vergleiche »normaler« und klinisch-psychiatrisch vorgegebener Stichproben wurden die folgenden zehn Unterskalen gewonnen:

1. Hypochondrie (HS)
2. Depression (D)
3. Hysterie (HY)
4. Psychopathie (PD)
5. (maskulin-feminine) Interessen (MF)
6. Paranoia (PA)
7. Psychasthenie (PT)
8. Schizoidie (SC)
9. Hypomanie (MA)
10. Soziale Introversion-Extraversion (SI)

Der MMPI enthält zusätzlich drei Validitätsskalen (L-, F- und K-Skala), welche Aufschluß darüber geben sollen, inwieweit die Testergebnisse zuverlässig und gültig gedeutet werden können.

Gütewerte

Der MMPI ist wahrscheinlich der am besten empirisch geprüfte Test. 1970 lagen dazu bereits über 3000 wissenschaftliche Veröffentlichungen vor (nach R. R. ENGEL, 1978).

Normen: Zur Interpretation wird ein Profilblatt mit empirisch ermittelten T-Werten verwendet. Außerdem liegen Mittelwertsprofile verschiedener Stichproben vor (z.B. Depression, Neurosen, Psychopathien, Verwahrlosung, Schizophrenie).

Reliabilität: Für die deutsche Bearbeitung wurden Split-Half-Koeffizienten von 0,53 bis 0,73 und Retest-Koeffizienten von 0,57 bis 0,80 vorgelegt (E. H. BOTTENBERG, E. G. WEHNER, 1966; E. G. WEHNER, E. H. BOTTENBERG, 1969).

Validität: Durch die Auswahl der Items läßt sich bereits eine gewisse inhaltliche Validität begründen. Empirische Validitätsuntersuchungen gibt es inzwischen in großer Zahl. In faktorenanalytischen Untersuchungen erwiesen sich die Faktorenmuster als stabil. Die Anzahl der Faktoren ist jedoch geringer als die Zahl der Unterskalen (V. HOBI, 1972; E. H. BOTTENBERG, E. G. WEHNER, 1966; E. H. BOTTENBERG, P. KRZMARSCH, R. STETTER, 1975).

Wiederholbarkeit: Die Korrelationen der Unterskalen betrugen bei einem Retest-Intervall von zehn Tagen (n = 61) zwischen 0,57 und 0,80. Bei einem Intervall von sechs Monaten (n = 65) ergaben sich Korrelationen von 0,39 bis 0,71 (E. G. WEHNER, E. H. BOTTENBERG, 1969).

Literatur

BADURA, H. O.: Beitrag zur diffentialdiagnostischen Validität des MMPI zur Prognose der Effizienz des Autogenen Trainings. Arch. Psychiat. Nervenkr. 224 (1977) 389-394

BLASER, A., A. GEHRING: MMPI. Ein programmierter Kurs zur deutschsprachigen Ausgabe des Minnesota Multiphasic Personality Inventory von S. R. HATHAWAY und J.C. Mc KINLEY. Huber: Bern, 1972

BOTTENBERG, E. H., P. KRZMARSCH, R. STETTER: Basis-MMPI. Diagnostica 21 (1975) 64-73

BOTTENBERG, E. H., E. G. WEHNER: Mitteilung zur Zuverlässigkeit und Interkonsistenz der Standardskalen des MMPI Saarbrücken. Diagnostica 12 (1966) 85-86

ENGEL, R. R.: Möglichkeiten und Grenzen des Einsatzes eines automatisierten MMPI-Befundsystems in einer psychiatrischen Klinik. In: TACK, W. H. (Hrsg.): Ber. 30. Kongr. Dt. Gesellsch. Psychol., Bd. 2. Hogrefe: Göttingen, 1977

ENGEL, R. R.: Persönlichkeitsfragebogen »MMPI Saarbrücken«. Ärztl. Prax. 30 (1978) 768-769

GEHRING, A., A. BLASER: MMPI: Deutsche Kurzform für Handauswertung. Handbuch. Huber: Bern-Stuttgart-Wien, 1982

GRÜNBERGER, J., J. RANEFELD, W. SLUGA: Psychometrische Erfassung entwöhnungsbedürftiger Rechtsbrecher. Psychother. med. Psychol. 26 (1976) 72-84

HOBI, V.: Ein Beitrag zur Faktorenstruktur des MMPI. Schweiz. Z. Psychol. Anwendg. 31 (1972) 298-305

SPREEN, O.: Manual zum MMPI Saarbrücken. Deutsche Bearbeitung des Minnesota Multiphasic Personality Inventory von S. R. HATHAWAY und J. C. Mc KINLEY. Huber: Bern, 1963

WEHNER, E. G., E. H. BOTTENBERG: Wiederholungsreliabilität und faktorielle Konstanz des MMPI Saarbrücken. Diagnostica 15 (1969) 36-40

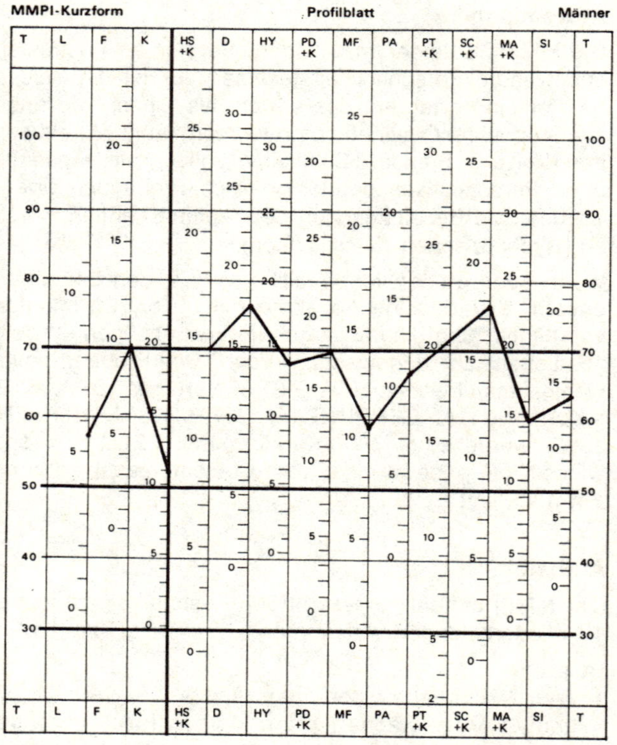

Abb.: Profiblatt des MMPI mit Durchschnittswerten männlicher Neurotiker (nach A. GEHRING, A. BLASER, 1982)

Mehrfachwahl-Wortschatz-Intelligenztest

MWT-B

nach S. Lehrl

Prä- und postmorbides, allgemeines Intelligenzniveau

Leistungsverfahren zur Selbstabnahme für Erwachsene

Einmalige Untersuchungen

Normen

Abnahme ungefähr 5 Minuten

Parallelform

Empirisch gestützt:
- Reliabilität
- Validität
- Normierung
- Wiederholbarkeit

Anwendung

Der MWT-B wurde als Test zur Messung des allgemeinen Intelligenzniveaus entwickelt. Er stellt kaum Anforderungen an die aktuell verfügbare Leistungsfähigkeit, sondern dient der Erhebung einer Stichprobe von Wissen, das im Laufe des Lebens erworben wurde. Daher wird er auch als »Intelligenz-Spurentest« klassifiziert. Als derartiges Verfahren läßt er sich außerdem zur Abschätzung des prä- und postmorbiden (= extramorbiden) Intelligenzniveaus einsetzen.

Die Durchführung des MWT-B wird wie die von Selbstbeurteilungs-Verfahren vom Probanden selbst übernommen. Die Testabnahme beträgt bei psychiatrisch unauffälligen Personen ungefähr fünf Minuten. Außer zur Abschätzung des extramorbiden Intelligenzniveaus wird der MWT-B daher da angewandt, wo man sich schnell über den Intelligenzquotienten einer Person informieren will, beispielsweise zur Prüfung, ob die Voraussetzungen für die Abnahme eines Selbstbeurteilungs-Verfahrens (IQ > 80) gegeben sind.

Für Erwachsene von 20 bis 64 Jahren liegen Normen vor.

Aufbau

Die insgesamt 37 Items des MWT-B sind in der Form von Mehrfachwahl-Items (multiple-choice) aufgebaut. Dabei steht ein umgangs- oder wissenschaftssprachlich bekanntes Wort unter vier fiktiven Neukonstruktionen.

Beispiel:

schalieren — waschieren — wakieren — schackieren — kaschieren

Der Proband soll jeweils das »richtige« der fünf Wörter herausfinden und anstreichen.

Die Items wurden ihrem Schwierigkeitsgrad entsprechend angeordnet, wobei die leichtesten am Anfang und die schwersten am Ende des Testformulares stehen.

Die Anzahl aller gelösten Items ergibt den Gesamt-Rohwert, der nach einer Normtabelle in IQ-Werte, Standard-Werte oder Prozentränge umgerechnet werden kann.

Mit dem MWT-A (S. LEHRL et al., 1974) liegt eine Parallelform vor.

Gütewerte

Normen: An einer repräsentativen Stichprobe deutschsprachiger Erwachsener (N = 1952) wurden Standardnormen (IQ, Standardwert, Prozentrang) ermittelt.

Reliabilität: Die publizierten Split-Half-Koeffizienten und die Korrelationen zwischen MWT-A und MWT-B bewegen sich zwischen 0,86 und 0,95. Die Wiederholungs-Test-Reliabilität, wobei der MWT-A innerhalb zwanzig Minuten zweimal abgenommen wurde, liegt bei 0,94.

Validität: Zur Gültigkeitsprüfung wurden Untersuchungen mit Verfahren, die dem MWT-B sehr ähnlich sind, durchgeführt. Für MWT-B-ähnliche Verfahren, wie dem MWT-A oder der MWT-Erstform, betragen die Korrelationen 0,79 bis 0,92. Es liegen auch Korrelationsstudien zu Intelligenzverfahren vor, deren Aufgaben zum Teil beträchtlich von denen des MWT-B abweichen, beispielsweise zum kulturfairen-Intelligenz-Test 3 nach R. H. WEISS (1971) und zum Test »Zahlen nachsprechen vorwärts« aus dem bekannten HAWIE. Mit Konstrukten, die dem Begriff der Intelligenz fernstehen, beispielsweise »Befindlichkeit« oder »körperliche und psychische Beschwerden« (D. v. ZERSSEN, 1975), korrelieren die MWT-Ergebnisse in entsprechenden Studien nicht.

Wiederholbarkeit: Die Wiederholbarkeit wurde empirisch nachgewiesen (S. LEHRL et al, 1974; W. PATER, 1978; L. BLAHA, W. PATER, 1979).

Literatur

BLAHA, L., W. PATER: Zur Stabilität und Wiederholbarkeit (Reliabilität) des Intelligenz-Kurztestes MWT-B bei Langzeithospitalisierten. Nervenarzt 50 (1979) 196-198

BLAHA, L., W. PATER, S. LEHRL: Neue empirische Untersuchungen zur Zuverlässigkeit und Gütligkeit von Meßverfahren des Kurzspeichers als Intelligenzkorrelat. Grundlagenstud. Kybern. Geisteswiss. 19 (1978) 11-18

GREINER, A.: Zur Anwendung des Sprichwörtererklärens in Multiple-Choice-Form bei Psychosen und Varianten. Diss., Univ. Erlangen, 1977

HIFINGER, E.: Zum Aussagegehalt von Sprichwörtertests. Diss. Univ. Erlangen, 1975

JAKOB, H.: Anwendung eines Bildergeschichtentests bei organischen Schizophrenen und zyklothymen Psychosen. Diss., Univ. Erlangen, 1975

KERN, I., U. FISCHER, B. FISCHER: Intelligenz-Testung in der Frühgeriatrie. Korrelativer Zusammenhang zwischen dem Mehrfachwahl-Wortschatz-Test (MWT-B) und dem Progressiven Matrizen-Test (PMT) bei einem frühgeriatrischen Patientengut. Fortschr. Med. 97 (1979) 1821-1823

LEHRL, S.: Intelligenzspurtest — psychopathologische Meßinstrumente der Intelligenz. Med. Welt 23 (1972) 167-168

LEHRL, S.: Mehrfachwahl-Wortschatz-Intelligenztest. Manual zum MWT-B. Straube: Erlangen, 1977

LEHRL, S.: Intelligenz, informationspsychologisch. In: Enzyklopädie Naturwissenschaft und Technik. Jahresband 1983. Moderne Industrie: Landsberg/Lech, 1983

LEHRL, S., H. ERZIGKEIT: Determiniert der Kurzspeicher das allgemeine Intelligenzniveau? Grundlagenstud. Kybern. Geisteswiss. 17 (1976) 109-119

LEHRL, S., H. DAUN, R. SCHMIDT: Eine Abwandlung des HAWIE-Wortschatztests als Kurztest zur Messung der Intelligenz Erwachsener. Arch. Psychiat. Nervenkr. 214 (1971) 353-364

LEHRL, S., J. MERZ, H. ERZIGKEIT, J. V. GALSTER: Der MWT-A — ein wiederholbarer Intelligenz-Kurztest, der weitgehend unabhängig von seelisch-geistigen Störungen ist. Nervenarzt 45 (1974) 364-369

MERZ, J., S. LEHRL, J. V. GALSTER, H. ERZIGKEIT: MWT-B — ein Intelligenzkurztest. Psychiat. Neurol. med. Psychol., Leipzig 27 (1975) 423-428

NEUMANN, J., H. WOLFRAM: Anwendung des MWT-B zur Erfassung des prämorbiden Intelligenzniveaus. Psychiat. Neurol. med. Psychol., Leipzig 30 (1978) 721-730

PATER, W.: Die Erlanger-Bilder-Skala (EBS). Ein psychopathometrischer Kurztest zur Quantifizierung der Intelligenzschwäche Erwachsener. Diss., Univ. Erlangen, 1978

RASCHKE, W.: Zum Verhalten von Leistungs- und Intelligenztests bei organischer psychischer Beeinträchtigung. Untersuchungen mit dem Benton-Test, Böcker-Test, Raven-Test und Mehrfachwahl-Wortschatz-Test. Diss., Univ. Erlangen, 1976

WEISS, R. H.: Grundintelligenztest CFT 3 Skala 3. Westermann: Braunschweig, 1971

WIESSNER, I., W. FELBER: Untersuchung zur Übereinstimmung zweier intelligenzdiagnostischer Testverfahren (HAWIE und MWT-B) an einer Stichprobe psychopathologisch auffälliger Patienten. Psychiat. Neurol. med. Psychol., Leipzig 33 (1981) 744-748

ZERSSEN, D. v.: Allgemeiner Teil zum Testsystem PSYCHIS. Beltz: Weinheim, 1975

Nürnberger-Alters-Inventar

NAI

Kognitive Leistungskomponenten, Befindlichkeit, Einstellung zum Alter, Verhaltensbeobachtung

Testinventar für ältere Menschen ab 55 Jahren

Verlaufsuntersuchungen

Normierung

Empirisch gestützt:
- Reliabilität
- Validität
- Normierung

nach W. D. Oswald, U. M. Fleischmann

Anwendung

Das NAI ist ein umfangreiches Testinstrumentarium zur Messung kognitiver Leistungskomponenten, Befindlichkeit und Einstellung zum Alter sowie zur Verhaltensbeobachtung älterer Menschen. Es besteht aus insgesamt zehn Tests (Leistungstests und verschiedene Fragebögen). Das NAI wurde mit dem Ziel entwickelt, eine Testbatterie zur Verfügung zu stellen, die objektiv, zuverlässig und sensitiv therapeutisch-induzierte Veränderungen bei älteren Menschen erfaßt. Bei der Konstruktion und der Gestaltung der einzelnen Tests wurde auf die besonderen motivationalen und körperlichen Erfordernisse älterer Menschen eingegangen. Beispielsweise sind alle Verfahren hinsichtlich der Schriftgröße an die eingeschränkte Visualität angepaßt.

Das NAI sollte in Einzeluntersuchungen eingesetzt werden. Sein Geltungsbereich erstreckt sich auf Erwachsene ab 55 Jahren.

Aufbau

Die Leistungsverfahren im NAI sind:

— Zahlennachsprechen
— Zahlen-Symbol-Test
— Mosaik-Test
(modifizierte Subtests aus dem Hamburg-Wechsler-Intelligenztest für Erwachsene HAWIE)
— Labyrinth-Test (nach Chapuis)
— Benton-Test (in der Wahlform)
— Zahlen-Verbindungs-Test (Version G für gerontopsychologische Anwendung)

Das Fragebogen-Inventar des NAI setzt sich aus vier Skalen zusammen:

— Eigenschaftsorientiertes Fremdrating (Nürnberger-Alters-Rating NAR)
— Beobachtungsskala für Alltags-Verhaltensweisen oder Pflegebedürftigkeit (Nürnberger-Alters-Beobachtungsskala NAB)
— Einstellungsfragebogen zum Altern (Nürnberger-Alters-Fragebogen NAF)
— Selbstrating (Nürnberger-Alters-Selbstbeurteilungsskala NAS)

Einen Ausschnitt aus verschiedenen Testverfahren zeigt die Abbildung.

Die Auswertung der einzelnen Tests und die Bestimmung der Rohwerte geschieht nach exakt vorgegebenen Anweisungen. Durchführung und Auswertung sind ebenfalls als objektiv zu bezeichnen. Zu den einzelnen Verfahren können aus Normentabellen Centil-Werte und die entsprechenden Prozentrangwerte abgelesen werden. Zum ZVT sind ferner T-Werte angegeben ($x = 50$, $s = 10$).

Derzeit wird das NAI durch eine Reihe von Gedächtnisprüfungen ergänzt (U.M. FLEISCHMANN, W.D. OSWALD, 1984). Ebenso sind mehrere Parallelformen in der Entwicklung.

Gütewerte

Normen: Normen liegen für drei Altersbereiche (55-69, 70-79, 80 Jahre und älter) getrennt vor.

Reliabilität: Wiederholungstestungen führten, je nach zeitlichem Abstand zur Zweittestung, in den Leistungsverfahren zu Retest-Koeffizienten von 0,42 bis 0,97. In den Fragebogenskalen liegen die entsprechenden Koeffizienten zwischen 0,58 und 0,93.

Validität: Für alle Testverfahren sind entsprechende Validitätsnachweise veröffentlicht. Faktorenanalytische Untersuchungen der Leistungstests zeigen deutlich zwei Komponenten, die man als »kognitive Leistungsgüte« (power) und »kognitive Leistungsgeschwindigkeit« (speed) umschreiben kann. Die Faktorenstruktur erwies sich als altersunabhängig.

Wiederholbarkeit: Als Testinstrument zur Erfassung von Veränderungen ist eine wiederholte Testdurchführung Bestandteil des Testkonzepts. Wiederholungseffekte dürften sich bei den einzelnen Verfahren (Leistungsverfahren, Fragebogenverfahren) in unterschiedlichem Ausmaß bemerkbar machen.

Literatur

FLEISCHMANN, U.W., W.D. OSWALD: A Gerontopsychological Memory Test Battery of Multiple Measurement in Neuropsychopharmacology. 14th C.I.N.P. Congress, Florence, 1984

OSWALD, W.D.: Psychometrische Verfahren und Fragebogen für gerontopsychologische Untersuchungen. Z. Gerontol. 12 (1979) 341-350

OSWALD, W.D.: Das Nürnberger Alters-Inventar NAI als psychometrische Methode der klinischen Pharmakologie. In: PLATT D. (Hrsg.): Funktionsstörungen des Gehirns im Alter. Schattauer: Stuttgart, 1982

OSWALD, W.D.: Alltagsaktivitäten und die Speed/Power-Komponenten von Testleistungen. Z. Gerontol. 15(1982) 11-14

OSWALD, W.D., U.M. FLEISCHMANN: Das Nürnberger Alters-Inventar NAI. Kurzbeschreibung, Testanweisung, Normwerte, Testmaterial. Universität Erlangen-Nürnberg: Nürnberg, 1982

OSWALD, W.D., M. MATEJCEK, K. LUKASCHEK, H.J. DENNLER, B. OSWALD: Über die Relevanz psychometrisch operationalisierter Therapie-Effekte bei der Behandlung altersbedingter Insuffizienzerscheinungen des Gehirns am Beispiel des Nürnberger-Alters-Inventars. Arzneim.-Forsch. 32 (1982) 584-590

Nürnberger-Alters-Rating (NAR):

selbstsicher	1	2	3	4	5	6	7	verunsichert	
flexibel	1	2	3	4	5	6	7	rigide	

Nürnberger-Alters-Beobachtungs-Skala (NAB)

1. Die äußere Erscheinung des Beurteilten (Kleidung, Gesicht, Haare, Rasur, Hände, Nägel)
   - ☐ ist nie unordentlich
   - ☐ ist manchmal etwas ungepflegt
   - ☐ wäre ohne Hilfe praktisch immer unordentlich, bzw. immer ungepflegt
2. Der Beurteilte kann
   - ☐ mit alltäglichen Aufgaben *nicht* betraut werden (z.B. Führung eines eigenen Haushalts, Pflege des eigenen Appartements, der eigenen Kleidung usw.)
   - ☐ nur einfachere, kleinere Tätigkeiten ausüben (z.B. Abstauben, Knopfannähen usw.)
   - ☐ alle alltäglichen Arbeiten (s. o.) eigenverantwortlich übernehmen

Nürnberger-Alters-Fragebogen (NAF)

7. Ich bin immer noch recht unternehmungslustig	ja	nein
8. Über alles gesehen, glaube ich, daß mein Leben sehr erfüllt war	ja	nein
9. Es gibt in meinem Leben noch eine Reihe nützlicher Aufgaben	ja	nein

Nürnberger-Alters-Selbstbeurteilungs-Skala (NAS)

3. Im Vergleich zum letzten Jahr *lese* ich...	viel mehr	gleich viel	viel weniger
	etwas mehr		etwas weniger
4. Im Vergleich zum letzten Jahr ist mein *Gedächtnis*...	viel schlechter	gleich	viel besser
	etwas schlechter		etwas besser

Abb.: Beispiele zu den Fragebogen des Nürnberger-Alters-Inventars NAI.

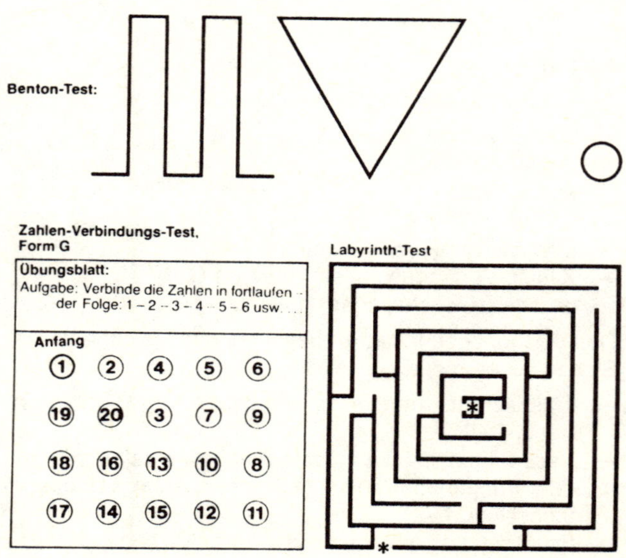

Abb.: Beispiele zu den Leistungstests des Nürnberger-Alters-Inventars NAI.

Nurses' Global Impressions

NGI

Änderungen globaler psychischer Störungen

Fremdbeurteilungsverfahren für erwachsene stationäre Patienten

Verlaufsuntersuchungen

nach National Institute of Mental Health

Anwendung

Die NGI dient als Fremdbeurteilungsverfahren für schwere Ausprägungen psychischer Störungen von Patienten. Besonderer Wert wird auf die Beurteilung der Änderung des globalen psychischen Zustandes gelegt.

Die Fremdbeurteilung soll vom Pflegepersonal vorgenommen werden, wobei die vergangene Woche als zeitlicher Bezugsrahmen dient. Dieses Verfahren kann bei jeder psychischen Erkrankung und jeder Patientengruppe angewandt werden.

Aufbau

Der Fragebogen besteht aus nur zwei Items. Item 1 bezieht sich auf den Schweregrad der Krankheit, während Item 2 eine globale Beurteilung der Gesamtänderung des Zustandes verlangt.

Beide Items sind nach sieben Ausprägungen abgestuft. Daneben besteht die Rubrik »nicht beurteilbar«. Jedes Item wird für sich interpretiert. Eine Gesamtauswertung ist nicht sinnvoll.

Gütewerte

Über Normen, Reliabilität und Validität liegen keine Angaben vor. Von der Konstruktion her müßte sich das Verfahren für Verlaufsuntersuchungen eignen.

Literatur

CIPS (Collegium Internationale Psychiatriae Scalarum, Hrsg.): Internationale Skalen für Psychiatrie. Beltz: Weinheim, 1981

NATIONAL INSTITUTE OF MENTAL HEALTH: 042 NGI. Nurses' Global Impressions. In: GUY, W. (Hrsg.): ECDEU Assessment Manual for Psychopharmacology. National Institute of Mental Health: Rockville/Maryland, 1976, rev. Aufl.

Normkenntnisfragebogen

NK-F

nach H.-H. Fröhlich

Schuldfähigkeit jugendlicher Straftäter
Kenntnis von Sozialnormen
Selbstbeurteilungsverfahren für Jugendliche zwischen 12 und 17 Jahren
Einmalige Untersuchung
Normen
Empirisch gestützt:
- Reliabilität
- Validität
- Normierung

Anwendung

Der NK-F ist ein Selbstbeurteilungsverfahren zur Erfassung von deliktneutralen und deliktspezifischen Kenntnissen von Normen und Regeln des gesellschaftlichen Zusammenlebens. Er wurde zur Prüfung der erkenntnisbezogenen Voraussetzungen der Schuldfähigkeit von jugendlichen Straftätern entwickelt und findet seine hauptsächliche Anwendung in der gutachterlichen Praxis.

Das Verfahren eignet sich für Jugendliche im Alter zwischen zwölf und 17 Jahren. Der Standardisierung liegen Ergebnisse zugrunde, die an Jugendlichen der DDR gewonnen wurden.

Aufbau

Der NK-F besteht aus 50 Items, die Aussagen zu sozialen Sachverhalten wie gesellschaftliche Normen, soziales Verhalten, Normverstöße oder Rechtsbrüche enthalten. Der Proband hat bei jedem Item zwischen mehreren vorgegebenen Antwortmöglichkeiten zu wählen.

Der Gesamtpunktwert des NK-F gilt als ein Maß des Grades der Kenntnis rechtlich relevanter Sozialnormen. Die Auswertung geschieht anhand des Rohwertes, indem der individuelle Wert mit verschiedenen Gruppenmittelwerten unterschiedlicher Standardisierungsstichproben in Beziehung gebracht wird.

Gütewerte

Normen: Für elf verschiedene Stichproben mit insgesamt 1400 Probanden im Alter von zwölf bis 17 Jahren liegen statistische Kennwerte der Rohwertverteilungen vor. Mit Hilfe eines Diskriminanzschemas ist die statistisch hinreichend gesicherte Klassifikation eines Probanden in eine diagnostische Gruppe möglich.

Reliabilität: Als mittlere Testhalbierungsreliabilität wird ein Koeffizient von 0,87 ($n = 700$) angegeben. Der Konsistenzkoeffizient wird mit 0,79 geschätzt.

Validität: Verschiedene empirische Validitätsnachweise liegen in Form von Gruppen- und Extremgruppenvergleichen (Schuldfähige vs. Schuldunfähige) sowie anhand diskriminanzanalytischer Untersuchungen vor. Für den Extremgruppenvergleich ist eine Korrelation von 0,71 angegeben. Als Korrelation der Rohwerte des NK-F mit dem Ergebnis der Begutachtung wird ein Koeffizient von 0,38 genannt.

Wiederholbarkeit: Empirische Belege zum Einsatz des NK-F als Verlaufsverfahren liegen nicht vor.

Literatur

FRÖHLICH, H.-H.: Intelligenzdiagnose und Diagnostik rechtlich relevanter Normkenntnisse bei jugendlichen Straftätern. Psychiat. Neurol. med. Psychol., Leipzig 24 (1972) 337-343

FRÖHLICH, H.-H.: Standardisierung eines Verfahrens zur Diagnostik rechtlich relevanter Normen — Aneignung im Rahmen der Schuldfähigkeitsbegutachtung. In: SZEWCZYK, H. (Hrsg.): Med.-jur. Grenzfr., Bd. 13, Fischer: Jena, 1977, 3. Aufl.

FRÖHLICH, H.-H.: Der Normkenntnisfragebogen in der gutachterlichen Praxis — Daten einer Analyse. In: SZEWCZYK, H. (Hrsg.): Der fehlentwickelte Jugendliche und seine Kriminalität. VEB Gustav Fischer Verlag: Jena, 1982

HOINKIS, H., E. LANGHOF: Kritische Betrachtungen zur Anwendung des Normkenntnisfragebogens in der Praxis. Jur. Dipl.-Arb., Berlin, 1974

LITTMANN, E., J. OTT: Zum Aussagewert psychodiagnostischer Verfahren unter den Aspekten der forensischen Begutachtung, Erforschung und Resozialisierung jugendlicher Straftäter. In: SZEWCZYK, H. (Hrsg.): Der fehlentwickelte Jugendliche und seine Kriminalität. VEB Gustav Fischer Verlag: Jena, 1982

Nurses' Observation Scale for Inpatient Evaluation

(Skala zur Beobachtung stationärer Patienten durch das Pflegepersonal)

NOSIE

nach G. Honigfeld, R. D. Gillis, C. J. Klett

Verhaltensweisen bei langem klinischen Aufenthalt

Fremdbeurteilungsverfahren für hospitalisierte erwachsene Patienten, insbesondere mit chronischer Schizophrenie

Verlaufsuntersuchungen

Normen

Empirisch gestützt:
- Reliabilität
- Validität
- Amerikanische Normierung

Anwendung

Das vorliegende Fremdbeurteilungsverfahren dient vorrangig der Verhaltensbeurteilung hospitalisierter chronischer schizophrener Patienten, kann aber auch bei anderen hospitalisierten Erwachsenen, beispielsweise geriatrischen Patienten, abgenommen werden.

Das Pflegepersonal soll mit der NOSIE das Verhalten der Patienten während der letzten drei Tage beurteilen. Für diesen Zweck ist der Aufbau der Items leicht und gut verständlich gehalten.

Aufbau

Die NOSIE umfaßt 30 Items, mit denen in fünf Stufen die Auftrittshäufigkeit der entsprechenden Verhaltensweisen innerhalb der vergangenen drei Tage beurteilt werden. Als Auftrittshäufigkeiten sind »nie«, »manchmal«, »oft«, »meistens« und »immer« vorgegeben.

Beispiele:
- Item 1: ist nachlässig
- Item 2: ist ungeduldig

Faktorenanalysen erbrachten u.a. eine 7-Faktoren-Struktur, nach welcher eine differenzierte Auswertung vorgenommen werden kann. Dabei gelten als »positive Faktoren«:

1. Soziale Anpassungsfähigkeit,
2. Soziales Interesse und
3. Persönliche Sauberkeit.

Als »negative Faktoren« werden aufgefaßt:

4. Reizbarkeit,
5. Manifeste Psychose,
6. Retardierung und
7. Depression.

Der Punktwert für jeden Faktor wird aus der doppelten Summe der Urteilsausprägungen in den zugehörigen Items ermittelt. In den Index-Wert gehen die Punkte aller Faktoren ein. Hierzu wird die Summe der Punkte in den positiven Faktoren zur Zahl 150 addiert und durch die Summe der Punkte in den negativen Faktoren geteilt.

Gütewerte

Normen: Für die ersten sechs Faktoren und deren Index-Wert liegen T-Werte vor, die an englischsprachigen Stichproben (n = 630) gewonnen wurden.

Reliabilität: Für die Faktoren werden getrennte Interrater-Reliabilitäten angegeben. Sie bewegen sich zwischen 0,57 und 0,95.

Validität: Nach psychiatrischen Konzeptionen liegt eine inhaltliche Validität vor. Als kriterium-orientierter Koeffizient wird die Korrelation des Index-Wertes mit einer Skala zum Verhalten auf klinischen Stationen angegeben. Der Koeffizient beträgt 0,90.

Wiederholbarkeit: Die NOSIE habe sich, nach Autorenangabe, bisher bei verschiedenen kontrollierten Medikamenten-Prüfungen als gut differenzierendes Instrument erwiesen. Sie soll sich für Verlaufsuntersuchungen eignen.

Literatur

CIPS (Collegium Internationale Psychiatriae Scalarum, Hrsg.): Internationale Skalen für Psychiatrie. Beltz: Weinheim, 1981

HONIGFELD, G., R. D. GILLIS, C. J. KLETT: 039 NOSIE. Nurses' Observation Scale for Inpatient Evaluation. In: GUY, W. (Hrsg.): ECDEU Assessment Manual for Psychopharmacology. National Institute of Mental Health: Rockville/Maryland, 1976, rev. Aufl.

NATIONAL INSTITUTE OF MENTAL HEALTH: 07-NOSIE. Nurses' Observation Scale for Inpatient Evaluation. In: GUY, W., R. R. BONATO (Hrsg.): Manual for the ECDEU Assessment Battery. National Institute of Mental Health: Chevy Chase, 1970, 2. rev. Aufl.

NATIONAL INSTITUTE OF MENTAL HEALTH: NOSIE-30: A Treatment-Sensitive Ward Behaviour Scale. In: LYERLY, S. B. (Hrsg.): Handbook of Psychiatric Rating Scales. National Institute of Mental Health: Rockville/Maryland, 1973, 2. Aufl.

RACKENSBERGER, W., W. FRITZSCH, D. SCHWARZ, K. H. STUTTE, D. v. ZERSSEN: Wirkung des Beta-Rezeptoren-Blockers Propranolol auf Manien. Arch. Psychiat. Nervenkr. 222 (1976) 223-243

Paranoid-Depressivitäts-Skala

PD-S

Paranoide und ängstlich-depressive Symptomatik

Selbstbeurteilungsverfahren für Erwachsene

Verlaufsuntersuchungen

Normen

Abnahme 10 bis 15 Minuten

Parallelform

Empirisch gestützt:
- Reliabilität
- Validität
- Normierung

nach D. v. Zerssen

Anwendung

Die Paranoid-Depressivitäts-Skala ist eine Selbstbeurteilungs-Skala zur Erfassung von zwei Symptombereichen. Der erste umfaßt die paranoide Symptomatik, in die Mißtrauenshaltung, Realitätsfremdheit und Wahnhaftigkeit eingehen. Den zweiten Bereich bildet die ängstlich-depressive Symptomatik.

In die PD-S wurden zusätzlich einige Kontrollitems aufgenommen, um Verfälschungstendenzen, etwa Krankheitsverleugnung, aufdecken zu können.

Als Geltungsbereich werden Patienten zwischen 20 und 64 Jahren mit einem Verbal-IQ über 80 angegeben.

Die Testdauer beträgt maximal 20 Minuten, in der Regel jedoch nur zehn bis 15 Minuten.

Aufbau

Die Paranoid-Depessivitäts-Skala setzt sich aus 43 Feststellungen zusammen. Davon werden der Erfassung paranoider Symptome als auch ängstlich-depressiver Tendenzen (s. Depressivitäts-Skala) jeweils 16 Items zugeordnet. Die übrigen Aussagen gliedern sich in acht Items zur Bestimmung der Krankheitsverleugnung und drei Items zur Abschätzung der Testmotivation auf.

Beispiel eines Items für die paranoide Symptomatik:
> Ich werde gegen meinen Willen von anderen Menschen beeinflußt

Beispiel eines Items zur Krankheitsverleugnung:
> Ich habe schon manchmal im Leben Angst gehabt

Beispiel eines Items zur Testmotivation:
> Ich bin bereit, jede Frage so wahrheitsgetreu wie möglich zu beantworten

Die Beantwortung der Aussagen erfolgt in vierstufigen Ratings: »trifft gar nicht zu«, »trifft etwas zu«, »trifft überwiegend zu« und »trifft ausgesprochen zu«.

Falls 10% der Items unvollständig oder mißverständlich ausgefüllt sind oder eine unzureichende Motivation des Patienten festgestellt werden kann, soll die Skala nicht weiter ausgewertet und interpretiert werden. Bei der Auswertung werden drei Gesamt-Rohwerte gebildet:

1. P-Gesamt-Rohwert: Die Summe der gewichteten Items der Paranoid-Skala
2. D-Gesamt-Rohwert: Die Summe der gewichteten Items der Depressivitäts-Skala
3. Kv-Gesamt-Rohwert: Die Summe der gewichteten Items der Kontrollvariable Krankheitsverleugnung

Zur PD-S steht eine Parallelversion (PD-S') zur Verfügung. Falls beide Parallelformen durchgeführt wurden, können zusätzlich Durchschnittswerte ermittelt werden:

1. P-Kennwert: $\frac{P + P'}{2}$
2. D-Kennwert: $\frac{D + D'}{2}$
3. Kv-Kennwert: $\frac{Kv + Kv'}{2}$

Als weiterer Kennwert wird ein Diskrepanz-Wert (Dk) vorgeschlagen, der folgendermaßen ermittelt wird:

Dk-Kennwert: Die Summe aus den Absolutwerten der Punktdifferenzen zwischen einander inhaltlich und formal entsprechenden Items aus den beiden Parallelversionen.

Die Berechnung des Dk-Kennwertes wird nur für die Fälle empfohlen, in denen beide Parallelformen im zeitlichen Abstand von höchstens zwei Stunden abgenommen wurden.

Gütewerte

Normen: Für verschiedene klinische Gruppen werden Referenzwerte und außerdem Standardwerte (Percentil-, Stanine- und T-Werte) angegeben, die von einer repräsentativen, deutschen Stichprobe (n = 1693) gewonnen worden sind.

Reliabilität: Die Paralleltest-Reliabilität wird mit 0,58 bis 0,82 angegeben. Die Halbierungs-Reliabilität liegt zwischen 0,78 und 0,89.

Validität: Die inhaltliche Validität begründen die mit der Skala verbundenen psychiatrischen Konzeptionen. Für die P-Subskala wird eine kriteriumorientierte Validität mit 0,57 und für die D-Subskala mit 0,72 angegeben.

Wiederholbarkeit: Die Skala soll sich auf Grund ihrer Konstruktion sowohl für Querschnitts- als auch für Verlaufsuntersuchungen eignen. Jedoch sollten Testwiederholungen nur im Abstand von mehreren Wochen durchgeführt werden.

Literatur

BAUMANN, U., B. MEYER, U. SUTER: Formale und inhaltliche Überprüfung der PND-Skalen. Diagnostica 20 (1974) 3-21

BENKERT, O., H. BECKMANN: Disulfiram Effect on Depression and Paranoid Score, 5-hydroxydindoleacetic Acid and Vanillylmandelic Acid Excretion in Urine. Pharmakopsychiat. 4 (1971) 94-99

ZERSSEN, D. v.: Selbstbeurteilungs-Skalen zur Abschätzung des »subjektiven Befundes« in psychopathologischen Querschnitt- und Längsschnittuntersuchungen. Arch. Psychiat. Nervenkr. 217 (1973) 299-314

ZERSSEN, D. v. (unter Mitarbeit von KOELLER, D.-M.): Klinische Selbstbeurteilungs-Skalen (KSb-S) aus dem Münchener Psychiatrischen Informations-System (PSYCHIS München). Allgemeiner Teil — Manual. Beltz: Weinheim, 1976 a

ZERSSEN, D. v.: Paranoid-Depressivitäts-Skala sowie Depressivitäts-Skala — Manual. Beltz: Weinheim, 1976 b

ZERSSEN, D. v., C. CORDING: The Measurement of Change in Endogenous Affective Disorders. Arch. Psychiat. Nervenkr. 266 (1978) 95-112

ZERSSEN, D. v., S. WEYERER: Sex Differences in Rates of Mental Disorders. Int. J. Ment. Health 11 (1982) 9-45

ZIMMERMANN, J.: Die Messung und Differenzierung von paranoiden und depressiven Tendenzen mit einem item- und faktorenanalysierten Selbstbeurteilungsfragebogen. Diss., Univ. München, 1971

Rosenzweig Picture Frustrationstest

PFT

Richtung und Art von Aggressionen
Verbal-thematisches Verfahren für Kinder, Jugendliche und Erwachsene
Mehrmalige Untersuchungen
Normen
Abnahme ca. 30 Minuten
Empirisch gestützt:
Validität
Normierung

**nach S. Rosenzweig
(deutsche Bearbeitung der Form für Kinder:
E. Duhm, J. Hansen
und der Form für Erwachsene:
H. Hörmann, W. Moog)**

Anwendung

Der PFT ist ein projektives Verfahren zur Erfassung des Verhaltens in belastenden Alltagssituationen. Dabei soll Aufschluß über die Art und Richtung der Reaktionen, speziell Aggressionen gewonnen werden. Im medizinischen Bereich wurden mit dem PFT krankheitsbedingte Veränderungen der Aggressionsart und -richtung und ebenso Unterschiede verschiedener Stichproben, beispielsweise süchtiger und neurotischer Patienten, untersucht.

Der PFT liegt in einer Form für Kinder und einer für Erwachsene vor. Außer bei sechs- und siebenjährigen Kindern kann die Durchführung in Abwesenheit des Untersuchungsleiters erfolgen. Die durchschnittliche Durchführungsdauer beträgt etwa 20 Minuten. Hinzu kommt jedoch eine längere Auswertungszeit, die sehr von der Erfahrung des Untersuchers und von den Antworten des Probanden abhängt. In den meisten Fällen wird man zusätzlich mit wenigstens zehn Minuten rechnen müssen. Da die Anwesenheit des Untersuchers bei Probanden ab dem achten Lebensjahr nicht erforderlich ist, kann der PFT ab diesem Alter auch in Gruppen abgenommen werden.

Aufbau

Beide Formen des PFT (Kinder- und Erwachsenenform) setzen sich aus einem Heft zusammen, das je 24 Zeichnungen enthält. Darauf befinden sich meistens zwei Personen, von denen die linke in einer Sprechblase Bemerkungen macht, welche die rechte Person belasten müßten (s. Abb.). Für eine Antwort der rechten Person, mit der sich der Proband identifizieren soll, ist die Sprechblase leer gelassen. Er soll in sie die Antwort hineinschreiben, die ihm einfällt.

Die Antworten im PFT werden nach einem bestimmten Schema in Rohwerte umgeformt, die schließlich mit einer Normentabelle verglichen werden können.

Gütewerte

Normen: An 320 deutschen Kindern und 300 Erwachsenen wurden je eigene Eichungen durchgeführt. Die daran ermittelten Statistiken können zum Vergleich herangezogen werden.

Zur Reliabilität und Wiederholbarkeit sind uns keine empirischen Belege bekannt.

Validität: Aus empirischen Untersuchungen an verschiedenen Patientenstichproben läßt sich die entsprechende Validität erschließen.

Literatur

DUHM, E., J. HANSEN: Der Rosenzweig P-F-Test. Deutsche Bearbeitung des Rosenzweig Picture Frustration Test. Form für Kinder. Hogrefe: Göttingen, 1957

HÖRMANN, H., W. MOOG: Der Rosenzweig P-F-Test. Deutsche Bearbeitung der Rosenzweig »Picture Frustration Study«. Form für Erwachsene. Hogrefe: Göttingen, 1957

RAUCHFLEISCH, U.: Der Rosenzweig P-F-Test in der Klinisch-psychodiagnostischen Praxis: Eine Untersuchung an psychisch Gesunden, Süchtigen und Neurotikern. Z. Psychother. med. Psychol. 21 (1971) 151-159

SCHÖFER, G., A.E. MEYER: Krankheitsbedingte Veränderungen bei den Reaktionen im Rosenzweig Picture Frustration Test (PFT). Med. Psychol. 1 (1976) 1-12

STEINHAUSEN, H.C.: Untersuchungen zur Validität des Rosenzweig-Picture-Frustration-Test (RPFT) bei Kindern und Jugendlichen. Diagnostica 25 (1979) 248-256

Abb.: Zwei Itembeispiele aus dem PFT für Erwachsene

Persönlichkeits-Interessen-Test

PIT

nach E. Mittenecker, W. Toman

Wichtige Persönlichkeitseigenschaften und Interessen

Selbstbeurteilungsverfahren für Jugendliche und Erwachsene

Einmalige Untersuchungen

Normen

Durchführung etwa 40 bis 45 Minuten

Empirisch gestützt:
- Reliabilität
- Validität
- Normierung
- Wiederholbarkeit

Anwendung

Der PIT, dessen Entwicklung durch den MMPI (s.dort) angeregt wurde, ist ein Selbstbeurteilungsverfahren zur Erfassung von Persönlichkeitseigenschaften und Interessen. Er ist der erste mehrdimensionale deutschsprachige Persönlichkeitsfragebogen. Ihm wurden allerdings Items zur Erfassung von Berufsinteressen beigefügt. Trotz der vorwiegend klinischen Persönlichkeitseigenschaften wird er hauptsächlich in der Berufsberatung angewandt.

Als Selbstbeurteilungsverfahren kann der PIT sowohl in Einzel- als auch Gruppenuntersuchungen eingesetzt werden. Sein Geltungsbereich erstreckt sich auf Erwachsene und Jugendliche ab 16 Jahren. Die Durchführungszeit dauert etwa 40 bis 45 Minuten.

Aufbau

Der PIT setzt sich aus 214 Items zusammen.

Beispiele:

Item 1: Ich nehme es keinem übel, wenn er einen anderen ausnutzt, der ihm Gelegenheit dazu gibt.

Item 2: Ich würde lieber Steuerfachmann sein als in einer biologischen Versuchsanstalt arbeiten

Item 5: Ich habe guten Grund, auf ein oder mehrere Mitglieder meiner Familie eifersüchtig zu sein

Die Items werden zu zehn Persönlichkeits- und acht Interessenskalen zusammengefaßt. Sie beziehen sich auf folgende Persönlichkeitsbereiche (120 Items):

- Selbstkritik
- Soziale Einstellung
- Extraversion
- Neurotizismus
- Manische Tendenz
- Depressive Tendenz
- Schizoide Tendenz
- Paranoide Tendenz
- Vegetative Labilität

Die acht Interessenskalen betreffen folgende Gebiete (94 Items):

- Vorliebe für Land- oder Stadtleben
- Handwerk
- Wissenschaft
- Verrechnung/Verwaltung
- Umgang mit Menschen in Geschäft und Wirtschaft
- Bildende Kunst
- Sprache/Literatur
- Musik
- Soziale Berufe

Nach entsprechenden Normentabellen können die Rohpunkte pro Skala in Prozentrang-Werte umgesetzt und dann in ein Profilblatt eingetragen werden.

Gütewerte

Normen: Für Jugendliche und Erwachsene liegen je eigene empirisch ermittelte Normen (Mittelwerte, Standardabweichungen) vor.

Reliabilität: Es wurden an 462 Abiturienten und 53 sonstigen Personen Testwiederholungen nach 24stündigem und dreimonatigem Intervall durchgeführt. Die ermittelten Korrelationen betrugen 0,64 bis 0,99 (24 Stunden) und 0,49 bis 0,91 (3 Monate).

Validität: Die Items sind nach Gesichtspunkten der inhaltlichen und konzeptuellen Validität ausgewählt. Empirische Gültigkeitsbelege wurden durch Vergleiche der einzelnen Skalen mit anderen Tests erbracht. Dabei ergaben sich überwiegend Korrelationen über 0,50. Die Ergebnisse von psychotischen Patienten fielen in den entsprechenden klinischen Skalen deutlich außerhalb des Normbereiches ($p<0{,}01$).

Wiederholbarkeit: Die Retest-Ergebnisse (s. Reliabilität) weisen auf die Einsatzmöglichkeit in mehrmaligen Untersuchungen hin.

Literatur

KONECNY, E.: Der Einfluß emotionaler Belastung auf die Leistung und den Handtremor. Z. exp. angew. Psychol. 7 (1960) 409-421

MITTENECKER, E., W. TOMAN: Persönlichkeits-Interessen-Test (PIT). Huber: Bern-Stuttgart-Wien, 1972, 2. Aufl.

Plutchik Geriatric Rating Scale

(Plutchik Geriatrische Beurteilungs-Skala)

PLUT

nach R. Plutchik, H. Conte, M. Lieverman, M. Bakur, J. Grossman, N. Lehrman

Verhalten und psychischer Zustand

Fremdbeurteilungsverfahren für hospitalisierte geriatrische Patienten

Verlaufsuntersuchungen

Normen

Empirisch gestützt:
- Reliabilität
- Validität
- Englische Normierung

Anwendung

Das vorliegende Fremdbeurteilungsverfahren wurde zur Erfassung und Bewertung des psychischen Zustandes und sozialen Verhaltens hospitalisierter geriatrischer Patienten entwickelt. Die Beurteilungen beziehen sich in erster Linie auf das beobachtbare Verhalten der Patienten. Jedoch kann die Skala unabhängig von der Anwesenheit oder Kooperation der Patienten ausgefüllt werden.

Von den Autoren wird kein genauer zeitlicher Bezugsrahmen für die Beurteilung angegeben. Jedoch finden sich Hinweise (CIPS, 1981), ihn auf eine Woche vor der Beurteilung zu beschränken.

Aufbau

Die insgesamt 31 Items der PLUT werden nach drei Intensitäten gestuft.

Beispiel:

Item 1: Der Patient benötigt beim Essen
- — keine Hilfe (ißt selbständig)
- — etwas Hilfe (bedarf der Ermunterung)
- — beträchtliche Hilfe (muß gefüttert werden)

Es werden pro Item 0 bis 2 Punkte vergeben.

Der Gesamt-Rohwert entspricht der Summe aller Punktwerte, die den beantworteten Items zugeordnet werden. Auf Grund faktorenanalytischer Untersuchungen lassen sich auch differenziertere Auswertungen nach sechs Faktoren vornehmen:

1. Gestörtes Sozialverhalten,
2. Aggressivität,
3. Reduziertes Selbstversorgungsverhalten,
4. Schlafstörung,
5. Verringerte sensorische Leistungen und
6. Arbeitsverhalten.

Die einzelnen Scores pro Faktor entsprechen einem Quotienten. Er wird jeweils aus der Summe der Punkte der zugehörigen Items gebildet, die durch die Anzahl dieser Items dividiert werden. Die jeweilige Beeinträchtigung gilt als umso stärker, je größer der berechnete Score eines Faktors oder der Gesamt-Skala ist.

Gütewerte

Normen: Zur vergleichbaren Interpretation liegen Percentil-Werte vor.

Reliabilität: Die Interrater-Reliabilität wird für 86 Personen mit 0,87 angegeben.

Validität: Als empirisches Validitäts-Kriterium gilt die hochsignifikante Trennung ($p < 0{,}001$) zwischen den mittleren Scores je einer Stichprobe geriatrischer und nichtgeriatrischer Patienten.

Wiederholbarkeit: Es wird angenommen, daß die PLUT aufgrund der Item-Beschaffenheit für Meßwiederholungen innerhalb von Verlaufsuntersuchungen geeignet ist.

Literatur

CIPS (Collegium Internationale Psychiatriae Scalarum, Hrsg.): Internationale Skalen für Psychiatrie. Beltz: Weinheim, 1981

PLUTCHIK, R.: Change in Social and Physical Functioning of Geriatric Patients over a One Year Period. The Gerontol. 12 (1972) 181-184

PLUTCIK, R., H. CONTE, M. LIEVERMAN, M. BAKUR, J. GROSSMAN, N. LEHRMAN: Reliability and Validity of a Scale for the Assessing of Functioning of Geriatric Patients. J. Amer. Geriat. Soc. 18 (1970) 491-500

PLUTCHIK, R., H. CONTE, M. LIEVERMAN, M. BAKUR, J. GROSSMAN, N. LEHRMAN: 040 PLUT, Plutchik Geriatric Rating Scale. In: GUY, W. (Hrsg.): ECDEU Assessment Manual for Psychopharmacology. National Institute of Mental Health: Rockville/Maryland, 1976, rev. Aufl.

Prior Medication Record

(Erhebung über frühere Medikamenteneinnahme)

PMR

nach National Institute of Mental Health

Dokumentation früherer Medikamenteneinnahmen

Dokumentationsverfahren

Einmalige Untersuchung

Anwendung

Das PMR ist ein standardisierter Dokumentationsbogen, der Informationen über die jeweilige Medikation vor Beginn einer pharmazeutischen Prüfstudie festhalten soll. Mit ihm werden auch nicht-medikamentöse Therapien, wie Verhaltenstherapie oder Elektroschockbehandlung, sowie die Einnahme von Drogen oder Genußmitteln registriert.

Die Abnahme des PMR soll vom Arzt oder von besonders geschultem Krankenpflegepersonal vorgenommen werden. Die Erhebung ist nur einmal, am Beginn einer Medikamentenprüfung, sinnvoll. Dieses Verfahren kann auf alle Untersuchungsgruppen angewandt werden.

Aufbau

Das PMR setzt sich aus drei Itemgruppen zusammen:

1. Frühere Einnahme psychotroper Medikamente
2. Andere vor der Studie durchgeführte Behandlungen
3. Einnahme von Drogen und Genußmitteln

Jede dieser Itemgruppen ist zweimal unterteilt. Zur Beantwortung sind jeweils einige Möglichkeiten fest vorgegeben, und zum Teil ist zusätzlicher Raum für freie Antworten vorgesehen.

Wegen der Heterogenität der im PMR gesammelten Informationen kann kein Gesamtwert gebildet werden. Daher wird jedes Item gesondert berücksichtigt.

Gütewerte

Das PMR ist ein standardisiertes Dokumentationsverfahren. Deshalb wird man hinsichtlich der Gütewerte nicht die gleichen empirischen Belege über Normen, Reliabilität und Validität fordern wie bei anderen psychopathologischen Erhebungsverfahren. Da es nur für einmalige Untersuchungen eingesetzt wird, entfällt auch die Forderung, die Wiederholbarkeit empirisch zu belegen.

Literatur

CIPS (Collegium Internationale Psychiatriae Scalarum, Hrsg.): Internationale Skalen für Psychiatrie. Beltz: Weinheim, 1981

NATIONAL INSTITUTE OF MENTAL HEALTH: 046 PMR. Prior Medication Record. In: GUY, W. (Hrsg.): ECDEU Assessment Manual for Psychopharmacology. National Institute of Mental Health: Rockville/Maryland, 1976, verb. Aufl.

Present State Examination

PSE

nach J.K. Wing, J.E. Cooper, N. Sartorius
(deutsche Bearbeitung: M.v. Cranach)

Breites Spektrum psychopathologischer Symptome und Syndrome

Fremdbeurteilungsverfahren für Erwachsene

Ein- und mehrmalige Untersuchungen

Normen

Empirisch gestützt:
- Reliabilität
- Validität
- Normierung

Anwendung

Die PSE ist ein standardisiertes Fremdburteilungsverfahren zur Erhebung des psychopathologischen Befundes. Die deutsche Version entspricht der international bekannten »Present State Examination« nach WING, COOPER und SARTORIUS, die in England entwickelt wurde.

Die PSE wird in Interviewform abgenommen. Die vorgegebenen Aussagen beziehen sich auf den Zeitraum des vorangegangenen Monats. Dieser Beurteilungszeitraum kann aber bei Bedarf geändert werden. Als Fremdbeurteilungsverfahren ist die PSE mehrmals abnehmbar. Ihr Geltungsbereich erstreckt sich auf Erwachsene.

Die Anwendung erfordert, daß der Benutzer mit den Glossardefinitionen, die in einem gesonderten Buch (J.K. WING, J.E. COOPER, N. SARTORIUS, 1978a) stehen, vertraut ist und daß er mindestens zehn bis zwölf Übungsexplorationen, möglichst gemeinsam mit einem erfahrenen PSE-Benutzer, durchgeführt hat.

Aufbau

Für die Anwendung benötigt man das Begleitbuch (J.K. WING, J.E. COOPER, N. SARTORIUS, 1978a) und für jeden Patienten ein 64seitiges Beurteilungsheft, das eingangs die Durchführungsrichtlinien enthält. Ihnen folgen 20 Sektionen, u.z.

1. Einführung
2. Körperliche Gesundheit, körperliche und seelische Anpassung, Sorgen
3. Angst
4. Denken, Konzentration etc.
5. Depressive Verstimmtheit
6. Selbstwertgefühl und Umwelt
7. Appetit, Schlaf, psychomotorische Verlangsamung, Libido
8. Gereiztheit
9. Expansive Stimmung oder Gedanken
10. Zwangssymptome
11. Derealisation und Depersonalisation
12. Weitere Wahrnehmungsstörungen (keine Halluzinationen)
13. Gedankenlesen, gemachte Gedanken, Gedankenecho, Gedankenausbreitung
14. Halluzinationen
15. Wahninhalte
16. Bewußtseinslage und beeinflussende Faktoren
17. Krankheitseinsicht
18. Verhalten während der Exploration
19. Affekt während der Exploration
20. Sprache während der Exploration

Insgesamt umfassen diese Sektionen 140 Symptomkategorien, bei denen sowohl die Fragen des Benutzers als auch die Punkte, auf die er achten soll, vorgegeben sind.

Beispiele:

Sektion 2, Symptom 9:	Machen Sie sich Sorgen um ihre körperliche Gesundheit? BEURTEILE HYPOCHONDRIE: Überdurchschnittliche Beschäftigung mit der Möglichkeit, an einer Erkrankung oder Dysfunktion zu leiden. Beurteile am Ende des Interviews, ob der Patient regelmäßig hypochondrische Besorgnisse äußert. Bei der Beurteilung von Symptom 9 sind die Beurteilungen von Symptom 1 und 3 zu berücksichtigen.
Sektion 13, Item 57:	Wird etwas, was Sie einmal gemacht haben, in Ihrem Kopf wiederholt, wie ein Echo? (Können Sie das näher beschreiben) (Woher kommt das?) BEURTEILE GEDANKENECHO ODER KOMMENTIERENDE GEDANKEN.

Diese Frage- und Beurteilungshilfen stehen jeweils in der linken Spalte einer Seite. Rechts daneben befinden sich Antwortkategorien mit Wertpunkten, z.B.

Item 9: 1 = Symptom während des letzten Monats vorhanden, aber nicht 2
2 = Patient äußert immer wieder im Laufe des Interviews hypochondrische Beschwerden

Item 57: 1 = Gedankenecho. Falls Zweifel, wähle (8) oder (0).
2 = Patient hat die Erfahrung gemacht, daß fremde Gedanken in Beziehung zu den eigenen stehen, im Sinne von Assoziationen oder Kommentaren zu den eigenen Gedanken. Nicht Halluzinationen.

Rechts neben den Antwortkategorien ist jeweils ein Kästchen zur Eintragung der Wertpunkte vorgegeben.

Mit Hilfe des das Verfahren ergänzenden Buches lassen sich die 140 Symptome zusätzlich zu 38 Syndromen zusammenfassen, wie »Inkohärentes Sprechen«, »Mangelnde Energie« und »Hypochondrie«. Diese Auswertungen können auch mit einem Computer-Programm vorgenommen werden.

Gütewerte

Normen: Es liegen Vergleichswerte von verschiedenen psychopathologischen Gruppen vor.

Reliabilität: Reliabilitätsuntersuchungen sind im Begleitbuch zusammengefaßt.

Validität: Für die englische Originalversion liegt eine große Zahl verschiedenartiger Validitätsuntersuchungen vor. Aber auch für die deutsche Version gibt es inzwischen empirische Bestätigungen.

Literatur

WING, J. K., J. E. COOPER, N. SARTORIUS: Present State Examination (PSE). 9. Fassung. University Press: Cambridge, 1973

WING, J. K., J. E. COOPER, N. SARTORIUS (deutsche Bearbeitung: M. v. Cranach): Present State Examination (PSE). Standardisiertes Verfahren zur Erhebung des Psychopathologischen Befundes. Beltz: Weinheim, 1978 a

WING, J. K., J. E. COOPER, N. SARTORIUS: Messung und Klassifikation Psychiatrischer Symptome. Beltz: Weinheim, 1978 b

Persönlichkeits-Skalen System 25

PSS 25

Persönlichkeitseigenschaften, Einstellungen zu psychosomatischen Störungen, Psychoneurose

Selbstbeurteilungsverfahren für Erwachsene

Verlaufsuntersuchungen

Normen

Empirisch gestützt:
- Reliabilität
- Validität
- Normierung
- Wiederholbarkeit

nach F.-J. Hehl, R. Hehl

Anwendung

Das PSS 25 ist ein Selbstbeurteilungsverfahren, mit dem ein System von Einstellungen meßbar gemacht wird, und das es vor allem gestatten soll, in den psychopathologischen Grenzbereichen von Psychosomatik, Psychoneurose und psychosomatischer Normalität zu differenzieren.

Dieser Persönlichkeits-Test kann in Einzel- und Gruppentestungen von Erwachsenen, in der Regel Patienten, abgenommen werden, die wenigstens 16 Jahre alt sein sollten. Da sich der Test aus 344 Items zusammensetzt, ist anzunehmen, daß seine Abnahme in den meisten Fällen über eine Stunde beträgt. (Eine Kurzversion mit zehn Skalen u. 129 Items ist gerade bei Hogrefe (F.-J. HEHL, M. WIRSCHING, 1984) unter dem Namen »PEF« erschienen.)

Aufbau

Das PSS 25 besteht aus 344 Feststellungen, zu denen Stellung genommen werden soll.

Beispiele:

In meiner Jugend habe ich die tollsten Streiche gespielt.
Ich habe noch nie ein Versprechen gebrochen.
Es ist mir peinlich, einen gebrauchten Geschenkartikel später wieder umzutauschen.

Jedes Item ist mit »stimmt« oder »stimmt nicht« zu beantworten. Die Auswertung wird zentral vom Testverlag vorgenommen. (Die Kurzfassung ist auch mit Schablonen auswertbar.) Dabei werden die Items zu 25 Skalen, die Einstellungen wiedergeben, zusammengefaßt. Bei ihnen ist jeweils ein negativer und positiver Pol verbalisiert. Diese 25 bipolaren Skalen lauten:

sozial kritisch — sozial angepaßt
selbstkritisch offen — opportunistisch, verschlossen
im Test nicht offen — auskunftsbereit
selbstbewußt, sorglos — abhängig, depressiv
friedfertig, gesteuert — aggressiv, erregbar
scheu, zurückgezogen — gesellig, mitteilsam
Sehnsucht nach Alleinsein — Spaß an Geselligkeit
flexibel, sprunghaft — gründlich, rigide
progressiv — konservativ
zuverlässig im Beruf — beruflich mobil
Erziehung zu Gehorsam — Erziehung zu Selbständigkeit
Freude am Konsum — Sparsamkeit
modeunabhängig — modebewußt
sexuell gehemmt — sexuell freizügig
nüchtern, verkrampft — verspielt, originell
Geld verdienen ohne Risiko — Geschäfte machen
Arbeit geht vor Vergnügen — Vergnügen geht vor Arbeit
sich selbst hart anpacken — sich verwöhnen lassen
Hoffnung auf Erfolg — Furcht vor Mißerfolg
sich vernächlässigen — sich pflegen
nicht ängstlich — ängstlich
sorglos sein um Gesundheit — sich Sorgen machen um Gesundheit
vernachlässigt Gesundheit — tut viel für Gesundheit
Lösung von Familie — Bindung an Familie
sorglos sein um Familie — sich sorgen um Familie

Insgesamt erlaubt es das PSS 25, pro Person 90 Personen-Kennwerte zu bestimmen. Obwohl den Autoren eine Normierung nicht immer sinnvoll erscheint, legten sie für die Geschlechts- und drei Altersgruppen Normen vor.

Gütewerte

Normen: Insgesamt wurden Eichungen an 3022 Personen, die überwiegend Patienten aus Allgemein-Praxen waren, vorgenommen. Mittelwerte und Standardabweichungen werden in sechs Normentabellen für drei Altersstufen und die beiden Geschlechter angegeben.

Reliabilität: Für alle 25 Skalen liegen Retest-Zuverlässigkeiten an verschiedenen größeren Stichproben (n = ca. 300) vor. Die meisten Werte liegen zwischen 0,70 und 0,80.

Validität: Die Autoren wollen das PSS 25 durch die Darstellung einzelner empirischer Validierungsuntersuchungen nicht auf bestimmte Fragestellungen festlegen, sondern meinen, daß ein mit dem Test erfahrener Diagnostiker im Einzelfall erst mit allen anderen ihm zur Verfügung stehenden Informationen zu gültigen Urteilen kommt. Selbstverständlich lassen sich die empirisch nachgewiesenen diskriminanzanalytischen Trennungen zwischen verschiedenen psychosomatischen Stichproben als Validitätsbelege auffassen (z.B. F.-J. HEHL, H. MAYER, H. WEIGER, 1977).

Wiederholbarkeit: Durch die Retest-Untersuchungen (s. Reliabilität) wurden gleichzeitig Hinweise auf die Wiederholbarkeit des PSS 25 erbracht.

Literatur

HEHL, F.-J., R. HEHL: Persönlichkeits-Skalen System 25 (PSS 25). Manual. Beltz: Weinheim, 1975

HEHL, F.-J. M. WIRSCHING: Psychosomatischer Einstellungs-Fragebogen (PEF). Hogrefe: Göttingen-Toronto-Zürich, 1984

HEHL, F.-J., H. MAYER, H. WEIGER: Wann sind Beschwerden »nur« funktionell? Eine Untersuchung in der medizinischen Praxis. Neurol. Psychiat. 3 (1977) 553-560

Patient Termination Record

(Patienten-Abschlußbericht)

PTR

nach National Institute of Mental Health

Abschlußbericht bei Medikamentenprüfungen

Dokumentations- und Fremdbeurteilungsverfahren für Patienten

Einmalige Abnahme

Anwendung

Das PTR wurde als Abschluß- oder Ergebnisbericht für Arzneimittelprüfungen entwickelt und liefert daher besonders Informationen, anhand derer sich Medikamentenwirkungen abschätzen lassen sollen. Mit dem PTR werden »harte« Daten, wie die Dauer der Teilnahme an einer Medikamentenprüfung, und Beurteilungen, beispielsweise der Anpassung an die Prüfungsbedingungen, vorgenommen.

Das PTR soll nur vom Arzt oder von besonders geschultem Krankenpflegepersonal am Ende einer Medikamentenprüfung ausgefüllt werden. Sein Anwendungsbereich erstreckt sich auf alle Untersuchungsgruppen. Da das PTR einen strukturierten Abschlußbericht bildet, wird es am Schluß einer Studie für jeden Patienten nur einmal ausgefüllt.

Aufbau

Das PTR setzt sich aus acht Itemkomplexen zusammen.

Beispiele:

- Itemkomplex 2: Dauer
- Itemkomplex 3: Zwischenanamnese
- Itemkomplex 8: Einstufung des Patienten bei Prüfungsende

Diese Itemkomplexe befassen sich mit früheren Arzneimittelprüfungen, an denen der Patient bereits teilnahm, mit der derzeitigen Prüfung (Verlauf und Dauer), mit schwerwiegenden äußeren Begleitumständen, mit vorzeitigen Untersuchungsbeendigungen und mit evtl. Zusatzbehandlungen.

Für jeden Itemkomplex sind zur Beantwortung mehrere Items vorgegeben, so bei dem Itemkomplex 4 »Nichtmedikamentöse-Behandlung«, der in vier Items unterteilt ist. Beispielsweise bezieht sich das zweite Item auf die Behandlungsmethode. Hierzu sind neun Methoden vorgegeben: Verhaltenstherapie, Elektroschockbehandlung, Milieutherapie, physikalische Therapie usw. Hierauf soll jeweils mit einer von vier Stufen geantwortet werden. Diese Stufen sind folgendermaßen bezeichnet: Unbekannt, nicht befriedigend, fraglich, befriedigend.

Auf einer beigelegten »Speziellen Instruktion« werden Hilfen für die Beantwortung der Items gegeben.

Wegen der Heterogenität der Items wird bei der Auswertung kein Gesamtwert gebildet. Daher muß jedes Item für sich getrennt betrachtet werden.

Gütewerte

Über Normen, Reliabilität und Validität liegen keine empirischen Belege vor. Da das PTR teilweise zur standardisierten Dokumentation herangezogen wird, sind hinsichtlich der Gütenachweise nicht die gleichen Kriterien wie an sonstige standardisierte psychopathologische Erhebungsverfahren anzulegen. Empirische Untersuchungen zur Wiederholbarkeit haben deshalb geringe Bedeutung, weil es nur für die einmalige Abnahme am Ende der Behandlungszeit konzipiert wurde.

Literatur

CIPS (Collegium Internationale Psychiatriae Scalarum, Hrsg.): Internationale Skalen für Psychiatrie. Beltz: Weinheim, 1981

NATIONAL INSTITUTE OF MENTAL HEALTH: 032 PTR. Patient Termination Record. In: GUY, W. (Hrsg.): ECDEU Assessment Manual for Psychopharmacology. National Institute of Mental Health: Rockville/Maryland, 1976, verb. Aufl.

Risikoliste zur Abschätzung der Suizidalität

RAS

nach W. Pöldinger

Abschätzung der Suizidalität

Fremdbeurteilungsverfahren für Jugendliche und Erwachsene

Mehrmalige Untersuchungen

Normen

Empirisch gestützt:
  Validität
  Normierung

Anwendung

Die RAS ist ein Fremdbeurteilungsverfahren zur Abschätzung des Suizidrisikos. Sie setzt sich aus Merkmalen zusammen, welche sich bei katamnestischen und statistischen Studien an 777 Patienten ergaben. Diese Liste umfaßt sowohl unveränderliche Merkmale, wie das Geschlecht, als auch rasch wechselnde Größen, beispielsweise »finanzielle Schwierigkeiten« oder »Angst«. Aufgrund dieser veränderlichen Größen läßt sie sich auch sinnvoll für mehrmalige Untersuchungen einsetzen.

Wegen einiger Merkmale, beispielsweise »biologische Krisen« (Pubertät, Klimakterium, Gravidität), dürfte ihr Geltungsbereich nur Jugendliche und Erwachsene umfassen. Als Fremdbeurteilungsverfahren wird man mit der RAS nur Einzeluntersuchungen durchführen.

Aufbau

Die RAS setzt sich aus 35 Merkmalen zusammen, welche bei suizidalen Menschen gehäuft festgestellt wurden.

Beispiele:
- Merkmal 1: Mann
- Merkmal 10: Familienschwierigkeiten
- Merkmal 19: Suiziddrohungen/Suizidgedanken

In einer Tabelle wurden die einzelnen Merkmale sowohl waagrecht als auch senkrecht angeführt. Für jede Kombination von zwei Merkmalen ist nun in der Tabelle die Zahl 0, 1 oder 2 angegeben, je nachdem wie hoch das Risiko eingeschätzt wird, wenn diese Merkmale bei einer Person zusammentreffen. Der Merkmalskombination »Mann« und »verwitwet« werden in dieser Tabelle 0 Punkte zugeordnet. Dementsprechend wird die Suizidalität bei dieser Kombination gering bewertet. Hingegen erhält das Zusammentreffen der Merkmale »Mann« und »geschieden/getrennt« 2 Punkte und somit eine hohe Bewertung der Suizidalität. Als mittleres Suizidrisiko wird beispielsweise die Verbindung der Merkmale »Mann« und »keine konfessionelle Bindung« eingeschätzt (1 Punkt). Ein weiteres Beispiel für diese mittlere Suizidalität bildet das Zusammentreffen von »Angst« und »Medikamentenmißbrauch«.

Die in der Risikoliste zur Abschätzung der Suizidalität gefundenen Zahlen sind zu addieren. Die Summe stellt dann ein Maß für das bestehende Suizidrisiko dar.

Gütewerte

Normen: Die Normen orientieren sich an Ergebnissen, die an 100 Patienten gefunden worden sind. 0 bis 50 Punkte sollen ein geringes Suizidrisiko, 50 bis 100 Punkte ein deutliches und über 100 Punkte ein großes Suizidrisiko anzeigen.

Reliabilitätsuntersuchungen sind uns nicht bekannt.

Validität: Die Zusammenstellung der RAS-Merkmale erfolgte bereits retrospektiv nach katamnestischen Studien an 777 Patienten. Zusätzlich wurde eine prospektive Validierung an 100 Patienten vorgenommen, von denen 10 Selbstmord verübten, 25 einen Suizidversuch unternahmen und 65 keine Selbstmordhandlungen ausführten. Die Mittelwerte der Risikoziffer in der RAS fielen in der gleichen Reihenfolge wie die Stichprobennennungen ab. Zwischen den letzten beiden Patientenstichproben war der Unterschied statistisch signifikant ($p<0,001$).

Wiederholbarkeit: Bei der RAS sind keine bedeutsamen systematischen Wiederholungseffekte zu erwarten, da sie ein Fremdbeurteilungsverfahren ist. Spezifische Untersuchungen sind uns hierzu jedoch nicht bekannt.

Literatur

PÖLDINGER, W.: Die Abschätzung der Suizidalität. Huber: Bern-Stuttgart, 1968

Recurring-Figures-Test

RFT

Pathologische Störungen der nicht-verbalen Merkfähigkeit bei Hirnschädigung

Leistungsverfahren für Erwachsene, Kinder und Jugendliche

Einmalige Untersuchungen

Normen

Abnahme 10 bis 15 Minuten

Empirisch gestützt:
- Reliabilität
- Validität
- Normierung

nach D. Kimura (deutsch normiert von W. Hartje, H. Rixecker, G. Lehmkuhl, A. Büssing)

Anwendung

Der RFT ist ein Leistungsverfahren zur Prüfung der nichtverbalen Merkfähigkeit. Es soll sich besonders zur Feststellung pathologischer Gedächtnisstörungen bei hirngeschädigten Patienten, speziell mit rechtsseitigen Temporallappenschädigungen, eignen. Bei linksseitigen Temporallappenläsionen dürften sich hingegen keine Ausfälle in den Testergebnissen zeigen.

Der RFT wird nur in Einzeltestungen abgenommen. Sein Geltungsbereich bezieht sich auf 20- bis 65jährige Erwachsene sowie Kinder und Jugendliche zwischen fünf und 18 Jahren. Die Abnahme dauert etwa zehn bis 15 Minuten.

Aufbau

Der RFT besteht aus 160 Karten, auf denen jeweils eine geometrische oder sinnfreie »Nonsense«-Figur aufgedruckt sind. Der gesamte Kartenstoß ist in acht Blöcke zu je 20 unterteilt. In jedem sind zehn geometrische und zehn Nonsense-Figuren dargestellt. Acht der Figuren (vier geometrische und vier Nonsense-Figuren), die im ersten Block gezeigt werden, wiederholen sich in jedem der folgenden Blöcke an jeweils unterschiedlichen Positionen. Dem Patient werden die Karten je drei Sekunden lang vorgelegt. Nach der Darbietung des ersten Blockes soll er bei jeder neu vorgelegten Figur angeben, ob er sie schon einmal gesehen hat oder nicht.

Insgesamt können 56 richtige und 84 falsche Ja-Antworten gegeben werden. Für die richtigen Ja-Antworten erhält der Proband einen Plus- und für die falschen einen Minuspunkt. Auf diese Weise können die Gesamtpunkte zwischen minus 28 und plus 56 streuen. Ein individuelles Ergebnis kann schließlich mit den Normen psychiatrisch unauffälliger Kinder, Jugendlicher und Erwachsener verglichen werden. Somit läßt sich das Vorliegen einer Merkfähigkeitsschwäche abschätzen.

Gütewerte

Normen: Der RFT wurde an 427 deutschsprachigen Erwachsenen und 919 Kindern und Jugendlichen normiert. Bei dieser Eichung wurden Normwerte (Prozentrang, Standardwert) für die Altersgruppen 4-5 J., 6 J., 7-9 J. und 10-18 J. sowie für die Bildungsgruppen »Volksschule bis Abitur« und »Hochschulbildung« getrennt erstellt.

Validität: Die konzeptuelle Validität des RFT wird von D. KIMURA (1963) begründet. Mit der amerikanischen Form hatte man nachgewiesen, daß sich Patienten mit rechtsseitiger Temporallappenschädigung im RFT deutlich von Kontrollpersonen und daß sich ebenso Patienten mit länger zurückliegendem Hirntrauma von Kontrollpersonen unterschieden.

Reliabilität: Als Reliabilitätskoeffizient (KUDER-RICHARDSON) wird 0,94 angegeben (W. HARTJE, H. RIXECKER, 1978).

Wiederholbarkeit: Bei diesem Gedächtnisverfahren sind systematische Lerneffekte zu erwarten. Als Anwendungsziel wird die Testwiederholung allerdings nicht angeführt.

Literatur

BROOKS, D.: Recognition Memory and Head Injury. J. Neurol. Neurosurg. Psychiatry 37 (1974) 794-801

HARTJE, W., H. RIXECKER: Der Recurring-Figures-Test von KIMURA. Normierung an einer deutschen Stichprobe. Nervenarzt 49 (1978) 354-356

KIMURA, D.: Right temporal lobe damage. Arch. Neurol. 8 (1963) 264-271

LEHMKUHL, G., A. BÜSSING, W. HARTJE: Normierung des Recurring-Figures-Test von Kimura für Kinder und Jugendliche zwischen 4 und 18 Jahren. Z. Kinder-Jugendpsychiat. 12 (1984) 53-61

MILNER, B.: Brain mechanisms suggested by studies of temporal lobes. In: DARLEY, F. L. (Hrsg.): Brain mechanisms underlying speech and language. Grune & Stratton: New York, 1967

Revidierte mehrdimensionale Schmerzskala

RMSS

Schmerzqualitäten und -quantitäten

Selbstbeurteilungsverfahren für Erwachsene

Verlaufsuntersuchungen

Normen

Abnahme 5 bis 10 Minuten

Empirisch gestützt:
- Reliabilität
- Validität
- Normierung

nach R. Cziske, S. Lehrl, L. Blaha

Anwendung

Die RMSS ist ein Selbstbeurteilungsverfahren zur Beschreibung von Schmerzen. Sie ist eine Entwicklung der Mehrdimensionalen Schmerzskala MSS nach S. LEHRL, R. CZISKE u. L. BLAHA (1980). In beiden Skalen sollen die Schmerzen der Qualität und Intensität nach festgehalten werden. Die RMSS dient als Hilfe bei Grundlagenstudien und dabei auch Therapiekontrollen, einschließlich Medikamentenuntersuchungen. Sie kann in Querschnitts- und Verlaufsuntersuchungen eingesetzt werden.

Die bisherigen Hauptanwendungen erfolgten bei Patienten chirurgischer Kliniken, bei psychiatrischen und neurologischen sowie internistischen Patienten. Die Abnahme der Skala dauert etwa fünf bis zehn Minuten. Normwerte liegen nur für Erwachsene vor.

Aufbau

Die RMSS setzt sich aus 31 schmerzbeschreibenden Adjektiva zusammen.
Beispiele:
Meine Schmerzen sind
pochend
stechend
brennend

Jedes Adjektiv soll vom Patienten daraufhin beurteilt werden, wie stark es auf seinen Zustand zutrifft. Dabei sind folgende Abstufungen vorgesehen: »entfällt«, »wenig«, »mittel«, »ziemlich« und »sehr«.

Faktorenanalytische Untersuchungen führten zur Zusammenfassung der Items in folgende zehn Subskalen:

I Rhythmik
II Stechen
III Überfall
IV Allgemeinheit
V Ausbreitung
VI Lästigkeit
VII Hartnäckigkeit
VIII Elektrische Qualität
IX Chemische Qualität
X Thermische Qualität

Gütewerte

Normen: Es liegen Vergleichswerte (Mittelwerte, Standardabweichungen) von verschiedenen Patientenstichproben mit somatisch begründbaren Schmerzen (Migräne, Myocardinfarkt, verschiedene Rheumaformen usw.) vor, ebenso von verschiedenen psychiatrischen Stichproben (endogene Depression, Schizophrenie, psychogene Depression).

Reliabilität: Da sich der Schmerz oft sehr schnell ändern kann, sind Wiederholungstestungen nicht zur Reliabilitätsprüfung geeignet. Als Mindestschätzungen der Reliabilität wurde daher die Kommunaltität der Items mit dem gemeinsamen Faktorenraum ermittelt. Auf diese Weise wurden für die Subskalen Werte zwischen 0,83 bis 0,93 errechnet.

Validität: Die Inhaltsvalidität ist bereits durch die Auswahl der Adjektive gegeben. Empirisch ließen sich Stichproben von Patienten, bei denen man qualitativ verschiedene Schmerzen erwartete, trennen. Es liegen auch Validitätsuntersuchungen zur Schmerzintensität vor. Beispielsweise nahmen die Schmerzen mit dem zeitlichen Abstand von pneumoenzephalographischen Interventionen ab.

Wiederholbarkeit: Systematische Untersuchungen zur Wiederholbarkeit liegen nicht vor. Jedoch wird auf Grund der Itembeschaffenheit angenommen, daß die Durchführung von Meßwiederholungen gerechtfertigt ist.

Literatur

CZISKE, R.: Faktoren des Schmerzerlebens und ihre Messung: Revidierte Mehrdimensionale Schmerzskala. Diagnostica 1 (1983) 61-74

CZISKE, R.: Mehrdimensionale Schmerzmessung als diagnostische Hilfe? Beispiel: Rheumaleiden. Z. Klin. Psychol. 13 (1984) 166-183

CZISKE, R., B. FISCHER: Wie zuverlässig sind Schmerzangaben aus der Erinnerung des Patienten? Therapiewoche 35 (1985) 282-286

CZISKE, R., S. LEHRL: Unterstützung von Schmerzdiagnostik und -therapie durch psychologische Methoden. In: TEWES, U. (Hrsg.): Angewandte Medizinpsychologie. Fachbuchhandlung für Psychologie: Frankfurt/M., 1984

GREINER, R.: Vergleich von Schmerzangaben bei zyklothymer Depression und körperlicher Begründbarkeit. Straube: Erlangen, 1976

LEHRL, S., R. CZISKE: Messung von Schmerzen durch Adjektivskalen und Untersuchungen zur faktoriellen Stabilität der Schmerzsprache. Medizin. Psychol. 6 (1980) 163-181

LEHRL, S., R. CZISKE, L. BLAHA: Schmerzmessung durch die Mehrdimensionale Schmerzskala MSS. Handanweisung. Vless: Vaterstetten-München, 1980

RÖTH, F. G., S. LEHRL: Eine mehrdimensionale Selbstbeurteilungsskala zur Schmerzerfassung. Arzneim.-Forsch. (Drug Res.) 23 (1973) 997-999

WIECK, H. H., S. LEHRL: Therapeutische Erfolgskontrolle durch Schmerzmessung. In: LECHNER H., J. KUGLER, D. FONTANARI (Hrsg.): Chronische Schmerzzustände in Neurologie und Psychiatrie. Hippokrates: Stuttgart, 1976

Rorschach-Formdeuteverfahren

Rorschach-Test

nach H. Rorschach

Persönlichkeitsstruktur, Störungen der Erlebnisverarbeitung, intellektuelle Leistungsfähigkeit

Projektives Verfahren für Jugendliche und Erwachsene

Mehrmalige Untersuchungen

Normen

Abnahme 10 bis 60 Minuten

Empirisch gestützt:
- Reliabilität
- Validität
- Normierung
- Wiederholbarkeit

Anwendung

Der Rorschach-Test ist ein projektives Verfahren zur Persönlichkeits- und Differentialdiagnose innerhalb der Psychiatrie. In der klinischen Psychologie gehört er zu den verbreitetsten Persönlichkeitstests, worauf schon die vielen Veröffentlichungen hinweisen, die sich mit ihm befassen. 1971 wurden bereits knapp 5000 Publikationen registriert.

Die Abnahme des Rorschach-Tests bedarf einer langen Einarbeitungszeit für den Testleiter. Dieses Verfahren kann nur in Einzeltestungen abgenommen werden. Die Durchführungszeit schwankt gewöhnlich zwischen zehn und 60 Minuten. Für den Geltungsbereich gibt es keine Altersbeschränkung.

Aufbau

Der Rorschach-Test besteht aus zehn Tafeln mit achsensymmetrischen Tintenklecksen auf weißem Hintergrund. Die Tafeln werden in einer standardisierten Reihenfolge vorgelegt. Der Proband soll die Kleckse oder auch nur Teile daraus deuten. Seine Antworten werden vom Testleiter sorgfältig notiert und nach der Durchführung signiert, ausgewertet und interpretiert. Für die Interpretation stehen Anhaltspunkte aus empirischen Erhebungen zur Verfügung.

Gütewerte

Normen: Zur Orientierung liegen grobe Normen vor (z.B. M. LOOSLI-USTERI, 1961).

Beim Rorschach-Test werden nicht einfach bestimmte Variablen hervorgehoben und in eine eindeutige Beziehung zu entsprechenden Persönlichkeitsaspekten oder pathognomonischen Merkmalen gebracht. Stattdessen sind oft Kombinationen von Variablen und ihren Werten zu berücksichtigen und in einem impliziten Deutungsprozeß mit Eigenschaften des Probanden in Beziehung zu setzen. Deshalb können die in der Literatur publizierten Normen und ebenso Reliabilitäten und empirisch belegten Validitäten nur grobe Anhaltspunkte liefern.

Literatur

BOHM, E.: Lehrbuch der Rorschach-Psychodiagnostik für Psychologen, Ärzte und Pädagogen. Huber: Bern, 1972, 5. verb. Aufl.

BOTTENBERG, E. H.: Rorschach-Test. Psychol. Prax. 11 (1967) 69-96, 111-114

BUTTGEREIT, P.: Testdiagnostik. In: WITTLING, W. (Hrsg.): Handbuch der Klinischen Psychologie, Bd. 1. Hoffmann & Campe: Hamburg, 1980

HARTUNG, H. G.: Der Beitrag der Klinischen Psychologie im Rahmen des forensisch-psychiatrischen Gutachtens. In: EISEN, G. (Hrsg.): Handwörterbuch der Rechtsmedizin für Sachverständige und Juristen, Bd. 3. Enke: Stuttgart, 1977

KLOPFER, B., H.H. DAVIDSON: Rorschach-Verfahren. Eine Einführung. Huber: Bern, 1967

LOOSLI-USTERI, M.: Praktisches Handbuch des Rorschach-Tests. Huber: Bern, 1961

RORSCHACH, H.: Psychodiagnostik. Huber: Bern, 1921

SPITZNAGEL, A.: Grundlagen, Erkenntnisse und Probleme der Formdeuteverfahren. In: GROFFMANN, K.J., L. MICHEL (Hrsg.): Enzyklopädie der Psychologie, Bd. 3, Persönlichkeitsdiagnostik. Hogrefe: Göttingen-Toronto-Zürich, 1982

STÄCKER, K.-H.: Projektive und thematische Verfahren. In: SCHMIDT, L. R. (Hrsg.): Lehrbuch der Klinischen Psychologie, Bd. 1. Enke: Stuttgart, 1978

ZANGL, K.: Der Rorschach-Test. Ein Test zur Erfassung der Persönlichkeit. Ärztl. Praxis 30 (1978) 671

Abb.: Eine Tafel aus dem Rorschach-Test

Braunschweiger Selbst-Aktualisierungsskalen

SA-Skalen

nach E. H. Bottenberg

Erfassung der Persönlichkeitsstruktur anhand der Selbst-Aktualisierungskonzepte im Rahmen der Humanistischen Psychologie

Selbstbeurteilungsverfahren für Jugendliche und Erwachsene

Verlaufsuntersuchungen

Empirisch gestützt:
  Reliabilität
  Validität

Anwendung

Die SA-Skalen sind ein Fragebogenverfahren, mit dem in der Persönlichkeitsforschung die im Rahmen der Humanistischen Psychologie entwickelten Selbst-Aktualisierungskonzepte objektiv zu erfassen sind. Die Anwendung des Verfahrens wird als eine strukturierte Situation innerhalb des Selbstexplorationsprozesses im Rahmen der Therapie gedeutet, womit die Bearbeitung der Skalen eine begrenzt autotherapeutische Funktion erhält.

Die SA-Skalen sind als Einzel- oder Gruppentest in einem Altersbereich von 15 bis 60 Jahren abnehmbar. Die adäquate Interpretation der Skalen setzt eine Qualifikation in SA-relevante Therapien (Gesprächspsychotherapie, Gestalttherapie u.ä.) voraus.

Aufbau

Die SA-Skalen setzen sich aus drei faktorenanalytisch abgeleiteten Dimensionen zusammen.

— Selbst- und Weltbejahung (SW-Skala, 20 Items):
  Tendenz zur Akzeptierung der eigenen Person, der Mitmenschen, der Umwelt/Selbstgetragenheit des eigenen Erlebens und Handelns/Selbstvertrauen, Selbstkompetenz, Spontaneität.
  Itembeispiel(+):
    Ich komme mit dem Auf und Ab des Lebens ganz gut zurecht.

— Positiver Realitätsbezug (R-Skala, 24 Items):
  Tendenz zur klaren Sicht und Anerkennung der Realität/Erleben im Gewahrseins-Kontinuum (»awareness«) im Sinne von F. PERLS (1947).
  Itembeispiel (-):
    Ich lebe in meinen Wünschen, Hoffnungen, Vorlieben und Abneigungen.

— Existentielles Erleben und Handeln (E-Skala, 21 Items):
  Tendenz zur Lösung des Erlebens und Handelns von abstrakten Sollensforderungen zugunsten einer authentischen Auffassung der Möglichkeiten und Grenzen der jeweiligen konkreten Situation (»Hier-und-jetzt«).
  Itembeispiel (-):
    Mir geht es immer um so etwas wie Selbstvollendung.

Der Proband beurteilt, ob die einzelnen Items für ihn zutreffen oder nicht. Neben den Summenscores der drei SA-Dimensionen läßt sich durch Aufsummierung der (T-Skala) standardisierten Skalenwerte ein globaler SA-Index errechnen.

Gütewerte

Normen: Zur Orientierung liegen bezüglich der einzelnen Skalen statistische Kennwerte (Mittelwerte, Standardabweichung) für verschiedene Personengruppen vor (Studenten, Rekruten, Klienten psychologischer Beratungsstellen).

Reliabilität: Es liegen für eine Stichprobe von Studenten Konsistenzkoeffizienten vor, die für die einzelnen Skalen SW 0,77, R 0,80 und E 0,68 betragen. Diese Werte bestätigten sich an einer anderen Stichprobe mit Hilfe der Split-Half-Reliabilitätsbestimmung.

Validität: Korrelationsanalysen mit verschiedenen Persönlichkeitsfaktoren (FPI, MPI) und -konzepten an verschiedenen Stichproben unterstreichen die Kriteriums- und differentielle Validität der SA-Skalen. Klienten psychologischer Beratungsstellen erreichen auf den Skalen SW und R niedrigere Werte als vergleichbare Nicht-Klientengruppen.

Wiederholbarkeit: Die wiederholte Abnahme des Verfahrens ist Bestandteil des Testkonzeptes im Rahmen therapeutischer Maßnahmen. Eventuelle Wiederholungseffekte sind vor diesem Hintergrund zu interpretieren.

Literatur

BECKER, P.: Psychologie der seelischen Gesundheit, Bd. 1: Theorien, Modelle, Diagnostik. Hogrefe: Göttingen, 1982

BENDER, G., E. H. BOTTENBERG: Zur empirischen Kennzeichnung von »Selbstaktualisierungs-Skalen«: »Selbst- und Weltbejahung«, »Positiver Realitätsbezug«, »Existentielles Erleben und Handeln«. Braunschweiger Psychologische Arbeiten, 5, 1980

BOTTENBERG, E.H., J.A. KELLER: Beitrag zur empirischen Erfassung von Selbst-Aktualisierung. Z. klin. Psychol. 23 (1975) 21-53

LUDWIG, S.: Zur Validierung der »Selbstaktualisierungs-Skala«. Informationsblätter der Gesellschaft für wissenschaftl. Gesprächspsychotherapie, 27 (1976) 31-32

MASLOW, A.: Toward a psychology of being. Van Nostrand: Princeton, 1962

PAULUS, P.: Beitrag zur Analyse der Beziehung zwischen Selbstaktualisierungs- und Persönlichkeitsvariablen. Braunschweiger Psychologische Arbeiten, 2, 1981

PERLS, F.: Ego, hunger and aggression. Allen & Unwin: London, 1947

Self-Rating Anxiety Scale

(Selbstbeurteilungs-Angst-Skala)

SAS

nach W. W. K. Zung

Angstsymptome bei psychischer Erkrankung
Selbstbeurteilungsverfahren für Erwachsene
Verlaufsuntersuchungen
Normen

Empirisch gestützt:
Reliabilität
Validität

Anwendung

Die Selbstbeurteilungs-Angst-Skala wurde zur Erfassung von Angstsymptomen bei psychischen Erkrankungen konzipiert. Bei diesem Verfahren soll der Patient seine Angstsymptomatik während der vergangenen Woche einschätzen.

Die SAS wurde für erwachsene Patienten entwickelt.

Aufbau

Die SAS umfaßt 20 Items, von denen sich fünf auf affektiv und 15 auf somatisch beeinflußtes Befinden beziehen. Die Items sind teils positiv, teils negativ formuliert. Sie gelten dementsprechend als krankheits- oder gesundheitsorientiert.

Beispiele:

Item 1: Ich fühle mich nervöser und ängstlicher als sonst.

Item 5: Ich glaube, daß alles in Ordnung ist und nichts Schlimmes geschehen wird.

Die Auftrittshäufigkeit des Symptomes innerhalb der vergangenen Woche wird vierstufig eingeschätzt durch: »nie oder selten«, »manchmal«, »oft« und »meistens« oder »immer«.

Bei der Auswertung können zwei Scores gebildet werden. Score 1 gibt den Gesamt-Rohwert an. Er entsteht durch die Summierung der Punktwerte, die ein Patient für jedes Item erhalten hat. Als zweiten Score kann man den SAS-Index errechnen, wozu der Gesamt-Rohwert mit 100 multipliziert und durch 80 dividiert wird.

Gütewerte

Normen: Überschreitet der Indexwert die Zahl 45, soll er eine klinische Angstsymptomatik anzeigen. Eine empirisch gestützte Begründung ist uns nicht bekannt.

Reliabilität: Als Halbierungs-Koeffizient wurde 0,71 ermittelt.

Validität: Die inhaltliche Validität wird durch psychiatrische Konzeptionen begründet. Bei kriterienbezogenen Validitätsprüfungen unterschieden sich die Index-Mittelwerte einer Patienten-Stichprobe mit Angstsymptomatik signifikant ($p < 0,05$) von denen einer Kontroll-Stichprobe.

Wiederholbarkeit: Auf Grund der Itembeschaffenheit soll sich die SAS für Verlaufsuntersuchungen eignen. Wegen des jeweils einwöchigen Beurteilungszeitraumes müssen die Meßwiederholungen eine Woche überschreiten.

Literatur

CIPS (Collegium Internationale Psychiatriae Scalarum, Hrsg.): Internationale Skalen für Psychiatrie. Beltz: Weinheim, 1981

ZERSSEN, D. v., S. WEYERER: Sex Differences in Rates of Mental Disorders. Int. J. Ment. Health 11 (1982) 9-45

ZUNG, W. W. K.: A Rating Instrument for Anxiety Disorders. Psychosomatics 12 (1971) 371-379

ZUNG, W. W. K.: 054 SAS. Self-Rating Anxiety Scale. In: GUY, W. (Hrsg.): ECDEU Assessment Manual for Psychopharmacology. National Institute of Mental Health: Rockville/Maryland, 1976, verb. Aufl.

Stuttgarter Bogen

SB

Erleben in der Gruppe; reaktive Emotionalität, Aktivität und Selbststärke

Selbstbeurteilungsverfahren für Erwachsene

Verlaufsuntersuchungen

Normen

Abnahme etwa 5 Minuten

Empirisch gestützt:
- Reliabilität
- Validität
- Normierung

nach S.P. Lermer, G. Ermann

Anwendung

Der SB ist ein Selbstbeurteilungsverfahren zur Erfassung wichtiger Erlebensdimensionen von Teilnehmern an analytisch-gruppentherapeutischen Sitzungen. Besonders interessiert das Erleben im zeitlichen Verlauf. Als Faktoren werden »reaktive bzw. fremd-bezogene Emotionalität«, »Aktivität« und »Selbststärke« erfaßt. Der Stuttgarter Bogen soll Vergleiche mit anderen Gruppentechniken, im Sinne der vergleichenden Psychotherapieforschung, ermöglichen und Meßgrößen für die objektive Beschreibung von Gruppenprozessen liefern. Man wird ihn demnach in der therapeutischen Forschung und Praxis einsetzen.

Der SB ist das Ergebnis von vier empirisch gestützten Entwicklungsschritten. Beim letzten wurde besonders auf Praktikabilität, Interpretierbarkeit und Plausibilität geachtet.

Von der Wortwahl und den Normpersonen her dürfte sich dieser Bogen nur für Jugendliche und Erwachsene eignen. Als Selbstbeurteilungsverfahren kann er in Einzelals auch Gruppenuntersuchungen durchgeführt werden. Er wird vorwiegend am Ende einer Gruppensitzung abgenommen. Die Durchführungszeit wird mit zwei Minuten angegeben. Überdies sind allerdings noch einige Minuten für die Auswertung aufzubringen. Der SB liegt auf Markierbögen vor, weshalb er auch direkt vom Belegleser erfaßt werden kann.

Aufbau

Der SB setzt sich aus 15 Adjektiv-Polaritäten zusammen.

Beispiele:

»Ich fühle mich heute in der Gruppe«:
- unterlegen — überlegen
- selbstkontrolliert — impulsiv
- resigniert — hoffnungsvoll

Zwischen diesen Polen soll jeweils eine von sechs Stufen angekreuzt werden: deutlich, mittel, eher, eher, mittel, deutlich. Sechs der Items werden der faktorenanalytisch ermittelten Dimension »fremdbezogene Emotionalität«, fünf Items der »Aktivität« und vier Items der »Selbststärke« zugeordnet. Für alle diese Subskalen liegen empirisch ermittelte Kennwerte vor.

Gütewerte

Normen: Von den drei Subskalen wurden Statistiken (Mittelwert, Standardabweichung) von 311 Personen veröffentlicht.

Reliabilität: Spezifische Reliabilitätsuntersuchungen sind uns nicht bekannt. Aus den Interkorrelationen der Subskalen (s. Validität) läßt sich jedoch eine Mindestreliabilität von 0,57 bis 0,63 für die drei Skalen erschließen.

Validität: Die inhaltliche Validität der Items geht zum einen aus der Zusammenstellung von den in der Literatur beschriebenen klinischen Erlebens-Räumen hervor, zum anderen aus der Selektion nach Protokollen analytischer Gruppensitzungen. Als Interkorrelation der Subskalen werden die Koeffizienten 0,57 (fremdbezogene Emotionalitäts-Aktivität), 0,63 (fremdbezogene Emotionalität-Selbststärke) und 0,55 (Aktivität-Selbststärke) angegeben. Diese liegen für faktorenanalytisch gewonnene Skalen relativ hoch. Zu konstruktfernen Dimensionen wurden erwartungsgemäß nur unbedeutende Korrelationen ermittelt (S. P. LERMER, G. ERMANN, 1976).

Wiederholbarkeit: Der SB wurde auch zur Erfassung von Kurzzeitveränderungen erstellt. Bei ihm als Selbstbeurteilungsverfahren sind keine bedeutsamen systematischen Wiederholungseffekte zu erwarten. Spezifische Untersuchungen hierzu sind uns jedoch nicht bekannt.

Literatur

ENKE, H.,S.P. LERMER: Selbsterleben von Gruppenmitgliedern im Spiegel empirischer Untersuchungsbefunde. Prax. Psychother. 23 (1978) 13-25

ERMANN, G., S.P. LERMER: Erlebnisdimensionen in Gruppen. Gruppenpsychother. Gruppendyn. 2 (1976) 106-121

LERMER, S.P., G. ERMANN: Der Stuttgarter Bogen (SB) zur Erfassung des Erlebens in der Gruppe. Gruppendynamik 2 (1976) 133-140

Symptom-Check-Liste

SCL-90-R

nach L. R. Derogatis

Neun psychiatrische Symptomgruppen
Selbstbeurteilungsverfahren für Erwachsene
Mehrmalige Untersuchungen
Normen
Abnahme etwa 20 Minuten
Empirisch gestützt:
Reliabilität
Validität
Englische Normierung

Anwendung

Die SCL-90-R ist ein Selbstbeurteilungsverfahren, das in Sonderfällen auch als Fremdbeurteilungsverfahren durchgeführt werden kann. Sie soll neun verschiedene Faktoren psychischer Symptome erfassen. Dabei sind nur äußerlich beobachtbare Verhaltensweisen und explizit vom Patienten ausgesprochene Beschwerden zu beurteilen.

Als wichtigster Anwendungsbereich wird die Erfassung von Effekten medikamentöser Therapie bei ambulanten Patienten vorgeschlagen. Die SCL-90-R soll aber auch bei stationären Patienten anwendbar sein.

Nach den Iteminhalten zu urteilen, dürfte sich die SCL-90-R nur für Jugendliche und Erwachsene eignen (z.B. Item 84: Wie sehr litten Sie unter sexuellen Vorstellungen, die ziemlich unangenehm für Sie sind?). Als Selbstbeurteilungsverfahren ist sie sowohl in Einzel- als auch Gruppenuntersuchungen einsetzbar. Die Abnahmedauer beträgt etwa 20 Minuten.

Aufbau

Die SCL-90-R besteht aus 90 Items.

Beispiele:
Wie sehr litten Sie unter...?

1. Kopfschmerzen
2. Nervosität oder innerem Zittern
3. immer wieder auftauchenden unangenehmen Gedanken, Worten oder Ideen, die Ihnen nicht aus dem Kopf gehen?

Zur Beantwortung eines jeden Items sind fünf Kategorien vorgesehen: Überhaupt nicht, ein wenig, ziemlich, stark und sehr stark.

Die Items werden zu neun Faktoren gruppiert:

1. Somatisierung
2. Zwanghaftigkeit
3. Unsicherheit im sozialen Kontakt
4. Depressivität
5. Ängstlichkeit
6. Aggressivität und Feindseligkeit
7. Phobische Angst
8. Paranoides Denken
9. Psychotizismus

Sieben der Items lassen sich allerdings nicht diesen Faktoren zuordnen.

Die jeweils angekreuzten Antworten werden mit Punkten zwischen 0 und 4 bewertet. Dabei steht 0 für »überhaupt nicht« und 4 für »sehr stark«. Aus der Summierung der Punkte über alle Items erhält man den allgemeinen Symptomeindex. Weiterhin läßt sich als Gesamtkennwert das Gesamt der Symptome ermitteln, welches der Anzahl der Items entspricht, die bejaht und somit nicht mit »überhaupt nicht« beurteilt wurden. Zusätzlich wird die Bestimmung eines positiven Symptomedistreß-Index vorgeschlagen, zu dessen Gewinnung man die Antworten auf alle Items summiert und durch die Anzahl der Items mit positiver Antwort dividiert.

Die differenzierteste Auswertung ist die nach den neun angeführten Faktoren. Hierdurch lassen sich Symptomprofile erstellen.

Gütewerte

Normen: Für ambulante psychiatrische Patienten und »Normale« liegen Normen des englischsprachigen Bereiches vor.

Reliabilität: Die Werte der inneren Konsistenz sollen nach einer empirischen Untersuchung (n = 565) zwischen 0,80 und 0,90 schwanken.

Validität: Durch die Auswahl der Items ist bereits eine gewisse inhaltliche Validität gesichert. Acht der neun Symptomfaktoren konnten an 1002 ambulanten psychiatrischen Patienten sehr gut bestätigt werden. Mit den Skalen des MMPI wurde die Übereinstimmungsvalidität an 209 Normalpersonen überprüft. Sie streute zwischen 0,40 und 0,75.

Wiederholbarkeit: Wie bei den meisten anderen Selbstbeurteilungsverfahren ist bei der SCL-90-R nicht mit systematischen Wiederholungseffekten zu rechnen, zumal vorgeschlagen wird, wiederholte Abnahmen nicht vor sieben

Tagen vorzunehmen, da der zeitliche Bezugsrahmen der Beurteilung diesen Zeitraum umfaßt. Spezifische Untersuchungen zur Wiederholbarkeit fehlen jedoch.

Literatur

CIPS (Collegium Internationale Psychiatriae Scalarum, Hrsg.): Internationale Skalen für Psychiatrie. Beltz: Weinheim, 1981

DEROGATIS, L. R., R. S. LIPMAN, L. COVI: SCL-90. An Outpatient Psychiatric Rating-Scale: Preliminary Report. Psychopharm. 9 (1973) 13-28

DEROGATIS, L. R., R. S. LIPMAN, L. COVI: 053 SCL-90. Self-Report Symptom Inventory. In: GUY, W. (Hrsg.): ECDEU Assessment Manual for Psychopharmacology. National Institute of Mental Health: Rockville/Maryland, 1976, verb. Aufl.

DEROGATIS, L. R., K. RICKELS, A. ROCK: The SCL-90 and the MMPI: A Step in the Validation of a New-Self-Report Scale. Brit. J. Psychiat. 128 (1976) 290-289

PETTINATI, H. M., K. M. BONNER: Cognitive Functioning in Depressed Geriatric Patients with a History of ECT. Am. J. Psychiatry, 141 (1984) 49-52

Self-Rating Depression Scale

SDS

Depressive Symptomatik

Psychopathometrisches Selbstbeurteilungsverfahren für Erwachsene

Verlaufsuntersuchungen

Normen

Empirisch gestützt:
- Reliabilität
- Validität

nach W. W. K. Zung

Anwendung

Als Selbstbeurteilungsverfahren wird die Self-Rating Depression Scale dem Patienten zur eigenständigen Bearbeitung übergeben.

Der Indikationsrahmen ist auf Erwachsene mit depressiver Symptomatik zugeschnitten. Zur Einschätzung gelangt das Befinden des Patienten in der Woche vor der Untersuchung.

Neben der Feststellung und Quantifizierung depressiver Zustände soll die SDS Möglichkeiten zur Effizienz-Kontrolle verschiedener therapeutischer Bemühungen schaffen.

Aufbau

Insgesamt hat der Patient durch 20 Aussagen über die Häufigkeit von Symptomen Stellung zu nehmen.

Beispiel:

Item 1: Ich fühle mich bedrückt, schwermütig und traurig (krankheitsorientierte Behauptung)

Item 2: Morgens fühle ich mich am besten (gesundheitsorientierte Behauptung)

Als Antwortmöglichkeiten sind vier Stufen vorgegeben: »nie oder selten«, »manchmal«, »oft« und »meistens oder immer«.

Zehn dieser Aussagen werden als »krankheitsorientiert« zusammengefaßt. Sie sollen typische depressive Symptome betreffen. Die übrigen zehn Aussagen gelten als »gesundheitsorientiert« und beziehen sich auf Erlebnis- und Verhaltensweisen, die bei depressiven Patienten meist gestört seien.

Bei der Auswertung erstellt man zwei Kennwerte. Der erste ist der Gesamt-Rohwert (Score 1), den man durch Addition der Punktwerte aller 20 Aussagen gewinnt. Der zweite Kennwert (Score 2) wird aus dem Quotienten des 100fachen Gesamt-Rohwertes dividiert durch 80 (SDS-Index) gebildet.

Es sind Schweregradnormen vorgegeben. Gegen eine Depression sprechen Gesamt-Rohwerte unter 40. 41 bis 47 Punkte werden als leichte Depression interpretiert, 48-55 Punkte als mäßige bis schwere und noch höhere Punktzahlen als schwere Depression.

Gütewerte

Normen: Empirisch gestützte Normierungen liegen u.W. nicht vor.

Reliabilität: Von W. W. K. ZUNG (1974) wurde eine Halbierungsreliabilität von 0,73 veröffentlicht.

Validität: Die inhaltliche Validität läßt sich aus medizinischen Konzeptionen folgern. Die kriteriumsbezogene Validität bewegt sich um 0,70.

Wiederholbarkeit: Die SDS soll sich für Meßwiederholungen im Rahmen von Verlaufsstudien eignen. Allerdings fehlen hierzu methodische Untersuchungen.

Literatur

BROWN, G. L., W. W., K. ZUNG: Depression Scales. Self- or Physician-Rating? Comprehens. Psychiat. 13 (1972) 361-367

CIPS (Collegium internationale Psychiatriae Scalarum, Hrsg.): Internationale Skalen für Psychiatrie. Beltz: Weinheim, 1981

MAVISSAKALIAN, M., L. MICHELSON: Tricyclic Antidepressants in Obsessive-Compulsive Disorder. J. Nerv. Ment. Dis. 171 (1983) 301-306

PRIEST, R. G., P. NETTER: Hostility, Somatic Symptoms and Recovery with Antidepressants. Int. Pharmacopsychiat. 10 (1975) 137-141

ZUNG, W. W. K.: Factors Influencing the Self-Rating Depression Scale. Arch. Gen. Psychiat. 16 (1967) 543-547

ZUNG, W. W. K.: The Measurement of Affects: Depression and Anxiety. Pharmacopsychiat. 7 (1974) 170-188

ZUNG, W. W. K.: 073 SDS. Self-Rating Depression Scale. In: GUY, W. (Hrsg.): ECDEU Assessment Manual for Psychopharmacology. National Institute of Mental Health: Rockville/Maryland, 1976, rev. Aufl.

ZUNG, W. W. K., C. RICHARDS, M. J. SHORT: Self-Rating Depression Scale in an Outpatient Clinic. Arch. Gen. Psychiat. 13 (1965) 508-515

ZERSSEN, D. v., S. WEYERER: Sex Differences in Rates of Mental Disorders. Int. J. Ment. Health 11 (1982) 9-45

Adjektiv-Skalen zur Einschätzung der Stimmung

SES

Augenblickliche Stimmungslage

Selbstbeurteilungsverfahren für psychisch unauffällige und auffällige Erwachsene

Verlaufsuntersuchungen

Normen

Parallelformen

Empirisch gestützt:
- Reliabilität
- Validität
- Normierung
- Wiederholbarkeit

nach R. Hampel

Anwendung

Die vorliegende Adjektivliste dient der qualitativen und quantitativen Einschätzung der Stimmung. In diesem mehrdimensionalen Selbstbeurteilungsverfahren soll der Proband seine augenblickliche Stimmungslage bzw. sein momentanes Befinden einstufen. Die SES zeichnet sich sowohl durch eine breite Stichprobe von Eigenschaftswörtern als auch von untersuchten Erwachsenen aus.

Der Geltungsbereich umfaßt psychisch unauffällige und psychisch auffällige Erwachsene.

Aufbau

Die SES setzt sich aus insgesamt 84 Adjektiven zusammen, die sich auf Stimmung und Befinden beziehen.

Die ersten vier Items sind:
- frisch
- ausgelassen
- nachgrübelnd
- schwermütig

Das Zutreffen eines jeden Adjektivs wird auf einer siebenstufigen Intensitätsskala folgendermaßen eingeschätzt: »überhaupt nicht zutreffend«, »ein bißchen zutreffend«, »etwas zutreffend«, »ziemlich zutreffend«, »überwiegend zutreffend«, »fast völlig zutreffend« und »vollkommen zutreffend«.

Nach Angaben des Testautors führten Item-, Cluster- und Faktorenanalysen zu sechs Stimmungsfaktoren:
- Gehobene Stimmung
- Gedrückte Stimmung
- Mißstimmung
- Ausgeglichene Stimmung
- Trägheit (Desaktiviertheit)
- Müdigkeit

Aus der vorgestellten Langform (SES-L) mit 84 Items wurden zwei parallele Halbformen, die SES-A und die SES-B, mit jeweils 42 Items entwickelt.

Gütewerte

Normen: Mittelwerte und Standardabweichungen werden für alle Faktoren der SES-Formen von 846 deutschsprachigen Erwachsenen vorgelegt.

Reliabilität: Die Reliabilitätswerte zur SES-L schwanken bei $n = 846$ zwischen $r_{tt} = 0,91$ und 0,96 (CRONBACHs α zwischen 0,90 und 0,95). Die Halbformen korrelieren folgendermaßen: $r_{AB} = 0,84$ bis 0,92.

Validität: Die Inhaltsvalidität geht aus der Zusammenstellung der Eigenschaftswörter hervor. Cluster- und Faktorenanalysen tragen zur Konstruktvalidierung bei. Unter Normalbedingungen betrugen Korrelationen mit vergleichbaren Faktoren der SES-L und EWL (s.dort) bei 70 Studenten zwischen 0,55 und 0,81. Ebenso liegen Korrelationsstudien mit der EWL unter Drogenbedingungen sowie mit dem FPI und physiologischen Maßen vor.

Wiederholbarkeit: Empirische Belege hatte B. KULIK (1972) erbracht.

Literatur

FAHRENBERG, J., M. MYRTEK, B. KULIK, R. FROMMELT: Eine psychophysiologische Zeitreihenstudie an 20 Studenten über 8 Wochen. Arch. Psychol. 129 (1977) 242-264

HAMPEL, R.: Adjektiv-Skalen zur Einschätzung der Stimmung (SES). Diagnostica 23 (1977) 43-60

WANIECK, E., J. PACH: Pimozide bei psycho-vegetativen Störungen. Psychopathometrie 2 (1976) 149-154

ZIMMERMANN, P.: Zur Zeitreihenanalyse von Stimmungsskalen. Diagnostica 25 (1979) 24-48

Schlaffragebogen A und B

SF-A / SF-B

Erfassung von Schlafqualität und Befindlichkeit vor dem Schlafen und nach dem Aufwachen

Selbstbeurteilungsverfahren für Erwachsene

Ein- und mehrmalige Untersuchungen

Empirisch gestützt:
- Reliabilität
- Validität

nach R. Görtelmeyer

Anwendung

Das Selbstbeurteilungsverfahren SF dient der Erfassung der Schlafqualität, der Befindlichkeit vor dem Schlafengehen und am Morgen nach dem Aufwachen sowie bestimmter Tagesereignisse und allgemeiner Schlafgewohnheiten. Der Fragebogen bietet sich an zur Diagnose von allgemeinen und aktuellen Schlafstörungen, ihrer Ursachen sowie zur Kontrolle therapeutischer Maßnahmen auf das Schlafverhalten.

Der Bogen kann als Einzel- wie als Gruppenverfahren vorgelegt werden.

Aufbau

Das Verfahren besteht aus zwei Fragebögen, die sich im zeitlichen Bezugsrahmen der Beurteilung unterscheiden. Der Bogen SF-A bezieht sich auf die letzte Nacht; der Bogen SF-B legt den Zeitraum der vergangenen zwei Wochen zugrunde.

Der SF-A besteht aus 22 Items, aus denen neben Zeitangaben zur Schlafdauer, Schlafunterbrechung und Schlaflatenz drei Skalenwerte abgeleitet werden:

— Schlafqualität (SQ)
— Schlaferholungswert (SEW)
— Schlafdisposition (SDISP)

Der SF-B setzt sich aus insgesamt 29 Angaben zusammen, die nicht wie im Fall des SF-A nach der Intensität, sondern auch nach der Häufigkeit ihres Auftretens in den letzten zwei Wochen beurteilt werden. Dazu dienen drei- bzw. fünfstufige Bewertungsskalen.

Gütewerte

Normen: Es liegen für verschiedene Stichproben statistische Kennwerte (Mittelwert, Standardabweichung) der Schlafscores vor.

Reliabilität: Die Konsistenz der SF-A-Summenwerte beträgt 0,86 bis 0,91. Für den SF-B ergeben sich entsprechende Werte (CRONBACHs α) in der Höhe von 0,79 bis 0,88.

Validität: Die faktorielle Struktur des Verfahrens mit den drei Hauptfaktoren SQ, SEW und SDISP konnte anhand mehrerer Faktorenanalysen bestätigt werden. Die Korrelation zwischen Schlafqualität SQ und Arzturteil der Schlafstörung wird mit -0,63 angegeben.

Wiederholbarkeit: Der SF soll sich für Meßwiederholungen eignen.

Literatur

CIPS (Collegium Internationale Psychiatriae Scalarum, Hrsg.): Internationale Skalen für Psychiatrie. Beltz: Weinheim, 1981

Syndrom-Kurztest

SKT

Reversible körperlich begründbare Psychosen (Psychoorganische Akutsysteme), speziell Durchgangs-Syndrome und leichte Bewußtseinstrübungen

Psychopathometrisches Leistungsverfahren für Erwachsene

Verlaufsuntersuchungen

Normen

Abnahme 10 bis 15 Minuten

Parallelformen

Empirisch gestützt:
- Reliabilität
- Validität
- Normierung

nach H. Erzigkeit

Anwendung

Der Syndrom-Kurztest ist ein Leistungsverfahren, das ein breites Spektrum psychischer Funktionen erfaßt. Mit dem SKT sollen psychiatrisch unauffällige Personen von Personen mit reversiblen körperlich begründbaren Psychosen (Psychische Akutsyndrome) getrennt und — bei Vorliegen einer Erkrankung — Schweregrade unterschieden werden. Dieses Verfahren differenziert im Abschnitt des Durchgangs-Syndroms bis zur leichten Bewußtseinstrübung und kann schwerere Störungsgrade der Psychischen Akutsyndrome nicht mehr unterscheiden. Bei diesen Stadien sollte dann als Anschlußverfahren die Funktionspsychose-Skala-B (s.dort) eingesetzt werden.

Zur Interpretation der Testergebnisse wurden Normen erstellt, bei denen das Lebensalter und das prämorbide Intelligenzniveau, gemessen mit dem MWT-B (s.dort), gesondert berücksichtigt werden.

Der Geltungsbereich bezieht sich auf Erwachsene ab dem 17. Lebensjahr. Die Durchführungszeit hängt vom Schweregrad der Funktionspsychose ab. Sie beträgt etwa zehn Minuten und kann bei schweren Störungen wegen der Zeitbegrenzung 15 Minuten nicht überschreiten.

Aufbau

Der SKT besteht aus neun Subtests, deren Bearbeitung auf jeweils 60 Sekunden limitiert ist. Sie sind nachfolgend angeführt:

Subtest I:	Gegenstände benennen
II:	Gegenstände unmittelbar reproduzieren
III:	Zahlen lesen
IV:	Zahlen ordnen
V:	Zahlen zurückstellen
VI:	Symbole zählen
VII:	Interferenzaufgabe
VIII:	Gegenstände (von I.) mittelbar reproduzieren
IX:	Gegenstände (von I.) wiedererkennen

Gemessen werden die Bearbeitungszeit in Sekunden und Zehntelsekunden oder die Anzahl der Fehler. Den Rohwerten eines jeden Subtests werden an Hand von Normentabellen für vier Alters- und drei Intelligenzstufen Wertpunkte zugeordnet. Die Summe der neun Wertpunkte ergibt den Gesamt-Testwert, der mittels einer Tabelle folgendermaßen interpretiert werden kann.

Kein Psychisches Akutsyndrom
Fragliches (oder sehr leichtes) Durchgangs-Syndrom
Leichtes Durchgangs-Syndrom
Mittelschweres Durchgangs-Syndrom
Schweres Durchgangs-Syndrom
Bewußtseinstrübung

Gütewerte

Normen: Es wurden empirische Normen für vier Alters- und drei Intelligenzstufen ermittelt (n = 625). Diese Normen können tabellarisch Standardnormen zugeordnet werden, wodurch der SKT an das gleiche Normensystem wie die FPSB angekoppelt wird.

Reliabilität: Zur Reliabilität liegen direkte Studien (J: NEUSER et al., 1983) und indirekte Hinweise aus Validitätsuntersuchungen vor. Dabei ist davon auszugehen, daß die Reliabilitätskoeffizienten mindestens so groß wie die Wurzel aus den Validitätskoeffizienten sein müssen. Da die Reliabilität eine Funktion der Verteilung der funktionspsychotischen Schweregrade ist (s.S. LEHRL et al., 1979) und da noch keine Übereinkünfte über anzustrebende Verteilungsformen herrschen, wurde in diesen indirekten Studien absichtlich auf die Ermittlung von Reliabilitätskoeffizienten verzichtet.

Validität: Von der Konzeption her kann bereits eine theoretische Validität der Verfahren angenommen werden. Korrelationen mit anderen Verfahren, die ebenfalls den Anspruch erheben, funktionspsychotische Schweregrade zu messen, erbrachten rho = 0,71 (H.-H. FUCHS, 1979) mit dem Gesamtergebnis des Syndrom-Tests (s.dort) und r = 0,95 mit der Funktionspsychose-Skala-A, einem Vorgänger der FPSB (s.dort) (s. J. LUGAUER, S. LEHRL, H.-H. FUCHS, 1977).

Wiederholbarkeit:
Um Lerneffekte auszuschließen, sollen die fünf Parallelformen bei Verlaufsuntersuchungen eingesetzt werden. Bei schwereren Störungen wird allerdings bei Verwendung der gleichen Form ebenfalls ein nur geringer Lerneffekt vermutet.

Literatur

ERZIGKEIT, H.: Manual zum SKT Formen A-E. Vless Verlag, Ebersberg 2. Auflage 1986.

Abb.: Platte mit Magnetklötzchen für Subtest III, IV und V des SKT

Abb.: Vorlage für Subtest I (Gegenstände benennen) des SKT

Skala für Leidensdruck und bewußte Motivation zur Psychotherapie

SLMP

Leidensdruck und bewußte Motivation zur Psychotherapie

Selbstbeurteilungsverfahren für Erwachsene

Verlaufsuntersuchungen

Abnahme ca. 5 bis 10 Minuten

Empirisch gestützt:
Validität

nach H. O. Badura

Anwendung

Die SLMP ist ein Selbstbeurteilungsverfahren, das bisher für Forschungszwecke erstellt worden ist. Da die Beurteilung »Leidensdruck des Patienten« als Voraussetzung für Therapien schwierig ist, sollte dem subjektiven Eindruck des Therapeuten mit der SLMP als zusätzliche Hilfe ein standardisiertes Selbsteinschätzungsverfahren für Patienten zur Verfügung gestellt werden.

Die SLMP wurde bisher nur für Forschungszwecke bei Erwachsenen angewandt. Deshalb liegen keine Normen vor. Da sie nur aus zehn Feststellungen besteht, dürfte ihre Abnahme zehn Minuten kaum überschreiten.

Aufbau

Die SLMP setzt sich aus zehn Items zusammen. Die ersten fünf sind Testfragen zum Leidensdruck:

Beispiel:
Ich leide unter meinen Beschwerden

Die folgenden 5 Items sind Testfragen zur bewußten Motivation:

Beispiel:
Ich möchte mit seelischen Mitteln behandelt werden

Jede Testfrage kann durch Anstreichen der Rubriken »gar nicht« oder »zutreffend« bis »sehr zutreffend« beantwortet werden. Eine differenziertere Stufung zwischen den Polen zutreffend und sehr zutreffend wird durch die Zahlen 1 bis 7 repräsentiert, wobei 1 als »sehr zutreffend« gewertet wird. Für jede Gruppe der Testfragen werden schließlich die angekreuzten Zahlen aufaddiert.

Gütewerte

Normen: Die SLMP wurde bisher nur für Forschungszwecke eingesetzt. Daher liegen keine Normen vor. Ebenso sind keine Reliabilitätsuntersuchungen bekannt.

Validität: Aus der Art der Fragestellungen geht die inhaltliche Validität hervor. In empirischen Untersuchungen wurden an 20 Personen zwischen der Therapeutenbeurteilung und der Selbstbeurteilung der bewußten Motivation die Korrelation 0,68 und zur Dimension des Leidensdruckes 0,35 ermittelt. Die Summenwerte für den Leidensdruck und die bewußte Motivation korrelierten nicht miteinander ($r = 0,05$; $n = 20$), woraus erschlossen wird, daß im Erleben des Patienten durch die Fragen zwei unterschiedliche Dimensionen angesprochen werden.

Wiederholbarkeit: Ene empirische Untersuchung zur Wiederholbarkeit liegt nicht vor. Systematische Wiederholungseffekte sind aber, wie auch bei anderen Selbstbeurteilungsverfahren, kaum zu erwarten.

Literatur

BADURA, H. O.: Die Beurteilung von Leidensdruck und bewußter Motivation zur Psychotherapie aus dem Erstinterview. Psychother. med. Psychol. 25 (1975) 198-202

Standard Progressive Matrices

SPM

nach J. C. Raven

Allgemeines Intelligenzniveau
Leistungsverfahren für Kinder und Erwachsene
Mehrmalige Untersuchungen
Normen
Abnahme etwa 45 bis 60 Minuten
Parallelformen
Empirisch gestützt:
- Reliabilität
- Validität
- Englische Normierung
- Wiederholbarkeit

Anwendung

Der SPM ist ein Leistungsverfahren zur Messung des allgemeinen Intelligenzniveaus. Er erfaßt speziell die nichtsprachliche Intelligenz. Man setzt ihn zur einmaligen Kontrolle des Intelligenzniveaus und zur Diagnose hirnorganischer Funktionsstörungen ein.

Der SPM ist das verbreitetste Verfahren unter den verschiedenen Progressive-Matrizen-Tests (PMT) nach J. C. RAVEN. In diese Kategorie gehören noch der Coloured Progressive Matrices-Test (CPM), der speziell bei schwach begabten und entwicklungsgeschädigten Kindern eingesetzt werden soll, und der Advanced Progressive Matrices-Test (APM) zur Differenzierung von Personen mit hohem Intelligenzniveau. Zusätzlich gibt es noch eine Kurzform des SPM, die aus zwölf Items besteht. Diese wird man nur zur groben Orientierung über das allgemeine Intelligenzniveau eines Probanden anwenden. Hier soll nur beispielhaft der SPM, der am häufigsten eingesetzt wird, beschrieben werden.

Der Geltungsbereich bezieht sich auf Personen zwischen sechs und 65 Jahren. Die Abnahme kann in Einzel- und Gruppenuntersuchungen erfolgen. Davon wird der Testleiter nicht weiter beansprucht. Die Testzeit ist nicht begrenzt, soll aber meistens zwischen 45 und 60 Minuten liegen.

Aufbau

Der SPM setzt sich aus 60 Aufgaben zusammen. Sie werden, ähnlich wie beim FRT (s.dort), als Bilder von Figuren dargeboten (s.Abb.), die sich nach einer bestimmten Gesetzmäßigkeit entwickeln. Dabei ist eine Stelle für eine Figur ausgespart, die der Proband erschließen soll. Dazu werden ihm mehrere Figuren als Antwortmöglichkeiten gezeigt, von denen eine als richtig anerkannt wird. Die Anzahl der richtigen Lösungen läßt sich tabellarisch in Prozentränge transformieren.

Die Items sind der Schwierigkeit nach in fünf Sätzen angeordnet. Jeder Satz besteht aus zwölf der Schwierigkeit nach gestaffelten Aufgaben. Die schwersten (d.h. letzten) Aufgaben eines Satzes sind stets schwieriger als die ersten des nachfolgenden. Im Durchschnitt steigt aber auch die Schwierigkeit der Items von Satz zu Satz. Der letzte enthält schließlich die allerschwersten Aufgaben. Als konsistent gelten Aufgabenlösungen dann, wenn jemand, der schwierigere Items löst, auch jeweils die leichteren richtig beantwortet. Aus Verstößen gegen die Konsistenz können differentialdiagnostische Schlüsse gezogen werden (s. U. RAUCHFLEISCH, 1975).

Gütewerte

Normen: Zum SPM liegen englische Normen vor, die allerdings wegen der Sprachunabhängigkeit des SPM auch für deutsche Verhältnisse gültig sein sollen. Hiernach lassen sich die Rohwerte in Prozentränge umwandeln.

Reliabilität: Verschiedene Reliabilitätsbestimmungen nach der Split-Half-Methode erbrachten Werte zwischen 0,76 und 0,91 (R. BRICKENKAMP, 1975). Als Retest-Reliabilität werden Werte zwischen 0,64 und 0,93 angeführt (R. BRICKENKAMP, 1975).

Validität: Mit verschiedenen Intelligenztests des gleichen Validitätsanspruches wurden Korrelationen veröffentlicht. Sie liegen beispielsweise zum Standford-Binet-Test bei 0,86 und zur englischen Form des HAWIK, zum WISC, bei 0,55 und 0,75. Faktorenanalytisch ließ sich ein Generalfaktor isolieren.

Wiederholbarkeit: Die Retest-Ergebnisse (s. Reliabilität) verweisen auf die Wiederholbarkeit nach mehrwöchigen Zeitabständen.

Literatur

BRICKENKAMP, R. (Hrsg.): Handbuch psychologischer und pädagogischer Tests. Hogrefe: Göttingen-Toronto-Zürich, 1975

BRITZ, C., K.A. JOCHHEIM: Psychophysische Belastungserprobung bei traumatisch Hirngeschädigten. Psychopathometrie 3 (1977) 21-35

EICH, F.X.: Verfahren zur Leistungsmessung. in: SCHMIDT, L.R. (Hrsg.): Lehrbuch der Klinischen Psychologie, Bd. 1. Enke: Stuttgart, 1978

GEBHARDT, R., H. NEUMANN: Die Intelligenz in Abhängigkeit vom durchgeführten Intelligenztest und von Persönlichkeitsmerkmalen. Ein Vergleich von WIP und PMT. Psychother. med. Psychol. 26 (1976) 23-31

GÖLLNER, R.: Die Abhängigkeit der gemessenen Intelligenzhöhe vom angewandten Testverfahren in der klinischen Psychotherapie. Psychother. med. Psychol. 21 (1971) 147-151

KERN, I., U. FISCHER, B. FISCHER: Intelligenz-Testung in der Frühgeriatrie. Korrelativer Zusammenhang zwischen dem Mehrfachwahl-Wortschatz-Test (MWT-B) und dem Progressiven Matrizen-Test (PMT) bei einem frühgeriatrischen Patientengut. Fortschr. Med. 97 (1979) 1821-1823

KÜHNLEIN, J., K. HAHLWEG, G. MÜLLER, B. SEVENITZ: Überprüfung der SPM von Raven für den psychiatrischen Bereich und Entwicklung von Kurzformen. Diagnostica 29 (1983) 236-246

LURATI, M., E. H. BOTTENBERG, J. LÜTZENKIRCHEN, H. SCHÖFER: Multiple Sklerose und Persönlichkeitsaspekte. Arch. Psychiat. Nervenkr. 221 (1976) 303-311

RAUCHFLEISCH, U.: Zur Frage der diagnostischen Bedeutung der »Diskrepanzen« im Progressiven Matrizen Test von Raven. Diagnostica 21 (1975) 107-115

RAUCHFLEISCH, U.: Itemanalyse zum Progressiven Matrizentest von Raven (SPM) an einer Stichprobe psychisch Kranker. Diagnostica 29 (1983) 359-366

RAVEN, J.C.: Guide to Standard Progressive Matrices (Set A, B, C, D, E). Lewis & Co. Ltd.: London, 1971, 13. Aufl.

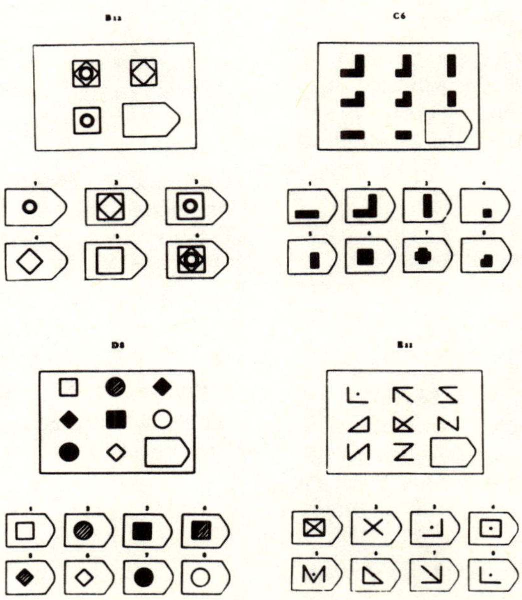

Abb.: Vier Items aus dem SPM nach RAVEN

Stanford-Profil-Skalen

(Deutsche Form)

SPS

Hypnotisierbarkeit, Suszeptibilität
Verhaltensprobe für Jugendliche und Erwachsene
Wiederholbarkeit
Normen
Parallelform
Empirisch gestützt:
Validität
Normierung

nach A. M. Weitzenhoffer, E. R. Hilgard
(deutsch: P. Halder)

Anwendung

Die Stanford-Profil-Skalen Formen I und II sind für Personen mit mindestens mittlerer Suszeptibilität entwickelt worden, bei denen neben motorischen sensorische und kognitive Phänomene der Hypnose stichprobenhaft untersucht werden. Die Formen I und II schließen an die leichteren Formen A, B und C an, die sich für weniger suszeptjble Personen eignen sollen. Die Formen A und B sind ebenfalls übersetzt und an einer deutschen Stichprobe standardisiert worden (P. HALDER, G. JUNKERS, H. LATKA, 1972). Die SPS könnten auch im Zusammenhang der Abschätzung von Plazebowirkungen innerhalb der Medikamentenprüfungen Interesse finden.

Die SPS-Formen I und II wurden bisher nur auf Jugendliche und Erwachsene angewandt. Man nimmt sie in individuellen Untersuchungen ab.

Aufbau

Die SPS setzt sich aus den Formen I und II zusammen, die als Parallelformen angesehen werden können. Jede Form besteht aus zwei Aufgabengruppen. Gruppe A enthält sensorische und Gruppe B kognitive und andere Aufgaben.

Beispiele:

A. Sensorische Aufgabe:
   1. negative taktile Halluzination (SPS I).
      Nach der Suggestion der Anästhesie der Hand werden verschieden starke Stromstöße appliziert.

B. Kognitive und andere Aufgaben:
   9. Kurzzeitregression (Hypermnesie, SPS I).
      Der Vp wird suggeriert, daß sie sich an die Mahlzeit erinnern kann, die sie vor einer Woche eingenommen hat (die Vp wurde bereits vor dem Versuch nach ihren Erinnerungsresten im Wachzustand befragt).

Pro SPS-Form stellt der Untersuchungsleiter vier sensorische und fünf kognitive bzw. andere Aufgaben. Jede Aufgabe wird mit einem Punktwert zwischen 0 und 3 bewertet, für deren Skalierung genaue Richtlinien vorgegeben sind. Die Punktwerte einer jeden Form werden schließlich aufsummiert und auf Vergleichswerte bezogen.

Gütewerte

Normen: Es liegen amerikanische und deutsche empirisch ermittelte Normwerte vor (deutsch: n = 40; amerikanisch: n = 155). Die Werteverteilungen beider Stichproben decken sich sehr gut.

Reliabilität: Hierzu ist keine spezifische Untersuchung bekannt.

Validität: Die zusammengestellten Aufgaben sind, zumindestens teilweise, den hypnotisch Tätigen bereits bekannt. Ihnen kommt daher eine gewisse konzeptuelle Validität zu. In empirischen Studien zeigte sich auch, daß leicht hypnotisierbare Personen nach diesen Skalen höhere Werte als nicht hypnotisierbare erhalten.

Wiederholbarkeit: Empirische Untersuchungen zur Wiederholbarkeit sind nicht bekannt. Aufgrund der Aufgabenart dürften aber Wiederholungen in längeren Zeitabständen von systematischen Effekten unbeeinflußt sein.

Literatur

HALDER, P.: Eine Pilot-Study zur Standardisierung der deutschen Form der Stanford-Profil-Skalen (SPS) zur Erfassung der hypnotischen Suszeptibilität. Med. Psychol. 1 (1976) 77-90

HALDER, P., G. JUNKERS, H. LATKA: Die Stanford-Skala zur Erfassung der hypnotischen Suszeptibilität. Diagnostica 18 (1972) 141-158

WEITZENHOFFER, A. M., E. R. HILGARD: Revised Standford Profile Scales of Hypnotic Susceptibility, Forms I und II. Consulting Psychologists Press: Palo Alto, 1967

Situativer Reaktionsfragebogen-Kurzform

SR-K

Streßreagibilität
Selbstbeurteilungsverfahren für Erwachsene
Mehrmalige Untersuchungen
Normen
Abnahme 5 bis 15 Minuten
Empirisch gestützt:
  Reliabilität
  Validität
  Normierung

nach G. Erdmann, W. Janke

Anwendung

Der SR-K ist ein Selbstbeurteilungsverfahren, mit dem die Bereitschaft erfaßt werden soll, auf emotionale Belastungssituationen zu reagieren. Diese wird auch als »Streßreagibilität« bezeichnet. Sie kann sowohl global als auch spezifisch für bestimmte Situationen und Reaktionsarten gemessen werden. Demnach dient der SR-K einerseits der Ermittlung von Situationen, die ziemlich starke psychophysiologische Reaktionen auslösen. Andererseits lassen sich mit ihm auch individuelle Sensibilitäten für spezifische Reaktionsarten beurteilen, was beispielsweise für die Diagnostik psychosomatisch akzentuierter Störungen von besonderer Bedeutung ist.

Die Entwicklung des SR-K ist noch nicht abgeschlossen. Daher halten die Autoren seine Anwendung für die individuelle Diagnostik als noch nicht geeignet. Er sollte deshalb vorläufig nur für Forschungszwecke eingesetzt werden.

Der Geltungsbereich umfaßt nur Erwachsene. Als Selbstbeurteilungsverfahren kann der SR-K in Einzel- und Gruppenuntersuchungen angewandt werden. Die Bearbeitungszeit beträgt fünf bis 15 Minuten.

Es liegt noch eine Langform vor, die in diesem Rahmen allerdings nicht näher behandelt werden soll.

Aufbau

Der SR-K setzt sich aus 70 Items zusammen. Zehn davon stellen Belastungssituationen dar, in die sich der Proband hineinversetzen und wozu er angeben soll, in welchem Maße er zu jeder der insgesamt sieben vorgegebenen psychischen und somatischen Reaktionsweisen neigt.

Beispiele für die Situationsvariablen:
- wenn ich mehrere Mahlzeiten übergangen habe
- wenn ich morgens unausgeschlafen aufstehen muß

Beispiele für die Reaktionsvariablen:
- ...neige ich dazu, gereizt oder aggressiv zu werden
- ...neige ich dazu, mit Niedergeschlagenheit oder Depri-miertheit zu reagieren

Die Reaktionsintensität ist jeweils auf einer achtstufigen Skala anzugeben: gar nicht, äußerst schwach, sehr schwach, schwach, mittel, stark, sehr stark, äußerst stark.

Die zehn Situationsvariablen des SR-K sind folgendermaßen bezeichnet:
- übergangene Mahlzeit
- unausgeschlafen aufstehen
- Lärm
- Streit
- Zeitdruck
- Nichterreichen eines Zieles
- Verlust eines Menschen
- plötzliches Bremsenquietschen
- Arztbehandlung
- vor Zuhörerschaft sprechen

Die Reaktionsvariablen werden kurz folgendermaßen gekennzeichnet:
- Aggressivität
- Niedergeschlagenheit
- Angst
- Herzklopfen
- Muskelanspannung
- Magenbeschwerden
- Kopfschmerzen

Den SR-K wertet man nach vier verschiedenen Gesichtspunkten aus:

A. Gesamtwert als Indikator der allgemeinen Streßreagibilität
B. Summe der Reaktionsintensitäten für jede Situation als Indikator der individuellen Neigung, auf bestimmte Situationen mit »Streß« zu reagieren
C. Summe einer jeden Reaktionsintensität über alle Situationen als Indikator für die generalisierte individuelle Neigung, auf Belastung mit ganz bestimmten psychischen und physischen Reaktionsweisen zu antworten
D. Einzelne spezifische Reaktionswerte auf jede spezifische Situation als differenziertester Indikator der individuellen Streßsituation

Gütewerte

In der Publikation des Testes wird betont, daß er sich noch in der Entwicklung befindet und daß die bisher vorgelegten empirischen Befunde erst einen Anfang zur Stützung der mit ihm verbundenen Annahmen darstellen.

Normen: Zur Zeit liegen Mittelwerte und Standardabweichungen von drei studentischen Stichproben vor ($n_1 = 98$; $n_2 = 126$; $n_3 = 116$).

Reliabilität: An den drei angeführten Stichproben wurde die Reliabilität durch CRONBACHs α ermittelt. Es variiert bei den Situationsvariablen zwischen 0,76 bis 0,91. Als Koeffizienten der inneren Konsistenz des Gesamtwertes werden für die drei Stichproben 0,69, 0,96 und 0,97 angegeben.

Validität: Die Entwicklung des SR-K setzt an Vorarbeiten von anderen, teilweise amerikanischen Autoren an. Hierdurch ist das Verfahren also konzeptuell validiert. Zur empirischen Validierung wurden Korrelationen mit den Skalen des FPI (s.dort) ermittelt, die allerdings teilweise als konstruktnah und andernteils als konstruktfern beurteilt werden.

Wiederholbarkeit: Als Selbstbeurteilungsverfahren müßte der SR-K wiederholbar sein. Spezifische Untersuchungen hierzu sind uns jedoch nicht bekannt.

Literatur

ERDMANN, G., W. JANKE: Der situative Reaktionsfragebogen (I). Ärztl. Praxis 30 (1978) 1240-1241

ERDMANN, G., W. JANKE: Der situative Reaktionsfragebogen (II). Ärztl. Praxis 30 (1978) 1271-1274

Fragebogen zur Erfassung von Selbstsicherheit

SSF

Selbstsicherheit als Persönlichkeitseigenschaft
Selbstbeurteilungsverfahren für Erwachsene
Mehrmalige Untersuchungen
Normen
Empirisch gestützt:
- Reliabilität
- Validität
- Normierung
- Wiederholbarkeit

nach R. Bender, G. Bender

Anwendung

Der SSF ist ein Selbstbeurteilungsverfahren zur Erfassung von Selbstsicherheit als relativ konstante Persönlichkeitseigenschaft. Wichtige Aspekte dieser Selbstsicherheit sind »Selbstbehauptung«, »offener Ausdruck von Emotionen« und »Selbstbewußtheit«. Das Verfahren soll zur Kontrolle therapeutischer Maßnahmen, z.B. bei Selbstsicherheitstraining zur Ergänzung klinisch-psychologischer Testdiagnostik, und als Grundlage für Verhaltensanalysen angewandt werden. Zusätzlich kann es noch für Forschungen über Persönlichkeit und Persönlichkeitsänderungen, beispielsweise im psychiatrischen Bereich, eingesetzt werden.

Bisher wurde der SSF nur an Erwachsenen abgenommen. Auch von den Iteminhalten her läßt sich vermuten, daß sich sein Geltungsbereich auf diese Altersgruppe bezieht. Als Selbstbeurteilungsverfahren kann er in Gruppen- und Einzeluntersuchungen abgenommen werden.

Die Autoren weisen darauf hin, daß sich die vorgelegte Version des SSF noch in der Entwicklung befindet.

Aufbau

Der SSF setzt sich aus 52 Items zusammen.

Beispiele:

Item 1: Wenn Leute sich höchst unfair verhalten, gelingt es Ihnen dann nur selten, sie darauf aufmerksam zu machen?

Item 2: Sind Sie stets sorgfältig darauf bedacht, Ärger mit anderen Leuten zu vermeiden?

Item 3: Gehen Sie oft sozialen Kontakten aus dem Weg, weil Sie befürchten, etwas Falsches zu tun oder zu sagen?

Die Items sind jeweils durch Ankreuzen einer von sechs Stufen zu beantworten, die durch die Zahlen 1, 2 und 3 auf der Ja-Seite und durch die gleichen Ziffern auf der Nein-Seite repräsentiert sind. In der Anleitung werden diese Stufen verbal folgendermaßen bezeichnet: Ja-Seite: ja, ganz genau (3), ja (2),eher ja(1); Nein-Seite: eher nein (1), nein (2), nein, überhaupt nicht (3). Bei der Auswertung werden diesen Antwortstufen Punktwerte von 1 bis 6 so zugeordnet, daß ein hoher Punktwert eine hohe Ausprägung von »Selbstsicherheit« anzeigt. Aus der Summierung dieser Punkte ergibt sich der Gesamtrohwert.

Gütewerte

Normen: Zum Vergleich werden von 323 weiblichen und 112 männlichen Studierenden Mittelwerte und Standardabweichungen der Gesamtpunktzahlen vorgelegt.

Reliabilität: Für die beiden Normenstichproben wurde CRONBACHs $\alpha = 0{,}86$ und 0,89 ermittelt. An einer Untergruppe der weiblichen Stichprobe ($n = 41$) erfolgte nach drei Monaten eine Testwiederholung. Die Produkt-Moment-Korrelation betrug 0,85.

Validität: Durch Faktorenanalysen an beiden Normstichproben konnten die drei angezielten Aspekte der Selbstsicherheit (s. Anwendung) zufriedenstellend bestätigt werden. Bei Korrelationen mit den Subskalen des FPI (s.dort) zeigten sich engere empirische Zusammenhänge zu den konstruktnahen und niedrige zu den konstruktfernen Unterskalen ($n = 67$; Untergruppe der männlichen Normstichprobe). Nach einem Selbstsicherheits-Training wies eine Experimentalgruppe im SSF signifikant stärkere Verbesserungen als eine Kontrollgruppe auf.

Wiederholbarkeit: Die Ergebnisse der Testwiederholung (s. Reliabilität) weisen auf die Stabilität bei wiederholten Abnahmen des Verfahrens hin.

Literatur

BENDER, R., G. BENDER: Fragebogen zur Erfassung von Selbstsicherheit. Psychopathometrie 3 (1977) 36-47

Fragebogen zur Messung von Einstellungen zu Schwangerschaft, Sexualität und Geburt

S-S-G

nach H. Lukesch, M. Lukesch

Subjektive Einschätzung des Bereichs Schwangerschaft, Sexualität und Geburt

Selbstbeurteilungsverfahren für Erwachsene

Normen

Abnahme 10 bis 20 Minuten

Empirisch gestützt:
Validität
Normierung

Anwendung

Der S-S-G ist ein ökonomisches und leicht einsetzbares Verfahren für die Einschätzung der subjektiven Einstellungen zu Schwangerschaft, Sexualität und Geburt. Schwangerschafts- und Geburtsverlauf sowie die prä- und postnatale Entwicklung des Kindes sind nicht unabhängig von den Einstellungen, Emotionen sowie der psychischen und körperlichen Stabilität der werdenden Mutter. Nach den Testautoren bieten sich für das Verfahren folgende Einsatzmöglichkeiten an:
Individualdiagnostische Verwendung im Rahmen von Schwangerschafts- und Elternberatungsstellen,
Ergänzung medizinischer Befunde um psychische Schwangerschaftskomponenten im Rahmen gynäkologischer Untersuchungen,
Einsatz bei Elternkursen zur Selbstkontrolle der Teilnehmer,
Verwendung als Forschungsinstrument.

Der Fragebogen ist als Einzel- oder Gruppentest abnehmbar. Die Durchführung beansprucht etwa zehn bis 20 Minuten. Eine differenzierte Erfassung von Geburtsangst ist mit Hilfe der Geburts-Angst-Skala GAS (nach H. LUKESCH, 1983) möglich.

Aufbau

Der S-S-G besteht aus insgesamt 70 Items, die fünf Skalen zum psychischen Schwangerschaftsgeschehen zugeordnet sind:

- Annahme vs. offene Ablehnung der Schwangerschaft (OA)
  Beispiel: Es gibt für eine Frau nichts Unangenehmeres, als schwanger zu sein.
- Verletzungsangst gegenüber dem Kind (VA)
  Beispiel: Mütter fürchten sich, daß sie ihr Baby beim Anfassen verletzen könnten.
- Akzeptierung vs. Ablehnung des Stillens (AS)
  Beispiel: Eine junge Mutter fühlt sich durch das Stillen in ihrer Bewegungsfreiheit stark eingeschränkt.
- Geburtsangst (GA)
  Beispiel: Oft überkommt es einen, daß man bei der Geburt sterben könnte.
- Einstellung zur Sexualität (ES)
  Beispiel: Sexuelle Tagträume muß man unterdrücken.

Der Grad der Zustimmung bzw. Ablehnung der Items wird durch eine sechsstufige Beurteilungsskala (von -3 bis +3) ausgedrückt. Die Summen-Rohwerte der Einzelskalen werden anhand von Normentabellen (getrennt für Männer und Frauen) in Stanine-Werte, T-Werte und Prozentränge transformiert.

Gütewerte

Normen: Die Eichstichprobe setzt sich aus 239 Frauen und 104 Männern zusammen. Die Normwerttabellen erlauben die Transformation der einzelnen Skalen-Rohwerte in Stanine-Werte, T-Werte und Prozentrangwerte.

Reliabilität: Zur Reliabilität werden keine empirischen Nachweise erbracht.

Validität: Korrelationsstatistische Analysen zu externen Kriterien liegen nicht vor. Als Validierungsbelege sind Gegenüberstellungen der Skalenwerte verschiedener Probandengruppen angegeben, die sich u.a. nach sozialen Faktoren oder Merkmalen der Schwangerschaft und der Neugeborenen unterscheiden.

Wiederholbarkeit: Hierzu liegen keine empirischen Studien vor.

Literatur

LUKESCH, H., M. LUKESCH: S-S-G: Ein Fragebogen zur Messung von Einstellungen zu Schwangerschaft, Sexualität und Geburt. Handanweisung. Hogrefe: Göttingen-Toronto-Zürich, 1976

LUKESCH, H.: Die Geburts-Angst-Skala (GAS). Handanweisung. Hogrefe: Göttingen-Toronto-Zürich, 1983

Szondi-Test

ST

Psychopathologische Persönlichkeitsstruktur
Psychopathognostisches Wahlverfahren
Mehrmalige Untersuchungen

nach L. Szondi

Anwendung

Beim Szondi-Test handelt es sich um einen klinischen Persönlichkeitsstruktur-Test, dessen Ergebnisse ohne L. SZONDIs Lehre der Schicksalsanalyse nicht adäquat interpretiert werden können.

Als Anwendungsbereich werden vor allem Geisteskrankheiten angeführt. Über den Geltungsbereich hinsichtlich des Alters liegen keine näheren Angaben vor.

Der Szondi-Test wird als Einzeltest durchgeführt. Er kann und soll, zur Absicherung der Psychodiagnose, innerhalb kürzerer Zeitabstände öfter wiederholt werden.

Aufbau

Der Szondi-Test besteht aus sechs Serien von jeweils acht Fotografien mit je einem Porträt einer manifestkranken Person. Sie soll typisch für einen der acht Triebfaktoren sein, die im Triebsystem der Schicksalanalyse herausgearbeitet sind.

Dem Patient wird die Aufgabe gestellt, aus jeder Serie zwei sympathische und zwei unsympathische Bilder auszuwählen. Die restlichen Bilder werden noch einmal der gleichen Auswahl unterworfen.

Die Auswertung wird nach einem »Triebprofil« vorgenommen. Dabei sind vier »Triebsektoren« jeweils einem der vier »Erbkreise von Geisteskrankheiten« zugeordnet, nämlich den sexuellen, paroxysmalen, schizoformen und zirkulären Erkrankungen.

Gütewerte

Zu den Normen, zur Reliabilität, Validität und Wiederholbarkeit liegen keine empirischen Untersuchungsergebnisse vor. Die Meßwiederholung innerhalb kürzerer Zeitabstände wird vom Autor empfohlen.

Literatur

BEELI, A.: Bemerkungen zur Arbeit von L. Rauhala »Über die Validität von Szondis Syndromatik der Schizophrenie«. Schweiz. Z. Psychol. Anwend. 17 (1958) 198-209

BLUMER, D., M. HEILBRONN: Chronic Pain as a Variant of Depressive Disease. The Pain-Prone Disorder. J. Nerv. Ment. Dis. 170 (1982) 381-406

KLEININGER, O., O. ZSADANYI, K. MOLNAR: Über Änderungen testpsychologischer Untersuchungsbefunde während Atropin-Koma-Behandlung. Arch. Psychiat. Nervenkr. 218 (1974) 107-113

RAUHALA, L.: Über die Validität von Szondis Syndromatik der Schizophrenie. Schweiz. Z. Psychol. Anwend. 17 (1958) 174-197

SZONDI, L.: Ich-Analyse. Trieb-Pathologie, Band II. Huber: Bern-Stuttgart, 1956

SZONDI, L.: Experimentelle Triebdiagnostik, Band III. Trieblinnäusband, Huber: Bern-Stuttgart, 1960

SZONDI. L.: Lehrbuch der experimentellen Triebdiagnostik. Band I. Textband. Huber: Bern-Stuttgart, 1972

Abb.: Sechs Porträtfotografien aus dem Szondi-Test

Abb.: Abnahme des Szondi-Tests (Erläuterungen s. Text)

Syndrom-Test

S-T

Reversible körperlich begründbare Psychosen (Psychoorganische Akutsyndrome)

Psychopathometrisches Leistungsverfahren für Erwachsene

Verlaufsuntersuchungen bei schwereren Störungen

Normen

Abnahme 15 bis 50 Minuten

Empirisch gestützt:
- Validität
- Normierung
- Wiederholbarkeit

nach F. Böcker

Anwendung

Der Syndrom-Test ist das erste uns bekannte psychopathometrische Leistungsverfahren, das nur zur Schweregradmessung einer psychischen Störung eingesetzt wird. Er wurde für die Messung aller Schweregrade von Psychischen Akutsyndromen konzipiert. Falls der Patient so schwer gestört ist, daß er die Testaufgaben nicht mehr durchführen kann, schätzt man sein Verhalten ein, um auch schwerste Formen differenzieren zu können.

Der Geltungsbereich des S-T bezieht sich auf Erwachsene. Er kann nur in Einzeltestungen abgenommen werden. Die Testzeit ist nicht festgelegt. Sie richtet sich nach dem Zustand des Patienten und beträgt mindestens 15 Minuten, bei schweren Fällen in der Regel jedoch nicht über 50 Minuten.

Bei schweren Störungen, etwa ab dem mittelschweren Durchgangs-Syndrom (s. J. LIST, 1972), sind kaum noch Lerneffekte zu erwarten, weshalb der S-T bei diesen Schweregraden auch für Verlaufsuntersuchungen eingesetzt werden kann.

Aufbau:

Der Syndrom-Test setzt sich aus 13 Untertests zusammen.
Sie sind der Reihe nach

Subtest I: Fünf einstellige Zahlen vorlesen
- II: Die Zahlen von Subtest I ihrem Wert nach ordnen
- III: Zehn zweistellige Zahlen ihrem Wert nach ordnen
- IV: Fünfzehn Buchstaben in die alphabetische Reihenfolge bringen
- V: Fünfzehn dreistellige Zahlen ihrem Wert nach ordnen
- VI: Sechs auf einem Brett befestigte Gegenstände benennen (s. Abb.)
- VII: Die Gegenstände von Subtest VI unmittelbar nach Wegnahme reproduzieren
- VIII: Fünfundzwanzig Farbplättchen in entsprechende Vertiefungen eines Farbbrettes einlegen
- IX: Die Gegenstände von Subtest VI (mittelbar) reproduzieren
- X: Auf sechs Bildern mit Lücken die fehlenden Teile finden
- XI: Die fehlenden Teile von Subtest X ohne Vorlage wieder aufsagen
- XII: Probe nach C. WEINSCHENK: vorgesprochene Zahlen sofort wiederholen
- XIII: Probe nach C. WEINSCHENK: vorgesprochene Zahlen nach Ablenkung wiederholen

Den Ergebnissen in den Subtests werden tabellarisch zwischen null und drei Minuswerten zugeordnet. So sind insgesamt maximal $13 \times 3 = 39$ Testpunkte möglich. Dies entspricht dem Zustand einer schweren Bewußtseinstrübung. Ist der Patient unfähig, zusammenhängende Sätze zu sprechen, erhält er weitere zwei Punkte. Kann er keine Worte mehr äußern, bekommt er den Testwert 43 und falls er bewußtlos ist, die Punktzahl 44.

Gütewerte

Normen: Empirisch wurden die Grenzen von Normalleistungen ($n = 70$) ermittelt (F. BÖCKER, 1959).

Reliabilität: Spezielle Reliabilitätsuntersuchungen sind uns nicht bekannt. Das Mindestniveau von Reliabilitätskoeffizienten läßt sich aber aus den Validitätskoeffizienten abschätzen.

Validität: Die theoretische Validität geht bereits aus den Konzepten, nach denen der Syndrom-Test entwickelt wurde, hervor. Mit anderen Indikatoren der Schweregrade von Psychischen Akutsyndromen liegt eine große Zahl von empirischen Validierungen vor. Dabei wurden nicht nur Korrelationen zu anderen psychometrischen und psychopathometrischen Verfahren, sondern auch, im Sinne der Validierung an somatischen Außenkriterien, zu biochemischen und physiologischen Parametern ermittelt. Die meisten Korrelationen bewegen sich zwischen 0,70 und 0,85 (s.a. SKT).

Wiederholbarkeit: Bei psychiatrisch unauffälligen Personen oder Patienten im leichten Durchgangs-Syndrom treten sicherlich Lerneffekte auf. Diese spielen aber nach

Untersuchungsergebnissen von J. LIST (1972) bei schwereren Psychischen Akutsyndromen keine Rolle mehr. In diesen Stadien sind auch Verlaufsuntersuchungen durchführbar.

Literatur

BÖCKER, F.: Zur Abgrenzung der Bewußtseinstrübung vom Durchgangs-Syndrom. Diss., Univ. Köln, 1959

BÖCKER, F.: Eine Methode zur genaueren Erfassung von Bewußtseinstrübungen und Durchgangs-Syndromen. Schweiz. Arch. Neurol. Psychiat. 88 (1961) 323-338

BÖCKER, F., W. KINZEL: Durchführung und Auswertung des Syndromtestes zur Bestimmung der Schwere von Funktionspsychosen. Das Ärztliche Gespräch 11. Tropon-Werke: Köln, 1969

LIST, J.: Die Anwendung des Hemmungstestes nach LUTZ bei Patienten mit Funktionspsychosen. Diss., Univ. Erlangen, 1972

RÖTH, F. G.: Experimentelle Untersuchungen über Intelligenzstörungen im Durchgangs-Syndrom. Arch. Psychiat. Nervenkr. 214 (1971) 127-136

STÄCKER, K., H. H. WIECK: Das psychopathometrische Verlaufsbild bei körperlich begründbaren Psychosen. Arch. ges. Psychol. 116 (1964) 386-396

WIECK, H. H.: Lehrbuch für Psychiatrie. Schattauer: Stuttgart, 1967

WIECK, H. H.: Syndromtest zur Bestimmung der Schwere von Funktionspsychosen. In: WIECK, H. H. (Hrsg.): Klinische Psychopathometrie. Byk Gulden: Konstanz, 1972, Bd. 4

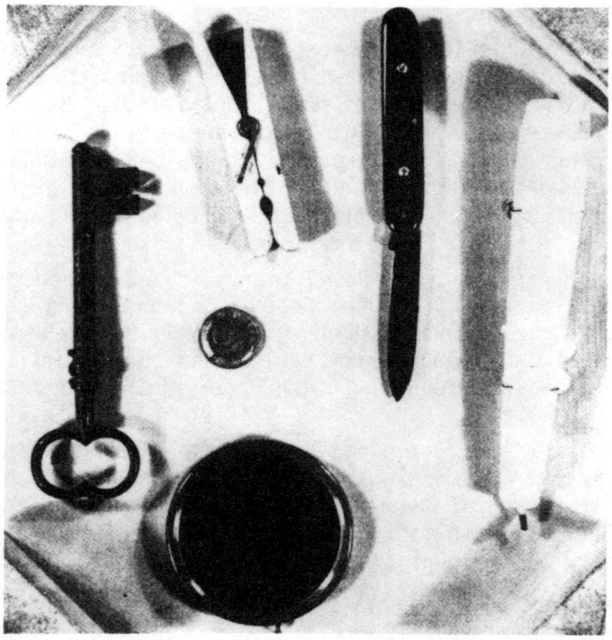

Abb.:Testvorlage für Subtest VI (Gegenstände benennen) des S-T.

State-Trait-Angstinventar

STAI

Angst als Zustand und Angst als Eigenschaft

Selbstbeurteilungsverfahren für Jugendliche und Erwachsene

Verlaufsuntersuchungen (State-Angst)

Abnahme 3 bis 6 Minuten

Normierung

Empirisch gestützt:
- Reliabilität
- Validität
- Normierung
- Wiederholbarkeit

nach L. Laux, P. Glanzmann, P. Schaffner, C. D. Spielberger

Anwendung

Beim State-Trait-Angstinventar STAI handelt es sich um die deutsche Adaptation des von C. D. SPIELBERGER et al. (1970) entwickelten »State-Trait Anxiety Inventory«. Es besteht aus zwei voneinander unabhängigen Skalen. Die Trait-Angstskala dient der Feststellung individueller Unterschiede im Ausprägungsgrad der Ängstlichkeit. Angst wird also als habituelles Merkmal betrachtet. Die State-Angstskala dient der Erfassung der Höhe und des Verlaufs der momentan vorhandenen Angst in Abhängigkeit von internen oder externen Einflüssen.

Der klinische Einsatz des Verfahrens reicht von der Untersuchung emotionaler Auswirkungen chirurgischer Eingriffe bis zur Erfolgskontrolle unterschiedlicher therapeutischer Maßnahmen.

Das STAI kann im Altersbereich ab 15 Jahren eingesetzt werden. Als Voraussetzung wird ein Verbal-IQ von mindestens 80 empfohlen. In der Regel benötigt man drei bis sechs Minuten für eine Skala.

Aufbau

Die State-Angstskala (Form X1) wie auch die Trait-Angstskala (Form X2) bestehen aus jeweils 20 Feststellungen, die der Proband mit Hilfe einer vierstufigen Ratingskala als für sich mehr oder weniger zutreffend beurteilt.

Beispiele für die State-Angstskala:
Wie fühlen Sie sich jetzt, d.h. in diesem Moment?

Item 2: Ich fühle mich geborgen.
Item 14: Ich bin verkrampft.

Beispiele für die Trait-Angstskala:
Wie fühlen Sie sich im allgemeinen?

Item 1: Ich bin vergnügt.
Item 11: Ich neige dazu, alles schwer zu nehmen.

Zur Ermittlung des Rohwertes eines Probanden werden für beide Skalen getrennt die Summenwerte der jeweils 20 Items errechnet.

Gütewerte

Normen: Anhand einer repräsentativen Eichstichprobe (n = 2385) wurden für die Trait-Angstskala — differenziert nach Alter und Geschlecht — Normen in Form von T-, Stanine- und Prozentrangwerten ermittelt. Für die State-Angstskala liegen auf Itemebene als auch bezüglich des Gesamtscores statistische Kennwerte in Abhängigkeit verschiedener Situationen vor.

Reliabilität: Bei der Trait-Angstskala wurden Retest-Reliabilitäten von 0,77 bei männlichen und 0,90 bei weiblichen Studenten ermittelt. Der Konzeption der State-Angstskala entsprechend ist die Reliabilität dort in Form der inneren Konsistenz (um 0,90) ausgedrückt.

Validität: Die differentielle Validität der STAI-Skalen ist durch die Ergebnisse verschiedener Arbeiten belegt. Korrelationen der Trait-Angst mit der Manifesten Angstskala ergaben Koeffizienten von 0,73 bis 0,90; mit der Neurotizismusskala des EPI zeigten sich Koeffizienten von 0,67 bis 0,85.

Wiederholbarkeit: Das Konzept der State-Angst berücksichtigt eine wiederholte Anwendung der Skala zur Erfassung von zeitlich oder situativ bedingten Angständerungen.

Literatur

LAUX, L., P. GLANZMANN, P. SCHAFFNER, C. D. SPIELBERGER: Das State-Trait-Antstinventar. Theoretische Grundlagen und Handanweisung. Beltz: Weinheim, 1981

LAUX, L., C. D. SPIELBERGER: Stress, Trait-State Anxiety and learning: Two competing models. In: SPIELBERGER, C. D., R. RIAZ-GUERRERO (Hrsg.): Cross-cultural anxiety. Band 2. Hemisphere/Wiley: Washington, 1981

AUERBACH, S. M.: Trait-State-Anxiety and adjustment to surgery. J. Consult. Clin. Psychol. 40 (1973) 264-271

SPIELBERGER, C. D., R. L. GORSUCH, R. E. LUSHEME: STAI, Manual for the State-Trait-Anxiety-Inventory. Consulting Psychologists Press: Palo Alto, 1970

Subject's Treatment Emergent Symptom Scale

(Begleitsymptom-Selbstbeurteilungs-Skala)

STESS

nach National Institute of Mental Health

Somatische und psychosomatische Begleiterscheinungen medikamentöser Therapie

Selbstbeurteilungsverfahren für Kinder, Jugendliche und Erwachsene

Verlaufsuntersuchungen

Anwendung

STESS ist ein Selbstbeurteilungsverfahren, das sich auf allgemeine Begleiterscheinungen von medikamentösen Therapien im somatischen und psychosomatischen Bereich bezieht. Der Geltungsbereich umfaßt sowohl Kinder und Jugendliche als auch Erwachsene.

Aufbau

Die Skala setzt sich aus 32 Items mit je vier Intensitätsabstufungen zusammen.

Beispiele sind:

Hatten Sie Probleme mit/beim...?

1. Essen
2. Trinken
3. trockenem Mund und Lippen

Zu diesen Fragen sind die Antworten »gar nicht« (=0), »geringfügig« (=1), »ziemlich schwer« (=2), »sehr schwer« (=3) oder »ungewiß/nicht beantwortbar« möglich.

Aus der Summe der Ausprägungsgrade aller Items wird der Gesamt-Rohwert ermittelt, der maximal 96 betragen kann.

Gütewerte

Weder über Normen, Reliabilität noch Validität liegen Angaben vor. Die Wiederholbarkeit im Rahmen von Verlaufsuntersuchungen wird angenommen.

Literatur

CIPS (Collegium Internationale Psychiatriae Scalarum, Hrsg.): Internationale Skalen für Psychiatrie. Beltz: Weinheim, 1981

NATIONAL INSTITUTE OF MENTAL HEALTH: 038 STESS. Subject's Treatment Emergent Symptom Scale. In: GUY, W. (Hrsg.): ECDEU Assessment Manual for Psychopharmacology. National Institute of Mental Health: Rockville/Maryland, 1976, rev. Aufl.

Streßverarbeitungs-Fragebogen

SVF

Maßnahmen der Streßverarbeitung als habituelle Persönlichkeitsmerkmale

Selbstbeurteilungsverfahren für Erwachsene

Mehrmalige Untersuchungen

Abnahme 10 bis 15 Minuten

Normen

Empirisch gestützt:
- Reliabilität
- Validität
- Normierung

nach W. Janke, G. Erdmann, W. Boucsein

Anwendung

Der SVF ist ein Selbstbeurteilungsverfahren, mit dem die in Belastungssituationen einsetzenden Maßnahmen zur Streßverarbeitung erfaßt werden sollen. Zur Streßbewältigung können viele Maßnahmen ergriffen werden, beispielsweise Handlungen zur Beseitigung des Stresses oder Denkvorgänge zur Lösung innerer Konflikte. Dementsprechend sollen mit der SVF verschiedene Dimensionen erfaßt werden. Sie gelten als habituelle Persönlichkeitsmerkmale.

Die SVF soll u.a. zur Prognose individueller Streßreaktionen eingesetzt werden. Ebenso können mit ihr Entstehung und Verlauf psychischer und psychosomatischer Störungen, beispielsweise im Zusammenhang mit Medikamentenabhängigkeit und Alkoholismus, untersucht werden.

Die Bearbeitungsdauer der SVF wird mit zehn bis 15 Minuten angegeben. Die Auswertung nimmt noch einige zusätzliche Minuten in Anspruch. Als Selbstbeurteilungsverfahren kann die SVF auch bei Gruppenuntersuchungen eingesetzt werden. Bisher wurde sie nur bei Erwachsenen angewandt.

Aufbau

Der SVF setzt sich aus 128 Feststellungen zusammen.

Beispiele:

Wenn ich durch irgendetwas oder irgendjemanden beeinträchtigt, innerlich erregt oder aus dem Gleichgewicht gebracht worden bin...
- ...sage ich mir, alles ist halb so schlimm
- ...nehme ich mir vor, solchen Situationen in Zukunft aus dem Weg zu gehen
- ...mache ich mir große Vorwürfe
- ...bekomme ich Magenschmerzen

Bei jedem Item soll der Proband anhand der folgenden fünf Antwortmöglichkeiten angeben, wie weit es auf ihn zutrifft: gar nicht (0), kaum (1), möglicherweise (2), wahrscheinlich (3), sehr wahrscheinlich (4).

Je acht Items sind zu einer Subskala zusammengefaßt. Auf diese Weise ergeben sich 16 Subskalen:

- Subskala 1: Bagatellisierung
- Subskala 2: Vermeidung und Flucht
- Subskala 3: Selbstbeschuldigung
- Subskala 4: Aggression nach außen
- Subskala 5: Gedankliche Weiterbeschäftigung
- Subskala 6: Selbstbemitleidung
- Subskala 7: Resignation
- Subskala 8: Soziale Abkapselung
- Subskala 9: Ersatzbefriedigung
- Subskala 10: Ablenkung
- Subskala 11: Körperliche Symptome
- Subskala 12: Bedürfnisse nach Aussprache
- Subskala 13: Projektion
- Subskala 14: Intellektualisierung
- Subskala 15: Einnahme von Pharmaka und Genußmitteln
- Subskala 16: Selbstaufwertung

Die Punkte, die jemand für die Antworten auf jede Feststellung innerhalb einer Subskala erhielt, werden aufsummiert. Die Gesamtpunktzahl schwankt zwischen 0 und 32.

Faktorenanalytisch ließ sich die Mehrdimensionalität des SVF bestätigen (sechs Faktoren).

Gütewerte

Normen: Für jede Subskala liegen zum Vergleich Mittelwerte und Standardabweichungen von zwei Studentenstichproben vor (n = 125; n = 98).

Reliabilität: Für alle 16 Skalen wurden an zwei Studentenstichproben Reliabilitätsuntersuchungen durchgeführt. Die Halbierungszuverlässigkeit (korrigiert nach FLANAGAN) bewegte sich dabei zwischen 0,79 und 0,93 und CRONBACHs α zwischen 0,77 und 0,92.

Validität: Die Items des SVF wurden im Rahmen entsprechender Streßkonzepte ausgewählt. Die teilweise Unabhängigkeit der Subskalen ergibt sich aus deren relativ geringen empirisch ermittelten Korrelationen. Ebenso korrelierten sie kaum mit anderen konstruktfernen Persönlichkeitsvariablen, wie sie durch den FPI (s.dort) und den SR-K-Fragebogen (s.dort) erfaßt werden.

Wiederholbarkeit: Als Selbstbeurteilungsverfahren müßte der SVF wiederholbar sein. Allerdings sind uns keine empirischen Wiederholungsuntersuchungen bekannt.

Literatur

JANKE, W., G. ERDMANN, W. KALLUS: Streßverarbeitungsfragebogen (SVF) — Beschreibung und Handanweisung. Hogrefe: Göttingen, 1984

LAUX, L., P. GLANZMANN, P. SCHAFFNER, C. D. SPIELBERGER: STAI — das State-Trait-Angstinventar. Theoretische Grundlagen und Handanweisung. Beltz: Weinheim, 1981

Bifaktorielles Stimmungswortinventar

SWI-2F

Dominante Stimmungsfaktoren
»Verzweiflung — Bedrücktheit — Irritiertheit« und »Frohheit-Energie«

Selbstbeurteilungsverfahren für Jugendliche und Erwachsene

Verlaufsuntersuchungen

Normen

Empirisch gestützt:
- Reliabilität
- Validität
- Normierung

nach E. H. Bottenberg

Anwendung

Das Bifaktorielle Stimmungswortinventar ist ein Selbstbeurteilungsverfahren für zwei wichtige Stimmungsfaktoren, die als »Verzweiflung-Bedrücktheit-Irritiertheit« und »Frohheit-Energie« bezeichnet werden. Mit diesem Verfahren sollen Stimmungsdiagnosen ergänzt und abgesichert sowie Wirkungen therapeutischer Maßnahmen auf die Stimmung erfaßt werden.

Das SWI-2F wurde bisher nur an Jugendlichen und Erwachsenen abgenommen. Als Selbstbeurteilungsverfahren kann es in Einzel- und Gruppenuntersuchungen eingesetzt werden. Bei den Probanden sollte eine hinreichende Selbsteinschätzungsfähigkeit gegeben sein.

Aufbau

Das SWI-2F setzt sich aus 30 Items zusammen, von denen 20 den Stimmungsfaktor »Verzweiflung-Bedrücktheit-Irritiertheit« (VB) erfassen sollen.

Beispiele:

Durcheinander
Gereizt

Die restlichen zehn Items bilden den Faktor »Frohheit-Energie« (FE).

Beispiel:

Vergnügt

Hinter jedem Wort ist eine fünfstufige Zahlenskala angefügt, die von 0-4 reicht. In einem Instruktionsbeispiel wird die Ziffer »0« mit »gar nicht oder fast gar nicht« und die Stufe »4« mit »sehr stark« bezeichnet.

Für jede Subskala werden die angekreuzten Werte der zugehörigen Items addiert. Die voneinander unabhängigen Skalen FE und VB bilden die Basis zur Ermittlung zweier globaler Stimmungsindizes:

- SWI-Gestimmtheits-Index (Summe FE und VB)
- SWI-Stimmungs-Balance (Differenz FE-VB).

Gütewerte

Normen: Von verschiedenen Stichproben liegen Vergleichsstatistiken vor.

Reliabilität: Als Split-Half-Koeffizienten (mit SPEARMAN-BROWN-Korrektur) werden für die Subskalen Werte von 0,85 bis 0,91 angegeben.

Validität: Die Stimmungsfaktoren wurden faktorenanalytisch aus verschiedenen Testvorformen ermittelt. Später durchgeführte Interkorrelationen der Subskalen erbrachten bei verschiedenen Stichproben Interkorrelationen zwischen 0,02 und 0,05. Die Auswahl der Items erfolgte nach Gesichtspunkten der inhaltlichen Validität.

Wiederholbarkeit: Für Wiederholungsmessungen wird die Aufteilung des Faktors »Verzweiflung-Bedrücktsein-Irritiertheit« in zwei »parallele« Subskalen vorgeschlagen. Deren Interkorrelationen betrugen in zwei empirischen Studien 0,88 und 0,90. Als Selbstbeurteilungsverfahren müßte das SWI-2F wiederholbar sein. Jedoch fehlen spezifische empirische Belege dazu.

Literatur

BOTTENBERG, E. H.: Phenomenological and operational characterization of factor-analytically derived dimensions of emotion. Psychol. Reports 37 (1975) 1253-1254

BOTTENBERG, E. H.: Zur Stimmungsdiagnose: Ein bifaktorielles Stimmungswortinventar. Psychopathometrie 2 (1976) 9-18

BOTTENBERG, E. H., M. LURATI, J. LÜTZENKIRCHEN, W. GRÜNINGER: Multiple Sklerose und Stimmungslage. Arch. Psychiat. Nervenkr. 220 (1975) 27-36

BOTTENBERG, E. H., M. LURATI, J. J. RAPPEL, J. LÜTZENKIRCHEN: Zur Ordnung psychischer Korrelate von Kopfschmerz, Teil II. Psycho 4 (1978) 49-52 u. 317-318

Thematischer Apperzeptionstest

TAT

Verbal-thematisches Verfahren zur psychologischen Persönlichkeitsdiagnostik

Projektiver Test für Kinder und Erwachsene

Abnahme etwa 50 Minuten

nach H. A. Murray

Anwendung

Beim TAT handelt es sich um ein verbal-thematisches Verfahren, das den projektiven Tests zugeordnet wird. Das Testkonzept geht davon aus, daß die Geschichten, die der Proband zu mehrdeutigen Bildvorlagen erzählt, abhängig von seiner Persönlichkeit, seinen bisherigen Erlebnissen und seinen Wünschen zu betrachten sind. Nach Meinung des Testautors sollen mit Hilfe des Verfahrens dominante Triebe, Gefühle, Gesinnungen, Komplexe und Konflikte einer Persönlichkeit erkennbar sein. Nach W. J. REVERS (1973) liegt der Anwendungsbereich des TAT in der Klinischen Psychologie, der Psychotherapie und in der psychologischen Beratung, wobei er für die Anwendung des Verfahrens entsprechende Kenntnisse voraussetzt.

Das Verfahren kann bei Kindern (spezielle Testform CAT) und Erwachsenen durchgeführt werden. Die Abnahme beansprucht etwa 50 Minuten.

Aufbau

Der TAT besteht aus insgesamt 31 Tafeln. Die Bildvorlagen sind mehrdeutig und zeigen meist Personen in verschiedenen Situationen. Je nach Alter und Geschlecht des Probanden wird eine entsprechende Serie von zehn Tafeln zusammengestellt. Die Abbildung zeigt je eine Beispiel-Tafel für männliche und weibliche Probanden. Die Probanden erhalten pro Tafel etwa fünf Minuten Zeit, eine möglichst phantasievolle und dramatische Geschichte dazu zu erzählen.

Die Geschichten werden vom Untersucher mitprotokolliert und später nach inhaltlichen Gesichtspunkten ausgewertet. Nach MURRAY untersucht man anhand der Hauptfigur jeder Geschichte, inwieweit deren Verhalten durch innere Kräfte (»needs«) und äußere Einflüsse (»presses«) bestimmt wird. Durch ein Punktesystem wird die Ausprägung bestimmter »needs« und »presses« quantifiziert.

Darüberhinaus liegt eine Vielzahl weiterer Auswertungsmöglichkeiten vor (W. J. REVERS, 1973).

Gütewerte

Wegen des Fehlens eindeutig quantifizierter Meßwerte sind empirisch-statistische Analysen zu den Gütekriterien kaum möglich.

Normen: Normentabellen stehen nicht zur Verfügung.

Reliabilität: keine Angaben.

Validität: Für das Verfahren liegen lediglich Ansätze zum Nachweis der Konstruktvalidität vor.

Wiederholbarkeit: keine empirischen Belege.

Literatur

REVERS, W. J.: Der Thematische Apperzeptionstest (TAT). Handbuch zur Verwendung des TAT in der psychologischen Persönlichkeitsdiagnostik. Huber: Bern-Stuttgart-Wien, 1973

OFFE, S., M. SADER: Psychometrische Kontrolle von TAT-Bildmaterial — Möglichkeiten und Grenzen. Diagnostica 25 (1979) 98-100

Abb.: Beispiel-Tafeln aus dem TAT für weibliche (links) und männliche (rechts) Probanden

Testbatterie für geistig behinderte Kinder

TBGB

Geistige Behinderung und Lernbehinderung
Leistungsverfahren für Kinder
Einmalige Untersuchungen
Normen
Abnahme etwa 120 bis 150 Minuten
Empirisch gestützt:
Reliabilität
Validität
Normierung

nach C. Bondy, R. Cohen, D. Eggert, G. Lüer

Anwendung

Die TBGB ist ein Leistungsverfahren zur Unterscheidung von geistig behinderten, lernbehinderten und normalintelligenten Kindern. Der Anwendungsschwerpunkt liegt in der individuellen Zuordnung zu diesen Gruppen.

Als Leistungsverfahren kann die TBGB nur in Einzeluntersuchungen abgenommen werden. Ihr Geltungsbereich erstreckt sich auf Kinder mit sieben bis zwölf Jahren. Die Testzeit dauert etwa 120 bis 150 Minuten. Dieses Verfahren differenziert vor allem in den unteren Intelligenzbereichen.

Aufbau

Die TBGB setzt sich aus den folgenden sechs selbständigen Einzeltests zusammen:

CMM:	(Columbia Mental Maturity Scale)
PPVT:	Peabody Picture Vocabulary Test
BM + CM:	Bunte und Coloured Progressive Matrizen
KP:	Kreise punktieren
BA:	Befolgen von Anweisungen
LOS:	Lincoln-Oseretzky Motor Developmental Scale

Diese Tests bestehen aus verschiedenen Anzahlen von Items, beispielsweise der BM + CM aus 46 Aufgaben. Die Tests erfassen allgemeine Intelligenz, Wortschatz, Merkfähigkeit, Fein- und Gesamtmotorik. Die Ergebnisse werden nicht zu Gesamtwerten zusammengefaßt, sondern einzeln festgehalten. Auf diese Weise lassen sich Profile erstellen, nach denen Zuordnungen zu den verschiedenen diagnostischen Gruppen vorgenommen werden können.

Gütewerte

Normen: Für verschiedene Altersgruppen liegen Normen vor, die durch Eichungen an deutschsprachigen Gruppen gewonnen wurden. Außerdem sind Lage- und Streuungsstatistiken von unterschiedlichen Vergleichsstichproben veröffentlicht.

Reliabilität: An 1209 Kindern wurde nach dem Split-Half-Verfahren die Reliabilität der einzelnen Tests ermittelt. Sie bewegte sich zwischen 0,90 und 0,97. Für die Gesamtbatterie wird der Reliabilitätskoeffizient 0,98 angegeben (G. FEUSER, W. JANTZEN, 1972). Bei Testwiederholungen betrug die Korrelation für geistig behinderte Kinder 0,95 und für unauffällige 0,63.

Validität: Die durchschnittlichen Test-Interkorrelationen liegen bei $r = 0{,}61$. Dementsprechend wurde durch Faktorenanalysen ein ausgeprägter Generalfaktor ermittelt, der als Indikator des allgemeinen Intelligenzniveaus gedeutet wird. Die Korrelation der einzelnen Tests des TBGB mit dem HAWIK-Gesamt-IQ betrug bei 213 lernbehinderten Sonderschülern 0,49 und bei 341 Volksschülern 0,42.

Wiederholbarkeit: Der TBGB wurde für Querschnittsuntersuchungen entwickelt. Damit entfällt die Forderung, die Wiederholbarkeit nachzuweisen.

Literatur

BONDY, C.: Neue Testuntersuchungen an minderbegabten Kindern. In: EGGERT, D. (Hrsg.): Zur Diagnose der Minderbegabung. Ein Handbuch und Textbuch zur Testbatterie für geistig behinderte Kinder (TBGB). Beltz: Weinheim, 1972

BONDY, C., R. COHEN, D. EGGERT, G. LÜER: Testbatterie für geistig behinderte Kinder (TBGB). Beltz: Weinheim, 1969

BRICKENKAMP, R. (Hrsg.): Handbuch psychologischer und pädagogischer Tests. Hogrefe: Göttingen, 1975

EGGERT, D. (Hrsg.): Zur Diagnose der Minderbegabung. Ein Handbuch und Textbuch zur Testbatterie für geistig behinderte Kinder (TBGB). Beltz: Weinheim, 1972

EICH, F.X.: Verfahren zur Leistungsmessung. In: SCHMIDT, L.R. (Hrsg.): Lehrbuch der Klinischen Psychologie, Bd. 1. Enke: Stuttgart, 1978

FEUSER, G., W. JANTZEN: Erste Erfahrungen mit der Testbatterie für geistig behinderte Kinder. In: EGGERT, D. (Hrsg.): Zur Diagnose der Minderbegabung. Beltz: Weinheim, 1972

Token-Test

TT

Aphasische Störungen
Leistungsverfahren für Kinder und Erwachsene
Mehrmalige Untersuchungen
Normen
Abnahme ca. 15 bis 20 Minuten
Empirisch gestützt:
Reliabilität
Validität
Normierung

nach E. De Renzi, L. A. Vignolo
(deutsch bearbeitet von B. Orgass, K. Poeck)

Anwendung

Der Token-Test ist ein Leistungsverfahren zur Erfassung von Aphasien. Zusätzlich soll er hirngeschädigte Patienten mit und ohne Aphasie trennen helfen. Zur Kontrolle aphasischer Rückbildungen kann man ihn mehrmals abnehmen.

Der Geltungsbereich erstreckte sich bei B. ORGASS (1976a,b) auf Erwachsene. M. GEYER et al. (1978) legten nun auch Normen für Kinder ab dem 6. Lebensjahr vor. Der TT kann nur in Einzeluntersuchungen abgenommen werden.

Von J. SIPOS und J. TÄGERT (1972) wurde eine fünf- bis siebenminütige Kurzform vorgeschlagen, deren Gültigkeit B. ORGASS et al. (1973) bestätigen konnten. Darauf gehen wir hier nicht näher ein.

Aufbau

Das Material des Token-Tests wird durch Plättchen gebildet, die aus 20 runden und rechteckigen Formen bestehen. Sie liegen in zwei Größen und fünf Farben vor. Die Durchführung gliedert sich in fünf Aufgaben, bei denen teilweise verschiedene Plättchen vor den Patienten gelegt werden.

Aufgabenbeispiele:
Zeigen Sie bitte
das grüne Viereck
das weiße Viereck
das große grüne Viereck
das kleine blaue Viereck

Wenn eine Aufgabe nicht richtig gelöst ist, wird dafür ein Fehlerpunkt vergeben. Danach werden die Fehlerpunkte zum Gesamtwert addiert, der maximal 50 betragen kann. Das Ergebnis läßt sich nach entsprechenden Normentabellen deuten.

Gütewerte

Normen: Empirisch ermittelte Normen legten B. ORGASS (1976a,b) bei Erwachsenen und M. GEYER et al. (1978) bei Kindern vor.

Reliabilität: Für eine Stichprobe von Patienten mit Aphasie wurde $r = 0{,}96$ ermittelt.

Validität: Hirngeschädigte Patienten mit und ohne Aphasie ließen sich mit dem vorgeschlagenen Trennwert zu 78 Prozent ihrer Gruppe richtig zuordnen. In einem Vergleich von 196 gesunden Kindern und 18 Kindern und Jugendlichen mit Aphasie wurde nur ein geringer Prozentsatz an Fehlzuordnungen ermittelt (M. GEYER et al., 1978).

Wiederholbarkeit: Hierzu sind uns keine spezifischen Untersuchungen bekannt.

Literatur

COHEN, R., S. KELTER, D. ENGEL. G. LIST, H. STROHNER: Zur Validität des Tokentestes. Nervenarzt 47 (1976) 357-361

GEYER, M., G. NIEBERGALL, H. REMSCHMIDT, W. MERSCHMANN: Zur diagnostischen Anwendbarkeit des Tokentests. Nervenarzt 49 (1978) 298-302

HARTJE, W., B. ORGASS: Die diagnostische Effizienz von drei psychologischen Verfahren zur Auslese hirngeschädigter Patienten. Arch. Psychiat. Nervenkr. 216 (1972) 172-187

HARTJE, W., K. POECK: Token-Test-Leistung aphasischer Patienten bei vokaler und visueller Testanweisung. Nervenarzt 49 (1978) 654-657

ORGASS, B.: Eine Revision des Tokentests. I. Vereinfachung der Auswertung. Itemanalyse und Einführung einer Alterskorrektur. Diagnostica 22 (1976a) 70-86

ORGASS, B.: Eine Revision des Tokentests. II. Validitätsnachweis, Normierung und Standardisierung. Diagnostica 22 (1976b) 141-156

ORGASS, B., K. POECK: Ein neuer Aphasie-Test zur Diagnose von Sprachverständnisstörungen. Nervenarzt 37 (1966) 124-126

ORGASS, B., K. POECK, W. HARTJE, M. KERSCHENSTEINER: Zum Vorschlag einer Kurzform des Token-Tests zur Auslese von Aphasikern. Nervenarzt 44 (1973) 93-95

SIPOS, J., J. TÄGERT: Kurzverfahren zur Erfassung von aphasischen Störungen. Nervenarzt 43 (1972) 207-211

Tübinger-Luria-Christensen Neuropsychologische Untersuchungsreihe

TÜLUC

Differentialdiagnose neuropsychischer Störungen

Umfangreiche Testbatterie zur Analyse psychischer Funktionen

Ein- und mehrmalige Untersuchungen

Abnahme bis etwa 3 Stunden

Empirisch gestützt:
Validität

nach W. Hamster, W. Langner, K. Mayer

Anwendung

Das TÜLUC-Testinventar dient der eingehenden Analyse psychischer Funktionen in einem breit gefächerten Rahmen von der Psychomotorik bis zu Denkprozessen. Das Verfahren gilt als die für den deutschen Sprachraum modifizierte und weiterentwickelte Form von »Luria's Neuropsychological Investigation« (A. L. CHRISTENSEN 1974, 1975). Als Anwendungsgebiete für das aufwendige Verfahren sind Differentialdiagnosen neuropsychischer Störungen, Therapieindikationen und -kontrollen zu nennen.

Die Dauer der Untersuchung hängt von der Art und Ausprägung der neuropsychischen Störungen des Patienten ab. Sie kann bis drei Stunden in Anspruch nehmen. Eine Altersbeschränkung ist nicht vorgegeben.

Aufbau

Die Untersuchung beginnt mit einem orientierenden Explorationsgespräch (B) zur Bewußtseinslage, zum prämorbiden Niveau und zum allgemeinen Beschwerdebild. Nach der Bestimmung der Hemisphärendominanz (C) werden die eigentlichen Funktionsprüfungen D bis N durchgeführt:

B orientierendes Explorationsgespräch
C orientierende Bestimmung der Hemisphärendominanz
— vorläufige Klassifikation der neuropsychischen Störungen
D motorische Funktionen
E akustisch-motorische Organisation
F höhere hautkinästhetische Funktionen
G höhere visuelle Funktionen
H rezeptive Sprache
J expressive Sprache
K Schreiben und Lesen
L Rechnen
M mnestische Prozesse
N Denkprozesse

Die Funktionsprüfungen folgen einem Strukturschema, wie es die folgende Teilprüfung N (Denkprozesse) exemplarisch zeigt:

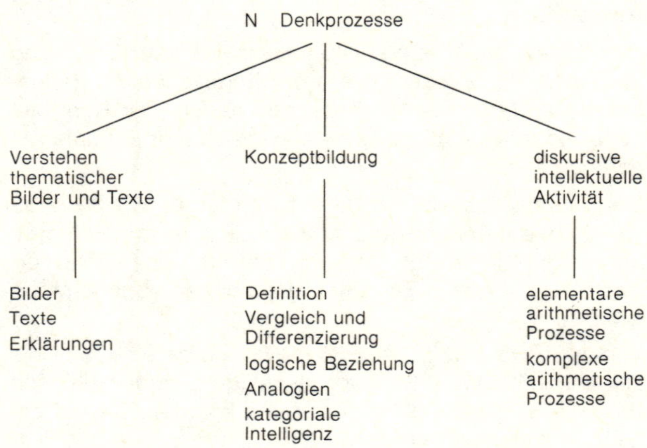

Die Auswertung berücksichtigt qualitative und quantitative Aspekte der Leistungen des Patienten. Die Leistungen in jeder der zehn Teilprüfungen werden anhand einer 16stufigen Skala bewertet, die in einem Leistungsprofil (Sterndiagramm, siehe Abb.) grafisch dargestellt werden.

Es besteht die Möglichkeit, lediglich einen Teil der Prüfungen durchzuführen.

Gütewerte

Normen: Es liegen keine Normwerte vor.

Reliabilität: keine Angaben.

Validität: Als Beleg der Gültigkeit des Verfahrens wird die Rangkorrelation des TÜLUC-Gesamtscores mit der Leistung im Token-Test nach de RENZI & VIGNOLO (s. dort) in der Höhe von 0,69 angegeben.

Wiederholbarkeit: Empirische Belege hierzu liegen nicht vor.

Literatur

BRICKENKAMP, R. (Hrsg.): Handbuch psychologischer und pädagogischer Tests. Hogrefe: Göttingen-Toronto-Zürich, 1975

CHRISTENSEN, A. L.: Luria's Neuropsychological Investigation. Text. Munksgaard: Kopenhagen, 1974

CHRISTENSEN, A. L.: Luria's Neuropsychological Investigation. Manual. Munksgaard: Kopenhagen, 1975

LURIA, A. R.: Die höheren kortikalen Funktionen des Menschen und ihre Störungen bei örtlichen Hirnschädigungen. VEB Deutscher Verlag der Wissenschaften: Berlin, 1970

LURIA, A. A., J. T. HUTTON: A modern assessment of the basic forms of aphasia. Brain Lang. 4 (1977) 129-151

PORCH, B. E.: Multidimensional scoring in aphasia testing. J. Speech Hear. Res. 14 (1971) 776-792

Neuropsychologischer Befund

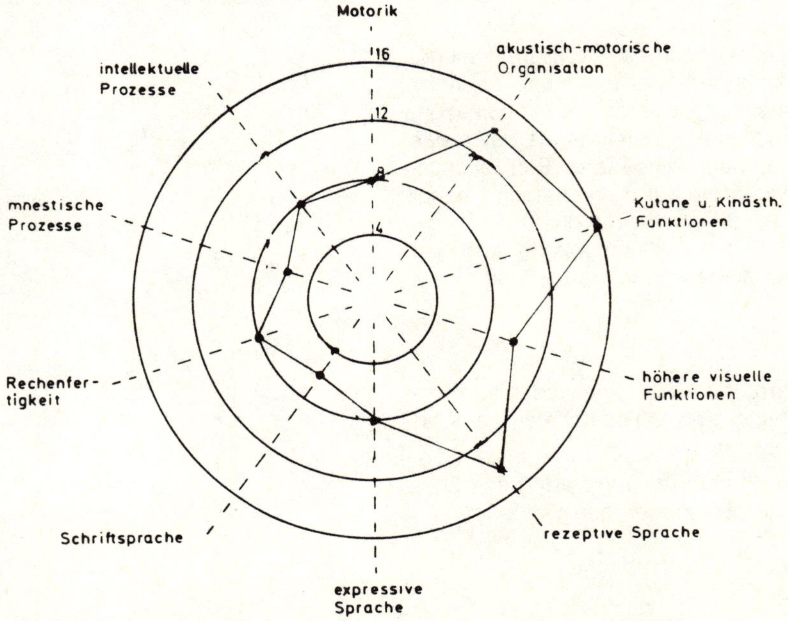

TÜLUC: Beispiel für ein Leistungsprofil

Tess Write-In Scale

(Begleitsymptom-Notierungs-Skala)

TWIS

Begleitsymptomatik im Verlauf medikamentöser Behandlungen

Fremdbeurteilungsverfahren

Verlaufsuntersuchungen

nach National Institute of Mental Health

Anwendung

Die TWIS ist ein Fremdbeurteilungsverfahren, das im Rahmen der ECDEU-Diagnostikbatterie als ergänzendes Verfahren zur DOTES (s.dort) entwickelt wurde. In der TWIS sollen Angaben festgehalten werden, die in der DOTES nicht vorgesehen sind.

Der Indikationsbereich umfaßt alle Patienten- und Untersuchungsgruppen.

Aufbau

Die TWIS besteht aus sechs halbstrukturierten Feldern, in denen jeweils folgende Angaben stehen:

Symptombezeichnung:
Notizen

Hinter diesen Angaben ist freier Raum für Eintragungen gelassen.

Jedes registrierte Begleitsymptom ist nach drei Kategorien zu beurteilen. Erstens nach der Intensität, zweitens nach seinem Zusammenhang mit der Prüfmedikation, und drittens ist die getroffene Maßnahme als Folge des Begleitsymptoms anzugeben. Diese drei Beurteilungsaspekte sind jeweils wiederum auf mehrstufigen Ratingskalen zu bewerten, so die Intensität durch »gering«, »mäßig« und »stark«. Für den Zusammenhang sind fünf und für die Maßnahmen sieben Stufen vorgesehen.

Gütewerte

Da die TWIS nicht voll strukturiert ist, sind weder Normenangaben noch Reliabilitäts- und Validitätsbelege anführbar.

Wiederholbarkeit: Als Fremdbeurteilungsverfahren dürfte die TWIS für wiederholte Messungen geeignet sein.

Literatur

CIPS (Collegium Internationale Psychiatriae Scalarum, Hrsg.): Internationale Skalen für Psychiatrie. Beltz: Weinheim, 1981

NATIONAL INSTITUTE OF MENTAL HEALTH: 033 TWIS. Tess Write-in Scale. In: GUY, W. (Hrsg.): ECDEU Assessment Manual for Psychopharmacology. National Institute of Mental Health: Rockville/Maryland, 1976, verb. Aufl.

Verhaltensfragebogen

VFB

Neurosen, gestörte Personen- und Umweltbeziehung

Verläßlichkeit der Fragebogenergebnisse

Psychopathognostisches Selbstbeurteilungsverfahren für Erwachsene

Ein- und mehrmalige Untersuchungen

Normen

Empirisch gestützt:
- Reliabilität
- Validität
- Normierung

nach K. Köck, H. Hess

Anwendung

Der VFB ist ein Selbstbeurteilungsverfahren zur Früherkennung und zum Screening von Neurosen, wobei insbesondere gestörte Beziehungen zu Personen und zur Umwelt erfaßt werden sollen. Mittels einer zweiten Skala schätzt man die Verläßlichkeit der Fragebogenbeantwortungen ab.

Als Selbstbeurteilungsverfahren läßt sich der VFB in Einzel- und Gruppenuntersuchungen abnehmen. Der Geltungsbereich erstreckt sich auf Erwachsene.

Aufbau

Der VFB setzt sich aus

— einer Neurosen-Skala mit 42 Items und
— einer Einstellungs-Skala mit 12 Items (E-Skala)

zusammen. Jede Frage ist mit »ja« oder »nein« zu beantworten. Mit einer Schablone bildet man Summenwerte, die tabellarisch Normen zugeordnet werden können. Die Ergebnisse der Neurose-Skala interpretiert man schließlich als

— normal
— fraglich neurotisch
— sehr wahrscheinlich neurotisch

11 und 12 Punkte in der E-Skala verweisen auf Verfälschungsabsichten. Deshalb werden die Neurose-Werte in dem VFB sowie dem BFB (s.dort) bei so hohen E-Werten nicht verwendet.

Gütewerte

Normen: Anhand einer Eichstichprobe wurden empirische Normen ermittelt.

Reliabilität: Reliabilitätsuntersuchungen liegen vor (K. KÖCK, H. HESS, 1976).

Validität: Die Autoren berichten über Trefferquoten von 84 bis 88% bei neurotischen Personen und 80 bis 82% bei Normalpersonen. H. KITTLAUS (1980) ermittelte außerdem bei 200 gesunden und 200 neurotischen Personen eine Übereinstimmung mit Explorationsbefunden in 73,5% bzw. 81% der Fälle. Durch die kombinierte Anwendung des VFB und Beschwerdefragebogens BFB (s. dort) erzielte er eine noch deutlich höhere Übereinstimmung.

Literatur

KÖCK, K., H. HESS: Der Verhaltensfragebogen (VFB) — ein ergänzendes Siebtestverfahren der Neurosendiagnostik für Ärzte und Psychologen. Deutscher Verlag der Wissenschaften: Berlin, 1976

KITTLAUS, H.: Untersuchungen mit dem Beschwerden- und Verhaltensfragebogen (BFB, VFB) an gesunden Personen und Neurosekranken. Psychiat. Neurol. med. Psychol., Leipzig 32 (1980) 477-484

Vierfeldertest

VFT

Ausprägung des unmittelbaren Konfigurationsgedächtnisses, des unmittelbaren Behaltens von Daten im Rahmen einer fortschreitenden Tätigkeit

Leistungsverfahren für Erwachsene

Mehrmalige Untersuchungen

Normen

Abnahmedauer ca. 20 Minuten

Empirisch gestützt:
- Reliabilität
- Validität
- Normierung
- Wiederholbarkeit

nach F. Süllwold

Anwendung

Der VFT ist ein Leistungstest. Er wurde zur Messung von Ausprägungen des unmittelbaren Konfigurationsgedächtnisses entwickelt, anders ausgedrückt: des unmittelbaren Behaltens von Daten im Rahmen einer fortschreitenden Tätigkeit. Überraschend hohe Korrelationen mit Intelligenztests (F. SÜLLWOLD, 1964) lassen ihn auch zur Erhebung des Intelligenzniveaus geeignet erscheinen.

Da hirngeschädigte Patienten — nach vorliegender Beschreibung vermutlich mit Psychischem Defektsyndrom — und schizophrene Probanden im VFT versagen, kann er auch für psychopathognostische Zwecke eingesetzt werden. Um innerhalb dieser Patientengruppen individuelle Unterschiede zu erfassen, wird die Anwendung des einfacheren Zweifeldertests (in: K. JOST, 1979; E. WALCH-HEIDEN, 1979) anempfohlen.

Der VFT wird in Einzeluntersuchungen abgenommen. Die Abnahmedauer beträgt etwa 20 Minuten. Der Geltungsbereich erstreckt sich auf Erwachsene.

Aufbau

Außer einer der Einübung dienenden Vorserie besteht der eigentliche Test aus 10 Serien von rechteckigen Bildern, die je 10 Sekunden lang dargeboten werden.

Auf jedem Bild befinden sich drei Figuren. Als solche kommen in Frage: 1 weißer Kreis, 1 schwarzer Kreis, 1 weißes Viereck, 1 schwarzes Viereck oder 1 Kreuz.

Der Proband soll bei jedem Bild zuerst die Summe der weißen, dann die der schwarzen Kreise und danach die Summe der weißen und schließlich die der schwarzen Quadrate laut angeben, also beim ersten Bild der Abbildung: 0:1 und 1:0. Nachdem das erste Bild 10 Sekunden lang stand, kommt das nächste. Bei ihm sollen nun die entsprechenden Summen addiert werden. In der Abbildung sind das 0:2 und 2:0. Bei Bild 3: 0:3 und 3:0, bei Bild 4: 1:3 und 3:1 usw. Irgendwann erscheint »stop« und der Proband soll die Gesamtsumme angeben. Für jedes richtige Mengenverhältnis erhält er einen Punkt. In den 10 Serien, die verschieden lang sind, können daher 0 bis 20 Gesamtpunkte erreicht werden, die sich mit den Ergebnissen einer Bezugsgruppe vergleichen lassen (F. SÜLLWOLD, 1964).

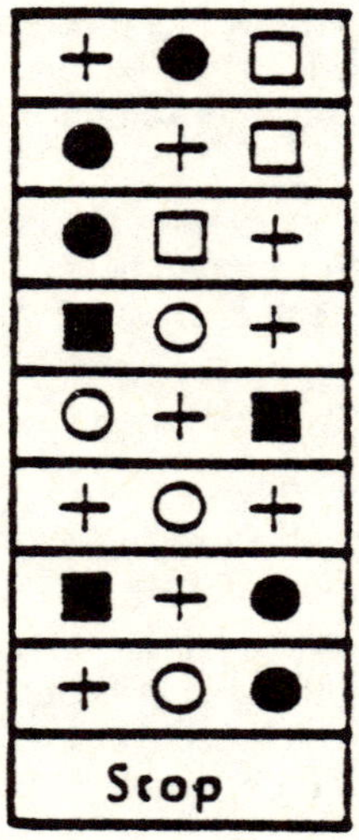

Abb.: Eine aus acht Einzelbildern bestehende Hauptserie des Vierfeldertests

Gütewerte

Normen: Von Stichproben psychiatrisch unauffälliger Erwachsener wurden die Leistungsergebnisse ermittelt. Zum Vergleich stehen auch Befunde von hirngeschädigten (E. WALCH-HEIDEN, 1979) und schizophrenen Patienten (K. JOST, 1979) zur Verfügung.

Reliabilität: Es sind verschiedene Reliabilitätskoeffizienten veröffentlicht worden (F. SÜLLWOLD, 1964).

Validität: Über Korrelationen mit Intelligenzleistungen und Ergebnissen in Tests für unmittelbares Behalten wurden verschiedene Befunde mitgeteilt (F. SÜLLWOLD, 1964). Ebenso liegen Resultate zur Trennung der Kontrollpersonen von hirngeschädigten und schizophrenen Patienten vor. Bei ersteren gab es beispielsweise keinerlei Überschneidung (F. SÜLLWOLD, 1980).

Wiederholbarkeit: Die Test-Retest-Befunde von E. WALCH-HEIDEN (1979) im ähnlich aufgebauten Zweifeldertest ($r_{tt} = 0{,}87$ nach 7 Monaten) weisen auf die mehrmalige Anwendbarkeit des Vierfeldertests hin.

Literatur

JOST, K.: Störungen des unmittelbaren Behaltens bei Schizophrenen. Diss., Univ. Frankfurt a.M., 1979

SÜLLWOLD, F.: Das unmittelbare Behalten und seine denkpsychologische Bedeutung. Hogrefe: Göttingen, 1964

SÜLLWOLD, F.: Zur Phänomenologie und Bedeutung des unmittelbaren Konfigurationsgedächtnisses. Z. exp. angew. Psychol. 27 (1980) 26-43

WALCH-HEIDEN, E.: Das unmittelbare Konfigurationsgedächtnis der Hirngeschädigten. Diss., Univ. Frankfurt a.M., 1979

Abb.: Eine aus acht Einzelbildern bestehende Hauptserie des Vierfeldertests

Verfahren für mnestische Leistungsschwäche

VmL

nach A. E. Adams

Mnestische Leistungsstruktur,
mnestische Leistungsschwäche
Vergessensprofil
Leistungsverfahren
einmalige Untersuchungen
Empirisch gestützt:
Validität

Anwendung

Mit dem VmL verband der Autor nur die Absichten, experimentell Gesunde von Patienten mit mnestischer Leistungsschwäche zu trennen. Dementsprechend wurden auch keine Anstalten getroffen, es als Test zu entwickeln. Während jedoch sonstige Gedächtnisverfahren meist nur beliebig gewählte, wenig definierte Mengen- und Zeitleistungen erfordern, erfassen informationspsychologische Methoden wie das VmL vollständige mnestische Leistungsstrukturen. Deshalb müßte die Entwicklung derartiger Verfahren zu standardisierten Tests neue psychopathognostische und psychopathometrische Wege eröffnen.

Das VmL läßt sich bei lesekundigen Jugendlichen und Erwachsenen in Einzeluntersuchungen abnehmen.

Aufbau

Dem Probanden wird ein aus 30 Wörtern bestehender Text vorgelegt. In diesem Inventar kommt jedes Wort nur einmal vor, z.B.:

> Kolumbus suchte den kürzesten Weg nach Indien. Er fand Amerika. Heute sind die leeren Flecken von unseren Landkarten verschwunden. Wir kennen alle Kontinente der Welt. Sie ist sehr klein geworden.

Der Proband erhält die Aufforderung, den Text einmal laut und aufmerksam vorzulesen. Später soll er den gelesenen Text buchstabenweise wieder erraten. Adams gibt die damals verbreitete Ratetechnik nach C. E. SHANNON an. Inzwischen gibt es verbesserte Techniken nach K. WELTNER (1970), die ökonomischer sind. Das Verfahren läuft folgendermaßen ab:

> Der Proband schreibt erst den Buchstaben auf, mit dem der gelesene Text beginnt. War er richtig, gibt er den nächsten Buchstaben an usw. War der erste Buchstabe falsch, rät er noch einmal. Falls dieser wieder falsch war, dann erneut usw., bis er den richtigen Buchstaben aufgeschrieben hat. Dann geht er zum nächsten Buchstaben über, bei dem dieselbe Prozedur abläuft. Dies setzt sich bis zum Textende fort.

Über jedem der 30 Wörter trägt man den Mittelwert der Anzahl der Rateversuche bei allen seinen Buchstaben zusammen ab. Je höher der Wert ist, desto mehr Information hatte das Wort für den Probanden. Umgekehrt: Je geringer der Wert liegt, desto niedriger war auch die mit dem Wort gegebene Überraschung, desto eher hatte es der Proband erwartet.

Als standardisiertes Maß nimmt man den Informationsbetrag H (s. A. E. ADAMS, 1971 a, b; K. WELTNER, 1970). Bei standardisierten Texten, wie man sie für Tests verwendete, wäre diese Umrechnung aber nicht nötig.

Den gleichen Text kann man von demselben Probanden zu unterschiedlichen Zeiten (Z) wiederholt erraten lassen. Adams schlägt als Abstände zum vorausgegangenen Lesen 25 sec, 2 Std., 10 Std., 50 Std. und 10 Tage vor.

Ein Auswertungsbeispiel von 15 gesunden Probanden gegenüber 15 Patienten mit mnestischer Leistungsschwäche (A. E. ADAMS, 1971a) zeigt, daß die Rateversuche RV pro Wort bei den letzteren (s. Abb.) einerseits von Anfang an bis zum letzten Rateversuch zwischen den Wörtern sehr unterschiedliche Ergebnisse haben und andererseits auch durchgehend ein relativ hohes Niveau behalten. Mit anderen Worten: Der Kranke lernt kaum dazu; dies gilt sowohl für Einzelwörter als auch den Gesamttext.

Die gesunden Probanden erniedrigen hingegen zunehmend die Rateversuche. Außerdem dreht sich das Profil um, d.h. Wörter, für die man zuvor viele Rateversuche benötigte, hat man am meisten repetiert und schließlich eindringlicher oder genauer als leicht zu lernende Textteile behalten.

Gütewerte

Da der VmL nicht als Test konstruiert worden war, wurden keine Normen und Reliabilitätsuntersuchungen vorgelegt.

Validität: Sie geht aus der Übereinstimmung von Untersuchungshypothesen und empirischen Befunden hervor (vgl. Abb.)

Literatur

ADAMS, A. E.: Experimente über mnestische Entropie bei Gesunden und Hirnkranken. Arch. Psychiat. Nervenkr. 214 (1971a) 137-149

ADAMS, A. E.: Informationstheorie und Psychopathologie des Gedächtnisses. Springer: Berlin-Heidelberg-New York, 1971b

WELTNER, K.: Informationstheorie und Erziehungswissenschaft. Schnelle: Quickborn, 1970

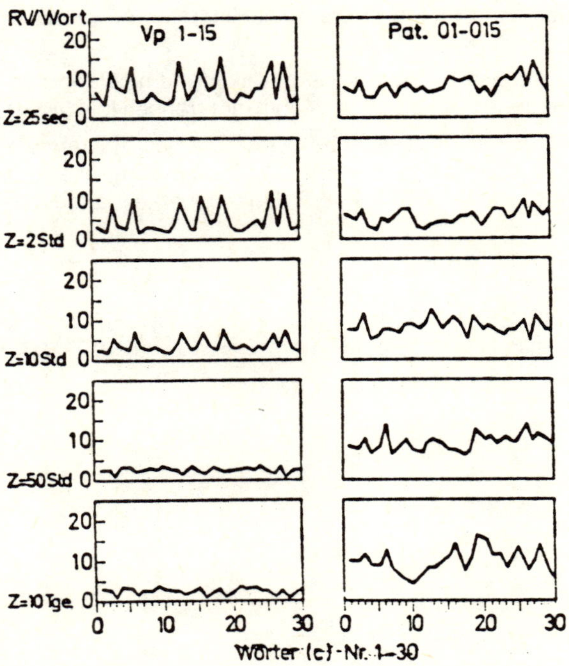

Abb.: Ergebnisse mit dem VmL. Über der Wortsequenz abgetragene arithmetische Mittel der notwendigen Rateversuche (RV) pro Wort. Ein Text (c) wurde vom jeweils gleichen Probanden (Vp 1-15 und Pat. 01-015) zu den Zeiten (Z) wiederholt erraten.

Wechsler-Depressions-Fragebogen

WDF

Ausprägung der Depressivität

Psychopathometrisches Fremdbeurteilungsverfahren für Erwachsene

Verlaufsuntersuchungen

Normen

Empirisch gestützt:
- Reliabilität
- Validität
- Amerikanische Normierung

nach H. Wechsler, G. H. Grosser, B. L. Busfield

Anwendung

Der Wechsler-Depressions-Fragebogen wurde als Fremdbeurteilungsverfahren zur Standardisierung des psychiatrischen Interviews konstruiert. Das Verfahren zielt auf die Messung der Ausprägungen von Depressionen ab. Dazu werden Angaben des Patienten, die sich auf seine Haltung und Gefühle beziehen, sowie Informationen über seine physiologischen Funktionen und allgemeinere Beobachtungen des Untersuchers ausgewertet.

Der WDF wurde für erwachsene Patienten entwickelt.

Aufbau

Der Fragebogen besteht aus insgesamt 28 Items, die sich zu drei Gruppen zusammenfassen lassen:

I. Haltung und Gefühle des Patienten
II. Angaben des Patienten über physiologische Funktionen
III. Beobachtungen des Untersuchers

Beispiele für diese drei Item-Gruppen sind:

I. Wie beurteilt der Patient seine Zukunft?
   (1) sehr positiv (hoffnungsvoll, begeistert)
   (2) positiv
   (3) ziemlich positiv
   (4) ziemlich negativ
   (5) negativ
   (6) sehr negativ (hoffnungslos, betrübt, mit unguten Vorahnungen)

II. Gibt der Patient Appetitstörungen an?
   (1) keine Störungen
   (2) leichte Störungen
   (3) mäßige Störungen
   (4) starke Störungen

III. Beobachten Sie eine motorische Verlangsamung?
   (1) innerhalb der normalen Grenzen
   (2) leicht abweichend vom Normalzustand
   (3) ziemlich stark abweichend vom Normalzustand
   (4) sehr stark abweichend vom Normalzustand

Die Beurteilungen der Ausprägungen variieren bei den einzelnen Items zwischen drei und sechs Stufen.

Bei der Auswertung werden die Wertpunkte aller Items addiert. Tabellarisch kann die Gesamtpunktzahl als Depressionsschwere gedeutet werden, wobei die Ausprägungen »leichte (ca. 65 Punkte) — mittlere (ca. 80 Punkte) — schwere (ca. 90 Punkte und mehr) Depression« vorgesehen sind.

Auf jedem Protokollblatt können vier Untersuchungen eingetragen und vergleichend dargestellt werden.

Gütewerte

Normen: Empirisch wurden Schweregradnormen erstellt.

Reliabilität: Die Inter-Rater-Reliabilität streut zwischen 0,52 und 0,78.

Validität: Eine Stichprobe depressiver und nichtdepressiver Personen ließ sich hochsignifikant trennen ($p < 0,001$).

Wiederholbarkeit: Der WDF wurde speziell für Verlaufsdarstellungen, insbesondere zur Therapiekontrolle, entwickelt. Daher wird seine Wiederholbarkeit angenommen.

Literatur

WECHSLER, H., G. H. GROSSER, B. L. BUSFIELD: The Depression Rating Scale. Arch. Gen. Psychiat. 9 (1963) 334-343

Reduzierter Wechsler-Intelligenztest für psychiatrisch Kranke

WIP

Allgemeines Intelligenzniveau

Leistungsverfahren für jugendliche und erwachsene psychiatrische Patienten sowie für psychiatrisch unauffällige Kinder und Erwachsene

Einmalige Untersuchungen

Normen

Empirisch gestützt:
- Reliabilität
- Validität
- Normierung

nach G. Dahl

Anwendung

Der WIP ist ein Leistungsverfahren zur globalen IQ-Bestimmung. Mit ihm sollen sich auch psychiatrische Patientengruppen, vorwiegend solche mit Schizophrenie oder hirnorganischen Schäden, voneinander trennen lassen. Für die individuelle Zuordnung zu Patientengruppen eignet er sich jedoch nicht.

Der Geltungsbereich für psychiatrische Patienten bezieht sich auf Jugendliche und Erwachsene ab 15 Jahren. Bei psychiatrisch unauffälligen Personen erstreckt er sich auf zehn- bis 79jährige. Der WIP kann nur in Einzeltestungen abgenommen werden.

Aufbau

Der WIP ist eine Kurzform des HAWIE (s.dort). Er setzt sich aus vier von dessen Untertests zusammen:
- Allgemeines Wissen
- Gemeinsamkeitenfinden
- Bilderergänzen
- Mosaik-Test

Jeder dieser Subtests ist wiederum aus Aufgaben mit verschiedenen Schwierigkeiten aufgebaut. Fragen zum Allgemeinen Wissen sind beispielsweise »Wie heißt der Präsident der Bundesrepublik?« und »Was bedeutet Koran?«.

Die Leistungen des Probanden werden in Rohpunkten festgehalten, die schließlich tabellarisch in IQ-Punkte umgewandelt werden können.

Gütewerte

Normen: Der WIP wurde an 927 Patienten und 124 Studenten standardisiert. Von ihm liegen Standardnormwerte (T-Werte) vor.

Reliabilität: Zur Reliabilität wurden verschiedene Untersuchungen durchgeführt. Sie lag beispielsweise für das Gesamtergebnis bei 370 Personen zwischen 20 und 30 Jahren bei 0,94 (Split-Half mit SPEARMAN-BROWN-Korrektur).

Validität: Die Validität wurde zuerst am HAWIE empirisch ermittelt. Hierbei ergab sich als Korrelation mit der Gesamtpunktzahl $r = 0{,}93$ und als multiple Korrelation der vier Subteste mit dem HAWIE-Gesamtergebnis $R = 0{,}94$. Mit einem anderen bekannten Intelligenztest, dem Intelligenz-Struktur-Test nach R. AMTHAUER (1955), betrug die Korrelation 0,83.

Wiederholbarkeit: Verlaufsuntersuchungen liegen nicht in den Anwendungsansprüchen des WIP. Bei einer Wiederholung in einer relativ kurzen Zeitspanne müßten systematische Lerneffekte auftreten.

Literatur

AMTHAUER, R.: Intelligenz-Struktur-Test (IST). Hogrefe: Göttingen, 1955

BRICKENKAMP, R. (Hrsg.): Handbuch psychologischer und pädagogischer Tests. Hogrefe: Göttingen-Toronto-Zürich, 1975

DAHL, G.: Übereinstimmungsvalidität des HAWIE und Entwicklung einer reduzierten Testform. Hain: Meisenheim, 1968

DAHL, G.: Reduzierter Wechsler-Intelligenztest (WIP). Hain: Meisenheim, 1972

GEBHARDT, R., H. NEUMANN: Die Intelligenz in Abhängigkeit von durchgeführtem Intelligenztest und von Persönlichkeitsmerkmalen. Ein Vergleich von WIP und PMT. Z. Psychother. med. Psychol. 26 (1976) 23-31

EICH. F.X.: Verfahren zur Leistungsmessung. In: SCHMIDT, L. R. (Hrsg.): Lehrbuch der Klinischen Psychologie, Bd. 1. Enke: Stuttgart, 1978

HARTJE, W., B. ORGASS: Bewährung einer HAWIE-Kurzform (WIP nach Dahl) bei gehirngeschädigten Patienten. Z. exp. angew. Psychol. 19 (1972) 309-324

OLBRICH, R.: Eine Kontrolluntersuchung zu einer HAWIE-Kurzform (WIP von Dahl) bei einer heterogenen klinischen Gruppe. Z. Klin. Psychol. Psychother. 24 (1976) 22-27

ORGASS, B., W. HARTJE: Bewährung einer HAWIE-Kurzform (WIP nach Dahl) bei hirngeschädigten Patienten II. Numerische Übereinstimmung zwischen WIP und HAWIE. Diagnostica 20 (1974) 22-30

SCROKO, J.: Itemanalyse des Reduzierten Wechsler-Intelligenztests (WIP). Diagnostica 29 (1983) 40-47

Wittenborn Psychiatric Rating Scale

(Wittenborn Psychiatrische Beurteilungs-Skala)

WPRS

nach J. R. Wittenborn

Breites Spektrum psychopathologischer Symptome

Fremdbeurteilungsverfahren für Erwachsene

Verlaufsuntersuchungen

Normen

Abnahme ungefähr 15 Minuten

Empirisch gestützt:
- Reliabilität
- Validität
- Amerikanische Normierung

Anwendung

Das vorliegende Fremdbeurteilungsverfahren wurde nicht als diagnostisches Hilfsmittel konzipiert. Stattdessen soll es die Veränderungen eines breiten Spektrums psychopathologischer Symptome während des Behandlungsverlaufes beschreiben.

Der Geltungsbereich wurde weder auf bestimmte psychiatrische Patientengruppen noch auf psychische Störungen oder Erkrankungen beschränkt.

Die Beurteilung mit der WPRS kann nicht nur vom Psychiater oder Psychologen, sondern auch vom Pflegepersonal vorgenommen werden. Falls der Beurteiler den Patienten gut kennt, vermag er die Skala in 15 Minuten abzunehmen.

Aufbau

Die Wittenborn Psychiatric Rating Scale liegt in verschiedenen Fassungen vor. Die ursprüngliche Version (J. R. WITTENBORN, 1955) enthält 52 Items, die faktorenanalytisch ermittelt wurden. Nach WITTENBORNs Angaben ist diese Fassung jedoch nur für akut Erkrankte geeignet.

1964 veröffentlichte WITTENBORN eine Neufassung, die sich auch auf chronisch kranke Patienten anwenden läßt. Sie enthält 72 Items, die sich zu zwölf Faktoren gruppieren. Neben dieser Form wurde eine Kurzfassung (J. R. WITTENBORN, 1976) mit nur 17 Items entwickelt.

Beispiel:

Item 2: Gefühl schlimmer Vorahnungen
- — keine Klagen über Erlebnisse mit vermeintlicher Vorbedeutung oder Vorahnung.
- — Vage Gefühle von Vorahnungen und nahendem Unheil.
- — Patient hat das sichere Gefühl, daß ein Unheil über ihn oder seine Familie kommt.
- — Hat das sichere Gefühl, daß ihm unausweichlich eine persönliche Katastrophe oder der Untergang bevorsteht.

Die Items lassen sich zu folgenden sechs Faktoren zusammenfassen:

1. Angst
2. Somatisch-hysterische Symptome
3. Zwanghaft-phobische Symptome
4. Depressive Verlangsamung
5. Erregung
6. Wahnvorstellungen

Für jeden Faktor wird ein Quotient berechnet, wobei die Punktzahlen für die Items (je zwei bis drei Punkte) eines Faktors durch die Anzahl dieser Items dividiert werden. Der Gesamt-Rohwert wird durch Addition der Punktwerte aller Items gebildet.

Gütewerte

Normen: Es liegen Standardwerte vor, die an einer Stichprobe von 1000 englischsprachigen Patienten gewonnen wurden. Mit zehn diagnostischen Gruppen kann ein Profilvergleich angestellt werden.

Reliabilität: Es wird von Interrater-Zuverlässigkeiten zwischen 0,62 und 0,86 und Halbierungsreliabilitäten von 0,67 bis 0,92 berichtet.

Validität: Eine inhaltliche Validität wird wegen der dahinterstehenden psychiatrischen Konzeption gefolgert. Verschiedene faktoren- und clusteranalytische Untersuchungen belegen die Konstruktvalidität. Außerdem liegen Nachweise der Gültigkeit durch Korrelationen mit empirischen Kriterien vor.

Wiederholbarkeit: Die Konzeption der WPRS legt die Annahme einer Eignung für Verlaufsbeschreibungen nahe.

Literatur

BERGENER, M., H. D. ESCHER, K. J. LINDEN. Die Bedeutung standardisierter Beurteilungsskalen in der psychiatrischen Diagnostik — dargestellt am Beispiel eines Therapieversuchs mit Desmethyl-Loxapin. Pharmakopsychiat. 8 (1975) 69-81

CIPS (Collegium Internationale Psychiatriae Scalarum, Hrsg.): Internationale Skalen für Psychiatrie. Beltz: Weinheim, 1981

KUHR, H., M. BERGENER: Zur Objektivierung der Psychopharmakatherapie.In: WIECK, H.H., F. BÖCKER, E. LANG (Hrsg.): Schlaf- und Verhaltensstörungen im Alter. Witzstrock: Baden-Baden, 1973

WITTENBORN, J.R.: Manual: Wittenborn Psychiatric Rating Scales. The Psychological Corporation: New York, 1955

WITTENBORN, J.R.: 052 WITT. Wittenborn Psychiatric Rating Scale. In: GUY, W. (Hrsg.): ECDEU Assessment Manual for Psychopharmacology. National Institute of Mental Health: Rockville/Maryland, 1976, rev. Aufl.

Würzburger Suggestibilitäts-Test

WST

nach E. H. Bottenberg, E. G. Wehner

Test zur Abschätzung der Zeugentüchtigkeit und der Glaubwürdigkeit von kindlichen Zeugen im Rahmen der forensischen Urteilsbildung

Leistungsverfahren für Kinder von 10 bis 15 Jahre

Einmalige Untersuchungen

Abnahme 10 bis 15 Minuten

Empirisch gestützt:
- Reliabilität
- Validität

Anwendung

Der WST ist ein Verfahren zur Erfassung von Suggestibilität als individueller Tendenz, sensorischen oder verbalen Beeinflussungen ohne anpassungsadäquate Realitätskontrolle zu erliegen. Nach den Testautoren ist das Verfahren primär dafür ausgelegt, im Rahmen der forensischen Praxis den möglichen Suggestionsanteil kindlicher Zeugenaussagen abzuschätzen. Suggestibilität ist dementsprechend operationalisiert als Ausmaß, in dem Kinder unter dem Einfluß von Suggestivfragen realitätsinadäquate Informationen liefern.

Der Test kann in Einzel- wie in Gruppensituationen durchgeführt werden. Erfahrungen mit dem Test liegen bei Kindern im Alter von 10 bis 15 Jahren vor.

Aufbau

Bei dem Test wird dem Probanden Tafel 5 aus dem Thematischen Apperzeptions-Test (TAT, s.dort) für 20 Sekunden zur Betrachtung vorgelegt (s. Abb.). Nach 3 Minuten soll der Proband 20 Suggestivfragen beantworten, die sich auf real nicht vorhandene Bilddetails beziehen. Jede »Ja«-Antwort wird mit je einem Punkt zum Suggestibilitätsscore hinzuaddiert.

Gütewerte

Normen: Normhinweise wurden an einer Stichprobe von 169 Mädchen im Alter von 12 bis 13 Jahren ermittelt (E. H. BOTTENBERG, E. G. WEHNER, 1971).

Reliabilität: Als testlängenkorrigierte Split-Half-Reliabilität ergab sich anhand der Daten der Normierungsstichprobe ein Koeffizient von 0,86.

Validität: Die Untersuchung der Kriteriumsvalidität erbrachte Beziehungen des WST-Scores zu folgenden Persönlichkeitsmerkmalen: Soziale Anlehnungsbereitschaft, Ängstlichkeit, Ablenkbarkeit verbunden mit Nervosität, Feldabhängigkeit (E. H. BOTTENBERG, E. G. WEHNER, 1972).

Wiederholbarkeit: Hierzu liegen keine Angaben vor.

Literatur

BOTTENBERG, E. H., E. G. WEHNER: Suggestibilität: I. Konstruktion und empirische Überprüfung des Würzburger Suggestibilitäts-Tests (WST). Prax. Kinderpsychol. Kinderpsychiat. 20 (1971) 161-165

BOTTENBERG, E. H., E. G. WEHNER: Suggestibilität: II. Einige persönlichkeits- und leistungsdiagnostische Korrelate des Würzburger Suggestibilitäts-Tests (WST). Prax. Kinderpsychol. Kinderpsychiat. 21 (1972) 282-288

DURCHHOLZ, E.: Beeinflußbarkeit. Diss., Univ. Würzburg, 1978

Abb.: Testvorlage für den WST (TAT-Tafel Nr. 5)

Zahlen-Verbindungs-Test

ZVT

Sprachfreie Intelligenz,
Allgemeines Intelligenzniveau

Leistungsverfahren für Kinder
und Erwachsene

Ein- und mehrmalige Untersuchungen

Normen

Abnahme 5 bis 10 Minuten

Empirisch gestützt:
- Reliabilität
- Validität
- Normierung
- Wiederholbarkeit

nach W. D. Oswald, E. Roth

Anwendung

Der ZVT dient der Erfassung sprachfreier Intelligenzleistungen, wobei nach informationstheoretischen Überlegungen »Intelligenz« als Geschwindigkeit der Informationsverarbeitung angesehen wird.

Der Test gilt einerseits als spezifischer Intelligenztest, andererseits wird durch die Messung der kognitiven Verarbeitungsgeschwindigkeit als Voraussetzung vieler Intelligenzleistungen das allgemeine fluide Intelligenzniveau erfaßt. Der Test wurde aus dem Trail-Making-Test (R. REITAN, 1956) entwickelt.

Die Testung kann als Einzel- und als Gruppenversuch durchgeführt werden. Die Testabnahme beansprucht fünf bis zehn Minuten. Für Einzelversuche liegen Normen für das 8. bis 60. Lebensjahr vor. Eine modifizierte Testform ZVT-G (W. D. OSWALD, U. M. FLEISCHMANN, 1983, s.a. NAI) ist für die Altersgruppe 60 bis 90 Jahre verfügbar.

Aufbau

Der ZVT besteht aus vier Matrizen, die jeweils 90 Zahlen in unterschiedlicher Anordnung enthalten. Der Proband hat die Aufgabe, diese Zahlen möglichst schnell der Reihenfolge nach mit einem Stift zu verbinden. Nach der Durchführung von zwei Übungsaufgaben (s.Abb.) wird die benötigte Zeit für jede der vier Matrizen registriert. Der Gesamtrohwert ist die mittlere Lösungszeit aus den Einzeldurchgängen. Mit Hilfe altersgestaffelter Normentabellen läßt sich dieser Wert auf verschiedene Standardskalen transformieren.

Gütewerte

Normen: Für den ZVT liegen Normen anhand einer Stichprobe von 2109 Probanden vor. Bei der Zusammenstellung der Stichprobe wurden Schulart, sozialer Status und Gemeindegröße kontrolliert. Die Normentabellen erlauben die Transformation der Rohwerte in T-Werte, Prozentränge, Centil-, Standard- und IQ-Werte.

Reliabilität: Die Retestreliabilität beträgt für den Einzelversuch nach sechs Wochen 0,95, nach sechs Monaten 0,84 bis 0,97. Die Konsistenzanalyse liefert Koeffizienten in der Höhe von 0,89 bis 0,97.

Validität: Korrelationsanalysen mit anderen Intelligenztestverfahren (IST, HAWIE, SPM, CFT 3) an unterschiedlichen Stichproben ergaben Koeffizienten in der Höhe von 0,40 bis 0,56. Faktorenanalytische Untersuchungen zeigten, daß ein relativ großer Varianzanteil des ZVT durch andere Intelligenzvariable replizierbar aufgeklärt werden konnte.

Wiederholbarkeit: Bei der Bearbeitung der vier Testmatrizen ist mit Übungsgewinnen zu rechnen, die jedoch nicht zu Lasten der Testzuverlässigkeit gehen.

Literatur

OSWALD, W. D.: Über Zusammenhänge zwischen Informationsverarbeitungsgeschwindigkeit, Alter und Intelligenzstruktur beim Kartensortieren. Psychol. Rundschau 22 (1971) 197-202

OSWALD, W. D.: Informationsverarbeitungsgeschwindigkeit in Trail Making Tests und Intelligenz. In: TACK, W. (Hrsg.): Bericht über den 29. Kongreß der DGfP in Salzburg 1974. Göttingen, 1975

OSWALD, W. D., U. M. FLEISCHMANN: Zahlen-Verbindungs-Test ZVT Form G. Ein Test zur Messung der kognitiven Leistungsgeschwindigkeit für die Altersgruppen 60 bis 90. Hogrefe: Göttingen, 1983

OSWALD, W. D., E. ROTH: Der Zahlen-Verbindungs-Test (ZVT). Handanweisung. Hogrefe: Göttingen, 1978

REITAN, R.: Trail-Making-Test. Manual. Indianapolis, 1956

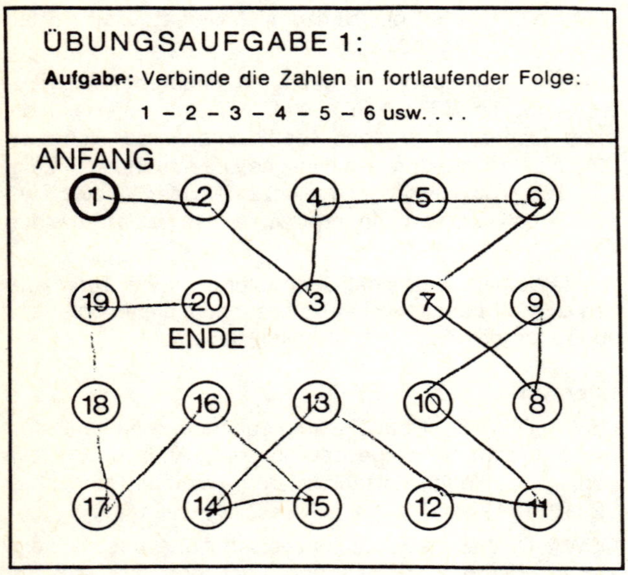

Abb.: Bearbeitete Übungsvorlage zum ZVT

Autoren oder deutschsprachige Bearbeiter der beschriebenen Verfahren

in alphabetischer Reihenfolge

Adams: VmL
Albrecht: BELA
Antons: KFA
Arbeitsgemeinschaft für Methodik und Dokumentation in der Psychiatrie: AMDP
Athen: DRS
Badura: SLMP
Bättig: DAE-Skala I
Bakur: PLUT
Baumgärtel: HANES
Beck: BDI
Beckmann: GT
Bender, G.: SSF
Bender, L.: BGT
Bender, R.: SSF
Bender, W.: DRS
Benton: B-T
Blaha: EBS, KAI, RMSS
Böcker: S-T
v. Boetticher: GFT
Bondy: TBGB
Bottenberg: Ho-Skalen, SA-Skalen, SWI-2F, WST
Boucsein: BELA, SVF
Brähler: GBB, GT
Brickenkamp: d2-Test
Brinkmann: MCS
Buggle: HANES
Busfield: WDF
Büssing: RFT
Cattell: CFT 3
Ciompi: AGP-System
CIPS (Collegium Internationale Psychiatriae Scalarum): APDI, CGI, DOTES, NGI, NOSIE, PLUT, PMR, PTR, SCI-90-R, STESS, TWIS, WPRS
Cohen: TBGB
Conte: PLUT
Cooper: PSE
v. Cramon: MCS
v. Cranach: PSE
Cziske: RMSS
Dahl: WIP
Daniels: FRT
Daun: HET
Debus: EWL-K
De Renzi: TT
Derogatis: SCL-90-R
Deusinger: FSKN
Dittrich: APZ, DAE-Skala I
Düker: KLT
Duhm: PFT
Eggert: EPI, TBGB
Erzigkeit: SKT
Eysenck: EPI
Erdmann: BELA, SR-K, SVF
Ermann: SB
Fahrenberg: FBL-G, FPI
Fechter: HET
Ferner: HtE
Feuerlein: KFA
Fischer: c.I.-Test
Fischer-Cornelssen: FSCL
Flegel: IMPS
Fleischmann: NAI
Fröhlich: NK-F
Fuchs: FPSB
Gallwitz: EDS, KAI, LtD
Galster: EAS
Gillis: NOSIE
Glanzmann: STAI

Bezugsquellen der im Handel erhältlichen Erhebungsverfahren

Beltz-Test Gesellschaft mbH
Postfach 11 20
D-6940 Weinheim

Bf-S
B-L
D-S
ESTA
PD-S
PSS25
TBGB

CIPS-Sekretariat
Elisabeth Grethlein
Postfach 21 03 45
D-1000 Berlin 31

APDI
ASI
BPRS
CGI
DOTES
DSI
HAMA
HAMD
NGI
NOSIE
PLUT
PMR
PTR
SAS
SCL-90-R
SDS
SF-A / SF-B
STESS
TWIS
WPRS

Verlag Dr. C. J. Hogrefe
Rohnweg 25
D-3400 Göttingen

BIV
d2-Test
EPI
EWL-K
GFT
KLT
PFT

Verlag Hans Huber
Länggastraße 76
CH-3000 Bern 9

B-T
DCS
GT
HAWIE
HAWIK
HD-S
MMPI-Saarbrücken
PIT
RAS
Rorschach-Test
ST

Springer-Verlag
Heidelberger Platz 3
D-1000 Berlin 33

AMDP

Dr. F. Straube-Verlag
Am Vogelherd 35
D-8520 Erlangen

MWT-B

Vless-Verlag
Hindenburgallee 1
D-8017 Ebersberg

c.I.-Test
EDS
FPSB
KAI
LtD
RMSS
SKT

Westermann-Verlag
Postfach 3320
D-3300 Braunschweig

CFT 3

Fast alle im Handel erhältlichen Verfahren werden auch geliefert von:

Testzentrale
Daimlerstraße 40
D-7000 Stuttgart 50

Literaturverzeichnis

Blaha, L.: Zur psychopathometrischen Erfassung der leichten zerebrovaskulären Insuffizienz. In: Fischer, B. (Hrsg.): Erste Klausenbacher Gesprächsrunde: Frühgeriatrie. Diagnostische und therapeutische Aspekte. Cassella Riedel: Frankfurt/M., 1980

Blaha, L.: Klinische Aspekte der Differenzierung depressiver Zustandsbilder im Alter. In: Fischer, B., S. Lehrl (Hrsg.): Differentialdiagnose Depression — beginnende sowie chronische zerebrovaskuläre Insuffizienz. Pharmazeutische Verlagsgesellschaft: München, 1982

Blaha, L.: Klinische Ergebnisse zerebral wirksamer Medikamente in der Geriatrie. In: Böhlau, V. (Hrsg.): Altern: Körperliches und geistiges Training — medizinische Therapie. Schattauer: Stuttgart-New York, 1984

Brückmann, J.-U.: Differentialtherapeutische Ansätze zu depressiven Syndromen im höheren Lebensalter. In: Fischer, B., S. Lehrl (Hrsg.): Differentialdiagnose Depression — beginnende sowie chronische zerebrovaskuläre Insuffizienz. Pharmazeutische Verlagsgesellschaft: München, 1982

Brückmann, J.-U., L. Blaha: Zur Problematik der psychopathometrischen Erfassung leichterer Formen der zerebralen Hypoxidose. In: Lechner, H., G. Ladurner, E. Ott (Hrsg.): Klinik, Diagnostik und Therapie zerebraler Abbauprozesse. Straube: Erlangen, 1984

Burkard, G., L. Blaha: Empirische Untersuchungen über den Zusammenhang der Ergebnisse in Selbstbeurteilungs- und Leistungsverfahren bei Durchgangssyndromen. In: Oesterreich, K. (Hrsg.): Gerontopsychiatrie 8. Janssen: Düsseldorf, 1980

Conrad, W.: Intelligenzdiagnostik. In: Groffmann, K.-J., L. Michel (Hrsg.): Psychologische Diagnostik. Enzyklopädie der Psychologie. Hogrefe: Göttingen-Toronto-Zürich, 1983

Dorsch, F.: Psychologisches Wörterbuch. Meiner: Hamburg und Huber: Bern, 1956, 6. neubearb. erw. Aufl.

Erzigkeit, H.: Manual zum Syndrom-Kurztest. Vless: Vaterstetten, 1977

Gallwitz, A., J.-U. Brückmann: Verlaufsbeurteilung einer zyklothymen Depression mit Hilfe eines Leistungstests. Psycho 4 (1978) 471-477

Hofstätter, P. R.: Gruppendynamik. Kritik der Massenpsychologie. Rowohlt Taschenbuch Verlag: Hamburg, 1957

Huffmann, G.: Erkennung und Behandlung depressiver Zustände. Fortschr. Neurol. Psychiat. 47 (1979) 520-537.

Jakubaschk, J., J. Werner: Übereinstimmung bei der Charakterisierung und Möglichkeiten zur Abgrenzung von zehn psychiatrischen Diagnosen. Soc. Psychiatr. 9 (1974) 47-59

Jakubaschk, J., J. Werner: Konzepte psychiatrischer Diagnosen — eine Ergänzungsuntersuchung zur Reliabilität psychiatrischer Diagnosen. Arch. Psychiat. Nervenkr. 223 (1976) 45-58

Lehrl, S.: Depressive Bilder und Schweregrade der zerebrovaskulären Insuffizienz. In: Fischer, B., S. Lehrl (Hrsg.): Differentialdiagnose Depression — beginnende sowie chronische zerebrovaskuläre Insuffizienz. Pharmazeutische Verlagsgesellschaft: München, 1982

Lehrl, S., H.-H. Fuchs, H. Erzigkeit, G. Nusko, H. Schumacher, J. Lugauer: Verlaufsdarstellung von Funktionspsychosen. Münch. med. Wschr. 121 (1979) 1291-1294

Lehrl, S., H.-H. Fuchs, J. Lugauer, H. Schumacher, G. Nusko: Manual zur Funktionspsychose-Skala-B. Vless: Vaterstetten, 1977

Lehrl, S., A. Gallwitz: Manual zur Erlanger Depressions-Skala EDS. Vless: Vaterstetten-München, 1983, 2. verb. u. erw. Aufl.

Lehrl, S., A. Gallwitz, H. Erzigkeit, L. Blaha: Warum liefern Selbstbeurteilungsskalen ein falsches Bild vom Therapieverlauf endogener Depressionen? Therapiewoche 28 (1978) 4150-4159

Lehrl, S., A. Gallwitz, G. Nusko, G. Burkard: Warum geben Selbstbeurteilungs-Verfahren schwere Depressionen falsch wieder? Therapeutische Umschau / Revue therapeutique 34 (1977) 687-693

Lehrl, S., A. Gallwitz, R. Straub, B. Straub, W. Kinzel: Manual zum Leistungstest für endogene Depressionen (LtD). Vless: Vaterstetten-München, 1979

Spörl, G., S. Lehrl, W. Kinzel, H. Erzigkeit, V. J. Galster: Ein Selbstbeurteilungsverfahren für leichte Durchgangs-Syndrome. Psycho 4 (1978) 464-470

Tarter, R. E., D. I. Templer, C. Tarty: Reliability of the Psychiatric Diagnosis. Dis. Nerv. Syst. 36 (1975) 30-31

Teigeler, R., L. Pieprzyk: Testing Information Psychological Capacities Under Hospital and Home Conditions. In: Proceedings of the 10th International Congress on Cybernetics. Association International Cybernetic: Namur, 1984

Weidenhammer, W., B. Fischer: Ein Selbstbeurteilungsverfahren zur Erfassung leichter Formen der cerebralen Insuffizienz. Rom. J. Gerontol. Geriat. (1986) im Druck

Wieck, H. H.: Lehrbuch der Psychiatrie. Schattauer: Stuttgart, 1967

Wieck, H. H.: Lehrbuch der Psychiatrie. Schattauer: Stuttgart-New York, 1977, 2. völl. neu bearb. Aufl.

Weiterführende Literatur

Brickenkamp, R.: Handbuch psychologischer und pädagogischer Tests. Hogrefe: Göttingen, 1975

Brickenkamp, R.: Handbuch psychologischer und pädagogischer Tests. 1. Ergänzungsband. Hogrefe: Göttingen, 1983

Dieterich, R.: Psychodiagnostik. Reinhardt: München-Basel, 1977, 2. Aufl.

Dorsch, F.: Psychologisches Wörterbuch. Huber: Bern, 1982, 10. Aufl.

Drenth, P. J. D.: Der Psychologische Test. Eine Einführung in seine Theorie und Anwendungen. Barth: München, 1969

Fahrenberg, J.: Psychologische Testverfahren. Med. Klin. 72 (1977) 825-839

Fischer, G. H.: Einführung in die Theorie psychologischer Tests. Huber: Bern-Stuttgart, 1974

Göllner, R.: Psychodiagnostische Tests. Eine Einführung für Mediziner unter besonderer Berücksichtigung der Diagnostik in der Psychotherapie. Vandenhoeck & Ruprecht: Göttingen, 1975

Groffmann, K.-J., L. Michel (Hrsg.): Psychologische Diagnostik. Band 1-4. Enzyklopädie der Psychologie. Hogrefe: Göttingen-Toronto-Zürich, 1983

Hartung, H. G.: Der Beitrag der Klinischen Psychologie im Rahmen des forensisch-psychiatrischen Gutachtens. In: Eisen, G. (Hrsg.): Handwörterbuch der Rechtsmedizin für Sachverständige und Juristen, Band 3. Enke: Stuttgart, 1977

Heiss, R. (Hrsg.): Psychologische Diagnostik. Handbuch der Psychologie, Band 6. Hogrefe: Göttingen, 1964

Hiltmann, H.: Kompendium der psychologischen Tests. Huber: Bern-Stuttgart-Wien, 1977, 3. neubearb. verb. Aufl.

Horst, P.: Messung und Vorhersage. Eine Einführung in die psychologische Testtheorie. Beltz: Weinheim, 1971

Jüttemann, G. (Hrsg.): Neue Aspekte klinisch-psychologischer Diagnostik. Hogrefe: Göttingen-Toronto-Zürich, 1984

Lienert, G. A.: Testaufbau und Testanalyse. Beltz: Weinheim, 1969, 3. Aufl.

Magnusson, H.: Testtheorie. Deuticke: Wien, 1975, 2. Aufl.

Mombour, W.: Verfahren zur Standardisierung des psychopathologischen Befundes. Psychiatria Clinica 5 (1972) 73-120, 135-157

Neumann, J., G. Greger, E. Littmann, J. Ott: Psychiatrischer Untersuchungskurs. VEB Georg Thieme: Leipzig, 1981

Schmidt, L. R. (Hrsg.): Lehrbuch der Klinischen Psychologie, Band 1. Enke: Stuttgart, 1984, 2. Aufl.

Schmidtchen, S.: Psychologische Tests für Kinder und Jugendliche. Hogrefe: Göttingen, 1975

Seidel, K., H. Szewczyk (Hrsg.): Psychopathologie. Aspekte einer Neubesinnung. VEB Deutscher Verlag der Wissenschaften: Berlin, 1978

Testfibel: Psychodiagnostische Verfahren. Verstreute Sammlung von Arbeiten verschiedener Autoren in der Ärztlichen Praxis 30 (1978)

Weise, G.: Psychologische Leistungstests, Band 1. Hogrefe: Göttingen, 1975

Notizen